Schriftenreihe

Studien zur Wirtschaftsinformatik

Band 22

ISSN 1435-6295

Verlag Dr. Kovač

Manuela Schröder

IT-gestützte Kompetenzanalyse als Voraussetzung für ein ganzheitliches Kompetenzmanagement

Eine prozessorientierte Betrachtung

Verlag Dr. Kovač

Hamburg
2007

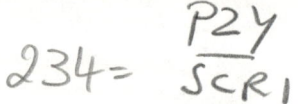

VERLAG DR. KOVAČ
FACHVERLAG FÜR WISSENSCHAFTLICHE LITERATUR

Leverkusenstr. 13 · 22761 Hamburg · Tel. 040 - 39 88 80-0 · Fax 040 - 39 88 80-55

E-Mail info@verlagdrkovac.de · Internet www.verlagdrkovac.de

Bibliografische Information der Deutschen Nationalbibliothek
Die Deutsche Nationalbibliothek verzeichnet diese Publikation
in der Deutschen Nationalbibliografie;
detaillierte bibliografische Daten sind im Internet
über http://dnb.d-nb.de abrufbar.

ISSN: 1435-6295

ISBN: 978-3-8300-2832-1

Zugl.: Dissertation, Universität Erlangen-Nürnberg, 2006

© VERLAG DR. KOVAČ in Hamburg 2007

Printed in Germany
Alle Rechte vorbehalten. Nachdruck, fotomechanische Wiedergabe, Aufnahme in Online-Dienste
und Internet sowie Vervielfältigung auf Datenträgern wie CD-ROM etc. nur nach schriftlicher
Zustimmung des Verlages.

Gedruckt auf holz-, chlor- und säurefreiem Papier Munken Book. Munken Book ist
alterungsbeständig und erfüllt die Normen für Archivbeständigkeit ANSI 3948 und ISO 9706.

Vorwort

Um langfristig am Markt bestehen zu können, werden kompetente und motivierte Mitarbeiter benötigt, die sowohl die strategischen Ziele der Organisation eigenverantwortlich umsetzen als auch ihre persönlichen Entwicklungsziele verfolgen können. Dies erfordert eine möglichst große Passung von Tätigkeitsanforderungen und individuellen Kompetenzen, was wiederum ein möglichst umfassendes Wissen über dieses Themengebiet voraussetzt. Hiervon sind nicht nur Unternehmen, sondern auch zunehmend öffentlich-rechtliche Institutionen betroffen. Vor allem Hochschulen stehen vor der Herausforderung, innovative Konzepte, wie das gezielte Management von Kompetenzen, einzusetzen, um ihre internen Abläufe zu verbessern sowie die Qualität von Forschung und Lehre zu erhöhen. Fasziniert von dieser Entwicklung, empfand ich es als besonders herausfordernd, mich mit Kompetenzmanagement und der damit verbundenen Kompetenzanalyse intensiv auseinander zu setzen.

Die Durchführung der entsprechenden Untersuchungen und die Anfertigung der vorliegenden Arbeit waren nur mit großer Unterstützung verschiedener Personen möglich. Mein großer Dank gilt an erster Stelle meinem Doktorvater Prof. Dr. Michael Amberg für seine engagierte Betreuung bei der Auseinandersetzung mit diesem Thema sowie bei der Fertigstellung der Dissertation. Dank seiner Ermutigungen und Hinweise konnte ich mich gründlich in dieses Gebiet einarbeiten und meine Gedanken und Ideen sogar auf internationalen Konferenzen und in wissenschaftlichen Zeitschriften präsentieren. Ebenfalls möchte Prof. Dr. Harald Hungenberg für die Übernahme des weiteren Gutachtens danken.

Darüber hinaus haben meine Kollegen einen wichtigen Beitrag geleistet. Sie haben mich bei meiner Arbeit inspiriert und unterstützt. Die unzähligen Diskussionen, kritischen Auseinandersetzungen und gemeinsamen Veröffentlichungen haben zentrale Impulse geliefert und wesentlich zur Reflexion der Teilergebnisse dieser Arbeit beigetragen. An erster Stelle möchte ich mich bei Sonja Fischer bedanken, die mit mir zusammen das Themengebiet Kompetenzmanagement untersucht und auf einen erfolgreichen Weg gebracht hat. Sie hat dadurch zum Gelingen dieser Arbeit beigetragen. Weiterer Dank gebührt Dr. Martin Wiener für seine in jeglicher Hinsicht inspirierenden Gespräche sowie Dr. Beate Frank, Olga Hein, Dr. Markus Hirschmeier, Dr. Steffen Möller, Dr. Shota Okujava, Prof. Dr. Ulrich Remus, Dr. Jens Wehrmann und Doris Zinkl.

Des Weiteren möchte ich der Willmy Media Group, insbesondere Rainer Möller, Yong-Harry Steiert und Christof Förtsch, sowie Dr. Sabine Ihle für die sehr gute Zusammenarbeit im Projekt „PersoKomp" danken. Hierdurch hatte ich die Möglichkeit, mich auch außerhalb der Hochschule in einem interessanten Umfeld mit den Themen „Kompetenzmanagement" und „Kompetenzanalyse" tiefer gehend zu beschäftigen.

Mein Dank gilt ebenfalls den Studenten, die mich im Rahmen von Veranstaltungen, Projekt-, Studien- und Diplomarbeiten unterstützt haben. Alle Namen zu nennen würde hier den Umfang sprengen. Dennoch möchte ich mich an dieser Stelle insbesondere bei Nadja Knarr, Alexander Müller, Florian Strecker und Michael Gottfried für ihre engagierte Mitarbeit bedanken.

Von ganzem Herzen danke ich meinem kritisch-rationalen Lebenspartner Tom, der mir nicht nur den notwendigen emotionalen, moralischen und zeitlichen Rückhalt gegeben hat, sondern auch durch viele anregende Gespräche sowie die konstruktive Durchsicht des Manuskripts zum Gelingen dieser Arbeit beigetragen hat. Zudem möchte ich mich bei meiner Freundin Katja bedanken, die mich durch ihre fachlichen und methodischen Kompetenzen insbesondere bei der empirischen Untersuchung unterstützt sowie mich mit ihrer motivierenden Art häufig aufgemuntert hat. Besondere Dankbarkeit gebührt meinen Eltern, deren Zuspruch und weit reichende Unterstützung in allen Phasen meines Lebens einen weit größeren Anteil am Entstehen dieser Arbeit hatten, als diese vielleicht selber vermuten. Darüber hinaus hoffe ich, einigen mir wichtigen Menschen ihre aufrichtige und zuverlässige Freundschaft während der letzten Jahre zukünftig danken zu können.

Nürnberg, September 2006

Manuela Schröder

Abstract

Die Globalisierung und die zunehmende Liberalisierung der Märkte haben zu einer deutlichen Verschärfung des internationalen Wettbewerbs geführt, aus der ein immer höherer Innovationsdruck in Deutschland resultiert. Betroffen sind nicht nur Unternehmen, sondern im verstärkten Maße auch öffentlich-rechtliche Institutionen. Sie stehen vor der Herausforderung, die innovationsrelevanten Ressourcen zu identifizieren, zielgerichtet einzusetzen und kontinuierlich weiterzuentwickeln.

Dies gilt vor allem für deutsche Hochschulen, die seit längerem in der öffentlichen Diskussion stehen. Aufgrund der internationalen Angleichung der Studienabschlüsse im Rahmen des von der EU initiierten Bologna-Prozesses sowie der Bildungs- und Innovationsoffensive der Bundesregierung sind sie gefordert, immer mehr und besser für den Arbeitsmarkt qualifizierte Studenten auszubilden. Vor dem Hintergrund der derzeitigen Probleme, wie die im internationalen Vergleich geringe Studienanfängerquote oder die hohen Studienabbrecher- bzw. Fachwechslerquoten, sind die Entwicklung und der Einsatz innovativer Konzepte notwendig.

Die vorliegende Arbeit beschäftigt sich mit der Fragestellung, inwieweit das gezielte ganzheitliche Management von Kompetenzen und vor allem die hierzu notwendige Analyse der Kompetenzdaten zu den oben dargestellten Problemfeldern einen Beitrag leisten können. Ziel ist es, die IT-gestützte Kompetenzanalyse als Funktion des ganzheitlichen Kompetenzmanagements theoretisch und praktisch zu fundieren. Hierzu erfolgt nach einer umfassenden Untersuchung zum Stand der Forschung eine prozessorientierte Betrachtung, deren Ergebnis ein Prozessmodell ist, das eine systematische Analyse von Kompetenzen mittels IT ermöglicht. Die Untersuchung und Entwicklung des Prozessmodells zur IT-gestützten Kompetenzanalyse erfolgen für die Ebene des Individuums. Die Anwendung und die Überprüfung des theoretisch hergeleiteten Prozessmodells finden aufgrund der Aktualität des Themas im Rahmen der Studienfach- und Hochschulwahl statt. Abschließend erfolgt eine Auseinandersetzung, inwiefern die IT-gestützte Kompetenzanalyse Voraussetzung für ein ganzheitliches Kompetenzmanagement ist. Aufgrund der derzeitigen Entwicklungen kann davon ausgegangen werden, dass die zielgerichtete Entwicklung und Nutzung von Kompetenzen noch weiter an Bedeutung gewinnen wird. Hierzu ist es jedoch wichtig, ein Bewusstsein für die eigenen Kompetenzen sowie die damit verbundenen Stärken und Schwächen zu schaffen. Das in dieser Arbeit theoretisch hergeleitete und im Rahmen der Studienfach- und Hochschulwahl eingesetzte Prozessmodell zur IT-gestützten Kompetenzanalyse zeigt, wie dies als Funktion des ganzheitlichen Kompetenzmanagements möglich ist.

Inhaltsübersicht

VORWORT V

ABSTRACT VII

INHALTSÜBERSICHT IX

INHALTSVERZEICHNIS XI

ABBILDUNGSVERZEICHNIS XVII

TABELLENVERZEICHNIS XXI

ABKÜRZUNGSVERZEICHNIS XXVII

1. EINLEITUNG 1

2. STAND DER FORSCHUNG 13

3. IT-GESTÜTZTER PROZESS ZUR KOMPETENZANALYSE 113

4. IT-GESTÜTZTER PROZESS ZUR KOMPETENZANALYSE
   IM RAHMEN DER STUDIENFACH- UND HOCHSCHULWAHL ... 197

5. IT-GESTÜTZTE KOMPETENZANALYSE UND GANZHEITLICHES
   KOMPETENZMANAGEMENT 263

6. ZUSAMMENFASSUNG UND AUSBLICK 281

LITERATURVERZEICHNIS 290

ANHANG 317

Inhaltsverzeichnis

VORWORT V

ABSTRACT VII

INHALTSÜBERSICHT IX

INHALTSVERZEICHNIS XI

ABBILDUNGSVERZEICHNIS XVII

TABELLENVERZEICHNIS XXI

ABKÜRZUNGSVERZEICHNIS XXVII

1. EINLEITUNG 1
   1.1. AUSGANGSSITUATION UND PROBLEMSTELLUNG 1
   1.2. ZIELE UND FORSCHUNGSFRAGEN 3
   1.3. FORSCHUNGSDESIGN 6
   1.4. AUFBAU DER ARBEIT 9
   1.5. KONVENTIONEN 11

2. STAND DER FORSCHUNG 13
   2.1. MOTIVATION UND ZIELSETZUNG DES KAPITELS 13
   2.2. KOMPETENZKONZEPTE 14
       2.2.1. *Definition und Klassifikation organisationaler Kompetenzen* 15
       2.2.2. *Definition und Klassifikation personeller Kompetenzen* 21
   2.3. ANSÄTZE DES KOMPETENZMANAGEMENTS 28
       2.3.1. *Managementansätze für die Ebene der Organisation* 29
           2.3.1.1. Ansatz nach Hamel und Prahalad 30
           2.3.1.2. Ansatz nach Krüger und Homp 32
           2.3.1.3. Ansatz nach Deutsch, Diedrichs, Raster und Westphal 34
           2.3.1.4. Ansatz nach Probst, Deussen, Eppler und Raub 36
           2.3.1.5. Ansatz nach Hümmer 38
           2.3.1.6. Vergleich der Ansätze 40

2.3.2. Managementansätze für die Ebene des Individuums 42
   2.3.2.1. Ansätze aus dem Bereich der Kompetenzentwicklung 43
   2.3.2.2. Ansatz zur Kompetenzentwicklung nach Heyse und Erpenbeck 44
   2.3.2.3. Ansatz zur Kompetenzentwicklung nach Hänggi 46
   2.3.2.4. Ansätze aus dem Bereich des Personalmanagements 46
   2.3.2.5. Ansatz zum Skillmanagement nach Faix, Buchwald und Wetzler 48
   2.3.2.6. Ansatz zum Skillmanagement nach Beck 49
   2.3.2.7. Vergleich der Ansätze 50
2.3.3. Ebenen übergreifende Managementansätze 51
   2.3.3.1. Ansatz nach Klemke, Kröpelin und Kuth 52
   2.3.3.2. Ansatz nach North und Reinhardt 53
   2.3.3.3. Vergleich der Ansätze 55

2.4. ANSÄTZE DER KOMPETENZANALYSE 56
  2.4.1. Analyseansätze für die Ebene der Organisation 56
     2.4.1.1. Ressourcenorientierter Ansatz 59
     2.4.1.2. Portfoliobasierter Ansatz 60
     2.4.1.3. Wissensbasierter Ansatz 62
     2.4.1.4. Indikatorenbasierter Ansatz 65
     2.4.1.5. Bereichsspezifischer Ansatz 67
     2.4.1.6. Prozessorientierter Ansatz 68
     2.4.1.7. Vergleich der Ansätze 70
  2.4.2. Analyseansätze für die Ebene des Individuums 73
     2.4.2.1. Interviewbasierter Ansatz 75
     2.4.2.2. Arbeitsprobenbasierter Ansatz 77
     2.4.2.3. Testbasierter Ansatz 79
     2.4.2.4. Assessment Center-basierter Ansatz 81
     2.4.2.5. Selbstbeurteilungsbasierter Ansatz 83
     2.4.2.6. Biografiebasierter Ansatz 85
     2.4.2.7. Multimethodenbasierter Ansatz 87
     2.4.2.8. Vergleich der Ansätze 88
  2.4.3. Ebenen übergreifende Analyseansätze 90

2.5. SYSTEMTECHNISCHE UNTERSTÜTZUNG DES KOMPETENZMANAGEMENTS 94
  2.5.1. Funktionen von Kompetenzmanagement-Systemen 94
  2.5.2. Anforderungen an Kompetenzmanagement-Systeme 97

2.6. ANWENDUNGSBEREICHE DES KOMPETENZMANAGEMENTS 100
  2.6.1. Kompetenzmanagement in Hochschulen 100

2.6.1.1.	Studienfach- und Hochschulwahl	101
2.6.1.2.	Bewerberauswahl	104
2.6.1.3.	Lehrveranstaltungskonzeption	105
2.6.1.4.	Hochschulentwicklung	106
2.6.2.	*Kompetenzmanagement in Unternehmen*	*106*
2.6.2.1.	Personalauswahl	107
2.6.2.2.	Personaleinsatzplanung	109
2.6.2.3.	Personalentwicklung	109
2.6.2.4.	Unternehmensentwicklung	110
2.7.	ZUSAMMENFASSUNG DES KAPITELS	110

3. IT-GESTÜTZTER PROZESS ZUR KOMPETENZANALYSE ... 113

3.1.	MOTIVATION UND ZIELSETZUNG DES KAPITELS	113
3.2.	GANG DER UNTERSUCHUNG UND METHODIK	114
3.3.	ÜBERBLICK ÜBER DEN GESAMTPROZESS DER KOMPETENZANALYSE	116
3.4.	TEILPROZESS I: ERMITTLUNG DES GEFORDERTEN KOMPETENZPROFILS	120
3.4.1.	*Untersuchung der Prozesselemente*	*120*
3.4.1.1.	Analyse von Sekundärdaten zur Profilermittlung	122
3.4.1.2.	Erhebung von Primärdaten zur Profilermittlung	125
3.4.1.3.	Analyse von Primärdaten zur Profilermittlung	132
3.4.2.	*Modellierung des Teilprozesses I*	*134*
3.4.3.	*Ansatzpunkte zur IT-Unterstützung des Teilprozesses I*	*141*
3.5.	TEILPROZESS II: ERSTELLUNG DES KOMPETENZANALYSEINSTRUMENTS	148
3.5.1.	*Untersuchung der Prozesselemente*	*148*
3.5.1.1.	Auswahl und Entwicklung der Items zur Kompetenzanalyse	149
3.5.1.2.	Bewertung der Items zur Kompetenzanalyse	152
3.5.1.3.	Vorbereitung der Kompetenzauswertung	152
3.5.1.4.	Prüfung des Kompetenzanalyseinstruments	158
3.5.2.	*Modellierung des Teilprozesses II*	*160*
3.5.3.	*Ansatzpunkte zur IT-Unterstützung des Teilprozesses II*	*166*
3.6.	TEILPROZESS III: DURCHFÜHRUNG DER KOMPETENZANALYSE	172
3.6.1.	*Untersuchung der Prozesselemente*	*172*
3.6.1.1.	Besonderheiten der computerbasierten Analysedurchführung	173
3.6.1.2.	Erhebung der Kompetenzdaten aus Sicht des Analysierten	174
3.6.1.3.	Durchführungsobjektivität bei der Kompetenzanalyse	176
3.6.2.	*Modellierung des Teilprozesses III*	*177*

3.6.3. Ansatzpunkte zur IT-Unterstützung des Teilprozesses III 181
3.7. TEILPROZESS IV: AUSWERTUNG DER KOMPETENZANALYSE 185
    3.7.1. Untersuchung der Prozesselemente 185
        3.7.1.1. Kompetenzauswertung für den Analysierten 186
        3.7.1.2. Kompetenzauswertung für den Analysierenden 186
    3.7.2. Modellierung des Teilprozesses IV 187
    3.7.3. Ansatzpunkte zur IT-Unterstützung des Teilprozesses IV 192
3.8. ZUSAMMENFASSUNG DES KAPITELS 196

4. IT-GESTÜTZTER PROZESS ZUR KOMPETENZANALYSE IM RAHMEN DER STUDIENFACH- UND HOCHSCHULWAHL 197

4.1. MOTIVATION UND ZIELSETZUNG DES KAPITELS 197
4.2. GANG DER UNTERSUCHUNG UND METHODIK 198
    4.2.1. Perspektiven- und prozessorientierte Untersuchung 199
    4.2.2. Prototypische Umsetzung 200
    4.2.3. Nutzerakzeptanz bezogene Analyse 201
4.3. PERSPEKTIVE DES ANALYSIERENDEN 203
    4.3.1. Teilprozess I: Ermittlung des geforderten Kompetenzprofils 203
        4.3.1.1. Beschreibung der Sekundärdaten aus bestehenden Kompetenzprofilen 204
        4.3.1.2. Beschreibung der Sekundärdaten aus Tätigkeitsbeschreibungen 213
        4.3.1.3. Analyse der Sekundärdaten zur Profilermittlung 216
        4.3.1.4. Zusammenfassende Diskussion der Untersuchungsergebnisse 219
    4.3.2. Teilprozess II: Erstellung des Kompetenzanalyseinstruments 220
        4.3.2.1. Auswahl und Entwicklung der Items zur Kompetenzanalyse 221
        4.3.2.2. Bewertung der Items zur Kompetenzanalyse 229
        4.3.2.3. Vorbereitung der Kompetenzauswertung 230
        4.3.2.4. Gestaltung und Umsetzung des Kompetenzanalyseinstruments 231
        4.3.2.5. Prüfung des Kompetenzanalyseinstruments 233
        4.3.2.6. Zusammenfassende Diskussion der Untersuchungsergebnisse 239
    4.3.3. Teilprozess IV: Auswertung der Kompetenzanalyse 240
        4.3.3.1. Auswertung und Interpretation der Qualifikationen 241
        4.3.3.2. Auswertung und Interpretation der Kompetenzen 244
        4.3.3.3. Zusammenfassende Diskussion der Untersuchungsergebnisse 248
4.4. PERSPEKTIVE DES ANALYSIERTEN 249
    4.4.1. Teilprozess III: Durchführung der Kompetenzanalyse 249

4.4.1.1.	Vorbereitende Schritte zur Analysedurchführung	250
4.4.1.2.	Erfassung der Daten zur Kompetenzanalyse	253
4.4.1.3.	Zusammenfassende Diskussion der Untersuchungsergebnisse	255
4.4.2.	Teilprozess IV: Auswertung der Kompetenzanalyse	256
4.4.2.1.	Darstellung der Ergebnisse der Kompetenzanalyse	257
4.4.2.2.	Interpretation der Ergebnisse der Kompetenzanalyse	258
4.4.2.3.	Zusammenfassende Diskussion der Untersuchungsergebnisse	261
4.5.	ZUSAMMENFASSUNG DES KAPITELS	261

5. IT-GESTÜTZTE KOMPETENZANALYSE UND GANZHEITLICHES KOMPETENZMANAGEMENT ... 263

5.1.	MOTIVATION UND ZIELSETZUNG DES KAPITELS	263
5.2.	GANG DER UNTERSUCHUNG UND METHODIK	264
5.3.	MERKMALE EINES GANZHEITLICHEN KOMPETENZMANAGEMENTS	264
5.3.1.	*System- und Umweltorientierung*	*266*
5.3.2.	*Netzwerkorientierung*	*267*
5.3.3.	*Ordnungsbildung zur Komplexitätsbewältigung*	*268*
5.3.4.	*Lenkungs- und Entwicklungsorientierung*	*269*
5.3.5.	*Ziel- und Zukunftsorientierung*	*270*
5.3.6.	*Inhalts- und Prozessorientierung*	*271*
5.4.	BEITRAG EINER IT-GESTÜTZTEN KOMPETENZANALYSE ZUM GANZHEITLICHEN KOMPETENZMANAGEMENT	272
5.4.1.	*System- und Umweltorientierung*	*272*
5.4.2.	*Netzwerkorientierung*	*274*
5.4.3.	*Ordnungsbildung zur Komplexitätsbewältigung*	*275*
5.4.4.	*Lenkungs- und Entwicklungsorientierung*	*275*
5.4.5.	*Ziel- und Zukunftsorientierung*	*276*
5.4.6.	*Inhalts- und Prozessorientierung*	*277*
5.5.	ZUSAMMENFASSUNG DES KAPITELS	278

6. ZUSAMMENFASSUNG UND AUSBLICK ... 281

6.1.	ZUSAMMENFASSUNG	281
6.2.	AUSBLICK	287

LITERATURVERZEICHNIS ... 290

ANHANG ... 317

Abbildungsverzeichnis

Abbildung 1: Aufbau der Arbeit 10

Abbildung 2: Klassifikation von Ressourcen im „Resource-based View"
in Anlehnung an Hümmer (2001, S. 56) 16

Abbildung 3: Übersicht einiger traditioneller Attributionsbegriffe
(Erpenbeck und von Rosenstiel, 2003, S. XXX) 24

Abbildung 4: Kernkompetenz-Akquisitionsagenda in Anlehnung an
Hamel und Prahalad (1995, S. 341) 30

Abbildung 5: Zyklus des Kernkompetenz-Management in Anlehnung an
Krüger und Homp (1997, S. 93) 32

Abbildung 6: Der Prozess des Kernkompetenz-Managements in
Anlehnung an Deutsch et al. (1997, S. 32) 36

Abbildung 7: Idealtypische Abfolge der Aufgabenstellungen
kernkompetenzorientierten Managements (Hümmer,
2001, S. 322) 39

Abbildung 8: Skillmanagement (Faix et al., 1991, S. 120) 49

Abbildung 9: Phasen zur Implementierung eines ganzheitlichen
Kompetenzmanagements in Anlehnung an Klemke et al.
(2003, S. 30) 52

Abbildung 10: Verbindung unterschiedlicher Ebenen im
Kompetenzmanagement (North und Reinhardt, 2005,
S. 17 zitiert nach Reinhardt, 2004) 54

Abbildung 11: Das Portfolio der Kompetenzen (Hinterhuber und Stuhec, 1997, S. 9) 61

Abbildung 12: Erschließung von Zugängen zu Kernkompetenzen in Anlehnung an Boos und Jarmai (1994, S. 21) 63

Abbildung 13: Indikatoren zur Operationalisierung des Konstrukts „Kernkompetenz" (Faix und Kupp, 2002, S. 79) 66

Abbildung 14: Nine Core IS Capabilities (Feeny und Willcocks, 1998, S. 11) 67

Abbildung 15: Phasen des gesamthaften Prozessmodells zur Identifikation von Kernkompetenzen und ihre Ziele (Rogulic, 1999, S. 259) 69

Abbildung 16: Zeitliche Gestaltung des Lernpotential-Assessment-Centers (Sarges, 2003, S. 67) 82

Abbildung 17: Prozessorientierte Qualifizierungsstrategie in zehn Schritten in Anlehnung an Frieling et al. (2003, S. 182) zitiert nach Frieling, Grote und Kauffeld (2000) 92

Abbildung 18: „Person-Job-Fit" als Grundmodell der Integration von Individuum und Organisation (Amelang, 1997, S. 90, zitiert nach Hedrich, 1994, S. 84) 108

Abbildung 19: Grafische Notation der Elemente einer eEPK 115

Abbildung 20: Gesamtprozess der Kompetenzanalyse 119

Abbildung 21: Allgemeines inhaltsanalytisches Ablaufmodell (Mayring, 2003, S. 54) 124

Abbildung 22: Einteilung der Befragungsmethoden/-formen in
Anlehnung an Frieling und Sonntag (1999, S. 64) 126

Abbildung 23: Überblick über Datenanalyseverfahren (Böhler, 2004,
S. 166) 132

Abbildung 24: EPK zur Abbildung des Teilprozesses I (Teil 1) 138

Abbildung 25: EPK zur Abbildung des Teilprozesses I (Teil 2) 139

Abbildung 26: EPK zur Abbildung des Teilprozesses I (Teil 3) 140

Abbildung 27: IT-Unterstützung des Teilprozesses I (Teil 1) 145

Abbildung 28: IT-Unterstützung des Teilprozesses I (Teil 2) 146

Abbildung 29: IT-Unterstützung des Teilprozesses I (Teil 3) 147

Abbildung 30: Beispiel für ein Profildiagramm 154

Abbildung 31: Beispiel für ein Spinnennetzdiagramm 155

Abbildung 32: Ikonografische Darstellung am Beispiel von Smileys 156

Abbildung 33: Beispiel für eine Wissenslandkarte (Böhm et al., 2004) 156

Abbildung 34: EPK zur Abbildung des Teilprozesses II (Teil 1) 163

Abbildung 35: EPK zur Abbildung des Teilprozesses II (Teil 2) 164

Abbildung 36: EPK zur Abbildung des Teilprozesses II (Teil 3) 165

Abbildung 37: IT-Unterstützung des Teilprozesses II (Teil 1) 169

Abbildung 38: IT-Unterstützung des Teilprozesses II (Teil 2) 170

Abbildung 39: IT-Unterstützung des Teilprozesses II (Teil 3) 171

Abbildung 40: EPK zur Abbildung des Teilprozesses III (Teil 1) 179

Abbildung 41: EPK zur Abbildung des Teilprozesses III (Teil 2) 180

Abbildung 42: IT-Unterstützung des Teilprozesses III (Teil 1) 183

Abbildung 43: IT-Unterstützung des Teilprozesses III (Teil 2) 184

Abbildung 44: EPK zur Abbildung des Teilprozesses IV (Teil 1) 190

Abbildung 45: EPK zur Abbildung des Teilprozesses IV (Teil 2) 191

Abbildung 46: IT-Unterstützung des Teilprozesses IV (Teil 1) 194

Abbildung 47: IT-Unterstützung des Teilprozesses IV (Teil 2) 195

Abbildung 48: Ausprägungen der Persönlichkeitskompetenzen bei den Analysierten (N = 140) 246

Abbildung 49: Ausprägungen der Sozialkompetenzen bei den Analysierten (N = 140) 247

Tabellenverzeichnis

Tabelle 1: Weitere Definitionen des Begriffs Kernkompetenz 19

Tabelle 2: Weitere Definitionen des Kompetenzbegriffs für die Ebene des Individuums 25

Tabelle 3: Vergleich der Kompetenzmanagementkonzepte 41

Tabelle 4: Methoden der Kompetenzentwicklung in Anlehnung an Heyse und Erpenbeck (1997, S. 198ff.) zitiert nach Bunk und Stenzel (1990) 45

Tabelle 5: Kompetenzkonzepte im Personalmanagement 47

Tabelle 6: Ansätze zur Analyse von organisationalen Kompetenzen in Anlehnung an Amberg et al. (2005) 58

Tabelle 7: Parallelzugänge zu den Kernkompetenzen (Boos und Jarmai, 1994, S. 25) 64

Tabelle 8: Stärken und Schwächen bei der Analyse organisationaler Kompetenzen 71

Tabelle 9: Ansätze zur Erhebung von personellen Kompetenzen 74

Tabelle 10: Arten von Arbeitsproben in Anlehnung an Schaper (2003, S. 192ff.) 78

Tabelle 11: Inhalte des Tests zur beruflichen Orientierung und Planung in Anlehnung an Lang-von Wins et al. (2003, S. 35f.) 80

Tabelle 12:	Methodologische Ausgestaltung der Interviewphasen in Anlehnung an Erpenbeck und Heyse (1999, S. 235f.)	86
Tabelle 13:	Verfahren des Kompetenz-Kompass® in Anlehnung an Hänggi (2003, S. 390f.)	88
Tabelle 14:	Stärken und Schwächen bei der Messung personeller Kompetenzen	89
Tabelle 15:	Anforderungen an Skillmanagement-Systeme in Anlehnung an Uslar (2004, S. 49ff.)	98
Tabelle 16:	Webbasierte Selbsttests zur Studienfach- und Hochschulwahl	101
Tabelle 17:	Teilprozesse der Kompetenzanalyse	117
Tabelle 18:	Fragen zur Erfassung von Kompetenzanforderungen bei der Arbeitsanalyse in Anlehnung an Reimann (2004, S. 107f.)	121
Tabelle 19:	Vor- und Nachteile von mündlichen und schriftlichen Befragungsformen in Anlehnung an Schwarzer (1983) und Bidmon und Spatzl (1994)	127
Tabelle 20:	Formen der Standardisierung bei Befragungen (Frieling und Sonntag, 1995, S. 64)	128
Tabelle 21:	Erlaubte Kennwerte und Analyseverfahren in Anlehnung an Fisseni (1997, S. 29)	133
Tabelle 22:	Gütekriterien der Personaldiagnostik	158
Tabelle 23:	Anforderungen der standardisierten Datenerhebung (Kanning, 2004, S. 258)	176

Tabelle 24:	Bereiche des WiSo@visors	198
Tabelle 25:	Sozialkompetenzen zur Primärdatenerhebung in Anlehnung an Amberg et al. (2005b)	205
Tabelle 26:	Persönlichkeitskompetenzen zur Primärdatenerhebung in Anlehnung an Amberg et al. (2005b) (Teil 1)	205
Tabelle 27:	Persönlichkeitskompetenzen zur Primärdatenerhebung in Anlehnung an Amberg et al. (2005b) (Teil 2)	206
Tabelle 28:	Fachkompetenzen zur Primärdatenerhebung in Anlehnung an Amberg et al. (2005b)	207
Tabelle 29:	Methodenkompetenzen zur Primärdatenerhebung in Anlehnung an Amberg et al. (2005b)	208
Tabelle 30:	Allgemeine Informationen und demografische Daten zu den Primärdatenerhebungen (Amberg et al., 2005b; Amberg et al., 2006)	209
Tabelle 31:	Ergebnisse der Primärdatenerhebungen in Anlehnung an Amberg et al. (2005b) und Amberg et al. (2006a)	211
Tabelle 32:	Anzahl der Nennungen von Sozialkompetenzen in Sekundärquellen	214
Tabelle 33:	Anzahl der Nennungen von Persönlichkeitskompetenzen in Sekundärquellen	215
Tabelle 34:	Anzahl der Nennungen von Methodenkompetenzen in Sekundärquellen	216
Tabelle 35:	Zusammenfassung der Sekundärdaten zur Ermittlung des geforderten Kompetenzprofils	217

Tabelle 36:	Kompetenzanforderungen für die Kompetenzanalyse im Rahmen des WiSo@visors	218
Tabelle 37:	Quellen für die ausgewählten bzw. weiterentwickelten Items	222
Tabelle 38:	Exemplarische Items für die Erhebung der Methodenkompetenzen	224
Tabelle 39:	Exemplarische Items für die Erhebung der Persönlichkeitskompetenzen	225
Tabelle 40:	Exemplarische Items für die Erhebung der Sozialkompetenzen	226
Tabelle 41:	Erfassung von Qualifikationsmerkmalen (Teil 1)	227
Tabelle 42:	Erfassung von Qualifikationsmerkmalen (Teil 2)	228
Tabelle 43:	Gütekriterien der Items zur Ermittlung der Persönlichkeitskompetenzen	235
Tabelle 44:	Gütekriterien der Items zur Ermittlung der Sozialkompetenzen	236
Tabelle 45:	Schwierigkeitsgrad der Items zur Analyse der Methodenkompetenzen	238
Tabelle 46:	Abitur- bzw. Durchschnittsnote der Analysierten (N = 136)	241
Tabelle 47:	Schulart der Analysierten (N = 136)	242
Tabelle 48:	Bundesland bezogen auf den Wohnort und die Schulausbildung (N = 136)	242

Tabelle 49:	Leistungskurse und Abiturfächer der Analysierten (N = 136)	242
Tabelle 50:	Zusätzliche Qualifikationen der Analysierten (N = 136)	243
Tabelle 51:	Fremdsprachenkenntnisse der Analysierten (N = 136)	244
Tabelle 52:	Testergebnisse der Analysierten im Bereich der Persönlichkeitskompetenzen (N = 140)	245
Tabelle 53:	Testergebnisse der Analysierten im Bereich der Sozialkompetenzen (N = 140)	246
Tabelle 54:	Gegenüberstellung von Testergebnis und Selbsteinschätzung (N = 140)	247
Tabelle 55:	Itemstatistik für die Indizes zur Akzeptanzanalyse (Teil 1)	252
Tabelle 56:	Itemstatistik für die Indizes zur Akzeptanzanalyse (Teil 2)	255
Tabelle 57:	Ergebnisse der Korrelationsanalyse (Spearman's Rangkorrelationskoeffizient Rho)	259
Tabelle 58:	Überblick über ganzheitliche Ansätze	265

Abkürzungsverzeichnis

AC	Assessment Center
AG	Aktiengesellschaft
BMBF	Bundesministerium für Bildung und Forschung
BWL	Betriebswirtschaftslehre
CD	Competence Deployment
CIOs	Chief Information Officers
E-Learning	Electronic Learning
FH	Fachhochschule
FK	Fachkompetenz(en)
FU	Freie Universität
EPK	Ereignisgesteuerte Prozesskette(n)
eEPK	erweiterte Ereignisgesteuerte Prozesskette(n)
HAW	Hochschule für Angewandte Wissenschaften
HRM	Human Resource Management
HR-XML	Human Resource-eXtensible Markup Language
HTML	Hypertext Markup Language
IS	Information System(s)
IT	Informationstechnologie(n), Information Technology
JPEG	Joint Photographic Experts Group
KM	Kompetenzmanagement
LP	Lernpotential

LMU	Ludwig Maximilian Universität
MK	Methodenkompetenz(en)
MLA	Modern Language Association
MS	Microsoft
PC	Personal Computer
PDF	Portable Document Format
PK	Persönlichkeitskompetenz(en)
PNG	Portable Network Graphics
RU	Ruhr-Universität
RWTH	Rheinisch-Westfälische Technische Hochschule
SGF	Strategisches Geschäftsfeld, Strategische Geschäftsfelder
SK	Sozialkompetenz(en)
SPSS	Statistical Package for the Social Sciences
SSCI	Social Sciences Citation Index
TU	Technische Universität
TOP	Test zur beruflichen Orientierung
TQM	Total Quality Management
VU	Veterinärmedizinische Universität
VRIO	Value, Rarity, Imitability, Organization
WI	Wirtschaftsinformatik
WiSo	Wirtschafts- und Sozialwissenschaftliche Fakultät

1. Einleitung

1.1. Ausgangssituation und Problemstellung

Die Globalisierung und zunehmende Liberalisierung der Märkte haben zu einer deutlichen Verschärfung des internationalen Wettbewerbs geführt, aus der ein immer höherer Innovationsdruck in Deutschland resultiert (Bundesministerium für Bildung und Forschung, 2005). Betroffen sind nicht nur Unternehmen, sondern im verstärkten Maße auch öffentlich-rechtliche Institutionen. Sie stehen vor der Herausforderung, die innovationsrelevanten Ressourcen zu identifizieren, zielgerichtet einzusetzen und kontinuierlich weiterzuentwickeln. Im Rahmen von Innovationsprozessen kommen dem Faktor Mensch und dem mit ihm verbundenen Know-how eine Schlüsselrolle zu (Bundesministerium für Bildung und Forschung, 2005). Obgleich es sich dabei um ein wettbewerbsentscheidendes Aktionsfeld handelt, bestehen hier sowohl bei Unternehmen als auch bei staatlichen Einrichtungen deutliche Defizite.

Eine aktuelle Studie, die auf 149 Einzelinterviews mit Personalverantwortlichen der ersten und zweiten Führungsebene basiert, belegt, dass die Kompetenzen der Mitarbeiter als strategische Potenziale weder ausreichend erkannt noch entsprechend weiterentwickelt werden, was zu einer erheblichen Ressourcenverschwendung führt (Buck und Mühlenhoff, 2006). Da ohnehin nur jedes dritte Unternehmen in Deutschland die Kompetenzen seiner Mitarbeiter regelmäßig erfasst, sind diese einem Großteil gänzlich unbekannt. Häufig werden lediglich klassische Instrumente des Personalmanagements wie Leistungsbeurteilungen oder Zielvereinbarungen eingesetzt, die jedoch überwiegend nicht dazu geeignet sind, Kompetenzen zu erfassen. Selbst die Unternehmen, welche die Notwendigkeit einer verstärkten Kompetenzorientierung erkannt haben, stehen laut der Studie von Buck und Mühlenhoff (2006) vor beträchtlichen Umsetzungsproblemen. Dies hat nicht nur Auswirkungen auf den Effizienzgrad der Nutzung personeller Ressourcen, sondern beeinflusst in erheblichem Maße die Kompetenzen des gesamten Unternehmens und führt dazu, dass diese nicht vorteilhaft im Wettbewerb eingesetzt werden können.

Aber nicht nur Unternehmen, sondern auch der öffentliche Sektor hat mit der oben skizzierten Problematik zu kämpfen. Aktuell ist dies insbesondere im Hochschulbereich Deutschlands augenfällig. Aufgrund der internationalen Angleichung der Studienabschlüsse im Rahmen des von der EU initiierten Bologna-Prozesses sowie der Bildungs- und Innovationsoffensive der Bundesregierung stehen deutsche Hochschulen vor der Herausforderung, immer mehr und besser für den Arbeitsmarkt qualifizierte Studenten auszubilden. In diesem Kontext wird in erster Linie die Entwicklung von Lösungskonzepten für die derzeitigen Hauptproblemfelder „schlechte Studienbedingungen" und „Leistungsprobleme der Studenten" erforderlich.

Wie dringlich Handlungsbedarf besteht, zeigen folgende Zahlen und Analysen: Nach einer Studie der Hochschul-Informations-System GmbH liegen die derzeitigen Studienabbrecher- und Fachwechslerquoten an Universitäten bei 30 % und an Fachhochschulen bei 22 % der Studierenden (Heublein, Spangenberg und Sommer, 2003). Neben dieser Tatsache gibt es in Deutschland, verglichen mit anderen europäischen Ländern, zu wenige Studienanfänger. Eine Untersuchung zum Innovationssystem Deutschland zeigt, dass im internationalen Vergleich hier die mit Abstand niedrigste Studienanfängerquote zu beobachten ist. Während z. B. in Finnland ca. 72 % aller Studienberechtigten ein Studium beginnen, liegt dieser Anteil in Deutschland lediglich bei ca. 32 % (Egeln, Eckert, Heine, Kerst und Weitz, 2004). Eine hohe Quote an Studienanfängern und erfolgreichen Absolventen ist jedoch ein wichtiger Faktor für eine positive gesamtwirtschaftliche Entwicklung (Bundesministerium für Bildung und Forschung, 2005).

Seit einigen Jahren streben Bund und Länder einen Wandel in Richtung innovativer und wettbewerbsorientierter Hochschulkultur an. In diesem Zusammenhang erhalten staatliche Hochschulen mehr Freiheiten, aus denen sich aber auch neue Herausforderungen ergeben. Im Hinblick auf einen stärkeren Wettbewerb sind sie gefordert, die bereits bestehenden spezifischen Unterschiede (z. B. aufgrund hochschuleigener Lehr- und Forschungsschwerpunkte, unterschiedlicher Lehrpläne oder anderer Praxispartner) in Wettbewerbsvorteile umzuwandeln. Zukünftig müssen sich Hochschulen nach außen klarer voneinander abgrenzen. Hierzu ist es notwendig, das Hochschulprofil und die damit verbundenen Kompetenzen stärker zu kommunizieren sowie in die hochschulinternen und -externen Abläufe zu integrieren.

Ein Ansatz zur Lösung der skizzierten Problemfelder ist das gezielte Management von Kompetenzen, das jedoch nicht nur punktuell zum Einsatz kommen darf, sondern ganzheitlich verstanden werden muss. Kompetenzen beziehen sich hierbei nicht nur auf die Fähigkeiten und Qualifikationen von Personen einer Organisation (Erpenbeck und Rosenstiel, 2002), sondern können auch als ziel- und marktgerichtete Kombination der Ressourcen einer Unternehmung verstanden werden (Hümmer, 2001). Eine erste State-of-the-Art Analyse zeigt, dass sich verschiedene Wissenschaftsdisziplinen, wie z. B. die Betriebswirtschaftslehre, die Psychologie und die Pädagogik, mit Kompetenzkonzepten auseinander setzen. Es existiert eine Vielzahl an theoretischen Ansätzen zur Definition, Analyse und dem Management von Kompetenzen (vgl. Erpenbeck und von Rosenstiel, 2003; Freiling, 2002). Gleichzeitig ist der Bedarf an praktisch einsetzbaren Konzepten sehr hoch. Dies zeigt nicht nur die eingangs vorgestellte Studie von Buck und Mühlenhoff (2006), sondern auch eine Untersuchung von Fank (2004) mit 202 Unternehmensvertretern bestätigt, dass Kompetenzmanagement vor allem in der Zukunft eine bedeutende Stellung in der Unternehmensführung einnehmen wird. Hierzu ist es notwendig, geeignete Instrumente und Methoden zur Verfügung zu stellen. Ein erster Schritt für die Implementierung eines ganzheitlichen Kompetenzmanagements ist die systematische Erfassung der angestrebten bzw. bestehenden Kompetenzen. Da dies sehr aufwendig ist und die hieraus resultierenden Informationen regelmäßig benötigt werden, ist ein Einsatz von Informationstechnologien (IT) zur effizienten Durchführung der Kompetenzanalyse unerlässlich. Buck (2006) stellt vor allem für diesen Bereich enorme Defizite fest. Hieraus ergeben sich neue Herausforderungen an die anwendungsrelevante Forschung.

1.2. Ziele und Forschungsfragen

Für die effiziente Nutzung personeller Ressourcen und die Schaffung organisationaler Wettbewerbsvorteile ist eine tiefer gehende Auseinandersetzung mit einem ganzheitlichen Kompetenzmanagement erforderlich. Hierbei stehen vor allem die Erfassung und die Analyse von Kompetenzen im Fokus der Betrachtung. Dies resultiert aus der Tatsache, dass die bei der Kompetenzanalyse ermittelten Informationen als Basis für die gezielte Steuerung und die strategische Ausrichtung der Kompetenzen dienen. Nur wenn in dieser Phase geeignete

Instrumente und Methoden zur Verfügung stehen, können alle weiteren Steuerungsaufgaben effektiv und effizient durchgeführt werden.

Das grundlegende Ziel dieser Arbeit ist die theoretische und praktische Fundierung der IT-gestützten Kompetenzanalyse als Voraussetzung für ein ganzheitliches Kompetenzmanagement. Hierzu erfolgt eine prozessorientierte Betrachtung, deren Ergebnis ein Prozessmodell ist, das eine systematische Analyse von Kompetenzen mittels IT ermöglicht. Die Untersuchung und Entwicklung des Prozessmodells zur IT-gestützten Kompetenzanalyse erfolgen für die Ebene des Individuums. Wie in der Problemstellung (vgl. Kapitel 1.1) dargestellt, fehlen insbesondere in diesem Bereich sowohl in Unternehmen als auch in staatlichen Einrichtungen anwendbare Instrumente und Methoden. Der praktische Umsetzungstest des entwickelten Prozessmodells zur Analyse personeller bzw. individueller Kompetenzen soll im Rahmen der Studienfach- und Hochschulwahl erfolgen. Gerade im Hochschulsektor ist der Bedarf an innovativen Konzepten und deren Integration in die dort bestehenden Prozesse besonders hoch. Darüber hinaus handelt es sich hierbei um eine frühe Phase in der studentischen Ausbildung, die ein geeigneter Ausgangspunkt für die Übertragung von in dieser Arbeit erworbenen Erkenntnissen auf die nachfolgenden Phasen sein könnte.

Die IT-gestützte Analyse individueller Kompetenzen kann Abiturienten bzw. Studieninteressierten helfen, die Studienentscheidung im Vorfeld des Bewerbungsprozesses zu verbessern. Die daraus resultierenden Informationen über Stärken und Schwächen können insbesondere zu einer besseren Wahl im Hinblick auf das zukünftige Studienfach führen. Darüber hinaus ergibt sich für die Hochschulen die Möglichkeit, studiengangsabhängige Anforderungen und hochschulspezifische Besonderheiten gezielter zu vermitteln. Für die prozessorientierte Betrachtung der IT-gestützten Kompetenzanalyse als Voraussetzung für ein ganzheitliches Kompetenzmanagement ergeben sich die folgenden Forschungsfragen:

1. **Wie ist der Stand der Forschung im Bereich des Kompetenzmanagements?**

   Um zu klären, inwieweit das Kompetenzmanagement einen konkreten Beitrag zu den in Kapitel 1.1 skizzierten Problemstellungen leistet, ist es erforderlich, sich eingehend mit den in diesem Bereich zahlreich existierenden Konzepten auseinander zu setzen. In diesem Kontext soll ebenfalls untersucht werden, welche Ansätze zur Analyse und Identifikation von Kompetenzen bereits bestehen. Darüber hinaus ist zu klären, wie der Stand der systemtechnischen Unterstützung ist und welche potenziellen Anwendungsbereiche es im Hinblick auf das Kompetenzmanagement gibt.

2. Wie ist der Prozess der Kompetenzanalyse gestaltet und inwieweit lässt sich dieser mittels IT unterstützen?

Die Voraussetzung für das Kompetenzmanagement ist ein möglichst umfassendes Wissen über bestehende bzw. angestrebte Kompetenzen. Dies kann nur mithilfe einer strukturierten Kompetenzanalyse generiert werden. Wie eine solche Kompetenzanalyse IT-gestützt durchzuführen ist, soll durch die Beantwortung dieser Forschungsfrage geklärt werden. Hierzu ist es notwendig, die bei der Kompetenzanalyse erforderlichen Prozessschritte zu identifizieren und zu einem Gesamtprozess zusammenzufassen. Darüber hinaus sind Ansatzpunkte für eine mögliche IT-Unterstützung zu ermitteln.

3. Inwiefern kann der theoretisch hergeleitete Prozess zur IT-gestützten Kompetenzanalyse praktisch umgesetzt werden?

Um zu klären, ob das theoretisch hergeleitete Prozessmodell in der Praxis anwendbar ist, werden die identifizierten Prozessschritte im Rahmen der Studienfach- und Hochschulwahl nacheinander ausgeführt. Hierbei soll insbesondere untersucht werden, inwieweit die IT-gestützte Kompetenzanalyse einen Nutzen stiftet und die in diesem Anwendungsbeispiel betrachtete Zielgruppe, die Studieninteressierten, bei der Studienentscheidung unterstützt.

4. Welchen Beitrag leistet eine IT-gestützte Kompetenzanalyse im Rahmen eines ganzheitlichen Kompetenzmanagements?

Abschließend ist zu klären, inwiefern ein ganzheitliches Kompetenzmanagement eine IT-gestützte Kompetenzanalyse voraussetzt. Die hierfür notwendige Untersuchung soll anhand der für ganzheitliche Denkansätze charakteristischen Merkmale erfolgen. Hierbei soll insbesondere diskutiert werden, welchen Nutzen der im Rahmen dieser Arbeit entwickelte Prozess zur IT-gestützten Kompetenzanalyse hierbei stiftet.

Das für die Beantwortung dieser Forschungsfragen erforderliche Forschungsdesign wird im Folgenden dargestellt.

1.3. Forschungsdesign

Die Grundlagen für die Untersuchung der in Kapitel 1.2 vorgestellten Forschungsfragen sind das Forschungsdesign und die damit verbundene Methodik. Für die Wirtschaftsinformatik, die als interdisziplinäre Wissenschaft Konzepte der Betriebswirtschaftslehre als Teilbereich der Sozialwissenschaften und Ansätze der Informatik in sich vereint, gibt es keine allgemein gültige Forschungsmethodik. Generell kann zwischen quantitativen und qualitativen Forschungsansätzen unterschieden werden, wobei diese auch in Kombination anwendbar sind (Bortz und Döring, 2002).

Der Gegenstand der **quantitativen Forschung** ist es, Verhalten in Form von Modellen und zahlenmäßigen Ausprägungen möglichst genau zu beschreiben und prognostizierbar zu machen. Hierzu werden häufig Hypothesen formuliert, die empirisch (z. B. im Rahmen von Labortests oder Feldexperimenten) mittels Befragung oder Beobachtung einer möglichst großen und repräsentativen Stichprobe überprüft und gegebenenfalls falsifiziert werden können. Der Informationsgewinn besteht bei quantitativen Methoden in der Datenreduktion. Diese erfolgt auf Basis größtmöglicher Standardisierung und Strukturierung der zur Datenerhebung eingesetzten Instrumente.

Im Vergleich zur quantitativen Forschung ist der **qualitative Ansatz** durch eine bedeutend größere Flexibilität und Offenheit charakterisiert. Die Datenerhebung, beispielsweise anhand von qualitativen Interviews oder Gruppendiskussionen, ist frei und explorativ. Diese Vorgehensweise führt zu einer höheren Inhaltsvalidität und mehr Informationsgehalt im Hinblick auf die hierdurch erarbeiteten Forschungsergebnisse, ohne jedoch repräsentative Aussagen machen zu können. Die Stichprobenbildung erfolgt nach inhaltlichen Gesichtspunkten und wird aus einer Gruppe von für den Untersuchungsgegenstand typischen Vertretern bestimmt. Die Ziele der qualitativen Forschung sind, die Wirklichkeit anhand der subjektiven Sichtweise der an der Untersuchung beteiligten Personen sowie mögliche Ursachen für ein bestimmtes Verhalten nachzuvollziehen.

Im Forschungsfeld der Wirtschaftsinformatik bzw. im IS Research kommen sowohl quantitative als auch qualitative Methoden zum Einsatz, wobei die Bedeutung der qualitativen Forschung wächst (Myers, 2006). Dies liegt zum einen in der Weiter- bzw. Neuentwicklung der dafür notwendigen Methoden und zum anderen an den individuellen Rahmenbedingungen soziotechnischer Systeme. In Anlehnung an Myers (2006) sind die drei wichtigsten qualitativen Forschungsmethoden: 1. Action Research (Handlungsforschung), 2. Case Study Research (Fallstudienforschung) und 3. Grounded Theory (gegenstandsverankerte Theoriebildung).

1. Für die Ableitung von Theorien und Modellen wird häufig auf ein qualitatives, prototypbasiertes Vorgehen zurückgegriffen, das auch als **Action Research** oder **Handlungsforschung** bezeichnet wird. Hierzu wird zunächst eine definierte Problemstellung strukturiert und analysiert, um anschließend vor dem theoretischen und praktischen Erfahrungshintergrund Konzepte zu entwickeln, wie die Wirklichkeit gestaltet werden kann. Durch die Umsetzung der Theorie in der Praxis können die entwickelten Konzepte überprüft und gegebenenfalls angepasst werden (Mayring, 2002).

2. Die Fallstudie wird als empirische Untersuchung eines Sachverhalts in einem reellen Kontext definiert. Sie wird insbesondere dann angewendet, wenn die Grenzen des Sachverhalts und des Kontexts nicht deutlich erkennbar sind (Yin, 1989). **Case Study Research** bzw. **Fallstudienforschung** erlaubt eine interpretative Sicht und lässt die Feinheiten in Zusammenhang mit dem zu untersuchenden Sachverhalt erkennen, die sonst nicht zu erkennen wären (Walsham, 1995). Ziele einer Fallstudie sind primär die Interpretation und Analyse der beschriebenen Sachverhalte (Geertz, 1973).

3. Die **Grounded Theory** bzw. die **gegenstandsverankerte Theoriebildung** bezeichnet einen Ansatz zur strukturierten Analyse insbesondere qualitativer Daten im Hinblick auf charakteristische Merkmale mit dem Ziel der Entwicklung und Verdichtung von Konzepten sowie der Theoriegenerierung (Strauss, 1998). Die Grounded Theory stellt dabei keine einzelne Methode dar, sondern umfasst eine Reihe von ineinandergreifenden Verfahren und kann eher mit einem Forschungsstil gleichgesetzt werden, der eine pragmatische Handlungstheorie mit bestimmten Verfahrensvorgaben kombiniert.

Bei der Anwendung von Forschungsmethoden fließen theoretische Erkenntnisse in den Forschungsprozess ein. Die strukturierte Bearbeitung verschiedener relevanter Quellen (z. B. Literatur oder Internet) wird auch als **Desk Research** bezeichnet.

Das Forschungsdesign der vorliegenden Arbeit basiert auf einer Kombination von Desk Research, Action Research (Handlungsforschung) und einer quantitativen Überprüfung.

- Zur Untersuchung des Kompetenzmanagements (Kapitel 2) und zur Ableitung des Prozessmodells (Kapitel 3) wird im Rahmen dieser Arbeit die Forschungsmethode des Desk Research herangezogen. Hierbei werden bestehende Ansätze aus der wissenschaftlich und praktisch relevanten Literatur bezüglich des spezifischen Untersuchungsgegenstandes herangezogen, analysiert und zur Beantwortung der in Kapitel 1.2 gestellten Forschungsfragen 1 und 2 angewendet. Zudem erfolgt die Auseinandersetzung, inwieweit das entwickelte Prozessmodell zur IT-gestützten Kompetenzanalyse einen Beitrag zum ganzheitlichen Kompetenzmanagement liefert, ebenfalls auf der Basis von mittels Desk Research hergeleiteten Merkmalen ganzheitlicher Denkansätze (Kapitel 5).

- Das auf der Grundlage von Desk Research theoretisch hergeleitete Prozessmodell zur IT-gestützten Kompetenzanalyse wird mittels Action Research weiter gehend untersucht (Kapitel 4). Hierbei wird eine konkrete sozial relevante Problemstellung wie die Studienfach- und Hochschulwahl aufgegriffen und die theoretischen Ergebnisse im weiteren Forschungsprozess praxisverändernd angewendet. Darüber hinaus erfolgt ein Diskurs zwischen Forscher und von der Veränderung Betroffenen.

- Die Auseinandersetzung mit den durch die Einführung der IT-gestützten Kompetenzanalyse betroffenen Personen, insbesondere den Studieninteressierten, erfolgt aufgrund deren großer Anzahl auf Basis quantitativer Methoden (Kapitel 4). Hierzu werden Daten standardisiert erhoben und mittels statistischer Analysen (z. B. Reliabilitäts-, Faktor- und Korrelationsanalysen) ausgewertet. Darüber hinaus ist die Prüfung des in Kapitel 4 entwickelten Kompetenzanalyseinstruments nur mithilfe von quantitativen Analysen möglich. Diese werden ebenfalls an der entsprechenden Stelle des Prozesses zur IT-gestützten Kompetenzanalyse durchgeführt.

Eine genaue Darstellung zum Gang der Untersuchung für die Entwicklung und Überprüfung des Prozessmodells sowie die Auseinandersetzung, welchen Beitrag eine IT-gestützte Kompetenzanalyse im Hinblick auf das ganzheitliche Kompetenzmanagement leistet, erfolgt jeweils in einem separaten, einleitenden

Kapitel. Die für die Untersuchung notwendigen Qualitätsanforderungen quantitativer und qualitativer Forschung, wie z. B. Reliabilität (Messgenauigkeit), Validität (Gültigkeit) und Objektivität, werden bei der Durchführung des hier beschriebenen Forschungsprozesses berücksichtigt. Die in Kapitel 1.2 gestellten Forschungsfragen und die im Rahmen des Forschungsdesigns ausgewählten Methoden sind Grundlage für den folgenden Aufbau der Arbeit.

1.4. Aufbau der Arbeit

Diese Arbeit besteht aus einem Grundlagen-, einem Haupt- und einem Schlussteil. Im Grundlagenteil werden zunächst die Motivation, die Zielsetzung und der Forschungsrahmen dieser Arbeit vorgestellt (Kapitel 1). Anschließend erfolgt eine möglichst umfassende Betrachtung des Kompetenzmanagements und der Kompetenzanalyse sowie der in diesem Zusammenhang bestehenden Konzepte und Ansätze (Kapitel 2). Hierbei erfolgt die Beantwortung der ersten Forschungsfrage (vgl. Kapitel 1.2).

Auf Basis der in Kapitel 2 skizzierten Grundlagen und einer zusätzlichen Literaturrecherche erfolgen im ersten Abschnitt des Hauptteils die Analyse und Modellierung des Prozesses zur Kompetenzanalyse (Kapitel 3). Darüber hinaus werden Ansatzpunkte zur IT-Unterstützung bezogen auf die im Prozessmodell abgebildeten Funktionen identifiziert. Die hieraus resultierenden Ergebnisse sollen zur Beantwortung der zweiten Forschungsfrage (vgl. Kapitel 1.2) beitragen. Das theoretisch hergeleitete Prozessmodell zur IT-gestützten Kompetenzanalyse wird im zweiten Abschnitt des Hauptteils am Beispiel der Studienfach- und Hochschulwahl praktisch umgesetzt und hinsichtlich seiner Anwendbarkeit und des daraus resultierenden Nutzens untersucht (Kapitel 4). Dies dient der Beantwortung der dritten Forschungsfrage (vgl. Kapitel 1.2).

Abschließend erfolgt eine Auseinandersetzung, inwiefern die IT-gestützte Kompetenzanalyse Voraussetzung für ein ganzheitliches Kompetenzmanagement ist (Kapitel 5). Hierzu wird geklärt, was ein ganzheitliches Management charakterisiert und welchen Beitrag das hier entwickelte Prozessmodell leisten kann. Hierdurch soll die vierte und letzte Forschungsfrage beantwortet werden (vgl. Kapitel 1.2). Der Schlussteil wird durch eine Zusammenfassung der Ergebnisse dieser Arbeit und eine Darstellung der sich hieraus ergebenden weiteren Forschungsaktivitäten beendet (Kapitel 6). Der oben beschriebene Aufbau der Arbeit ist in Abbildung 1 grafisch dargestellt.

Einleitung

Stand der Forschung
Wie ist der Stand der Forschung im Bereich des Kompetenzmanagements?
Kapitel 2

IT-gestützter Prozess zur Kompetenzanalyse
Wie ist der Prozess der Kompetenzanalyse gestaltet und inwieweit lässt sich dieser mittels IT unterstützen?
Kapitel 3

Anwendung zur Studienfach- und Hochschulwahl
Inwiefern kann der theoretisch hergeleitete Prozess zur IT-gestützten Kompetenzanalyse praktisch umgesetzt werden?
Kapitel 4

Ganzheitliches Kompetenzmanagement
Welchen Beitrag leistet eine IT-gestützte Kompetenzanalyse im Rahmen eines ganzheitlichen Kompetenzmanagements?
Kapitel 5

Zusammenfassung und Ausblick

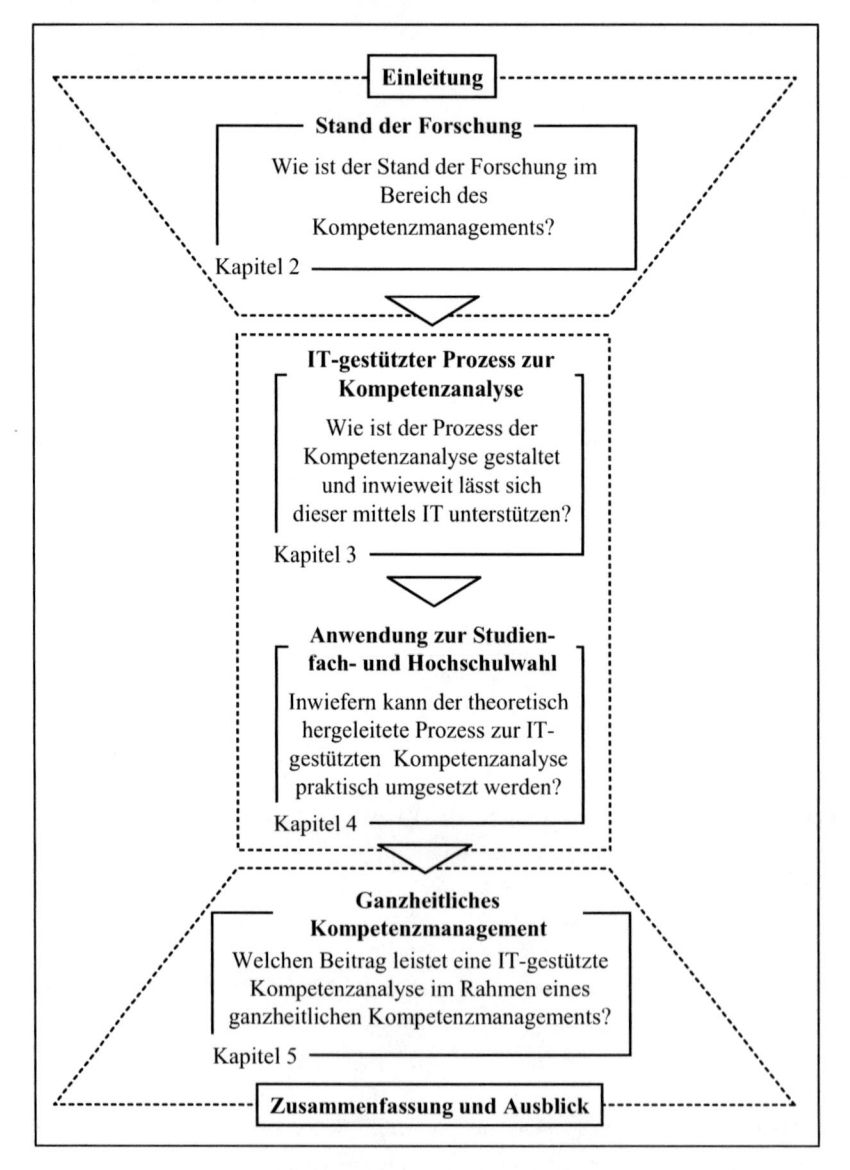

Abbildung 1: Aufbau der Arbeit

Die einzelnen Kapitel bauen logisch aufeinander auf, werden jedoch im Rahmen dieser Arbeit als eigenständige Einheiten behandelt. Daher umfassen die Kapitel 2 bis 5 jeweils eine spezifische Motivation und Zielsetzung sowie eine abschließende Zusammenfassung. In der Motivation und Zielsetzung werden die in diesem Kapitel untersuchten Fragestellungen vorgestellt. Die Zusammenfassung reflektiert die bei der Untersuchung erarbeiteten Inhalte. Analog hierzu stellen die Kapitel 1 (Einleitung) und 6 (Zusammenfassung und Ausblick) den Gesamtrahmen der Arbeit dar.

1.5. Konventionen

Im Rahmen dieser Arbeit werden zugunsten einer einheitlichen Darstellung und einer erhöhten Übersichtlichkeit folgende Konventionen eingeführt:

- **Maskuline Form:** Bei der Darstellung von Personen wird ausschließlich die maskuline Form für die Akteure verwendet. Dies erfolgt aus Gründen der Vereinfachung.

- **Gleich bedeutende Verwendung verschiedener Begriffe:** Die am Prozess der IT-gestützten Kompetenzanalyse beteiligten Personen können in zwei Gruppen unterteilt werden (vgl. Kapitel 3.3). Vor allem für die Gruppe der Analysierten existieren verschiedene Begriffe (z. B. „Proband", „Testkandidat", „Anwender", „Nutzer" oder „Studieninteressierter"). Diese werden insbesondere bei der Anwendung des Prozessmodells im Rahmen der Studienfach- und Hochschulwahl gleich bedeutend verwendet.

- **Zitierweise:** Die herangezogenen Quellen werden durch das Kürzel (Autor bzw. Autoren, Erscheinungsjahr) referenziert. Quellenangaben, die mit „vgl." eingeführt werden, gehen ausführlich auf die entsprechende Thematik ein oder bestätigen die in diesem Zusammenhang getroffenen Annahmen.

- **Weiterführende Literatur:** Im Rahmen dieser Arbeit werden zwei Formen von weiterführender Literatur unterschieden: unkommentierte und kommentierte. Unkommentierte Literaturhinweise werden unmittelbar in den Text eingefügt, wohingegen kommentierte Literaturhinweise am Seitenende als Fußnoten angefügt sind.

- **Umgang mit englischsprachiger Literatur:** Im Rahmen der detaillierten Analyse bestehender Literatur ist die Berücksichtigung englischsprachiger Quellen von hoher Relevanz. Diese werden, soweit dies notwendig und sinnvoll ist, ins Deutsche übersetzt. Bei einigen Ausnahmen werden, um Missverständnissen durch die Übersetzung vorzubeugen, die Originalbezeichnungen übernommen.

- **Alte und neue Rechtschreibung:** Die Arbeit basiert auf den Regeln der neuen Rechtschreibung. An einigen Stellen (z. B. in Zitaten und bei Namensgebungen) wird jedoch die (alte) Schreibweise des jeweiligen Verfassers beibehalten.

2. Stand der Forschung

2.1. Motivation und Zielsetzung des Kapitels

Das Kompetenzmanagement ist ein komplexes und in verschiedenen wissenschaftlichen Disziplinen thematisiertes Forschungsgebiet. Ein ausführlicher Überblick zu den unterschiedlichen Kompetenzkonzepten und Ansätzen, die sich sowohl mit dem Management als auch mit der Analyse von Kompetenzen auseinander setzen, sowie eine Betrachtung systemtechnischer Unterstützung und denkbarer Anwendungsbereiche existieren derzeit nicht. Im Rahmen dieses Kapitels soll daher ein solcher Überblick durch eine umfassende Darstellung des Forschungsstandes zum Kompetenzmanagement gegeben werden. Hierzu werden folgende Fragestellungen näher untersucht:

- Wie sind in Abhängigkeit vom Forschungsgebiet die unterschiedlichen Kompetenzkonzepte gestaltet?
- Welche Ansätze existieren, um vorliegende Kompetenzen gezielt zu managen? Können bereits ganzheitliche Kompetenzmanagementansätze identifiziert werden?
- Inwiefern ist eine Analyse der Kompetenzen praktisch realisierbar und bereits umgesetzt? Welche Ansätze und Methoden können in diesem Bereich identifiziert werden?
- Wie ist der Stand der systemtechnischen Unterstützung des Kompetenzmanagements?
- Was sind potenzielle Anwendungsbereiche des Kompetenzmanagements?

Zur Beantwortung dieser Fragen ist dieses Kapitel wie folgt strukturiert: Zunächst werden in Kapitel 2.2 die verschiedenen Kompetenzkonzepte systematisiert. Danach erfolgt in Kapitel 2.3 in Abhängigkeit von den identifizierten Konzepten eine Analyse von Ansätzen zum Kompetenzmanagement. Anschließend werden in Kapitel 2.4 Ansätze zur Kompetenzanalyse detailliert dargestellt. Kapitel 2.5 beschäftigt sich dann mit der systemtechnischen Unterstützung des Kompetenzmanagements, woraufhin potenzielle Anwendungsbereiche in Kapitel 2.6 identifiziert werden. Abschließend fasst Kapitel 2.7 die Ergebnisse zum Stand der Forschung zusammen.

2.2. Kompetenzkonzepte

Der Begriff der Kompetenz hat mittlerweile in fast allen Wissenschaftsbereichen Einzug gehalten. Trotz oder gerade wegen dieser breiten Verwendung fehlt ein einheitliches Verständnis im Hinblick auf den Inhalt des Kompetenzbegriffs (vgl. Erpenbeck und von Rosenstiel, 2003; Freiling, 2002). Aus den unterschiedlichsten wissenschaftlichen Perspektiven wird versucht, die vorherrschenden Kompetenzbegriffe zu erfassen und auf gleichartige Merkmale hin zu untersuchen. Zwei Forschungsrichtungen lassen sich hierbei anhand der unterschiedlichen Schwerpunktbildung im Hinblick auf die Träger einer Kompetenz deutlich voneinander abgrenzen.[1] Erstens die Strategische Managementlehre, deren Hauptaugenmerk auf die Kompetenzen von Organisationseinheiten, insbesondere Unternehmen und Institutionen, gerichtet ist, und zweitens die Psychologie und Pädagogik, die sich hauptsächlich mit Kompetenzen einzelner Personen bzw. Individuen beschäftigen. Entsprechend der unterschiedlichen Grundperspektive differieren auch die Konzepte, wie Kompetenzen definiert und klassifiziert werden können. Im Folgenden wird daher zuerst ein Überblick über verschiedene Definitions- und Klassifikationsansätze von organisationalen Kompetenzen (Kapitel 2.2.1) gegeben. Im Anschluss erfolgt die gleiche Betrachtung für personelle Kompetenzen (Kapitel 2.2.2).

---

[1] Laut Wilkens (2004) existieren nicht nur zwei sondern vier Kompetenzebenen: individuelle Kompetenz, Gruppenkompetenz, Organisationskompetenz und Netzwerkkompetenz. Dieses Konzept wird jedoch im Folgenden nicht weiter berücksichtigt, da es weder empirisch geprüft noch die Existenz dieser Kompetenzebenen nachgewiesen wurde. Träger der Gruppen- und Netzwerkkompetenz können wiederum Personen und Organisationen sein.

2.2.1. Definition und Klassifikation organisationaler Kompetenzen

Konzepte, die sich mit Kompetenzen von Organisationen, wie z. B. Unternehmen, auseinander setzen, entstammen vorwiegend dem Strategischen Management, insbesondere dem „Resource-based View"-Ansatz. Dieser geht davon aus, dass die Wettbewerbsvorteile von Unternehmen auf der überlegenen Qualität ihrer Ressourcenausstattung basieren (Hümmer, 2001). Unternehmen werden als Bündel von Ressourcen verstanden, die aufgrund betriebsindividueller Rahmenbedingungen und Entwicklungsverläufe prinzipiell heterogener Natur sind. Ressourcen stellen ihrerseits wiederum die Grundlage für Kompetenzen dar. In diesem Zusammenhang stellen sich somit die Fragen, was Ressourcen und Kompetenzen sind und wie sie sich voneinander abgrenzen lassen.

Untersuchungen von Freiling (2002) zeigen, dass für den Begriff Ressource derzeit vielfältige Definitionen existieren, welche sowohl Gemeinsamkeiten als auch Unterschiede aufweisen. Diese Begriffsdefinitionen können enumerativ[2], prozessbezogen[3], strukturorientiert[4] oder wirkungsbezogen[5] sein sowie mehrere Dimensionen[6] berücksichtigen.

Grundsätzlich können **Ressourcen** in Anlehnung an Barney (1991) und Caves (1980) sowohl materieller (tangible) als auch immaterieller (intangible) Art sein. Materielle Ressourcen, wie z. B. Rohstoffe und Produktionsanlagen, stehen in begrenztem Umfang zur Verfügung, werden entweder verbraucht oder können sich durch den Gebrauch abnutzen. Immaterielle Ressourcen sind dagegen bei

---

[2] Vgl. Bamberger und Wrona (1996, S. 132): „(…) wird der Begriff sehr weit gefasst, so dass fast alle internen materiellen und immateriellen Güter, Systeme und Prozesse als interne Ressourcen definiert werden können."

[3] Vgl. Grant (1991, S. 118f.): „(…) are inputs into the production process (…)."

[4] Vgl. Armit und Schoemaker (1993, S. 35): „(…) will be defined as stocks of available factors that are owned or controlled by the firm."

[5] Vgl. Barney (1991, S. 101): „Firm resources include all assets, capabilities, organizational processes, firm attributes, information, knowledge etc. controlled by a firm that enable the firm to conceive of and implement strategies that improve its efficiency and effectiveness."

[6] Vgl. Wolfsteiner (1995, S. 44): „*Ressourcen sind all diejenigen Faktoren, die als Input in die Produktion von Gütern und Dienstleistungen eingehen.* (…) Ressourcen gehören dem Unternehmen oder unterliegen zumindest seiner Kontrolle. Durch ihre Kombination mit anderen Ressourcen werden sie zu Endprodukten verknüpft."

Nichtgebrauch für ein Unternehmen wertlos (Hamel und Prahalad, 1990). Erst die aktive Verwendung dieser Ressourcen führt zur Wertschöpfung.

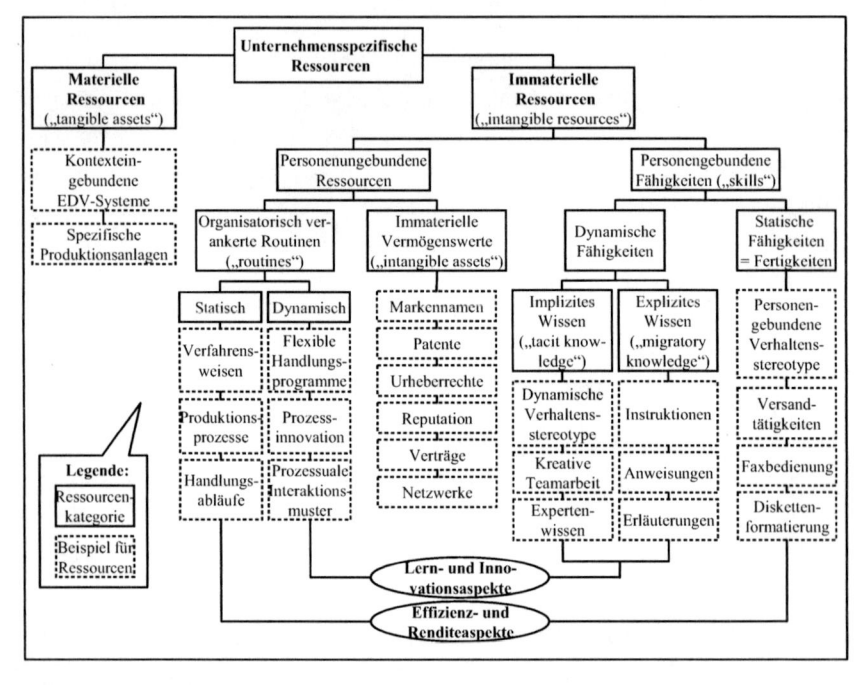

Abbildung 2: Klassifikation von Ressourcen im „Resource-based View" in Anlehnung an Hümmer (2001, S. 56)[7]

Die immateriellen Ressourcen lassen sich in Anlehnung an Hall (1994) sowie Bamberger und Wrona (1996) in personenunabhängige Vermögenswerte und personengebundene Fähigkeiten einteilen. Zu den personenunabhängigen Vermögenswerten zählen unter anderem Markennamen, Lizenz- und Patentrechte. Personengebundene Fähigkeiten können sowohl statisch als auch dynamisch sein. Statische Fähigkeiten basieren auf festgelegten Tätigkeitsroutinen, wie z. B. das Bedienen einer bestimmten Maschine, deren Effizienz sich auf einen abgegrenzten Anwendungsbereich beschränkt und eine geringe Flexibilität

---

[7] Die Abbildung basiert nach Hümmer (2001) auf Erkenntnissen von Knaese (1996, S. 17), Hall (1994, S. 151ff.), Hedlund (1994, S. 75ff.), Rasche (1994, S. 93ff.), Badaracco (1991, S. 33ff.), Nelson und Winter (1982, S. 73ff.).

zulässt (Hümmer, 2001). Andererseits werden aufgrund sich ständig ändernder Rahmenbedingungen Fähigkeiten verlangt, die Problem übergreifend einsetzbar sind und eine gewisse Handlungsflexibilität aufweisen. Diese als dynamisch bezeichneten Fähigkeiten lassen sich wiederum in nicht kodifizierbares, implizites Wissen und kodifizierbares, explizites Wissen unterteilen. Abbildung 2 gibt einen Überblick über die einzelnen Ressourcenkategorien im Hinblick auf Unternehmen.

Wesentliches Abgrenzungsmerkmal zwischen dem Ressourcen- und dem Kompetenzbegriff ist der Aggregationsgrad der Ressourcen (Hümmer, 2001). Erst die Kombination von Ressourcen führt zu **institutionellen Kompetenzen**. Dosi, Teece und Winter (1992, S. 197) definieren Kompetenzen im Unternehmensumfeld auch als "a set of differentiated technological skills, complementary assets, and organizational routines and capacities that provide the basis for a firm's competitive capacities in a particular business".

Nach Freiling (2002, S. 21) ist eine institutionelle Kompetenz eine „wiederholbare, nicht auf Zufälligkeiten basierende Möglichkeit zum kollektiven Handeln in einer Unternehmung, welches darauf beruht, verfügbare Inputgüter [Ressourcen] in auf Marktanforderungen ausgerichteten Prozessen so zu kombinieren, dass dadurch ein Sich-bewähren-können gegenüber der Marktgegenseite gewährleistet wird".

Entscheidend ist hier, wie Ressourcen zusammengeführt, kombiniert bzw. gelenkt werden. Dies geht auch aus der Definition von Seisreiner (1999, S. 186) hervor, welcher institutionelle Kompetenzen als „diejenigen Fähigkeiten eines Unternehmens [sieht], die aus der Selbstreferenz der Lenkungsaufgabe (…) im Hinblick auf die Sphäre des Sollens (Referenzpunkte: Erfolgssignale) zu erfolgswirksamen Aktivitäten des Unternehmens führen können. Kompetenzen stellen in ihrer Gesamtheit die Ausführungsfähigkeit des Unternehmens dar. D. h.: Kompetenzen beschreiben die Fähigkeit des Unternehmens, aktuell zu handeln". Insbesondere die Lösung von technischen und organisatorischen Problemen liegt im Fokus des Kompetenzeinsatzes, wie Dosi et al. (1992) ihre Definition ergänzen.

Eine bedeutende Klasse der Kompetenzen stellen die so genannten **Kernkompetenzen** dar. Die Einführung des Kernkompetenz-Konzepts sowie die Verdeutlichung von dessen strategischer Bedeutung für Unternehmen erfolgten erstmals durch Hamel und Prahalad (1990). Sie definieren Kernkompetenzen als „the collective learning in the organization, especially how to coordinate diverse production skills and integrate multiple streams of technologies" (Hamel und Prahalad, 1990, S. 82).

Hamel und Prahalad (1990, S. 83f.) stellen drei Merkmale heraus, die Kernkompetenzen charakterisieren:

- "First, a core competence provides potential access to a wide variety of markets."
- "Second, a core competence should make a significant contribution to the perceived customer benefits of the end product."
- "Finally, a core competence should be difficult for competitors to imitate."

Hinterhuber und Stuhec (1997, S. 3) ergänzen die Definitionen von Hamel und Prahalad (1990) durch den Ansatz von Stalk, Evans und Shulman (1992), die Kernkompetenzen umfassender sehen, und kommen zu der folgenden erweiterten Inhaltsbestimmung:

„Kernkompetenzen sind integrierte und durch organisationale Lernprozesse koordinierte Gesamtheiten von Technologien, Know-how, Prozessen und Einstellungen,

- *die für den Kunden erkennbar wertvoll sind,*
- *Werte auch für andere „Stakeholder" schaffen,*
- *gegenüber der Konkurrenz einmalig sind,*
- *schwer imitierbar sind und*
- *potentiell den Zugang zu einer Vielzahl von Märkten eröffnen."*

Kernkompetenzen ermöglichen aufgrund dieser Charakteristiken den Aufbau von Wettbewerbsvorteilen. Dies wird auch durch Definitionen anderer Autoren betont. Freiling (2002, S. 22) sieht z. B. Kernkompetenzen als „eine spezielle Kategorie von Kompetenzen [...], die über die Definitionsmerkmale von Kompetenzen hinaus dadurch gekennzeichnet ist, dass sie der Unternehmung zu einer Behauptung gegenüber der Konkurrenz durch die Herbeiführung nachhaltiger

Wettbewerbsvorteile verhilft". Thompson und Strickland (1999, S. 108) rücken bei der Unterscheidung zwischen Kompetenzen und Kernkompetenzen den Wettbewerbsaspekt in den Mittelpunkt: „What distinguishes a core competence from a competence is that a core competence is central to a company's competitiveness and profitability rather than peripheral". Sie stellen darüber hinaus fest, dass Kernkompetenzen ihren Ursprung im menschlichen Handeln besitzen: „Frequently, a core competence is the product of effective collaboration among different parts of the organization, of individual resources teaming together. Typically, core competencies reside in a company's people, not in its assets on the balance sheet..." (Thompson und Strickland, 1999, S. 108). Die hier beschriebenen Merkmale kommen auch in anderen Definitionen und Ansätzen zur Darstellung von Kernkompetenzen zum Ausdruck, vgl. Tabelle 1.

Quelle	Definitionen
Deutsch, Diedrichs, Raster und Westphal (1997, S 20)	Deutsch et al. (1997) definieren Kernkompetenz als „wertschöpfende[n] Mechanismus, der kontinuierlich einen überlegenen, langfristig verteidigbaren und wahrgenommenen Kundennutzen schafft und damit einen nachhaltigen Wettbewerbsvorteil erzeugt".
Krüger und Homp (1997, S. 27)	Krüger und Homp (1997) definieren Kernkompetenz als „**dauerhafte** und **transferierbare** Ursache für den Wettbewerbsvorteil einer Unternehmung, die auf **Ressourcen** und **Fähigkeiten** basiert".
Probst, Deussen, Eppler und Raub (2000, S. 74)	Probst et al. (2000) setzen sich mit verschiedenen Kompetenzbegriffen auseinander und kommen zu dem Schluss, dass die Ansätze eine große Zahl von Gemeinsamkeiten besitzen. Folgende Aussage formulieren sie am Ende ihrer Untersuchung: „Sie [die Ansätze] betonen die Bedeutung unternehmenseigener Ressourcen für den Wettbewerbserfolg von Unternehmen. Weiterhin weisen sie auf die Wichtigkeit der Kombination von Ressourcen. Komplexe Bündel von Wissen, Technologie, Managementsystemen und kulturellen Elementen erschweren die Imitation oder Substitution von Kompetenzen und erhöhen damit ihren Wert als Quelle langfristiger Wettbewerbsvorteile".
Rasche (1994, S. 19)	Rasche (1994) definiert Kernkompetenzen als „komplexe, wettbewerbsrelevante Fähigkeitsbündel mit besonderer strategischer Relevanz, die sich aus vielschichtigen Interaktionsmustern zwischen personengebundenen Fähigkeiten, intersubjektiven Routinen und tangiblen Aktivposten ergeben".

Tabelle 1: Weitere Definitionen des Begriffs Kernkompetenz

Neben Kernkompetenzen existieren weitere Kompetenzklassen. Hinterhuber und Stuhec (1997) identifizieren insgesamt vier Kompetenzklassen, die in Abhängigkeit vom Kundenwert und der relativen Kompetenzstärke[8] des Unternehmens (im Vergleich zur Konkurrenz) unterschiedliche Implikationen für die strategische Ausrichtung des Unternehmens besitzen. Hierbei stellen die **Kernkompetenzen** die Kompetenzklasse dar, die den höchsten Kundenwert und die höchste relative Kompetenzstärke besitzen. Weitere Kompetenzklassen sind:

- **Kompetenz-Standards:** Hierunter werden alle Kompetenzen subsumiert, die einen niedrigen Kundenwert und eine geringe relative Kompetenzstärke besitzen. Hinterhuber und Stuhec (1997, S. 8) drücken es folgendermaßen aus „Sie haben in den Augen der Kunden keine große Bedeutung und werden von den Bewerbern bereits gleich gut oder besser beherrscht". Diese Kompetenzen sind nicht die Grundlage für Wettbewerbsvorteile und dienen eher der Aufrechterhaltung der „normalen" Geschäftstätigkeit.

- **Kompetenz-Gaps:** Diese Kompetenzen sind dadurch gekennzeichnet, dass Kunden sie als sehr bedeutend einschätzen, aber das Unternehmen eine relativ geringe Kompetenzstärke im Vergleich zu den Wettbewerbern besitzt. D. h. das Unternehmen kann weniger als der Markt fordert. In diesem Bereich besteht Verbesserungspotenzial, da diese Kompetenzen eine strategische Bedeutung aufweisen.

- **Kompetenz-Potenziale:** Kompetenzen dieser Klasse haben im Gegenteil zu Kompetenz-Gaps eine geringe Bedeutung aus Kundensicht, besitzen aber im Unternehmen eine führende Position und weisen somit eine hohe relative Kompetenzstärke auf. Die Wirkung dieser Kompetenzen wird vom Kunden nicht wahrgenommen. Ursache für diese Situation können veränderte Märkte bzw. ein verändertes Nachfrageverhalten oder eine gewisse Überperfektionierung der eigenen Leistungen sein.

Ein weiterer Klassifikationsansatz für Kompetenzen stammt von Hamel (1994), der eine Einteilung in Abhängigkeit vom Funktionsbereich, in dem die Kompetenz wirkt, vornimmt. Hierbei unterscheidet er zwischen (Hamel, 1994, S. 16ff.):

---

[8] Die Dimensionen Kundenwert und relative Kompetenzstärke werden in Kapitel 2.4.1.2 näher erläutert.

- **Market-access competencies:** Hierunter werden Kompetenzen subsumiert, die eine Annäherung des Unternehmens an seine Kunden ermöglichen. Dies umfasst organisatorische Fähigkeiten, wie z. B. Markenentwicklung, Marketing und Vertrieb sowie Distribution und Logistik.

- **Integrity-related competencies:** Diese Kompetenzklasse bezieht sich auf die Leistungserstellung des Unternehmens und umfasst alle Fähigkeiten, die eine bessere Leistungserbringung als die Wettbewerber ermöglichen, wie z. B. das Management der Umschlaggeschwindigkeit und der Qualität bei der Produktion.

- **Functionality-related competencies:** Diese Kompetenzen führen zu einer Steigerung des Wertes der angebotenen Güter und Dienstleistungen. Hierbei ist es notwendig, den Kunden aufgrund eines differenzierten einzigartigen Funktionsbonus von dem Produkt oder der Leistung zu überzeugen.

Auf weitere Klassifikationen von Kompetenzen und Beschreibungen hinsichtlich bestimmter Charakteristiken (vgl. Turner und Crawford, 1994; Miller und Shamsie, 1996; Durant, 1997), wird nicht weiter eingegangen, da diese zu keinem weiteren Erkenntniszuwachs führen. Die hier vorgestellten Definitions- und Klassifikationsansätze geben einen Überblick, wie organisationale Kompetenzen im Bereich des Strategischen Managements gesehen werden. Hierbei wird deutlich, dass organisationale Kompetenzen teilweise auf personellen Kompetenzen basieren oder durch sie beeinflusst werden. Eine genaue Darstellung personeller Kompetenzen findet im Rahmen des Strategischen Managements jedoch nicht statt. Als Nächstes werden in Kapitel 2.2.2 gängige Definitions- und Klassifikationsansätze personeller Kompetenzen vorgestellt. Hierbei wird, wie bereits eingangs ausgeführt, auf Konzepte aus den Wissenschaftsbereichen der Psychologie und Pädagogik zurückgegriffen.

2.2.2. Definition und Klassifikation personeller Kompetenzen

Auf dem Gebiet personeller Kompetenzkonzepte werden neben dem Kompetenzbegriff auch Bezeichnungen wie Variablen, Merkmale, Eigenschaften, Fertigkeiten, Fähigkeiten und Qualifikationen verwendet. Zum besseren Verständnis soll zuerst geklärt werden, welche Bedeutung die vorher genannten Bezeichnungen haben und in welchem Verhältnis sie zueinander bzw. zum Phänomen

Kompetenz stehen. Danach werden verschiedene Definitionen des Kompetenzbegriffs vorgestellt und auf Gemeinsamkeiten und Unterschiede untersucht. Anschließend erfolgt eine Analyse von Schemata zur Klassifizierung von Kompetenzen, was ein besseres inhaltliches Verständnis bezogen auf personelle Kompetenzen ermöglicht.

Erpenbeck und von Rosenstiel (2003) setzen sich im Rahmen einer Einführung zum Kompetenzbegriff mit den verschiedenen eingangs genannten Begriffen tiefer gehend auseinander und greifen dabei auf bestehende Definitionsansätze zurück. Die einzelnen Begriffsdefinitionen werden nachfolgend vorgestellt, um im Anschluss daran eine Abgrenzung im Hinblick auf den Kompetenzbegriff vorzunehmen:

- **Variablen** sind „Klassen von kontinuierlichen oder diskontinuierlichen Merkmalen, in denen sich Individuen unterscheiden (z. B. Intelligenz, Neurotizismus, Extraversion…), die aber der direkten Beobachtung nicht zugänglich sind und nur auf Grund von anderen, beobachtbaren Daten erschlossen werden können" (Erpenbeck und von Rosenstiel, 2003, S. XXVIII zitiert nach Steyer und Eid, 2001, S. 99ff.). Variablen sind subjektzentriert und geben Aufschluss „über Verhalten und Handeln in konvergent-anforderungsorientierten (…) wie in divergent-selbstorganisativen (…) Handlungssituationen" (Erpenbeck und von Rosenstiel, 2003, S. XXVIII). Nach Erpenbeck und von Rosenstiel (2003) bedeutet konvergent-anforderungsorientiert eine direkt auf die Erfüllung äußerer Anforderungen, Vorgaben, Ziele gerichtete Handlungssituation. Divergent-selbstorganisativ sind kreative, teilweise oder gänzlich ziel- und ergebnisoffene Handlungssituationen.

- **Merkmale** bezeichnen „dabei unterschiedliche und messend unterscheidbare, den Individuen jeweils eigene Erscheinungsformen ihrer Persönlichkeit" (Erpenbeck und von Rosenstiel, 2003, S. XXVIII). Sie sind subjektzentriert und eher dem Bereich der konvergent-anforderungsorientierten Handlungssituationen zuzuordnen.

- **Eigenschaften** sind „ebenfalls stets beschreibende oder erklärende Konstruktbegriffe und bezeichnen, im Sinne von Persönlichkeitseigenschaften, Entitäten und Wesenszüge des Menschen[,] die operational und methodisch vermittelt der Person und ihrem Verhalten relativ stabil und konsistent zugeordnet werden können" (Erpenbeck und von Rosenstiel, 2003, S. XXVIII)[9]. Eigenschaften sind ebenfalls subjektzentriert und im Bereich der konvergent-anforderungsorientierten Handlungssituationen zu finden.

- **Fertigkeiten** bezeichnen „durch Übung automatisierte Komponenten von Tätigkeiten" (Hacker, 1998, S. 655), „meist auf sensomotorischem Gebiet, unter geringer Bewußtseinskontrolle, in stereotypen beruflichen Anforderungsbereichen, auch im kognitiven Bereich, wie beim Multiplizieren oder Auswendiglernen" (Erpenbeck und von Rosenstiel, 2003, S. XXVII). Sie sind handlungszentriert und in konvergent-anforderungsorientierten Handlungssituationen angesiedelt.

- **Fähigkeiten** „bezeichnen verfestigte Systeme verallgemeinerter psychophysischer Handlungsprozesse [...], einschließlich der zur Ausführung einer Tätigkeit oder Handlung erforderlichen inneren psychischen Bedingungen und der lebensgeschichtlich unter bestimmten Anlagevoraussetzungen erworbenen Eigenschaften, die den Tätigkeits- und Handlungsvollzug steuern" (Erpenbeck und von Rosenstiel, 2003, S. XXIX)[10]. Fähigkeiten sind handlungszentriert und beziehen sich sowohl auf konvergent-anforderungsorientierte als auch auf divergent-selbstorganisative Handlungssituationen.

- **Qualifikationen** sind „klar zu umreißende Komplexe von [...] Fertigkeiten und Fähigkeiten über die Personen bei der Ausübung beruflicher Tätigkeiten verfügen müssen, um konvergent-anforderungsorientiert handeln zu können. Sie sind handlungszentriert und in der Regel so eindeutig zu fassen, dass sie in Zertifizierungsprozeduren außerhalb der Arbeitsprozesse überprüft werden können" (Erpenbeck und von Rosenstiel, 2003, S. XXIX zitiert nach Teichler, 1995, S. 501).

Aus den oben dargestellten Definitionen ist ersichtlich, dass die verschiedenen Begriffe einen unterschiedlichen Betrachtungsfokus (subjekt- oder handlungszentriert) besitzen und sich auf unterschiedliche Handlungs- und Tätigkeitssitua-

---

[9] Erpenbeck und von Rosenstiel (2003) beziehen sich bei dieser Definition auf Gutjahr (1971) und Riemann (1997).

[10] Erpenbeck und von Rosenstiel (2003) beziehen sich im ersten Teil der Definition auf Hacker (1973, S. 500).

tionen (konvergent-anforderungsorientiert oder divergent-selbstorganisativ) beziehen. Abbildung 3 gibt einen zusammenfassenden Überblick, wie sich diese Begriffe in eine entsprechende zweidimensionale Darstellung einordnen lassen und wie sie zueinander stehen.

	Subjektzentrierter Betrachtungsfokus	Handlungszentrierter Betrachtungsfokus
Auf konvergent-anforderungsorientierte Handlungs- und Tätigkeitssituationen bezogen	Merkmale	Fertigkeiten Qualifikationen Fähigkeiten
Auf divergent-selbstorganisative Handlungs- und Tätigkeitssituationen bezogen	Eigenschaften	Kompetenzen

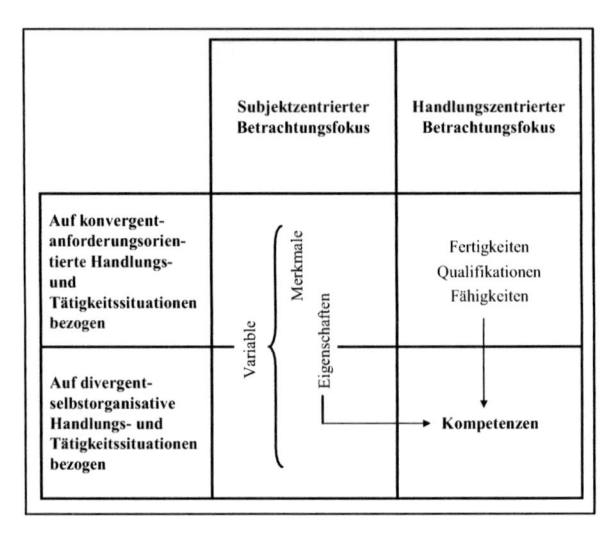

Abbildung 3: Übersicht einiger traditioneller Attributionsbegriffe
(Erpenbeck und von Rosenstiel, 2003, S. XXX)

Abbildung 3 zeigt zudem, dass Kompetenzen handlungszentriert sind und sich primär auf divergent-selbstorganisative Handlungs- und Tätigkeitssituationen beziehen. Erpenbeck und von Rosenstiel (2003, S. XXIX) leiten dies aus der Definition ab, nach der Kompetenzen „Selbstorganisationsdispositionen physischen und psychischen Handelns [sind], wobei unter Disposition die bis zu einem bestimmten Handlungszeitpunkt entwickelten inneren Voraussetzungen zur Regulation der Tätigkeit verstanden werden". Die Matrix veranschaulicht aber auch, dass vorhandene Eigenschaften und Handlungsfähigkeiten ein Indiz für Kompetenzen sein können. Ob die Kompetenzen faktisch vorliegen, wird jedoch erst im konkreten Handlungszusammenhang deutlich (Erpenbeck und von Rosenstiel, 2003). Für die Messung der Kompetenzen kann auf Eigenschaften und Fähigkeiten zurückgegriffen werden. Hierzu bedarf es allerdings einer Übersetzungsleistung (Erpenbeck und von Rosenstiel, 2003). Folglich ist eine absolut trennscharfe Abgrenzung der eingangs dargestellten Ausdrücke im Hinblick auf den Kompetenzbegriff kaum möglich.

Wie bereits in der Einleitung des Kapitels 2.2 dargestellt, gibt es vielfältige Ansätze Kompetenzen zu definieren. Die folgende Tabelle zeigt eine Auswahl unterschiedlicher Definitionen personeller Kompetenzen:

Quelle	Definitionen
Bergmann (2003, S. 29)	„Kompetenz wird definiert als Motivation und Befähigung zur selbstständigen Weiterentwicklung beruflichen Könnens. Sie beschreibt die Kapazität einer Person zur erfolgreichen Bewältigung neuer Aufgaben."
Frey und Balzer (2003, S. 323)	„Kompetenzen sind körperliche und geistige Dispositionen im Sinne von Potenzialen, die eine Person als Voraussetzung benötigt, um anstehende Aufgaben oder Probleme zielorientiert zu lösen, die gefundenen Lösungen zu bewerten und das eigene Repertoire an Handlungsmustern weiterzuentwickeln."
Heyse (2003, S. 376)	„Kompetenzen sind Dispositionen (persönliche Voraussetzungen) zur Selbstorganisation bei der Bewältigung insbesondere neuer, nicht routinemäßiger Anforderungen. Kompetenzen schließen die individuell bisher nicht genutzten, quasi versteckten Potentiale ein."
Kanning (2004, S. 44)	„Die Kompetenzen bilden eine zentrale Basis des beruflichen Verhaltens und der daraus resultierenden Leistung. Der Kompetenzbegriff bezieht sich auf Fähigkeiten und Fertigkeiten sowie das Wissen eines Menschen."
König (1992, S. 2047)	„Kompetenz ist grundsätzlich nur als „Relationsbegriff" definierbar: Kompetenz ist bestimmt auf der einen Seite durch die an eine Person herangetragenen Anforderungen, auf der anderen Seite durch die Fähigkeiten bzw. Potentiale der Person."
Kruse, Dittler und Schomburg (2003, S. 405)	„Kompetenz ist die Fähigkeit einer Person oder einer Gruppe, in komplexen und dynamischen Umfeldgegebenheiten ihr Handeln viabel, d. h. bezogen auf die gegebenen Rahmenbedingungen hinreichend und bezogen auf systemeigene Kriterien erfolgreich zu organisieren."
Rothe (2003, S. 114)	„Unter Kompetenz wird die Befähigung eines Individuums zur Selbstorganisation seines Handelns mit dem Ziel der effizienten Lösung von Aufgaben und Problemen in einem spezifischen Tätigkeitsbereich verstanden."
Schaper (2003, S. 185)	„Kompetenzen sind als Dispositionen bzw. im Handeln aktualisierbare, kognitive, sensomotorische, sozialkommunikative, emotional-motivationale Leistungsvoraussetzungen und Persönlichkeitsmerkmale zu verstehen."
Staudt, Kriegesmann und Muschik (2003, S. 160)	„Kompetenz ist Grundlage von Handlungen bzw. Aufgabenerfüllungen und basiert auf individueller Ebene auf einem Zusammenspiel der • Handlungsfähigkeit (explizites, implizites Wissen und Fertigkeiten) als kognitiver Basis • Handlungsbereitschaft als motivationaler Basis und • Zuständigkeit als organisatorischer Legitimation und Einbindung in den Unternehmenskontext."

Tabelle 2: Weitere Definitionen des Kompetenzbegriffs für die Ebene des Individuums

Eine fast durchgängige Gemeinsamkeit aller Definitionen ist, dass Kompetenz als Voraussetzung, Grundlage, Basis oder Disposition einer Person zur Ausführung einer Handlung oder zur Erfüllung von Anforderungen gesehen wird. Die meisten Definitionen setzen folglich die Kompetenzen in einen Handlungs- oder Leistungszusammenhang. Die Umschreibung, welche Formen die Kompetenz innerhalb dieser Handlung oder Leistung besitzt, ist hierbei sehr unterschiedlich, so z. B. „Motivation und Befähigung zur selbstständigen Weiterentwicklung" bei Bergmann (2003, S. 229) oder die „Befähigung eines Individuums zur Selbstorganisation seines Handelns" bei Rothe (2003, S. 114). Die Definition von Erpenbeck und von Rosenstiel (2003) kann im Vergleich zu den in Tabelle 2 dargestellten Alternativen als am umfassendsten gesehen werden.

Kompetenzen können, wie in den Definitionsansätzen erkennbar ist, unterschiedliche Ausprägungen haben, z. B. Motivation, Wissen oder die Fähigkeit, Probleme zu lösen. Die verschiedenen Einzelkompetenzen lassen sich Klassen mit ähnlichen Elementen zuordnen. Oft entsprechen die Klassen den so genannten Schlüsselqualifikationen bzw. Schlüsselkompetenzen (vgl. Erpenbeck und von Rosenstiel, 2003), wobei der Literatur eine Vielzahl an Klassifizierungen entnommen werden kann. Konzepte aus der Praxis, welche oft auf einen speziellen Einsatzbereich zugeschnitten sind, enthalten häufig mehr Kompetenzklassen als in wissenschaftlichen Ansätzen und sind stark auf die individuellen Rahmenbedingungen angepasst (vgl. Becker, Diemand und Schuler, 2004; Gress, 2003; Klinger, Schuler, Diemand und Becker, 2004; Schuler, Hell, Muck, Becker und Diemand, 2003; Schuler, Muck, Hell, Höft, Becker und Diemand, 2004). Bei einer Untersuchung wissenschaftlicher Klassifizierungsansätze wird eine Einteilung in drei oder vier Klassen deutlich. Faix und Laier (1991) verwenden ein Dreier-Cluster aus „Sozialer", „Fachlicher" und „Methodischer" Kompetenz, aus deren Zusammenwirken Handlungskompetenz erwächst. Staudt et al. (2002) sehen abhängig von der zu untersuchenden Tätigkeit Fach-, Methoden- und Sozialkompetenz als die drei Möglichkeiten zur Beschreibung von Kompetenzausprägungen. Das Dreier-Cluster aus Fach-, Methoden- und Sozialkompetenz bezeichnet Meier (2002) als geeignet. Erpenbeck und von Rosenstiel (2003) ergänzen diese gängige Klassifizierung um die „Personalen" Kompetenzen, die vor allem motivationale Aspekte abbilden sollen. Die Einteilung der Kompetenzen in ein Vierer-Cluster verwenden ebenfalls Bergmann (2003), Bernien (1997), Faix, Buchwald und Wetzler (1991), Frick (1999), Kauffeld, Frieling und Grote (2002), Sonntag (2002) und Wottreng (1999). Im Folgenden werden die Bestandteile des Vierer-Clusters bestehend aus Fach-, Methoden-, Sozial- und Persönlichkeitskompetenz dargestellt:

- **Fachkompetenz** wird im Allgemeinen als berufsbezogenes, fachliches Wissen definiert (Bergmann, 2003). Neben organisations-, prozess-, aufgaben- und arbeitsplatzspezifischem beruflichen Wissen gehört die Fähigkeit dazu, dieses Wissen sinnorientiert einzuordnen und zu bewerten, um dadurch Probleme identifizieren und Lösungen generieren zu können (Frieling, Kauffeld, Grote und Bernhard, 2000; Kauffeld et al., 2002). So sollte z. B. ein Verkäufer sein Produkt, das Produktumfeld sowie Neuerungen und aktuelle Veränderungen kennen. Die Art und die Anzahl der Fachkompetenzen können in Abhängigkeit vom Aufgabengebiet sehr vielfältig sein.

- **Methodenkompetenz** baut auf der Fähigkeit auf, „situationsübergreifend, flexibel und strukturiert Probleme zu beschreiben, um sie einer Entscheidungsfindung zugänglich zu machen" (Kauffeld et al. 2002, S. 198). Sie ist Grundlage für den Aufbau und die zweckmäßige Nutzung von Fachkompetenzen (Frick, 1999). Des Weiteren beinhaltet Methodenkompetenz Fähigkeiten zum selbstständigen Identifizieren von Fehlern und Fähigkeiten zum Transfer verfügbarer kognitiver Fähigkeiten und methodischer Vorgehensweisen (Bergmann, 2003). Der Einsatz geistiger Fähigkeiten, die Nutzbarmachung von Wissen und die Lernfähigkeit sind ebenfalls wesentliche Methodenkompetenzen (Faix et al., 1991; Muellerbuchhof und Zehrt, 2004). Teilweise wird die Methodenkompetenz auch als (berufliche) Handlungskompetenz bezeichnet (Pietrzyk 2001; Sonntag 2002). Beispielkompetenzen, die in die Klasse der Methodenkompetenz eingeordnet werden können, sind „Analytisches Denken", „Problemlösungsdenken", „Organisationsfähigkeit" oder „Systematisch-methodisches Vorgehen".

- **Sozialkompetenz** bezieht sich auf das Verhalten einer Person gegenüber anderen Personen. Sie ist ein Komplex aus individuellen Fähigkeiten, welche die Kommunikation und Kooperationsbereitschaft des Einzelnen mit seinem näheren Arbeitsumfeld verbessern helfen (Riemann und Allgöwer, 1993; Bastians und Runde, 2002; Faix et al., 1991). Sozialkompetenzen umfassen zudem Fähigkeiten, um kommunikativ und kooperativ selbst organisiert „zum erfolgreichen Realisieren oder Entwickeln von Zielen und Plänen in sozialen Interaktionssituationen" beizutragen (Sonntag und Schaper, 1992, S. 188). Holling, Kanning und Hofer (2003, S. 126) betonen bei der Auseinandersetzung mit Sozialkompetenzen die Fähigkeit, im Umgang mit Anderen „eigene Interessen in sozialen Situationen zu verwirklichen und dabei gleichzeitig die soziale Akzeptanz des Verhaltens zu wahren". Dazu sind soziale Intelligenz, Überzeugungskraft, rhetorische und kommunikative Fähigkeiten aber auch Empathie notwendig.

- **Persönlichkeitskompetenz** umfasst innere Einstellungen und Persönlichkeitsmerkmale, die sich nicht in einen der anderen drei Kompetenzbereiche einordnen lassen (Frick, 1999). Persönlichkeitskompetenz wird häufig auch als Selbstkompetenz bezeichnet. Unter Persönlichkeitskompetenz wird die Selbststeuerungsfähigkeit einer Person verstanden. Insbesondere in diesem Bereich ist eine trennscharfe Abgrenzung zu den anderen Kompetenzklassen nicht möglich, sodass es auch keinen gesicherten Katalog der Merkmale gibt. So stellt z. B. Flexibilität eine Voraussetzung für Sozialkompetenz dar, übt aber darüber hinaus einen weiter gehenden Einfluss aus und ist deshalb Teil der Persönlichkeits- bzw. Selbstkompetenz. Als Persönlichkeitskompetenzen werden unter anderem Leistungsmotivation, Durchsetzungsfähigkeit, Ausdauer und Beharrlichkeit genannt. Bezogen auf das Arbeitsumfeld ist insbesondere die persönliche Mitwirkung von Bedeutung. Über Selbstkompetenz verfügt derjenige, der seinen beruflichen Wirkungsbereich konstruktiv gestalten und Verantwortung übernehmen kann (Kauffeld et al., 2002).

Die Einteilung in die genannten Klassen ermöglicht es, ein strukturiertes Kompetenzprofil zu erstellen. Kompetenzen können hierbei sowohl kumuliert als Klasse als auch einzeln aufgeschlüsselt dargestellt werden.

2.3. Ansätze des Kompetenzmanagements

Wie im vorangegangenen Kapitel 2.2 dargestellt, existieren verschiedene Kompetenzkonzepte, die sich je nach betrachteter Ebene grundlegend unterscheiden. Bei der Darstellung der Konzepte wurde ersichtlich, dass zwischen organisationalen und personellen Kompetenzen Abhängigkeiten bestehen. Im Folgenden soll untersucht werden, wie die unterschiedlichen Kompetenzen gemanagt werden können. Hierzu wird als Erstes ein Überblick über verschiedene Managementansätze für die Ebene der Organisation (Kapitel 2.3.1) gegeben und danach die gleiche Betrachtung für die Ebene des Individuums (Kapitel 2.3.2) durchgeführt. Zum Abschluss wird untersucht, inwiefern Konzepte existieren, die beide Ebenen unter Berücksichtigung der bereits identifizierten Abhängigkeit zwischen organisationalen und personellen Kompetenzen verknüpfen (Kapitel 2.3.3).

2.3.1. Managementansätze für die Ebene der Organisation

Die Anzahl der Kompetenzmanagementansätze, die sich mit der aktiven Steuerung, wie z. B. mit der gezielten Planung, Entwicklung und Nutzung, von organisationalen Kompetenzen und Kernkompetenzen auseinander setzen, ist überschaubar. Häufig beschränken sich die theoretischen Ansätze auf eine begriffliche Diskussion und Abgrenzung organisationaler Kompetenzen (vgl. Kapitel 2.2.1). Hamel und Prahalad (1994) geben zwar bereits einen kurzen Überblick über weitere Managementaufgaben, jedoch umreißen sie diese lediglich und gehen nicht auf deren Implementierung im Unternehmen ein. Jüngere Entwicklungen im Bereich des Kompetenzmanagements zeigen eine tiefer gehende Auseinandersetzung mit Managementaufgaben und deren organisatorischer Umsetzung. Hierbei ist insbesondere beobachtbar, dass sich die Untersuchungsschwerpunkte der identifizierten Ansätze unterscheiden. Während Krüger und Homp (1997) und Deutsch et al. (1997) den Kunden in den Mittelpunkt ihrer Überlegungen stellen, basiert der Ansatz von Probst et al. (2000) auf dem Management von Wissen und dessen Umwandlung in organisationale Kompetenzen. Dagegen untersucht Hümmer (2001) das Kompetenzmanagement und die damit verbundenen Aufgaben unter der Bedingung einer hyperkompetitiven bzw. stark dynamischen Umwelt. Im Folgenden werden die genannten Ansätze in der Reihenfolge ihrer zeitlichen Entstehung vorgestellt (vgl. Kapitel 2.3.1.1 bis 2.3.1.5). Dabei wird insbesondere auf die identifizierten Managementaufgaben und deren Ausgestaltung eingegangen. Im Anschluss erfolgen in Kapitel 2.3.1.6 ein Vergleich und eine kritische Würdigung der vorgestellten Ansätze.

2.3.1.1. Ansatz nach Hamel und Prahalad

Hamel und Prahalad (1994), die Begründer des Kernkompetenzansatzes, verstehen deren Management als eine Abfolge von Aufgaben:[11]

		Herausragende Position	Mega-Chancen
Kernkompetenz	neu	Aufbau neuer Kernkompetenzen, um die Marktposition auszubauen/zu schützen	Aufbau neuer Kernkompetenzen, um in die attraktivsten Zukunftsmärkte einzusteigen
		Lücken füllen	**Weiße Flecken**
	bestehend	Nutzungsoptimierung, Ausschöpfung der bestehenden Kernkompetenzen	Analoge Nutzung der bestehenden Kernkompetenzen in anderen Märkten
		bestehend	neu
		Markt	

Abbildung 4: Kernkompetenz-Akquisitionsagenda in Anlehnung an Hamel und Prahalad (1995, S. 341)

1. **Identifizierung bestehender Kernkompetenzen**: Diese Aufgabe ist der Ausgangspunkt des Kernkompetenz-Managements. Ziel ist es, „sich ein umfassendes und fundiertes Verständnis der Fähigkeiten zu erarbeiten, denen die Firma ihren derzeitigen Erfolg verdankt, über den Tellerrand des derzeitig bedienten Marktes hinauszublicken, die ‚gemeinsame Eigentümerschaft' des Unternehmens zu betonen, den Weg in neue Geschäftsfelder zu ebnen, den Sinn für die Realität des Kompetenzwettbewerbs zu steigern und die Grundlage für das aktive Management jener Kompetenzen zu schaffen, die letzten Endes die wertvollsten Ressourcen der Firma darstellen" (Hamel und Prahalad, 1995, S. 340).

---

[11] Übersetzt aus dem Englischen: „(1) identifying existing core competencies; (2) establishing a core competence acquisition agenda; (3) building core competencies; (4) deploying core competencies; and (5) protecting and defending core competence leadership" (Hamel und Prahalad, 1994, S. 224).

2. **Erstellung einer „Akquisitionsagenda" für Kernkompetenzen**: Diese Aufgabe ist zu bewältigen, nachdem die Kernkompetenzen identifiziert und ein einheitliches Kompetenzverständnis geschaffen wurde. Die Akquisitionsagenda wird durch ein Kernkompetenz/Markt-Portfolio mit den Dimensionsausprägungen „neu" und „bestehend" (vgl. Abbildung 4) visualisiert. Es dient der Ableitung von Normstrategien und zur Überprüfung, ob die vorhandenen Stärken genutzt und die Potenziale voll ausgeschöpft werden. Dies bezieht sich vor allem auf Kompetenzen im Quadranten „Lücken füllen". Zudem sind „weiße Flecken", „Herausragende Positionen" und so genannte „Mega-Chancen" zu identifizieren. „Weiße Flecken" sind aus Unternehmenssicht fremde Märkte, in denen es möglich ist, die bestehenden Kernkompetenzen zu transferieren. Die Quadranten „Herausragende Positionen" und „Mega-Chancen" führen zum Aufbau neuer Kernkompetenzen, um bestehende Märkte zu sichern oder attraktive Zukunftsmärkte zu erobern.

3. **Aufbau von Kernkompetenzen**: Im Rahmen des Kernkompetenz-Managements ist es zudem wichtig, kontinuierliche Lernprozesse zur Entwicklung ergänzender und neuer Kompetenzen im Unternehmen zu etablieren. Diese müssen von allen Führungskräften unterstützt werden.

4. **Entfaltung der Kernkompetenzen**: Hierbei werden die möglichst effektive Ausschöpfung der Einsatzmöglichkeiten von Kernkompetenzen und die Schaffung der dafür nötigen internen Voraussetzungen beleuchtet. Hamel und Prahalad (1995) schlagen in diesem Zusammenhang eine Einsatzplanung von Kernkompetenzträgern und anderen Mitarbeitern mit zukunftsbedeutendem Wissen vor.

5. **Schutz und Verteidigung der Kompetenzführerschaft**: Beim Kernkompetenz-Management soll es insbesondere vermieden werden, dass es zu einer Degeneration von Kernkompetenzen durch zu geringe finanzielle Mittel oder durch Verkauf bzw. Fragmentierung von Geschäftseinheiten kommt. Hierzu schlagen Hamel und Prahalad (1995) eine regelmäßige Überwachung von Kompetenzinvestitionen z. B. in Form von „Kompetenzrevisionsmeetings" vor.

2.3.1.2. Ansatz nach Krüger und Homp

Krüger und Homp (1997, S. 87) betonen die Integration der Marktorientierung in das Kernkompetenz-Management: „Der Kernkompetenzprozeß, den das Kernkompetenz-Management zu handhaben hat, muß so organisiert sein, daß die „Inside Out"-Perspektive mit der „Outside In"-Perspektive verbunden wird. Nur so können marktorientierte Kernkompetenzen entstehen". Hierzu entwerfen sie ein Prozessmodell, welches bei der Kompetenzentwicklung und-verwertung die Kundenbedürfnisse berücksichtigt. Zum Management der Kernkompetenzen postulieren Krüger und Homp (1997) einen Zyklus aus folgenden Einzelaufgaben (vgl. Abbildung 5):

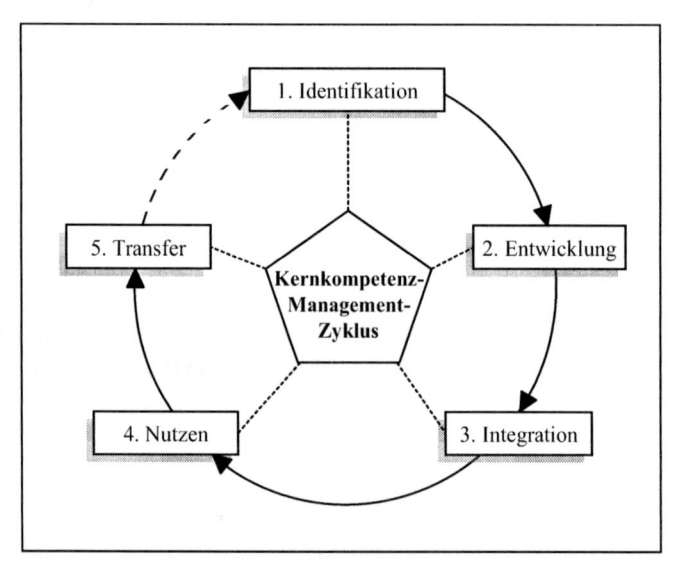

Abbildung 5: Zyklus des Kernkompetenz-Management in Anlehnung an Krüger und Homp (1997, S. 93)

1. **Identifikation**: Dieser Prozessschritt stellt den Ausgangspunkt des Kompetenzmanagement-Prozesses dar. Im Hinblick auf das Verfahren und die Methodik zur Analyse der Kompetenzen verweisen Krüger und Homp (1997) auf Boos und Jarmai (1994) sowie Edge, Hiscocks, Klein und Plasonig (1995), deren Analyseansätze in Kapitel 2.4.1 beschrieben werden. Aufbauend auf den Ergebnissen der Identifikationsphase können die ermittelten Kernkompetenzen gezielt gesteuert werden.

2. **Entwicklung**: In diesem Schritt erfolgt der kompetenzorientierte Auf- und Umbau von Fähigkeiten und Ressourcen. Hierbei heben Krüger und Homp (1997) hervor, dass die Kompetenzentwicklung nicht standardisierbar ist. Mögliche Methoden, Prinzipien und Verfahren, um den Entwicklungsprozess zu unterstützen, sind unter anderem die Institutionalisierung des Wissensmanagements im Unternehmen, die Stimulierung von Unternehmereigenschaften (z. B. Kreativität und Innovationsbereitschaft) beim Personal, die marktorientierte Produkt- bzw. Fähigkeitsentwicklung sowie die frühzeitige Produkterprobung und die Einführung kontinuierlicher Kompetenzverbesserungen (z. B. in Anlehnung an das Kaizen-Konzept von Imai (1997)).

3. **Integration**: Hierunter fallen alle Steuerungsaufgaben, welche die gezielte Bündelung von Ressourcen und Fähigkeiten (z. B. personell, organisatorisch und technisch) beinhalten und eine bestmögliche Nutzung erlauben. Integrationsmaßnahmen greifen in den gesamten Steuerungsprozess von Kompetenzen, z. B. bei der Ausrichtung der Entwicklungsmaßnahmen, der Intensivierung der Kompetenznutzung und beim Kompetenztransfer, ein. Krüger und Homp (1997) unterscheiden vier Arten der Integration: 1. Prozessinterne Integration, welche die Aktivitäten innerhalb eines Prozesses aufeinander abstimmen soll; 2. Integration von Steuerung, Operation und Support, die sich auf die Schnittstellen zwischen Leitungsinstanzen, Ausführungsstellen und unterstützenden Einheiten bzw. Prozessen bezieht; 3. Wandlungsorientierte Integration, welche die kontinuierliche Verbesserung des Tagesgeschäfts fokussiert; 4. Externe Integration, welche die Verbindung der eigenen Wertschöpfungskette zum Marktpartner schaffen soll. In Abhängigkeit von der jeweiligen Integrationsart ergeben sich die konkreten Integrationsaufgaben. Zur Unterstützung dieser Aufgaben verweisen Krüger und Homp (1997) auf bekannte Prozessanalyse- und -gestaltungsverfahren, Führungsansätze und Informations- und Kommunikationssysteme.

4. **Nutzung**: Nicht das passive „Abnutzen" steht im Vordergrund dieser Managementaufgabe, sondern das Ausschöpfen der Kompetenzstärken am Markt. Dies bedingt eine enge Verzahnung von Entwicklungs- und Integrationsaufgaben, sodass monetäre Rückflüsse erzielt werden können. Krüger und Homp (1997) beziehen sich bei der Auseinandersetzung mit der Kompetenznutzung auf die einzelnen Phasen des Produktlebenszyklus und formulieren entsprechende Strategien. In der Einführungsphase schlagen sie den Aufbau

und das Ausschöpfen von Kosten- oder Differenzierungsvorteilen, so genannten Differenzierungskompetenzen, vor. In der Wachstumsphase sollen die aufgebauten Kompetenzen dazu dienen, die erreichte Position zu schützen und Wettbewerber durch geeignete Maßnahmen zu begegnen. In der Reife- und Rückgangsphase sollen die durch die Kompetenznutzung resultierenden Kostensenkungspotenziale dazu verwendet werden, Wettbewerber zu schwächen und Marktanteile zu übernehmen. Darüber hinaus sollen die entwickelten Kompetenzen auf neue Märkte transferiert werden. Als Schutzinstrumente während der Nutzungsdauer der Kompetenzen nennen sie beispielsweise Patente und Urheberrechtsschutz.

5. **Transfer**: Kernkompetenzen können nach Krüger und Homp (1997) auf andere Produkte, Regionen und Kunden übertragen werden. Hierbei stellen sie die Fragen: „Was wird transferiert?" und „Wohin wird transferiert?" (Krüger und Homp, 1997, S. 126). Zu den Objekten des Transfers zählen sie Kernprodukte, Endprodukte und -leistungen, Marken und Ressourcen sowie Fähigkeiten bzw. Kernkompetenzen. Zielfelder des Transfers können ein vorhandenes Sortiment, neue Produkte und Leistungen, neue Kunden und neue Regionen im Stammgeschäft sowie neue Geschäftsfelder sein. Hieraus ergibt sich die Anforderung der Wandlungs- und Innovationsfähigkeit für jede Form des Transfers. Dies ermöglicht den Aufbau von neuen Wachstumsfeldern und die Kompensation von Umsatzrückgängen in angestammten Bereichen.

Zur Etablierung dieser Steuerungsfunktionen im Unternehmen beschäftigen sich Krüger und Homp (1997) zudem mit Kernprozessen, kompetenzorientierten Unternehmensstrukturen, Wissensmanagement und Controlling von Kernkompetenzen und geben praktische Umsetzungshinweise.

2.3.1.3. Ansatz nach Deutsch, Diedrichs, Raster und Westphal

Deutsch et al. (1997) betrachten die Steuerung der Kernkompetenzen als kundenbezogenen Managementprozess. Zentrale Aufgabe des Managements von Kernkompetenzen ist es, einen wertschöpfenden Mechanismus auf Basis von Ressourcen und deren Bestandteile aufzubauen. Hierbei müssen zwei zentrale Kriterien erfüllt sein: ein langfristig überlegener Kundennutzen und nachhaltige Wettbewerbsvorteile. Kernkompetenzen aufzubauen und in das Unternehmen zu integrieren, erfordern einen kontinuierlichen, aus folgenden Schritten bestehenden Prozess (vgl. Abbildung 6):

1. Ausgangspunkt des Managementprozesses ist die **Erhebung der Kundenanforderungen**. Dies erfolgt in der Regel durch eine Befragung.

2. Im Prozessschritt „**Vision für Kundennutzen ermitteln**" sollen aufbauend auf den Befragungsergebnissen Kundenbedürfnisse ermittelt werden, die zukünftig von Bedeutung sind, und Visionen abgeleitet werden, die sowohl die Weiterentwicklung der Ressourcen erfordern als auch auf Bewährtes zurückgreifen.

3. Anschließend lassen sich aus dem visionären Kundennutzen **interessante Felder ermitteln**, in denen Kernkompetenzen zu identifizieren, zu definieren und zu entwickeln sind.

4. Die **Definition der Kernkompetenzen** kann nach Deutsch et al. (1997) mittels Bestimmung der Soll-Kernkompetenzen oder der Identifikation bestehender Leistungspotenziale erfolgen. Hierzu ist jedoch ein einheitliches Verständnis von Kernkompetenzen im Unternehmen wichtig.

5. Zur Nutzung jeder definierten Kernkompetenz werden die dafür **notwendigen Ressourcen und deren Bausteine festgelegt**. Hierbei werden die bestehenden Ressourcen den geforderten gegenübergestellt, sodass Lücken identifiziert werden können und Maßnahmen zu deren Beseitigung definierbar sind.

6. Als Nächstes werden die einzelnen Ressourcen einer definierten Kernkompetenz auf ein gemeinsames Ziel ausgerichtet, entsprechend miteinander verknüpft und zur **Wertschöpfung** eingesetzt.

7. Abschließend erfolgt die **Übertragung der Kernkompetenz auf andere bzw. neue Bereiche**.

Neben der Implementierung dieses Managementprozesses schlagen Deutsch et al. (1997) die Einführung eines Frühwarnsystems vor, welches über die Veränderungen oder den Zielerreichungsgrad sowie über die Wertgenerierung durch die Zielerreichung informiert.

Prozessschritte							
1. Markt- und Kundenanforderungen ermitteln	2. Vision für Kundennutzen ermitteln	3. Erforderliche Kernkompetenzfelder ermitteln	4. Kernkompetenzen definieren	5. Notwendige Ressourcen und deren Bausteine festlegen	6. Wertschöpfenden Mechanismus in Gang bringen	7. Auf neue Bereiche übertragen	Gewinn mit Kernkompetenzen

Ergebnisse: Visionärer Kundennutzen, Soll-Kompetenzen, Einsatzfähige Kernkompetenzen, Marktgestaltung statt Marktverwaltung

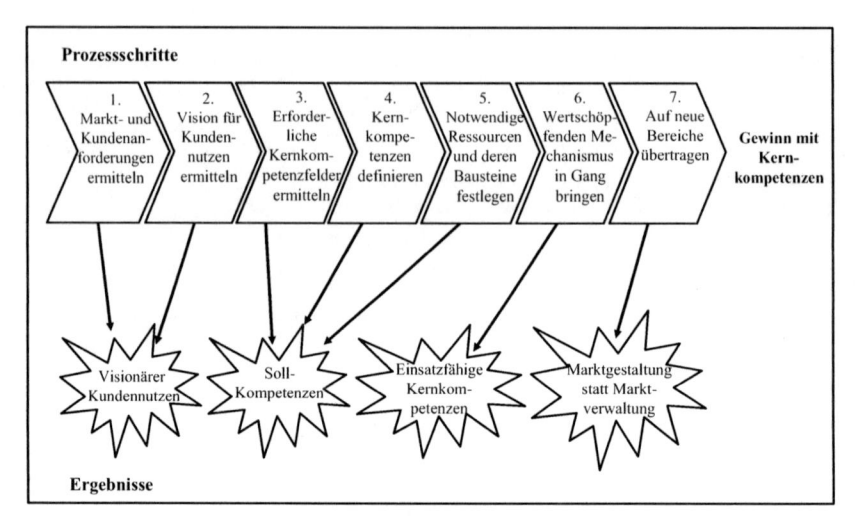

Abbildung 6: Der Prozess des Kernkompetenz-Managements in Anlehnung an Deutsch et al. (1997, S. 32)

2.3.1.4. Ansatz nach Probst, Deussen, Eppler und Raub

Der Ansatz von Probst et al. (2000) greift zwei Schwächen der bis dato entwickelten theoretischen Konzepte des Kompetenzmanagements auf. Zum einen kritisieren die Autoren, dass eine fundamentale Frage bisher unbeantwortet bleibt: „Wie nämlich kann die Organisation sicherstellen, dass diese schwer imitierbare Fähigkeit [hierunter ist die Kernkompetenz gefasst] auch den Anforderungen des jeweiligen Wettbewerbsumfeldes genügt" (Probst et al., 2000, S. 74). Zum anderen kritisieren Probst et al. (2000) die statische Ex-post-Perspektive in den meisten Beiträgen zum kompetenzorientierten Management[12]. In der Auseinandersetzung mit diesen Schwachpunkten konzentrieren sich Probst et al. (2000) auf den Entstehungsprozess organisationaler Kompetenzen. Hierbei analysieren sie die Phasen in der Entwicklung organisationaler Kompetenzen und Faktoren, die eine besondere Bedeutung haben. Als Grundlage für ihre Forschung verweisen sie auf empirische Studien im Einzelhandel.

Ihre Überlegungen basieren auf der Annahme, dass „organisationale Kompetenzen in den seltensten Fällen das Resultat eines langfristigen und bis ins Detail

---

[12] Kompetenzorientiertes Management steht bei Probst et al. (2000) für Kompetenzmanagement.

geplanten Managementprozesses [sind]. [...] Vielmehr entsteht in Organisationen andauernd neues Wissen, das zu einem Bestandteil zukünftiger organisationaler Kompetenz werden kann." (Probst et al., 2000, S. 75). Zudem gehen sie davon aus, dass durch Projektarbeit Wissen im Unternehmen entsteht, welches die Basis für die Entwicklung organisationaler Kompetenzen darstellt.[13]

In Bezug auf die Projekte unterscheiden sie zwischen den Intra-Projekt-Phasen, in denen innovative Tätigkeiten innerhalb einzelner Projekte betrachtet werden und kollektive Kompetenzen aufgebaut werden, und den daran anschließenden Inter-Projekt-Phasen, in denen isolierte Initiativen in eine koordinierte organisationale Kompetenz überführt werden. In diesen kommt es auf Basis des Wissensmanagements zur Kompetenzentwicklung im Unternehmen. Die Intra-Projekt-Phasen sind (Probst et al., 2000, S. 100ff.):

1. **Emergenzphase**: In dieser Phase sollen Wissensziele (z. B. die Schaffung eines innovationsfördernden Arbeitsumfeldes) definiert, Wissen und Wissenslücken identifiziert sowie Wissen erworben und entwickelt werden.

2. **Evaluationsphase**: Durch die Wissensziele entsteht die Verbindung zwischen der Emergenz- und der Evaluationsphase. Sie bilden die Grundlage für die Wissensbewertung, denn sie dienen als Entscheidungskriterium für oder gegen die Förderung neuer Projekte.

3. **Kollektivierungsphase**: Neben dem Wissenserwerb und der Wissensentwicklung erfolgen in dieser Phase die Wissensverteilung, d. h. die Kommunikation des erworbenen Wissens innerhalb der Organisation, und die Wissensnutzung. Dies unterstützt die kollektive Kompetenzentwicklung.

In den Inter-Projekt-Phasen werden die entwickelten kollektiven Kompetenzen in organisationale Kompetenzen umgewandelt. Der konkrete Transformationsprozess erfolgt innerhalb der folgenden Phasen (Probst et al., 2000, S. 105ff.):

1. **Akkumulationsphase**: In dieser Phase soll das innerhalb eines Projektes erworbene Wissen auch für andere Projekte verfügbar gemacht werden (Wissensverteilung und -nutzung).

---

[13] Probst et al. (2000) verweisen auf Katzenbach und Smith (1993), die davon ausgehen, dass der steigende Anteil organisationaler Tätigkeit in Form von Team- und Projektarbeit gestaltet ist.

2. **Integrationsphase**: Im Mittelpunkt dieser Phase stehen die Analyse verwandter Aktivitäten, deren Reorganisation und die Reduzierung von Redundanzen. Hierzu ist der Prozess der Wissensbewertung notwendig, durch den entschieden wird, welche Projekte und strategischen Wissensziele bestehen bleiben oder neu ausgerichtet werden müssen.

3. **Stabilisierungsphase**: Hier steht die Wissensnutzung und -speicherung im Vordergrund, sodass die neu entwickelte, organisationale Kompetenz in vollem Umfang ausgeschöpft werden kann.

Zur Unterstützung der einzelnen Phasen schlagen Probst et al. (2000) Instrumente des Wissensmanagements vor, wie z. B. internes Benchmarking, Wissenslandkarten oder Kreativitätstechniken. Eine genaue Darstellung, wie diese angewendet werden können, fehlt allerdings. Ihr Ansatz gibt lediglich ein grobes Prozessmodell der Kompetenzentwicklung vor, ohne sich mit bereits aufgebauten, organisationalen Kompetenzen auseinander zu setzen.

2.3.1.5. Ansatz nach Hümmer

Der Kompetenzmanagement-Ansatz von Hümmer (2001) setzt sich insbesondere mit den Faktoren Unsicherheit und Dynamik auseinander. Neuere Ansätze[14] des strategischen Managements gehen davon aus, dass aufgrund des mittlerweile hoch dynamischen, marktlichen Umfeldes der Aufbau und die Verteidigung dauerhafter Wettbewerbsvorteile nur schwer realisierbar sind und diese sogar zur Bedrohung werden können. Für die Unternehmen gilt es daher, temporäre Wettbewerbsvorteile stufenweise aufzubauen und somit dem Wettbewerber stets einen Schritt voraus zu sein (D'Aveni, 1994, S. 10). Diese Vorgehensweise steht im Widerspruch zum Ziel des Kernkompetenzansatzes, dass der Aufbau langfristiger Wettbewerbsvorteile ist, vgl. Kapitel 2.2.1. In diesem Zusammenhang hinterfragt Hümmer (2001), ob sich der Kernkompetenzansatz unter Unsicherheit und Dynamik überzeugend begründen lässt und welchen Einfluss ein sich schnell veränderndes Umfeld auf das Management von Kernkompetenzen[15] hat.

---

[14] Hümmer (2001) bezieht sich bei seinen Ausführungen auf das Konzept des Hyperwettbewerbs von D'Aveni (1994). Die deutsche Übersetzung siehe D'Aveni (1995).

[15] Hümmer (2001) verweist bei der Definition vom Kernkompetenzbegriff auf Rasche (1994), vgl. Kapitel 2.2.1.

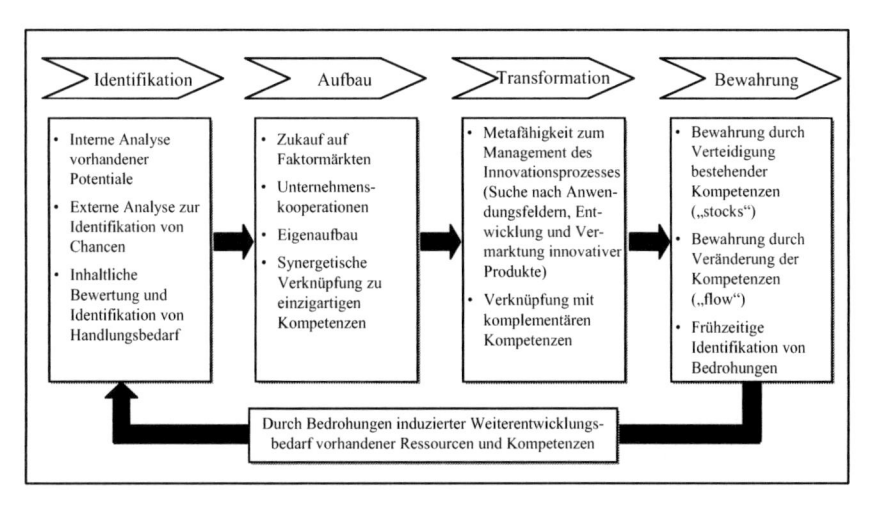

Identifikation	Aufbau	Transformation	Bewahrung
• Interne Analyse vorhandener Potentiale • Externe Analyse zur Identifikation von Chancen • Inhaltliche Bewertung und Identifikation von Handlungsbedarf	• Zukauf auf Faktormärkten • Unternehmenskooperationen • Eigenaufbau • Synergetische Verknüpfung zu einzigartigen Kompetenzen	• Metafähigkeit zum Management des Innovationsprozesses (Suche nach Anwendungsfeldern, Entwicklung und Vermarktung innovativer Produkte) • Verknüpfung mit komplementären Kompetenzen	• Bewahrung durch Verteidigung bestehender Kompetenzen („stocks") • Bewahrung durch Veränderung der Kompetenzen („flow") • Frühzeitige Identifikation von Bedrohungen

Durch Bedrohungen induzierter Weiterentwicklungsbedarf vorhandener Ressourcen und Kompetenzen

Abbildung 7: Idealtypische Abfolge der Aufgabenstellungen kernkompetenzorientierten Managements (Hümmer, 2001, S. 322)

Zur Beantwortung dieser Fragen betrachtet Hümmer (2001) die Aufgaben des Kernkompetenz-Managements näher und untersucht, wie diese unter Einfluss der eingangs genannten Faktoren gestaltet sind. Er arbeitet vier aufeinander aufbauende Managementaufgaben heraus, vgl. Abbildung 7. Die ersten beiden Managementaufgaben entsprechen den im Konzept von Krüger und Homp (1997) beschriebenen Aufgaben Identifikation und Entwicklung von Kernkompetenzen. Die Transformation umfasst die finanzielle Nutzung der Kernkompetenzen durch die Generierung von monetären Rückflüssen und der Umwandlung in konkrete Wettbewerbsvorteile. Die Managementaufgabe Bewahrung zielt darauf ab, die aufgebauten Kernkompetenzen zu erhalten und zu schützen. Die dynamische Umwelt bedingt, dass Kernkompetenzen stärker hinterfragt (z. B. im Hinblick auf deren Bewahrung) und ständig überwacht werden müssen. Prinzipiell erfüllt der Kernkompetenzansatz die Anforderungen, die durch die stets ändernden Rahmenbedingungen entstehen, wenn davon ausgegangen wird, dass Kernkompetenzen jederzeit entwertet werden können und Dynamik, Schnelligkeit, Flexibilität sowie die gleichzeitige Gewährleistung erforderlicher Stabilität bei deren Management berücksichtigt werden (Hümmer, 2001).

Für das kernkompetenzorientierte Management ergeben sich durch die Berücksichtigung von Unsicherheit und Dynamik neue Handlungsnotwendigkeiten und Veränderungen hinsichtlich der Gestaltung und der instrumentalen Unterstützung der Teilaufgaben. So kommt es beispielsweise bei der Analyse und der Identifikation von Kernkompetenzen nach Hümmer (2001) nicht auf Detailgenauigkeit, sondern auf die Zeit an, die hierbei verwendet wird. Diese sollte möglichst kurz sein, um der sich permanent ändernden Umwelt gerecht zu werden. Darüber hinaus soll das Denken in Produktkategorien zugunsten einer funktionalen bzw. fähigkeitsorientierten Betrachtung der Kompetenzen aufgegeben werden.

2.3.1.6. Vergleich der Ansätze

Ein zusammenfassender Vergleich der vorgestellten Ansätze erfolgt in Tabelle 3. Diese weisen hinsichtlich ihres inhaltlichen Schwerpunkts, ihrer Stärken und Schwächen sowohl Gemeinsamkeiten als auch Unterschiede auf.

Als grundsätzliche Gemeinsamkeit aller untersuchten Ansätze kann festgehalten werden, dass die Identifikation und Entwicklung von Kernkompetenzen am Anfang des Managementprozesses stehen. Bis auf Probst et al. (2000) wird bei allen anderen Managementansätzen auch darauf eingegangen, welche weiteren Managementaufgaben, wie z. B. Nutzung, Pflege oder Transfer, notwendig sind. Die zwischen den untersuchten Managementansätzen resultierenden Differenzen ergeben sich aus deren unterschiedlicher Schwerpunktsetzung. Während Hamel und Prahalad (1994) auf technologische Kompetenzen fokussieren, berücksichtigen Deutsch et al. (1997) sowie Krüger und Homp (1997) beim Management der Kompetenzen die Kunden und deren Bedürfnisse. Darüber hinaus beschäftigen sich Krüger und Homp (1997) insbesondere mit dem Transfer von Kernkompetenzen. Die zwei neueren Ansätze von Probst et al. (2000) und Hümmer (2001) zeichnen sich vor allem dadurch aus, dass andere Managementansätze (Wissensmanagement und Hyperwettbewerb) in das Kompetenzmanagement integriert werden. Hierdurch werden Aspekte berücksichtigt, die bis dato ausgeblendet wurden, wie z. B. die Umwandlung von Wissen in Kompetenzen oder die Veränderung der Steuerungsaufgaben bei einer dynamischen Umwelt.

Ansatz	Inhaltlicher Schwerpunkt	Charakterisierung	Hauptstärken	Hauptschwächen
Hamel und Prahalad (1994)	Technologiebasierte Kernkompetenzen	• 5 Phasen • Akquisitionsagenda • Einheitliches Vorgehen des Gesamtunternehmens • Verteidigung als eigene Phase	• Berücksichtigung unternehmenspolitischer Probleme • Sensibilisierung für dieses Konzept	• Fehlen unterstützender Instrumente • Einseitige Technologieorientierung
Krüger und Homp (1997)	Kundenorientierung und Transfer von Kernkompetenzen	• 5 Phasen • Prozessschritte als Managementkreis • Berücksichtigung situativer Rahmenbedingungen, insbesondere der Kundenbedürfnisse	• Detaillierte, Darstellung des Managementprozesses • Integration interner und externer Perspektiven	• Unzureichende Darstellung der Instrumente und deren Nutzung • Zu starke funktionale Sicht
Deutsch et al. (1997)	Kundenorientierung	• 7 Phasen • Systematische Befragung der Kunden zur Definition der Kernkompetenzen	• Praxisnaher Prozess • Detaillierte Beschreibung des Ablaufs	• Keine Berücksichtigung bestehender Kompetenzen
Probst et al. (2000)	Wissensbasierte Schaffung organisationaler Kompetenzen	• 6 Phasen • Konzentration auf den Entstehungsprozess von Kompetenzen • Wissen aus Projekten als Teil zukünftiger organisationaler Kompetenzen	• Projektbezogene Entwicklung von Kompetenzen • Praxisnaher Ansatz	• Keine Aussagen zu bereits aufgebauten Kompetenzen • Keine Daten zur Unterstützung der Kompetenzentwicklung
Hümmer (2001)	Kernkompetenzmanagement in einer hyperkompetitiven Umwelt	• 4 Phasen • Berücksichtigung des strategischen Konzepts des Hyperwettbewerbs • Veränderung der Managementaufgaben und deren Gestaltung aufgrund der Dynamik	• Dynamische Betrachtung der Kernkompetenzen • Praxisbezug bei der Entwicklung dieses Ansatzes	• Gestaltungsempfehlung für die einzelnen Teilaufgaben zu unkonkret

Tabelle 3: Vergleich der Kompetenzmanagementkonzepte

Jeder Ansatz weist spezifische Stärken und Schwächen auf (vgl. Tabelle 3). Auf eine gemeinsame Schwäche soll im Zusammenhang mit dieser Arbeit an dieser Stelle speziell eingegangen werden: die unzureichende instrumentelle Unterstützung. Dies gilt für fast alle Aufgaben des Managements organisationaler Kompetenzen. Insbesondere bei der Analyse der Kompetenzen und Identifikation von Kernkompetenzen sind geeignete Instrumente notwendig, da diese Informationen liefern, auf die alle anderen Steuerungsaufgaben aufbauen. Die Frage „Welche Ansätze zur Kompetenzanalyse existieren, die auch unabhängig von einem integrierten Managementansatz entwickelt wurden?" wird in einem weiteren Abschnitt dieser Arbeit (vgl. Kapitel 2.4) im Stand der Forschung detailliert geklärt. Zuvor werden nun Managementansätze untersucht, die dabei helfen sollen, auf Ebene des Individuums oder Ebenen übergreifend Kompetenzen zu steuern.

2.3.2. Managementansätze für die Ebene des Individuums

Nachdem im vorangegangenen Kapitel Ansätze zum Management organisationaler Kompetenzen dargestellt wurden, stellt sich nun die Frage, ob auch Managementansätze existieren, die sich rein auf Kompetenzen von Individuen bzw. Personen beziehen. Eine Auseinandersetzung mit Quellen zum Kompetenzmanagement zeigt, dass auch personelle Kompetenzen gezielt gesteuert werden müssen. In einer Studie der Cell Consulting AG (2002, S. 5) wird Kompetenzmanagement als „integriertes dynamisches System der Personalrekrutierung, des Personaleinsatzes und der Personalentwicklung" umschrieben. Kompetenzen müssen kontinuierlich unter Berücksichtigung organisatorischer Veränderungen angepasst werden (Cell Consulting AG, 2002).

Die Untersuchung zeigt jedoch, dass es schwierig ist, in sich geschlossene Managementkonzepte für die Ebene des Individuums zu identifizieren, die wie beim Management organisationaler Kompetenzen fest definierte Aufgaben bzw. Phasen umfassen. Häufig werden nur Teilaspekte des Managements betrachtet, wie z. B. die Kompetenzentwicklung. Alternativ findet die Auseinandersetzung mit personellen Kompetenzen in übergeordneten Managementansätzen, wie z. B. beim Personalmanagement, statt. Dies liegt zum einen daran, dass die personelle Kompetenzforschung stark von der Psychologie und Pädagogik geprägt ist, die ihren Schwerpunkt vor allem in der Diagnose und Entwicklung von

Kompetenzen haben. Zum anderen wird im Hinblick auf personelle Kompetenzen eher die Person als Ganzes gesehen, sodass sich Managementansätze auf mehr als nur Kompetenzaspekte beziehen. Ein mögliches Derivat für das Kompetenzmanagement für die Ebene des Individuums stellt das so genannte Skillmanagement dar. Kompetenzen einer Person werden häufig mit dem englischen Wort „skill" gleichgesetzt (vgl. hierzu Faix et al., 1991; Beck, 2005; Pieler und Schuh, 2003). Zwei in diesem Bereich entwickelte Managementansätze sollen in Kapitel 2.3.2.5 und 2.3.2.6 eingehend untersucht werden. Für eine bessere Einordnung erfolgt jedoch zunächst eine Darstellung von Forschungsansätzen im Bereich der Kompetenzentwicklung (vgl. Kapitel 2.3.2.1, 2.3.2.2 und 2.3.2.3) und von Kompetenzkonzepten im Personalmanagement (vgl. Kapitel 2.3.2.4).

2.3.2.1. Ansätze aus dem Bereich der Kompetenzentwicklung

Kompetenzentwicklung ist schon seit längerem Teil der psychologischen und pädagogischen Forschung. Insbesondere im Zusammenhang mit der Forderung nach lebenslangem Lernen und der damit verbundenen Lernkultur sowie mit der beruflichen Qualifizierung von Personal wurde die Kompetenzentwicklung hinterfragt. Baitsch, Duell, Frei (1984) gehen davon aus, dass die Entwicklung von Kompetenzen im realen Vollzug von Tätigkeiten stattfindet. Hierzu untersuchten sie beispielsweise, welchen Einfluss Arbeitsprozesse auf die Qualifizierung und damit auf die Entwicklung personeller Kompetenzen haben. Im Rahmen eines groß angelegten BMBF-Forschungs- und Entwicklungsprogramms mit dem Namen „Lernkultur Kompetenzentwicklung" wird im Zeitraum von Anfang 2001 bis Ende 2006 „den Fragen des beruflichen Lernens in Entwicklungsprozessen gezielt nachgegangen" (Sauer, 2000, S. 1). Hierbei soll insbesondere auf die Tendenz einer dynamischen Betrachtungsweise von Kompetenzen zur Bewältigung von Veränderungen hingewiesen werden. Das Programm umfasst die Erforschung von Lernprozessen in unterschiedlichen Aktionsbereichen, wie im Prozess der Arbeit, im sozialen Umfeld, in Weiterbildungseinrichtungen sowie im Internet und mit Multimedia. Hierzu existieren bereits diverse Veröffentlichungen (vgl. unter anderem die Schriften zur Kompetenzentwicklung der Arbeitsgemeinschaft Qualifikations-Entwicklungs-Management).

Der Forschungsbereich der Kompetenzentwicklung ist umfassend. Er reicht von der Analyse und Erstellung einzelner Maßnahmen, wie z. B. Trainings und Schulungen (vgl. Kerres und Gorhan, 1998 oder Baitsch, 1998), bis zu Konzepten, die sich mit der Evaluierung von Kompetenzentwicklung beschäftigen (vgl. Bernien, 1997). Im Folgenden werden aufgrund ihrer wissenschaftlichen Bedeutung die Konzepte von Heyse und Erpenbeck (1997) sowie von Hänggi (2001) aus dem Bereich der Entwicklung personeller Kompetenzen vorgestellt. Hierbei wird insbesondere auf die Kompetenzentwicklung und auf die zum Einsatz kommenden Methoden eingegangen.

2.3.2.2. Ansatz zur Kompetenzentwicklung nach Heyse und Erpenbeck

Heyse und Erpenbeck (1997) greifen die Theorie vom lernenden Unternehmen auf. Ein derartiges Unternehmen ist dadurch gekennzeichnet, dass es den Lernprozess der Mitarbeiter begünstigt und sich selbst ständig verändert. Auf Basis dieser Idee ergibt sich ein entsprechender Kompetenzentwicklungsbedarf. Um dessen Deckung zu ermöglichen, setzen sich Heyse und Erpenbeck (1997) mit Kompetenzentwicklungsmethoden auseinander. Einen Überblick über die in diesem Kontext einsetzbaren Methoden gibt Tabelle 4.

Es zeigt sich, dass vielfältige Methoden der Kompetenzentwicklung existieren, deren Effizienz nach Heyse und Erpenbeck (1997, S. 201) „hinreichend nachgewiesen werden konnte" und die auf breite Akzeptanz bei den Weiterbildungsteilnehmern stoßen. Jedoch ist für einen erfolgreichen Einsatz ihre Integration in die Organisations- und Personalentwicklung von entscheidender Bedeutung, was häufig noch nicht in entsprechendem Umfang umgesetzt ist.

Zu entwickelnder Kompetenzbereich	Methode
Fachkompetenz	• Programmierte Unterweisung • Technische Simulation • Interaktionslernen mit Computer • Beistellmethode • Systematische Einarbeitung • Assistenzarbeit • Lehrgespräch
Methodenkompetenz	• Learning by doing • Literatur-Selbststudium • Fallmethode • Entdeckungsmethoden • Technologisches Experiment • Kreativitäts-, Ideenfindungs- und Problemlösungsmethode
Sozialkompetenz	• Diskussion/Debatte/Disputation • Rollenspiel • Künstlerische Übungen • Verhaltenstraining • Belehrung
Mitwirkungskompetenz	• Qualitätszirkel • Lernstatt • Rollenspiel
Handlungskompetenz	• Projektmethode • Scheinfirma, Übungsfirma • Projekt-Leittext • Planspiel
Führungskompetenz	• Job rotation • Gastaufenthalte/Erfahrungsaustausch • Training z. B. zu Time- oder Stressmanagement • Assistenzarbeit • Learning by doing

Tabelle 4: Methoden der Kompetenzentwicklung in Anlehnung an Heyse und Erpenbeck (1997, S. 198ff.) zitiert nach Bunk und Stenzel (1990)

2.3.2.3. Ansatz zur Kompetenzentwicklung nach Hänggi

Hänggi (2001) geht davon aus, dass in Unternehmen zukünftig Mitarbeiter benötigt werden, die sich nicht nur durch fachlich-methodisches Wissen auszeichnen, sondern in den verschiedensten Bereichen Kompetenzen aufweisen. Handlungskompetenz steht bei seinen Überlegungen im Vordergrund. Sie ergibt sich aus einer „Mischung von Anteilen aus allen Kompetenzbereichen und -feldern" (Hänggi, 2001, S. 157). Nach Hänggi (2001) sind Fach-, Methoden- und Sozialkompetenzen in Kombination zu berücksichtigen.

Zur Entwicklung dieser Kompetenzen setzt er sich mit dem derzeitigen Ausbildungssystem auseinander und kommt zu dem Schluss, dass lebenslanges Lernen auch innerhalb von Arbeitsprozessen und in so genannten lernenden Organisationen eine Notwendigkeit darstellt. Hieraus ergeben sich Gestaltungsimplikationen für die Kompetenzentwicklung, z. B. die Vermittlung von Fach- und Methodenkompetenzen in Gruppenprozessen, die Anwendung von Job rotation, Job enlargement oder Job enrichment beim Training von Methodenkompetenzen sowie die Berücksichtigung von Fach- und Methodenkompetenz bei der Vermittlung von Sozialkompetenz.

Eine gezielte Kompetenzentwicklung unterstützt zudem den Innovationsprozess in Unternehmen, denn Innovationen stellen nach Hänggi (2001) das einzige Mittel zum Überleben einer Organisation im Wettbewerb dar. Die Nutzung der Kompetenzpotenziale von Mitarbeitern und Führungskräften kann nach seiner Ansicht Unternehmen langfristig besser absichern als eine reine Ausrichtung auf die Kapitalstruktur.

2.3.2.4. Ansätze aus dem Bereich des Personalmanagements

Geht man davon aus, dass die einzelne Person Kompetenzträger ist, können gegebenenfalls übergreifende Managementkonzepte, wie das Personalmanagement, Ansätze zur Steuerung personeller Kompetenzen besitzen. Bei einer Analyse von Konzepten in den Bereichen Personalmanagement, Personalwesen oder Personalwirtschaft konnten folgende Beiträge mit Kompetenzbezug identifiziert werden, vgl. Tabelle 5.

Quelle	Einordnung im Personalmanagement	Kompetenzbezug
Bisani (1995, S. 226)	Festlegen des Personalbedarfs	Bisani (1995) untergliedert den Personalbedarf unter anderem auch nach Qualifikationsstufen. Zur Erläuterung der in diesem Zusammenhang anfallenden Anforderungen verwendet er ein Kompetenzmodell bestehend aus Methoden-, Fach-, Sozial-, persönlicher Werte- und Handlungskompetenz.
Berthel (1995, S. 228)	Personalentwicklung	Zur Erläuterung des Begriffes „Qualifikation" verwendet Berthel (1995) die Kompetenzklassen Fach-, Methoden- und Sozialkompetenzen.
Harlander (1994, S. 491ff.)	Zukünftige Qualifikationsanforderungen an das Personal	Harlander (1994) verwendet bei der Darstellung neuer Qualifikationsanforderungen ein Kompetenzmodell bestehend aus Sozial-, Methoden-, Fach- und (Selbst-) Lernkompetenz.
Holtbrügge (2004, S. 105)	Personalentwicklung	Die durch die Personalentwicklung erweiterten Fähigkeiten beinhalten nach Holtbrügge (2004) auch interkulturelle Kompetenz.
Jung (1999, S. 248ff.)	Personalentwicklung	Jung (1999) beschreibt die Zielbereiche der Personalentwicklung anhand von drei Kompetenzklassen: fachliche, soziale und methodische Kompetenz.
Krieg (1998, S. 253)	Arbeitsorganisation und Arbeitsgestaltung, insbesondere die Einführung von Gruppenarbeit	Durch die Einführung von Gruppenarbeit werden an Mitarbeiter erhöhte Anforderungen gestellt. Diese sind nach Krieg (1998) fachlich-technologische Kompetenz und Sozialkompetenz.
Liebel und Oechsler (1994, S. 301)	Personalentwicklung	Bei Training-on-the-job können nach Liebel und Oechsler (1994) soziale Kompetenz, Fach- und Methodenkenntnis realitätsnah vermittelt werden.
Weinand (2000, S. 411ff.)	Kulturbewusste Personalarbeit, insbesondere Personalentwicklung	Weinand (2000) beschäftigt sich mit Personalentwicklung im Rahmen kulturbewusster Personalarbeit. In diesem Zusammenhang stellt er die innerbetriebliche Kompetenzübertragung als wichtiges Element der Personalentwicklung dar. Unternehmensmitglieder sind nicht nur Nachfrager von Maßnahmen zur Kompetenzentwicklung, sondern auch Anbieter zur Weitergabe von Kompetenzen.

Tabelle 5: Kompetenzkonzepte im Personalmanagement

Tabelle 5 zeigt, dass der Kompetenzbegriff und -konzepte vorwiegend in der Personalentwicklung verwendet werden. Insbesondere die Darstellung von Arbeitsanforderungen erfolgt anhand eines Kompetenzmodells. Neuere Ansätze nutzen den Begriff Kompetenzentwicklung sogar zur Umschreibung von Maßnahmen im Bereich der Personalentwicklung (vgl. Kriegesmann und Kerka, 2001; Kailer, 2001). Zudem wird auf die Kompetenzterminologie bei der Personalbedarfsplanung und der Arbeitsorganisation bzw. -gestaltung zurückgegriffen. Zwar ist eine Auseinandersetzung mit den Kompetenzkonzepten im Personalmanagement erkennbar, jedoch findet diese nur an einzelnen Stellen statt und verfügt hinsichtlich der Kompetenzdarstellung über einen geringen Detaillierungsgrad. Die Analyse von Beiträgen in diesem Bereich zeigt insbesondere, dass das Management personeller Kompetenzen im Kontext der Personalarbeit noch nicht ausreichend berücksichtigt wird.

2.3.2.5. Ansatz zum Skillmanagement nach Faix, Buchwald und Wetzler

Faix et al. (1991, S. 81) konkretisieren „SKILLs" durch die Verwendung eines Kompetenzmodells bestehend aus Sozial-, Methoden-, Fach- und Handlungskompetenz. Im Rahmen des Skillmanagements setzen sie sich vorwiegend mit der Weiterbildung und Personalentwicklung von Mitarbeitern auseinander. Hierbei legen Faix et al. (1991) den Schwerpunkt auf die Planung von Skills, welche die Definition eines Wissens- und Qualifikationskatalogs, die Erfassung von Soll- und Ist-Skills und deren Abgleich sowie die Erstellung eines Weiterbildungsangebotes umfasst. Als Instrument zur Unterstützung dieser notwendigen Prozessschritte stellen sie den „SKILL-Planer" vor.

Auf Basis der durch den „SKILL-Planer" generierten Daten können Maßnahmen getroffen werden, die eine Skill-Anpassung an die vom Unternehmen vorgegebene strategische Ausrichtung ermöglichen. Beispiele für eine Skill-Anpassung sind Schulungskurse, „job rotation", „learning in/on the job". Diese und weitere Maßnahmen sind Teil des Skillmanagements, welches nach Faix et al. (1991) die folgenden Bereiche umfasst (vgl. Abbildung 8):

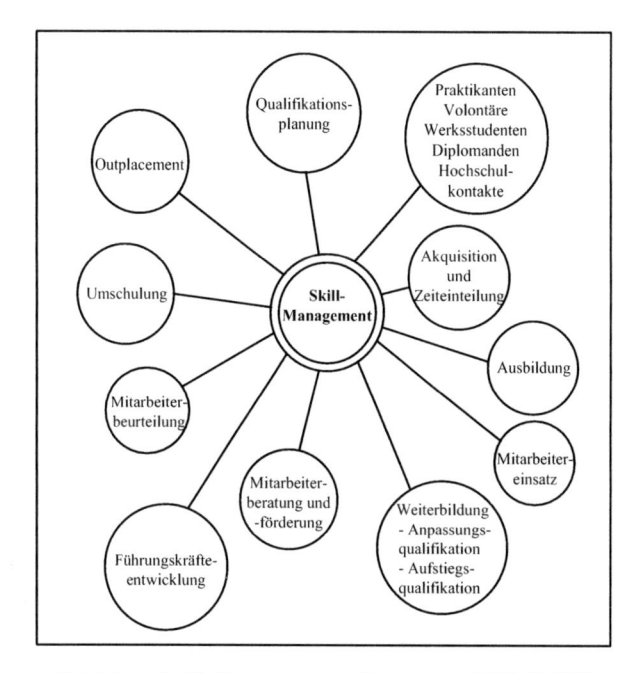

Abbildung 8: Skillmanagement (Faix et al., 1991, S. 120)

Eine Beschreibung und Strukturierung dieser Maßnahmen, z. B. in Form eines Prozesses, findet bei Faix et al. (1991) nicht statt. Vielmehr werden praxisrelevante Funktionen zusammengefasst, die im Bereich des Skillmanagements auszuführen wären. Dieser Managementansatz liefert zwar einen Beitrag, wie personelle Kompetenzen analysiert und geplant werden können, jedoch stellt dieser aus der Praxis stammende Ansatz kein in sich geschlossenes Managementkonzept dar.

2.3.2.6. Ansatz zum Skillmanagement nach Beck

Beck (2005) sieht Skillmanagement nicht als Derivat des Kompetenzmanagements, sondern ordnet dieses als Teil des Potenzialmanagements in das betriebliche Kompetenzmanagement ein. Kompetenzmanagement für die Ebene des Individuums beschreibt Beck (2005, S. 105) als „Vorgang [...], bei dem der Mensch die Gesamtheit seiner Kompetenzen auf die bestmögliche Erreichung subjektiver Ziele ausrichtet". Kompetenzen werden in diesem Zusammenhang als „subjektzentrierte, unveräußerliche Leistungspotenziale des Menschen, die als eigenverantwortliches reflektiertes Arbeitshandeln der Person eine persönlich und betrieblich wahrnehmbare qualitative Veränderung der Arbeitsleistung bewirken" definiert (Beck, 2005, S. 105). Skillmanagement stellt folglich die Basis für ein Kompetenzmanagement dar. Zu dessen operativer Umsetzung konzipiert Beck (2005) ein Skillmanagement-System und definiert einen Prozess, der Grundlage für die Systementwicklung ist. Der Prozess zeigt, welche Funktionen und Aufgaben in welcher Reihenfolge im Rahmen eines Skillmanagements bearbeitet werden müssen (vgl. Beck, 2005).

Der Skillmanagement-Prozess von Beck (2005) berücksichtigt unternehmensinterne und -externe Akteure sowie deren Tätigkeits- bzw. Verantwortungsbereich und umfasst vier Phasen. In der Analysephase erfolgt die Ermittlung von Soll- und Ist-Skills sowie deren Abgleich. Die Feststellung des Skillbedarfs bzw. der funktionsspezifischen Skillanforderungen als Grundlage der Soll-Skills basiert auf den Visionen des Unternehmens und den Zielen der Abteilungen. Die Ist-Skills werden durch Mitarbeiter und Führungskräfte mithilfe von Selbst- bzw. Fremdbeurteilung oder im Fall von zukünftigen Leistungspotenzialen auf Basis von Selbst- bzw. Fremdeinschätzung ermittelt. Darauf aufbauend erfolgt eine Gap-Analyse zwischen Soll- und Ist-Skills. Die Ergebnisdaten dieser Analyse gehen in die Planungsphase ein. Hier wird der konkrete Handlungs- bzw. Entwicklungsbedarf bestimmt und es werden Entwicklungsmaßnahmen konzipiert. Nach der Umsetzung dieser Maßnahmen in der Realisierungsphase erfolgt in der Evaluationsphase eine Erfolgskontrolle. Hierbei wird ebenfalls geprüft, inwiefern die neu entwickelten Skills zur strategischen Position des Unternehmens beitragen. Der Prozess beginnt nach der Evaluationsphase von neuem. Mit diesem Skillmanagement-Prozess unternimmt Beck (2005) den Versuch, ein in sich geschlossenes Managementkonzept zu entwickeln.

2.3.2.7. Vergleich der Ansätze

Unabhängig davon, welche Konzepte betrachtet wurden, Kompetenz-, Personal- oder Skillmanagement, liegt bei allen der Fokus auf der Entwicklung von Kompetenzen. Eine weiterführende Betrachtung von Aufgaben, die beim Management von personellen Kompetenzen notwendig sind, findet nur teilweise im Rahmen des Skillmanagements statt. Bei diesen Ansätzen wird ebenfalls ersichtlich, dass die Analysephase eine entscheidende Rolle im Management von Kompetenzen bzw. Skills spielt, da sie die notwendigen Informationen für alle anderen Maßnahmen liefert. Dies kann auch auf die Ansätze zur Kompetenzentwicklung und im Personalmanagement-Bereich übertragen werden, denn ohne Informationen, welche Kompetenzen vorhanden sind bzw. entwickelt werden müssen, können keine effizienten Maßnahmen abgeleitet werden. Eine Darstellung von Instrumenten, welche die Analyse von personellen Kompetenzen unterstützen, findet bei Faix et al. (1991) und Beck (2005) jedoch nur ansatzweise statt. Bei keinem Ansatz wurde umfassend behandelt, wie die Kompetenzen im Rahmen der eigenen oder der unternehmerischen Tätigkeit genutzt bzw. ausgeschöpft werden können. Eine Möglichkeit ist die Ausrichtung der personellen Kompetenzen auf die Verbesserung der strategischen Position (vgl. Beck, 2005). Dies hat ebenfalls Einfluss auf die Entwicklung von organisationalen Kompetenzen und führt zu der Auseinandersetzung, ob Kompetenzmanagement-Ansätze existieren, die beide Ebenen, die personelle und die organisationale, gleichermaßen berücksichtigen. Hierzu werden im folgenden Kapitel 2.3.3 Ansätze im Rahmen eines Ebenen übergreifenden Kompetenzmanagements untersucht.

2.3.3. Ebenen übergreifende Managementansätze

Die Definition und die Unterteilung des Ressourcenbegriffs zeigen, dass die personellen Kompetenzen (vgl. Kapitel 2.2.2) in Form von personengebundenen Fähigkeiten Teil der Kompetenzen einer Institution sind und damit auch zu den organisationalen Kompetenzen zählen. Aus diesem Grund kann Kompetenzmanagement nicht nur getrennt für die Ebene der Organisation und des Individuums betrachtet werden. Diese Sichtweise wurde in einer Studie von Fank (2004, S. 13) mit 202 Befragungsteilnehmern aus unterschiedlichen Funktionsbereichen und Unternehmensgrößen bestätigt. 64 % der befragten Personen waren der Meinung, dass Kompetenzmanagement „Mitarbeiterkompetenzen mit der strategischen Ausrichtung eines Unternehmens" verbindet. Die Auseinandersetzung mit dem Ebenen übergreifenden Kompetenzmanagement hat erst vor kurzem begonnen. Zwei Ansätze konnten hierbei identifiziert werden: das Konzept eines ganzheitlichen Kompetenzmanagements nach Klemke, Kröpelin und Kuth (2003) und ein eher praxisorientierter Kompetenzmanagement-Ansatz nach North und Reinhardt (2005). Diese werden in den folgenden Kapiteln 2.3.3.1 und 2.3.3.2 vorgestellt. Abschließend erfolgen in Kapitel 2.3.3.3 ein Vergleich und eine Bewertung der beiden Ansätze.

2.3.3.1. Ansatz nach Klemke, Kröpelin und Kuth

Klemke et al. (2003) gehen davon aus, dass Kompetenzmanagement Unternehmens- und Personalstrategie miteinander verbindet. Hierbei sollen die unternehmensrelevanten Kompetenzen der Charakterisierung von Stellen und Mitarbeitern dienen. Darüber hinaus können durch die Ermittlung der notwendigen Kompetenzen eine bessere Stellenbesetzung und die adäquate Entwicklung des Personals erreicht werden. Klemke et al. (2003) nennen diese Verbindung aus Unternehmens- und Personalstrategie ganzheitliches Kompetenzmanagement. Zu dessen Implementierung definieren sie die folgenden Phasen:

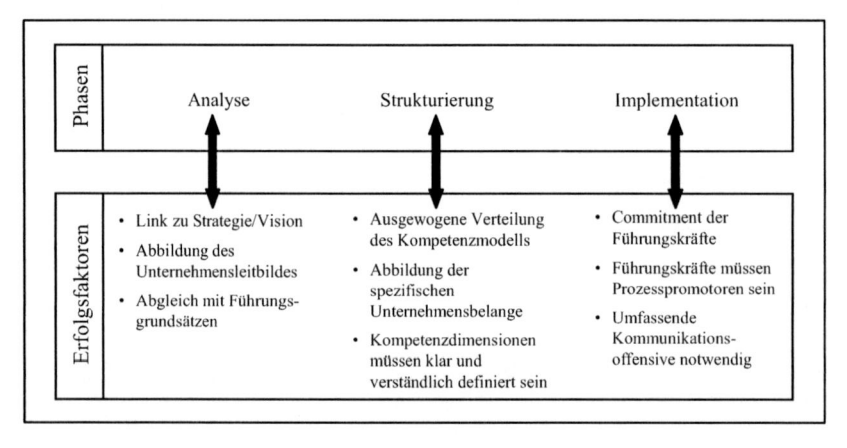

Phasen	Analyse	Strukturierung	Implementation
Erfolgsfaktoren	• Link zu Strategie/Vision • Abbildung des Unternehmensleitbildes • Abgleich mit Führungsgrundsätzen	• Ausgewogene Verteilung des Kompetenzmodells • Abbildung der spezifischen Unternehmensbelange • Kompetenzdimensionen müssen klar und verständlich definiert sein	• Commitment der Führungskräfte • Führungskräfte müssen Prozesspromotoren sein • Umfassende Kommunikationsoffensive notwendig

Abbildung 9: Phasen zur Implementierung eines ganzheitlichen Kompetenzmanagements in Anlehnung an Klemke et al. (2003, S. 30)

Ausgangspunkt der Implementation ist die Analyse der Unternehmensstrategie. Hierbei ist zu klären, welche Ziele mit der Einführung des Kompetenzmanagements verfolgt werden. Zudem erfolgt die Entwicklung von Kompetenzmodellen, welche aus Kompetenzgruppen und -dimensionen bestehen. Diese dienen der Darstellung der für das Unternehmen und deren Geschäftstätigkeit erforderlichen Kompetenzen. Zur Abbildung der Kompetenzgruppen schlagen Klemke et al. (2003) eine Einteilung in persönliche, methodische und fachliche Kompetenzen sowie Führungskompetenzen vor.[16] Die Kompetenzdimensionen „beschreiben demgegenüber Fähigkeitsmerkmale und Fähigkeitsausprägungen (auf

---

[16] Zu weiteren Arten von Klassifikationen von Kompetenzen vgl. Kapitel 2.2.2.

der operativen Ebene)" (Klemke et al., 2003, S. 29).[17] Auf Basis des Kompetenzmodells erfolgt die Erfassung der Mitarbeiterfähigkeiten und der Soll-Profile. Hierdurch kann ein „unternehmensweiter Qualifizierungskatalog entwickelt werden, der die aus der Unternehmensstrategie vorgegebenen Kompetenzanforderungen reflektiert" (Klemke et al., 2003, S. 30f.). Dieser bildet die Basis für die Identifizierung von Qualifizierungslücken und die Ableitung von Maßnahmen zur Schließung dieser Lücken. Zu diesem Zweck schlagen Klemke et al. (2003) insbesondere E-Learning vor. Durch die Kombination von Kompetenzmanagement und E-Learning könnte eine effizientere und effektivere Personalentwicklung realisiert werden.

Klemke et al. (2003) greifen zwar die Idee eines ganzheitlichen, Ebenen übergreifenden Kompetenzmanagements auf, bleiben jedoch bei der Beschreibung der Analyse und Steuerung von Kompetenzen auf der personellen Ebene. Es wird lediglich die Integration der Unternehmensstrategie berücksichtigt. Der Ansatz reflektiert primär die Praxissicht. Eine Auseinandersetzung mit theoretischen Grundlagen zum Kompetenzmanagement sowie die Darstellung eines in sich geschlossenen Managementkonzepts finden durch Klemke et al. (2003) nicht statt.

2.3.3.2. Ansatz nach North und Reinhardt

Ein aktueller, ebenfalls praxisorientierter Ansatz, der sowohl die Unternehmens- als auch Mitarbeiterebene berücksichtigt, stammt von North und Reinhardt (2005). In ihrer Definition von Kompetenzmanagement gehen sie darauf ein, dass sowohl die Ziele der Mitarbeiter als auch die der Unternehmung berücksichtigt werden müssen: „Kompetenzmanagement geht als Kernaufgabe wissensorientierter Unternehmensführung über das traditionelle Verständnis von Aus- und Weiterbildung hinaus, indem Lernen, Selbstorganisation, Nutzung und Vermarktung der Kompetenzen integriert werden. Kompetenzmanagement ist eine Managementdisziplin mit der Aufgabe, Kompetenzen zu beschreiben, transparent zu machen sowie den Transfer, die Nutzung und Entwicklung der

---

[17] Konfliktorientierung wird nach Klemke et al. (2003, S. 29) definiert als: „Die Fähigkeit, Konflikte zu erkennen und zu bewältigen" und ist durch folgende Ausprägungen beobachtbar: „Thematisierung kritischer Aspekte, offener Umgang mit Kritik, Streben nach zufrieden stellenden Kompromissen".

Kompetenzen, orientiert an den persönlichen Zielen des Mitarbeiters sowie den Zielen der Unternehmung, sicherzustellen" (North und Reinhardt, 2005, S. 16). Sie verbinden die Ebene des Mitarbeiters mit der des Unternehmens, wie folgt (vgl. Abbildung 10):

Mitarbeiterbezogene Sicht	**Unternehmensbezogene Sicht**
Individuelle Kompetenzen (Skills)	Ressourcen (Kernkompetenzen)
→ Psychologische und soziologische Aspekte	→ Organisationale und betriebswirtsch. Aspekte
Ziele	**Ziele**
Kompetenzmessung Kompetenzentwicklung Kompetenzbeschreibung Kompetenzklassifizierung	Kompetenzreflexion Kompetenzanpassung Kompetenzlogistik Kompetenznutzung

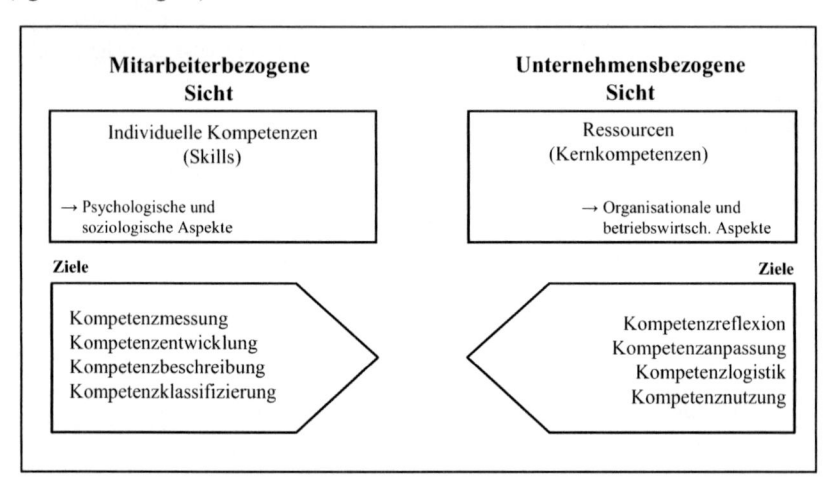

Abbildung 10: Verbindung unterschiedlicher Ebenen im Kompetenzmanagement (North und Reinhardt, 2005, S. 17 zitiert nach Reinhardt, 2004)

Als theoretische Grundlagen verweisen sie sowohl auf Publikationen aus dem Strategischen Management wie Hamel und Prahalad (1994), Krüger und Homp (1997) oder Probst et al. (2000) als auch auf Ansätze der Psychologie und Soziologie wie Erpenbeck und Heyse (1999) sowie Hänggi (1998). Für ihren integrativen Ansatz des Kompetenzmanagements formulieren North und Reinhardt (2005) vier Aufgaben:

- **Repräsentation**: Diese Aufgabe könnte auch als Kompetenzanalyse bezeichnet werden. Inhalt ist eine „[s]trukturierte und komprimierte Übersicht über Kompetenzen auf Mitarbeiter- und Unternehmensebene" zu erstellen (North und Reinhardt, 2005, S. 16).

- **Reflexion**: Hierbei soll der analysierte Kompetenzbestand kritisch bewertet und betriebliche Verbesserungsmaßnahmen abgeleitet werden.

- **Verteilung**: Zur Erhöhung der Verfügbarkeit und Verbreitung des Kompetenzbestandes schlagen North und Reinhardt (2005) die Verteilung der Kompetenz über die verschiedenen Ebenen des Unternehmens hinweg vor.

- **Entwicklung**: Bei dieser Aufgabe geht es darum, die organisationalen und personellen Lernprozesse zu verbessern. Das Kompetenzportfolio des Unternehmens soll unter Berücksichtigung vorhandener Potenziale und zukünftiger Anforderungen angepasst werden.

Eine genaue Darstellung der Umsetzung dieser Aufgaben findet bei North und Reinhardt (2005) nicht statt. Es werden zwar Werkzeuge des Kompetenzmanagements aufgezählt und beschrieben, jedoch wird nicht eindeutig klar, in welcher Phase diese angewendet werden können oder sollen. Bei der Implementierung des Kompetenzmanagements sprechen sie vor allem die operative Ebene an. Der Kompetenzmanagement-Ansatz von North und Reinhardt (2005) unternimmt zwar den Versuch beide Ebenen zu verbinden, die Ausführungen hinsichtlich der Umsetzung eines solchen Kompetenzmanagements berücksichtigen aber vorwiegend die Mitarbeiterebene. Dies zeigt sich auch in ihrer Auseinandersetzung mit dem Kompetenzbegriff[18] und der Klassifikation in Fach-, Methoden-, Sozial- und Persönlichkeitskompetenzen (vgl. North und Reinhardt, 2005, S. 39ff.).

2.3.3.3. Vergleich der Ansätze

Die Darstellung der beiden Ansätze zeigt, dass Ebenen übergreifendes Kompetenzmanagement eher praxisgetrieben ist. Bei der Umsetzung des Kompetenzmanagements in Organisationen wird ersichtlich, dass beide Ebenen einen Einfluss aufeinander haben. Dies führt zu der Idee, beide Ebenen miteinander zu verbinden. Eine Auseinandersetzung mit der Forderung, dass Kompetenzmanagement Ebenen übergreifend und ganzheitlich sein sollte, findet zwar bereits statt, eine tiefer gehende Untersuchung, wie dieses gestaltet werden kann bzw. welche Aufgaben und Phasen notwendig sind, fehlt jedoch. Dieses Defizit wird auch durch die vorgestellten Ansätze nicht behoben. Bei North und Reinhardt (2005) werden lediglich solche Instrumente zur Unterstützung des Kompetenzmanagements vorgestellt, die sich auf das Management personeller Kompeten-

---

[18] „Kompetenz ist die Fähigkeit, situationsadäquat zu handeln. Kompetenz beschreibt die Relation zwischen den an eine Person oder Gruppe herangetragen oder selbstgestalteten Anforderungen und ihren Fähigkeiten bzw. Potenzialen, diesen Anforderungen gerecht zu werden." (North und Reinhardt, 2005, S. 29)

zen fokussieren. Eine kombinierte Steuerung und eine dafür notwendige gemeinschaftliche Analyse bzw. Erfassung von personellen und organisationalen Kompetenzen bleiben in beiden vorgestellten Ansätzen ungeklärt.

2.4. Ansätze der Kompetenzanalyse

Wie bereits in den vorangegangen Kapiteln dargestellt, sind die Identifikation, Messung und Analyse von Kompetenzen zentrale Managementaufgaben, da sie grundlegende Informationen für die Entscheidungen hinsichtlich deren Entwicklung, Aufbau und Nutzung liefern. Häufig stehen sie am Anfang des Managementprozesses. In Abhängigkeit vom Wissenschaftsbereich und den damit verbundenen unterschiedlichen Kompetenzauffassungen haben sich diverse Verfahren zur Kompetenzanalyse herausgebildet. Daher werden in den folgenden Ausführungen bekannte Kompetenzanalyseverfahren und -methoden vorgestellt. Hierbei wird grundsätzlich zwischen Analyseansätzen für die Ebene der Organisation (Kapitel 2.4.1) und für die Ebene des Individuums (Kapitel 2.4.2) unterschieden. Darüber hinaus wird untersucht, inwiefern Konzepte existieren, welche die Analyse auf beiden Ebenen miteinander verknüpfen (Kapitel 2.4.3).

2.4.1. Analyseansätze für die Ebene der Organisation

Zur Analyse von Kompetenzen auf der organisationalen Ebene und zur Identifikation von Kernkompetenzen existieren verschiedene Ansätze. Diese unterscheiden sich erheblich hinsichtlich ihrer Methodik, ihrer theoretischen Grundlagen und der praktischen Anwendbarkeit. Dies zeigt sich in der Überblicksdarstellung der von Bouncken (2000) identifizierten Verfahren zur Identifikation von Kernkompetenzen besonders deutlich. Bouncken (2000) differenziert zwischen methodisch orientierten und praxeologisch, auf rationalem Handeln basierenden Ansätzen. Rose (2000) geht bei der Analyse, Darstellung und Strukturierung solcher Verfahren auf das theoretische Fundament ein und unterscheidet unter anderem zwischen dem Konzept der Stärken/Schwächen-Analyse, dem Wertkettenmodell von Porter und der Portfolio-Analyse zur Kompetenzbewertung.

Bei einer Untersuchung konnten 14 derzeit existierende Verfahren zur Analyse organisationaler Kompetenzen und zur Ermittlung von Kernkompetenzen identifiziert werden. Diese lassen sich hinsichtlich ihrer theoretischen oder methodischen Grundlage differenzieren und in Anlehnung an Amberg, Schröder und Wiener (2005) folgendermaßen gliedern (vgl. Tabelle 6):

Zur weiteren Präzisierung wird jeder der identifizierten Ansätze anhand eines Beispiels erläutert. Hierbei wird auf die Methodik und die Inhalte möglicher Datenerhebungen eingegangen. Anschließend erfolgt ein Vergleich der untersuchten Verfahren.

Analyse-ansätze	Kennzeichnende Merkmale	Verfahren
Ressourcenorientierter Ansatz	• Basierend auf der Annahme, dass unterschiedliche Ressourcen und ihre Kombinationen zu Wettbewerbsvorteilen führen • Analyse bzw. Identifikation von internen Stärken und Schwächen steht im Mittelpunkt	Skill Mapping and Skill Cluster Analyse von Edge, Hiscocks, Klein und Plasonig (1995) und Edge, Kass und Klein (1991), Analyseverfahren von Tampoe (1994), Kompetenzanalyse nach Binder und Kantowsky (1996), VRIO Framework von Barney (2002)
Portfoliobasierter Ansatz	• Standardisierte Modelle für strategische Entscheidungen • Berücksichtigung von internen und externen Informationen innerhalb der Analyse	Verfahren von Berger und Kalthoff (1995), Kompetenzportfolio von Friedrich, Handlbauer, Hinterhuber und Stuhec (1996) und von Hinterhuber und Stuhec (1997), Business Factors Matrix von Lacity und Willcocks (2001)
Wissensbasierter Ansatz	• Basierend auf der Annahme, dass Wissen die wertvollste Quelle für Wettbewerbsvorteile ist • Unterscheidung zwischen impliziten und expliziten Wissen	Wissenszugangsmodell von Boos und Jarmai (1994)
Indikatorenbasierter Ansatz	• Beschreibung und Operationalisierung des entsprechenden theoretischen Phänomens (Kernkompetenzen oder innovative Technologien als Teil der Kernkompetenzen) • Definition von Indikatoren zur Identifikation der Kompetenzen bzw. Technologien	Analyse innovativer Technologien von Pfeiffer und Weiß (1995), die in Anlehnung an Rose (2000) Teil der Kernkompetenzen sind, Indikatorenset von Faix und Kupp (2002)
Bereichsspezifischer Ansatz	• Basierend auf einer tiefer gehenden Analyse der entsprechenden Branchen oder Unternehmensbereiche • Definition feststehender Kernkompetenzen für strategische Entscheidungen, z. B. in Zusammenhang mit Outsourcing	Core IS Capability Domain von Feeny und Willcocks (1998), Core IT Capabilities Framework von Lacity und Willcocks (2001)
Prozessorientierter Ansatz	• Analyse und Identifikation der Kernkompetenzen basieren auf den Unternehmens- bzw. Wertschöpfungsprozessen • Analyse und Identifikation der Kernkompetenzen werden als Prozess gesehen	Gesamthaftes Prozessmodell von Rogulic (1999), Wertkettenanalyse als konzeptioneller Rahmen (vgl. Rose, 2000)

Tabelle 6: Ansätze zur Analyse von organisationalen Kompetenzen in Anlehnung an Amberg et al. (2005)

2.4.1.1. Ressourcenorientierter Ansatz

Beim Ressourcenorientierten Ansatz erfolgt in Anlehnung an Edge et al. (1995) eine systematische Bestandsaufnahme und Bewertung der Ressourcen und Fähigkeiten in einem Unternehmen. Den Ausgangspunkt bildet hierbei die Organisationsstruktur. So wird angenommen, dass eine Organisation, die eine Forschungs- und Entwicklungsabteilung besitzt, ebenfalls Forschungs- und Entwicklungsfähigkeiten aufweist. Ergänzend werden Interviews mit den verschiedenen Anspruchsgruppen (Stakeholdern) des Unternehmens durchgeführt. Die ermittelten Ressourcen und Fähigkeiten werden anhand der Dimensionen tangible, intangible und Humanressourcen strukturiert. Anschließend werden diese mittels folgender 5-stufigen Skala bewertet (Edge et al., 1995, S. 202):

1. Keine Fähigkeitsstärke erkennbar.

2. Geringe Fähigkeitsstärke.

3. Durchschnittliche Fähigkeitsstärke.

4. Hohe Fähigkeitsstärke.

5. Erstklassige Fähigkeitsstärke.

Die Schlüsselfähigkeiten („Key Skills") umfassen die Ressourcen und Fähigkeiten, die am stärksten ausgeprägt sind und eine bedeutende Rolle im Wettbewerb einnehmen. Die Wettbewerbsstellung wird durch einen Vergleich mit potenziellen Konkurrenten ermittelt. Darüber hinaus erfolgt eine Analyse der Marktrelevanz der Ressourcen und Fähigkeiten. Diese basiert auf der Annahme, dass „nur hochgradig zur Kundenzufriedenheit geeignete Fähigkeiten von strategischem Wert sind" (Rose, 2000, S. 119). Hierzu verwenden Edge et al. (1995) eine „Opportunity Matrix", die zeigt, für welche Produkte und Leistungen welche Ressourcen und Fähigkeiten eingesetzt werden.

Der hier dargestellte Ansatz ermöglicht die Erfassung der meisten im Unternehmen existierenden Fähigkeiten und Ressourcen. Hierfür ist jedoch ein aufwendiger und zeitintensiver Prozess notwendig (Rose, 2000). Das Verfahren von Edge et al. (1995) berücksichtigt darüber hinaus nur bedingt Zukunftsmärkte, da es vorwiegend auf einer vergangenheits- bzw. gegenwartsorientierten Sichtweise basiert. Zudem widerspricht die deterministische Herleitung der Kompetenzen der Ansicht von Hamel und Prahalad (1995), welche die Identifikation der Kernkompetenzen nicht als mechanische Übung auf Basis einer Checkliste sehen.

2.4.1.2. Portfoliobasierter Ansatz

Verfahren des Portfoliobasierten Ansatzes basieren auf einer Stärken-Schwächen-Analyse im Hinblick auf die Ressourcen eines Unternehmens. Hier lässt sich eine Gemeinsamkeit zu dem ersten dargestellten Ansatz erkennen. Charakteristisch für diesen Ansatz ist die Darstellung der Analyseergebnisse innerhalb eines Portfolios. Dies führt einerseits zu einer systematischen Datenreduktion und andererseits zur Berücksichtigung von internen und externen Faktoren. So versuchen Hinterhuber und Stuhec (1997) sowohl unternehmensbezogene als auch umfeld- bzw. marktbezogene Erfolgsfaktoren, die sich in den Kernkompetenzen widerspiegeln, in ihrem Portfolio zu integrieren. Für die Abszisse des Portfolios wählen Hinterhuber und Stuhec (1997, S. 4) zur Abbildung der internen Faktoren „die relative Kompetenzstärke im Vergleich zu den stärksten Wettbewerbern". Die Ordinate des Portfolios repräsentiert mit dem „heutige[n] und zukünftige[n] Kundenwert der Kompetenzen" die externen Faktoren (Hinterhuber und Stuhec, 1997, S. 4).

Bei der Bestimmung der relativen Kompetenzstärke beziehen sich Hinterhuber und Stuhec (2002) auf Stuckey, Doman und Thwaites (1992), welche die Kompetenzen anhand eines Fähigkeitsprofils ermitteln und bewerten. Hierzu werden alle relevanten Kompetenzen des Unternehmens erfasst. Anschließend erfolgt die Bewertung der einzelnen Kompetenzen im Hinblick auf ihre aktuelle und zukünftige Bedeutung sowie eine Einschätzung, ob die Kompetenzen stärker oder schwächer ausgeprägt sind als bei der Konkurrenz, bei einem vergleichbaren Referenzunternehmen oder bezogen auf die eigenen Vorstellungen.

Zur Bestimmung des Kundenwertes einer Kompetenz verwenden Hinterhuber und Stuhec (1997) die Competence Deployment (CD) Korrelationskette, welche auf der Methode des Quality Function Deployments basiert. Hierbei werden ausgehend von den Kriterien der Kundenzufriedenheit (z. B. hohe Produktqualität) und den damit verbundenen Leistungsmerkmalen (z. B. Innovation als wichtiger Bestandteil der Produktqualität) die Kundenwerte der Kompetenz (z. B. Produktentwicklung als wichtige Kompetenz zur Generierung von Innovationen) ermittelt. Teilweise hängen einzelne Leistungsmerkmale von mehreren

Kompetenzen ab, was zu einer Erhöhung des Kundenwertes der einzelnen Kompetenz führt. Der ermittelte Kundenwert und der geschätzte Wert für die relative Kompetenzstärke werden in ein Kompetenzportfolio übertragen, vgl. Abbildung 11.

	Quadrant II **Kompetenz-Gaps**	Quadrant IV **Kernkompetenzen**
	Quadrant I **Kompetenz-Standards**	Quadrant III **Kompetenz-Potentiale**

(Kundenwert: niedrig ↕ hoch; rel. Kompetenzstärke: niedrig ← → hoch)

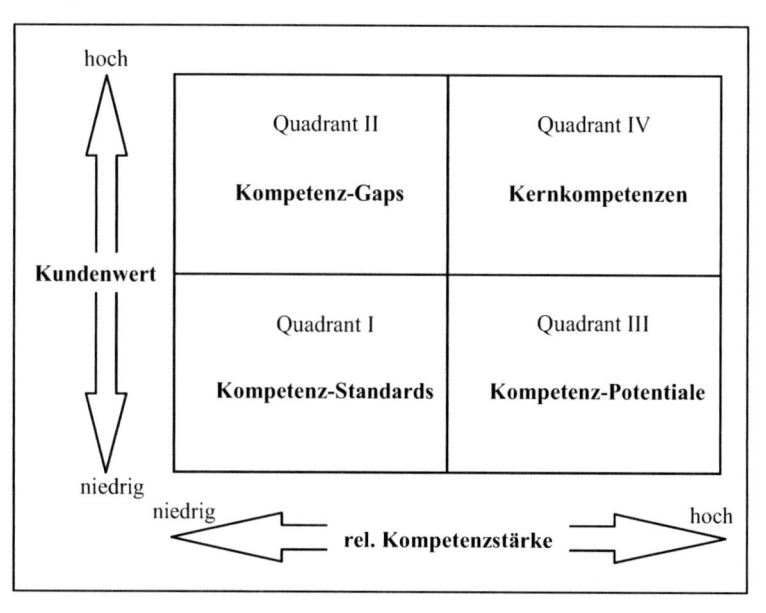

Abbildung 11: Das Portfolio der Kompetenzen (Hinterhuber und Stuhec, 1997, S. 9)

Die Quadranten des Portfolios stellen die folgenden Kompetenzklassen bzw. -typen dar:

- **Kernkompetenzen:** Dies ist die bedeutendste Kompetenzklasse mit dem höchsten Kundenwert und der höchsten relativen Kompetenzstärke.

- **Kompetenz-Standards:** Hierunter werden alle Kompetenzen gefasst, die einen niedrigen Kundenwert und eine geringe relative Kompetenzstärke besitzen.

- **Kompetenz-Gaps:** Diese Kompetenzen sind dadurch gekennzeichnet, dass Kunden sie als sehr bedeutend einschätzen, aber das Unternehmen eine relativ geringe Kompetenzstärke gegenüber dem Wettbewerber besitzt.

- **Kompetenz-Potentiale:** Kompetenzen dieser Klasse haben im Gegenteil zu Kompetenz-Gaps eine geringe Bedeutung aus Kundensicht, besitzen aber im Unternehmen eine führende Position und weisen somit eine hohe relative Kompetenzstärke auf.

Sie bilden die Basis für die Formulierung entsprechender Steuerungsmaßnahmen, wie z.B. Kompetenzen aktiv zu nutzen, auszuschöpfen oder weiterzuentwickeln.

Der Portfoliobasierte Ansatz dient nicht nur der Analyse der Kompetenzen und der Identifikation der Kernkompetenzen, sondern kann auch als Steuerungsinstrument das Management unterstützen. Die dafür notwendigen Informationen werden systematisch verdichtet und in eine übersichtliche bzw. vereinfachte Form gebracht. Kritisch ist anzumerken, dass durch die Konzentration auf bestimmte Einzelaspekte (hier: Kundenwert und relative Kompetenzstärke) Informationen verloren gehen oder wichtige Gesichtspunkte bei der Kompetenzanalyse vernachlässigt werden bzw. unberücksichtigt bleiben. Darüber hinaus kann die Erhebung bzw. Erfassung der Kompetenzen mithilfe einer Stärken/Schwächen-Analyse sehr aufwendig werden. Zudem stellen Hinterhuber und Stuhec (1997) nicht dar, wie eine solche Analyse durchzuführen ist.

2.4.1.3. Wissensbasierter Ansatz

Ein Verfahren, welches auf dem Wissensbasierten Ansatz beruht, wurde von Boos und Jarmai (1994) entwickelt. Diese gehen davon aus, dass das systematische Management von Wissen ein entscheidender Faktor für das Bestehen und die Weiterentwicklung des Unternehmens ist. Hierbei unterscheiden sie zwischen impliziten und expliziten bzw. Fremd- und Systemwissen. Für die Nutzung des Wissens ist die Umwandlung des impliziten in explizites Wissen notwendig sowie die Integration des (externen) Fremdwissens ins System Unternehmen. Da Wissen und damit Kernkompetenzen erst durch die Auseinandersetzung mit Personen und Dingen sichtbar werden, haben Boos und Jarmai (1994) fünf Zugänge definiert, die diese erschließen, vgl. Abbildung 12.

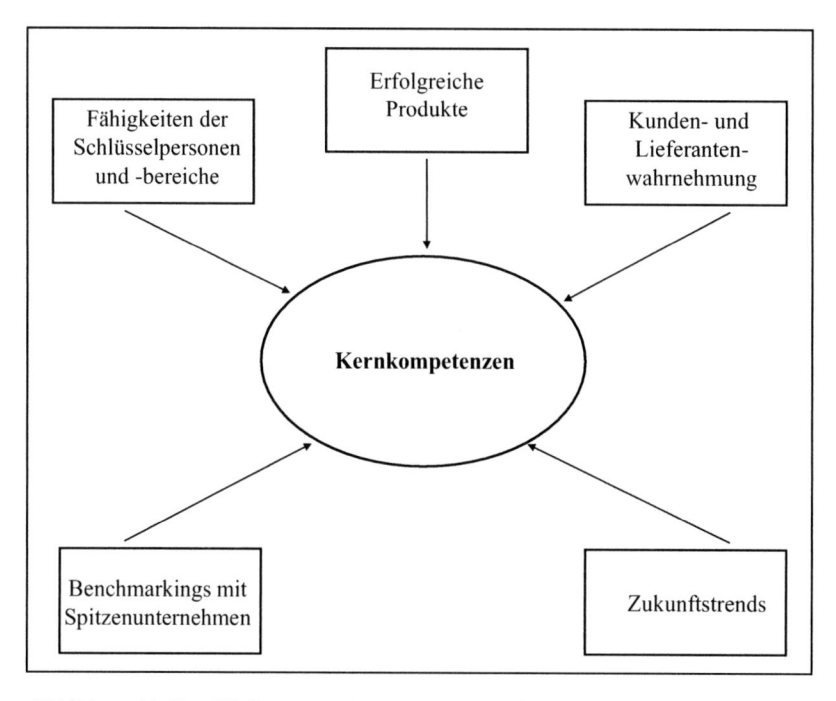

```
          Erfolgreiche
          Produkte
Fähigkeiten der                          Kunden- und
Schlüsselpersonen                        Lieferanten-
und -bereiche                            wahrnehmung

              ( Kernkompetenzen )

Benchmarkings mit                        Zukunftstrends
Spitzenunternehmen
```

Abbildung 12: Erschließung von Zugängen zu Kernkompetenzen in Anlehnung an Boos und Jarmai (1994, S. 21)

Für jeden dieser Zugänge konzipieren Boos und Jarmai (1994) ein Vorgehen zur Identifikation der Kernkompetenzen. Dieses besteht aus fünf Schritten, vgl. Tabelle 7.

Abfolge	Personen/ Bereiche	Produkte	Kunden/ Lieferanten	Benchmarking	Zukunftstrends
Schritt 1	Identifizieren von Schlüsselpersonen	Vorgespräche mit SGF-Verantwortlichen zur Vorauswahl von Erfolgsprodukten	Bildung eines internen Projektteams	Bildung einer internen, interdisziplinären Projektgruppe	Bildung eines Braintrusts aus internen und externen Experten
Schritt 2	Erfassung der Erfolgsgeschichte aus unterschiedlichen Perspektiven (Eigen- und Fremdbeschreibung, Wegbegleiter, Datenanalyse)	Workshop mit SGF-Vertretern zur Auswahl und Analyse der Erfolgsprodukte	Teilstrukturierte Befragung von Kunden und Lieferanten anhand der Checkliste von Nutzenpotentialen (Pümpin, 1990)	Erarbeitung der relevanten internen Prozesse und Auswahl von Spitzenunternehmen	Assoziationsworkshop, um Trendpakete bekannt zu machen und Assoziationen herauszuarbeiten
Schritt 3	Aufarbeitung der Beobachtungen: Hypothesen, Paradoxien, potentielle Kernkompetenzen	Interviews mit Kunden, Lieferanten, Branchenkennern zum Check der Workshopergebnisse	Befragung wichtiger interner Meinungsbildner zu ihren Annahmen über die Kunden/ Lieferantensicht	Erfassung und Analyse der Praxis von Spitzenunternehmen – am besten vor Ort	Auswertung des Workshops durch Erarbeitung von Entwicklungsszenarien und Kompetenzanforderungen
Schritt 4	Individuelle Rückkoppelung und Perspektivenerhebung	Auswertung der externen Befragung und Definition von vorläufigen Kompetenzen	Vergleich beider Befragungen: Kompetenzfits und -lücken	Auswertung und Vergleich mit der eigenen Praxis	Management-Workshop zur Überprüfung der Entwicklungsrichtung und der Konsequenzen
Schritt 5	Workshop mit Schlüsselpersonen und Management zur Definition von Kernkompetenzen und Festlegung von Maßnahmen	Workshop mit dem Management zur Festlegung der Kernkompetenzen und der Maßnahmen	Workshop mit dem Management zur Festlegung der Kernkompetenzen und der Maßnahmen	Workshop mit dem Management zur Festlegung der Kernkompetenzen und der Maßnahmen	Vergleich der Anforderungen mit den vorhandenen Kompetenzen; Kernkompetenzmaßnahmen vereinbaren

Tabelle 7: Parallelzugänge zu den Kernkompetenzen (Boos und Jarmai, 1994, S. 25)

Das Analyseverfahren von Boos und Jarmai (1994) ist geeignet, um das Verständnis über Kernkompetenzen im Unternehmen bei den ausgewählten Schlüsselpersonen zu verankern. Darüber hinaus erfolgt durch die Befragung verschiedener Zielgruppen, wie z. B. Kunden und Lieferanten, eine externe Verifizierung der gewonnenen Erkenntnisse. Im Gegenzug wird das Vorgehen aufgrund der vielfältigen Erhebungen bei verschiedenen Zielgruppen sehr aufwendig. Die Ergebnisse werden zudem stark von deren Auswahl beeinflusst. Darüber hinaus schlagen Boos und Jarmai (1994) keine Instrumente zur Beurteilung von Erfolgsprodukten vor und es fehlen Hinweise, wie Zusammenhänge dargestellt und die Ergebnisse der Analyse dokumentiert werden sollen (Rose, 2000). Inwiefern der Wissensbasierte Ansatz zur Analyse der Kompetenzen und zur Identifikation der Kernkompetenzen geeignet ist, hängt entscheidend davon ab, ob es gelingt, Wissen sichtbar und damit wahrnehmbar zu machen.

2.4.1.4. Indikatorenbasierter Ansatz

Mithilfe von Indikatoren können theoretische Konstrukte operationalisierbar und damit messbar gemacht werden. Diese wissenschaftliche Methodik war ebenfalls Grundlage für die von Faix und Kupp (2002) entwickelten Indikatoren zur Operationalisierung von Kernkompetenzen. Aus den Merkmalen des theoretischen Konstrukts Kernkompetenz (Nicht-Imitierbarkeit, Nicht-Substituierbarkeit und Fähigkeit zur Nutzenstiftung) leiten sie Indikatorengruppen ab und operationalisieren diese mittels Einzelindikatoren, welche die Identifikation bzw. Messung von Kernkompetenzen praktisch ermöglichen sollen.[19] Abbildung 13 veranschaulicht dieses.

---

[19] Für das Merkmal „Nicht-Imitierbarkeit" greifen Faix und Kupp (2002) auf Barney (1991), Amit und Schoemaker (1993), Peteraf (1993), Tampoe (1994), Rasche und Wolfrum (1994), Bouncken (2000), Grant (1991) sowie Teece, Pisano und Shuen (1997) zurück. Hinsichtlich des Merkmals „Nicht-Substituierbarkeit" beziehen sie sich auf Dierickx und Cool (1989), Peteraf (1993) und Bouncken (2000). Beim Merkmal „Fähigkeit zur Nutzenstiftung" greifen sie auf Rasche (1994) zurück.

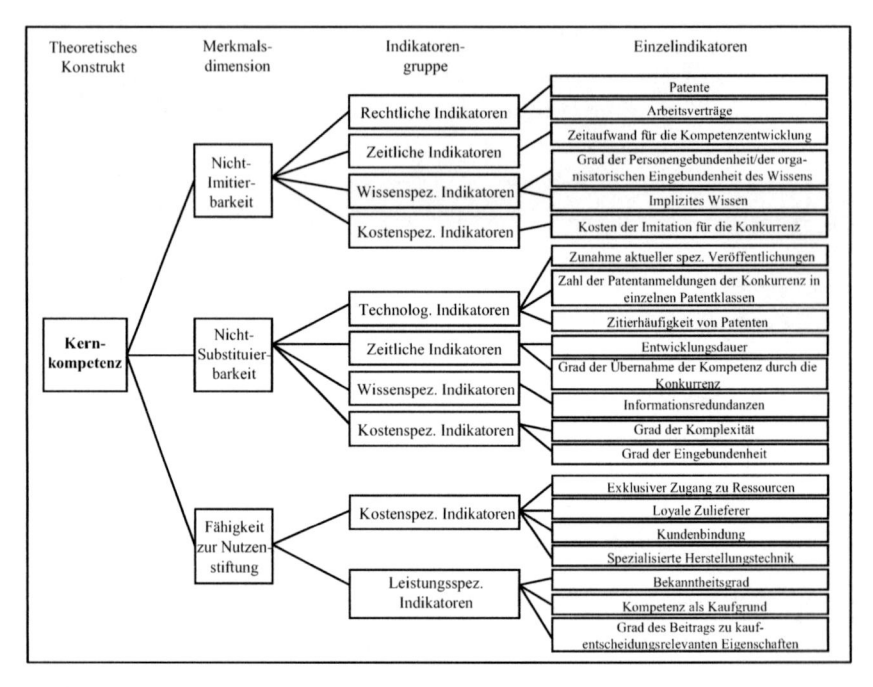

Theoretisches Konstrukt	Merkmalsdimension	Indikatorengruppe	Einzelindikatoren
Kernkompetenz	Nicht-Imitierbarkeit	Rechtliche Indikatoren	Patente
			Arbeitsverträge
		Zeitliche Indikatoren	Zeitaufwand für die Kompetenzentwicklung
		Wissenspez. Indikatoren	Grad der Personengebundenheit/der organisatorischen Eingebundenheit des Wissens
			Implizites Wissen
		Kostenspez. Indikatoren	Kosten der Imitation für die Konkurrenz
	Nicht-Substituierbarkeit	Technolog. Indikatoren	Zunahme aktueller spez. Veröffentlichungen
			Zahl der Patentanmeldungen der Konkurrenz in einzelnen Patentklassen
			Zitierhäufigkeit von Patenten
		Zeitliche Indikatoren	Entwicklungsdauer
		Wissenspez. Indikatoren	Grad der Übernahme der Kompetenz durch die Konkurrenz
			Informationsredundanzen
		Kostenspez. Indikatoren	Grad der Komplexität
			Grad der Eingebundenheit
	Fähigkeit zur Nutzenstiftung	Kostenspez. Indikatoren	Exklusiver Zugang zu Ressourcen
			Loyale Zulieferer
			Kundenbindung
			Spezialisierte Herstellungstechnik
		Leistungsspez. Indikatoren	Bekanntheitsgrad
			Kompetenz als Kaufgrund
			Grad des Beitrags zu kaufentscheidungsrelevanten Eigenschaften

Abbildung 13: Indikatoren zur Operationalisierung des Konstrukts „Kernkompetenz" (Faix und Kupp, 2002, S. 79)

Faix und Kupp (2002) schlagen zudem die Einführung von Gewichtungsfaktoren vor, um die definierten Indikatoren miteinander zu verknüpfen und als Gesamtheit für die Operationalisierung der Kernkompetenzen einzusetzen. Die Gewichtungsfaktoren hängen hierbei von der Situation des Unternehmens und dessen strategischer Ausrichtung ab.

Der von Faix und Kupp (2002) entwickelte Ansatz soll Ausgangspunkt für die Gestaltung konkreter Messkonzepte sein. Eine empirische Prüfung findet nicht statt. Der Ansatz stellt vielmehr ein umfassendes und differenziertes Bild des Konstruktes „Kernkompetenz" dar. Zukünftig ist zu prüfen, inwiefern die im Konzept von Faix und Kupp (2002) genannten Indikatoren für eine Messung geeignet bzw. valide sind. Dies würde insbesondere zeigen, ob der Indikatorbasierte Ansatz bei der Analyse der Kompetenzen und der Identifikation der Kernkompetenzen umsetzbar ist.

2.4.1.5. Bereichsspezifischer Ansatz

Der Bereichsspezifische Ansatz geht davon aus, dass es für einen abgegrenzten Bereich innerhalb eines Unternehmens oder einer Branche feststehende Kompetenzen bzw. Kernkompetenzen gibt. Dieser Ansatz wurde insbesondere in Zusammenhang mit IT-Outsourcing verfolgt. Feeny and Willcocks (1998) haben neun „Core IS Capabilities" identifiziert, welche IT-Bereiche von Unternehmen aufweisen, vgl. Abbildung 14.

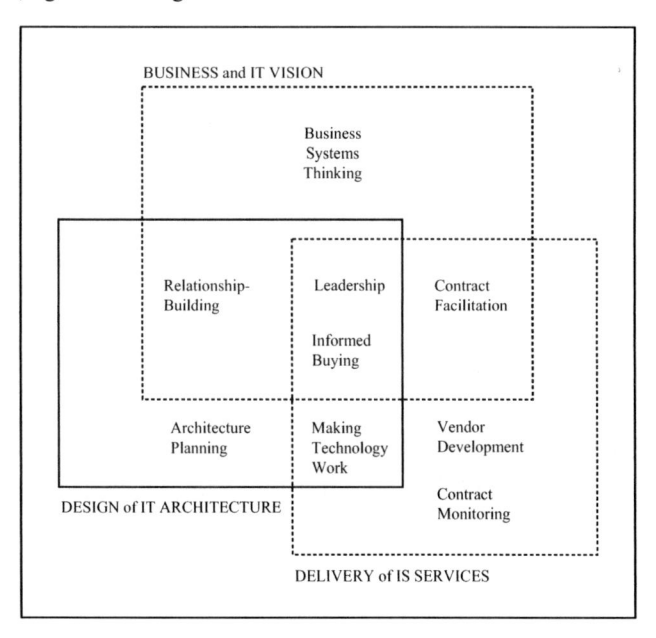

Abbildung 14: Nine Core IS Capabilities (Feeny und Willcocks, 1998, S. 11)

Die Identifikation und Bewertung der „Core IS Capabilities" basieren auf Erkenntnissen verschiedener Analysen: Erstens auf Befragungen in 61 Organisationen zur Analyse der Rolle, der Person und der Erfahrungen von CIOs; zweitens auf der tiefer gehenden Untersuchung von Fähigkeiten, die CIOs als besonders wichtig nannten; drittens auf Untersuchungen und Befragungsergebnissen von Lacity, Willcocks und Feeny (1996) zur Outsourcing-Praxis im IT-Bereich.

Auf der Grundlage der identifizierten „Core IS Capabilities" formulieren Feeny and Willcocks (1998) Entscheidungsempfehlungen hinsichtlich der Frage, ob

IT-Bereiche oder einzelne Funktionen ausgegliedert werden können oder im Unternehmen verbleiben sollen. Der hier dargestellte Ansatz verfolgt nicht das Kernkompetenzkonzept, wie es durch Hamel und Prahalad (1990) vertreten wird, da das Merkmal der Nicht-Imitierbarkeit bei der Definition der Kernfähigkeiten unberücksichtigt bleibt. Es wird davon ausgegangen, dass für unterschiedliche Unternehmen gleiche Kernfähigkeiten bzw. -kompetenzen existieren. Bei einer vorgegebenen Liste mit Kernkompetenzen erübrigt sich die Erhebungsphase, was zu einer erheblichen Aufwandsreduktion führt. Jedoch werden hier die spezifischen Charakteristiken des Unternehmens bei strategischen Entscheidungen, wie dem IT-Outsourcing, nicht einbezogen.

2.4.1.6. Prozessorientierter Ansatz

Prozessorientierte Ansätze umfassen zwei Aspekte: Zum einen kann zur Analyse der Kompetenzen und zur Identifikation der Kernkompetenzen auf die Unternehmensprozesse zurückgegriffen werden. Zum anderen können die Analyse der Kompetenzen und die Identifikation der Kernkompetenzen selbst als Prozess gesehen werden. Im Hinblick auf den ersten Aspekt weisen z. B. Rose (2000) oder Hungenberg und Wulf (2006) auf die Wertkettenanalyse als konzeptionellen Rahmen zur Identifikation von Kernkompetenzen hin. Diese baut auf dem von Porter (1999) entwickelten Wertkettenmodell auf. Hierbei geht es vor allem darum, „anhand der Wertkette Kernkompetenzen einzuordnen und den Ort ihrer Analyse zu systematisieren" (Rose, 2000, S. 151). Hierdurch wird eine Reihe von Kompetenzen, die im Zusammenwirken mehrerer Funktionen entstehen, wie z. B. Prozess-Know-how, erst sichtbar. Dieser Ansatz kann einen Ausgangspunkt für weitere Analysen im Hinblick auf die Attraktivität der Kompetenzen für Markt und Kunden darstellen.

Bezogen auf den zweiten Aspekt gibt es bereits Analyse- und Identifikationsverfahren, die als Prozess gesehen werden. Ein Beispielverfahren ist das von Rogulic (1999) entwickelte gesamthafte Prozessmodell, welches die folgenden Schritte umfasst (vgl. Abbildung 15):

Phasen des gesamthaften Prozessmodells	Ziele der Prozessphasen
Vorbereitungsphase	Entwicklung der kulturellen Voraussetzungen und des konzeptionellen Verständnisses für eine erfolgreiche Identifikation der Kernkompetenzen des Unternehmens
Wissensentwicklungsphase	Aufbau der notwendigen Informations- und Wissensbasis für die Lokalisierung, Beurteilung und anschließende Integration der Kernkompetenzen des Unternehmens
Lokalisierungsphase	Lokalisierung sämtlicher Kompetenzen, die eine Kernkompetenz sein könnten
Beurteilungsphase	Beurteilung der Eigenschaften der lokalisierten Kompetenzen und Identifikation der im Unternehmen vorhandenen Kernkompetenzen
Integrationsphase	Integrierte Betrachtung der Ergebnisse des Identifikationsprozesses, um geeignete Strategien für die extensive Nutzung bestehender und den zielorientierten Aufbau zukünftiger Kernkompetenzen entwickeln zu können

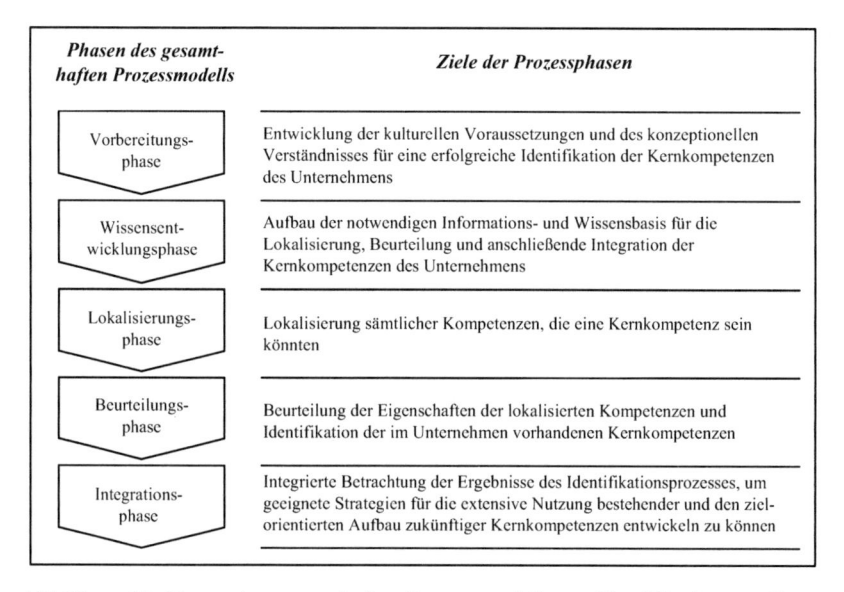

Abbildung 15: Phasen des gesamthaften Prozessmodells zur Identifikation von Kernkompetenzen und ihre Ziele (Rogulic, 1999, S. 259)

In der Vorbereitungsphase ist die Einführung, Anwendung und kognitive Verankerung des Kernkompetenz-Konzepts notwendig. Hierzu kann die Anwendung des Konzepts auf Beispiele außerhalb des eigenen Unternehmens helfen, Mitarbeiter und Führungskräfte ohne Vorbehalte mit dem Konzept vertraut zu machen. Daran schließt sich die Wissensentwicklungsphase an, welche den Aufbau einer Informations- und Wissensbasis zum Ziel hat. Zur Identifikation der notwendigen Informationen schlägt Rogulic (1999, S. 266) die Auseinandersetzung mit folgenden Bereichen vor: Zukunft der Branche/des Unternehmens, Wettbewerber, Kunden und die Leistungen des Unternehmens. In der Lokalisierungsphase findet die eigentliche Identifikation der Kernkompetenzen statt. Diese beinhaltet die folgenden Arbeitsschritte (Rogulic, 1999):

- Bestimmung der Attribute der Unternehmensleistung und Klassifikation nach Basis- und Differenzierungsattributen. Differenzierungsattribute stiften nach Rogulic (1999) einen hohen Kundennutzen und entsprechen damit dem Kernkompetenzmerkmal „wertvoll".

- Festlegung der Aufgaben der Leistung. Hierfür ist es notwendig, den Wertschöpfungsprozess zu analysieren und in Teilprozesse bzw. Aufgaben zu zerlegen.

- Identifikation von Differenzierungsaufgaben. In diesem Schritt ist zu analysieren, welche Aufgaben zur Erstellung der Differenzierungsattribute notwendig sind. Die Differenzierungsaufgaben und deren Ausübung stellen aufgrund ihrer Werthaltigkeit die Kompetenzen eines Unternehmens dar.

Im Anschluss an die Lokalisierungsphase findet die Beurteilungsphase statt. Hierbei erfolgt eine Prüfung der lokalisierten Differenzierungsaufgaben bzw. Kompetenzen im Hinblick auf Einzigartigkeit, Nicht-Imitierbarkeit und Nicht-Substituierbarkeit, um die Kernkompetenzen zu identifizieren. Am Ende des Prozessmodells steht die Integrationsphase, die als Übergang von der Analyse zur Steuerung der Kernkompetenzen zu sehen ist und „die Entwicklung geeigneter Strategien zur Nutzung vorhandener sowie zum Aufbau neuer Kernkompetenzen" zum Ziel hat (Rogulic, 1999, S. 269).

Der hier untersuchte Prozessorientierte Ansatz beinhaltet eine festgelegte Vorgehensweise, wie Kompetenzen analysiert und Kernkompetenzen identifiziert werden können. Jedoch ist die Durchführung der Prozessphasen vor allem durch die Einbeziehung verschiedener Mitarbeiter und Führungskräfte sowie die Berücksichtigung des gesamten Wertschöpfungsprozesses sehr aufwendig. Darüber hinaus basieren die Analyseergebnisse weitestgehend auf internen Erfahrungen und Meinungen.

2.4.1.7. Vergleich der Ansätze

Die vorgestellten Ansätze zur Analyse der Kompetenzen und zur Identifikation der Kernkompetenzen besitzen aufgrund ihres methodischen und theoretischen Schwerpunktes unterschiedliche Stärken und Schwächen. Diese wurden in den vorangegangenen Kapiteln beschrieben und sollen im Rahmen der Auseinandersetzung mit Unterschieden und Gemeinsamkeiten nochmals zusammengefasst dargestellt werden, vgl. Tabelle 8.

Analyseansätze	Hauptstärken	Hauptschwächen
Ressourcenorientierter Ansatz	• Erfassung der meisten im Unternehmen vorhandenen Fähigkeiten und Ressourcen • Strukturierte Vorgehensweise bei der Analyse der Kompetenzen	• Aufwendiges und langwieriges Verfahren • Vergangenheits- bzw. gegenwartsbezogene Sichtweise mit eingeschränkter Berücksichtigung der Zukunft
Portfoliobasierter Ansatz	• Systematische Verdichtung der Informationen • Übersichtliche Darstellungsform der Analyseergebnisse	• Notwendigkeit einer aufwendigen Stärken/Schwächen-Analyse • Vernachlässigung wichtiger Gesichtspunkte bei der Informationsverdichtung auf zwei Dimensionen
Wissensbasierter Ansatz	• Verankerung des Verständnisses über Kernkompetenzen bei Schlüsselpersonen im Unternehmen • Externe Verifizierung der bei der internen Analyse gewonnenen Erkenntnisse	• Aufwendige Erhebung der Kompetenzen bei verschiedenen Zielgruppen • Keine Instrumente zur Beurteilung und zur Dokumentation
Indikatorenbasierter Ansatz	• Umfassendes und differenziertes Bild des Konstrukts Kernkompetenz • Entwicklung und Gestaltung eines konkreten Messinstruments möglich	• Keine Verifikation dieses Ansatzes anhand von Praxisbeispielen • Schwierigkeit bei der Formulierung von geeigneten bzw. validen Indikatoren
Bereichsspezifischer Ansatz	• Keine Erhebungsphase notwendig • Geringer Aufwand beim Einsatz dieses Konzepts	• Kernkompetenzmerkmal „Nicht-Imitierbarkeit" bleibt unberücksichtigt • Keine Erfassung unternehmensspezifischer Charakteristiken
Prozessorientierter Ansatz	• Festgelegte Vorgehensweise und Vorgabe von unterstützenden Analyseschritten • Verankerung des Verständnisses über Kernkompetenzen bei Führungspersonen im Unternehmen	• Aufwendiges und langwieriges Verfahren • Keine Berücksichtigung externer Sichtweisen

Tabelle 8: Stärken und Schwächen bei der Analyse organisationaler Kompetenzen

Bis auf einen Ansatz haben alle gemein, dass die Analyse von Kompetenzen und die Identifikation von Kernkompetenzen mit großem Aufwand verbunden sind. Dies resultiert aus der Tatsache, dass viele verschiedene Informationen berücksichtigt werden müssen und unterschiedliche Personen beteiligt sind, um die benötigten Informationen zu erheben. Die involvierten Personen sind in der Regel Mitarbeiter und Führungskräfte des Unternehmens. Vereinzelt (wie z. B. beim Wissensbasierten Ansatz) werden auch die Erfahrungen und Auffassungen externer Personen herangezogen. Die einfachsten Verfahren sind dem Bereichsspezifischen Ansatz zuzuordnen, wobei die spezifischen Charakteristiken der Organisation und die sich ständig ändernden Rahmenbedingungen nur bedingt beachtet werden können.

Der Indikatorenbasierte Ansatz kann als Grundlage zur Entwicklung eines konkreten Messinstruments verwendet werden. Die Anwendung eines solchen Verfahrens kann aufgrund des derzeitigen, noch unausgereiften Entwicklungsstandes sehr aufwendig werden. Insbesondere die Identifikation und die Verifikation geeigneter Indikatoren sind notwendig, um dieses Instrument bei der Kompetenzanalyse einzusetzen. Die meisten Ansätze postulieren eine systematische Vorgehensweise. Dies gilt vor allem für den Ressourcenorientierten, Prozessorientierten, Wissensbasierten und Portfoliobasierten Ansatz. Letzterer bietet zudem eine übersichtliche Form zur Darstellung der analysierten Kompetenzen an.

Die untersuchten Ansätze und Verfahren zeigen, dass vielfältige Bemühungen zur Analyse der Kompetenzen und zur Identifikation der Kernkompetenzen existieren. Eine tiefer gehende Auseinandersetzung mit diesen Verfahren und deren Anwendung sind zukünftig zu erwarten. Eine Studie von Fank (2004) zeigt, dass Kompetenzmanagement vor allem in der Zukunft eine bedeutende Stellung in der Unternehmensführung einnehmen wird.[20] Dieses Ergebnis legt die Annahme nahe, dass sich Kompetenzmanagement und die Analyse von Kompetenzen noch nicht in zufrieden stellendem Ausmaß in Unternehmen etablieren konnten.

---

[20] Bei der Frage „Wie relevant sind die folgenden Managementkonzepte für Ihr Unternehmen und wie wird sich Ihrer Einschätzung nach deren Bedeutung in den nächsten drei Jahren verändern?" waren ca. 80 % der befragten Unternehmen (N = 184) der Meinung, dass die Bedeutung von Kompetenzmanagement in der Zukunft steigt (Fank, 2004, S. 19). Im Vergleich zu den anderen Konzepten (darunter: Customer Relationship Management, Balance Scorecard, Virtuelle Unternehmen, Wissensmanagement, Employee Empowerment, Business Performance Management, Total Quality Management und Business Process Reengineering) wurde Kompetenzmanagement auch absolut (Anzahl der Nennungen „Bedeutung steigt") als zukünftig am wichtigsten gesehen.

Im nächsten Kapitel soll untersucht werden, inwieweit die Kompetenzen von Individuen analysiert und gemessen werden können.

2.4.2. Analyseansätze für die Ebene des Individuums

Für die Analyse personeller Kompetenzen existiert eine größere Zahl von Kompetenzmessverfahren. Diese unterscheiden sich hinsichtlich des Kompetenzverständnisses, der Anzahl der analysierten Kompetenzen und der Messmethodik. Die meisten Verfahren konzentrieren sich auf einen begrenzten Bereich von Kompetenzen, wie z. B. auf die Analyse und Messung sozialer Kompetenzen. Darüber hinaus ist im Unterschied zu der Analyse organisationaler Kompetenzen (vgl. Kapitel 2.4.1) genau festgelegt, wie bei der Kompetenzmessung vorgegangen wird. Dies umfasst unter anderem den Erhebungsablauf, die Formulierung und Definition der Fragestellungen (Items) bei Tests und Interviews und die Berechnung der Ergebnisse. Die Anweisungen müssen grundsätzlich eingehalten werden, da andernfalls die Reliabilität (Zuverlässigkeit) und Validität (Gültigkeit) des Messverfahrens nicht gewährleistet ist. In Anlehnung an Lang-von Wins (2003) können die verschiedenen Ansätze zur Analyse und Messung von personellen Kompetenzen auf Basis ihrer Erfassungs- bzw. Erhebungsmethodik systematisiert werden. Dies führt zu den folgenden sieben Analyseansätzen, vgl. Tabelle 9.

Alle identifizierten Analyseansätze werden nachfolgend anhand eines Beispielverfahrens erläutert. Hierbei wird insbesondere auf die Methodik und die Inhalte der Datenerhebung eingegangen. Am Ende dieses Kapitels soll ein Vergleich der untersuchten Verfahren auf Basis von Stärken und Schwächen ihre Gemeinsamkeiten und Unterschiede aufzeigen.

Analyseansätze	Kennzeichnende Merkmale	Verfahren
Interviewbasierter Ansatz	• Kompetenzdaten werden auf Basis eines Interviews erhoben • Zur Durchführung des Interviews ist ein auf die zu untersuchenden Kompetenzmerkmale bezogener Fragebogen notwendig	Instrument for Competence Assessment (Lantz und Friedrich, 2003)
Arbeitsprobenbasierter Ansatz	• Kompetenzdaten werden auf Basis einer Arbeitsprobe erhoben • Eine Arbeitsprobe besteht aus verschiedenen, zu lösenden Aufgaben und Fragen, die Aufschluss über die zu untersuchenden Kompetenzmerkmale geben	Arbeitsproben und situative Fragen zur Messung arbeitsplatzbezogener Kompetenzen (Schaper, 2003)
Testbasierter Ansatz	• Kompetenzdaten werden auf Basis eines Tests erhoben • Ein Test umfasst im Hinblick auf die zu untersuchenden Kompetenzmerkmale valide Fragen und Antworten (Items)	Test zur beruflichen Orientierung und Planung (TOP-Test) (Lang-von Wins, Kaschube, Wittmann und von Rosenstiel, 2003)
Assessment Center-basierter Ansatz	• Kompetenzdaten werden mittels Assessment Center erhoben • Ein Assessment Center besteht aus simulierten Arbeitsaufgaben des beruflichen Alltags, die Aufschluss über die zu untersuchenden Kompetenzmerkmale geben	Lernpotential-Assessment-Center (LP-AC) (Sarges, 2003)
Selbstbeurteilungsbasierter Ansatz	• Kompetenzdaten können mittels Selbsteinschätzung der Person erhoben und durch Fremdbeurteilung bestätigt werden • Zur Selbsteinschätzung erhält die Person einen Bewertungsbogen mit den zu untersuchenden Kompetenzmerkmalen	Beurteilungsbogen zu sozialen und methodischen Kompetenzen (Frey und Balzer, 2003)
Biografiebasierter Ansatz	• Kompetenzen werden auf Basis biografischer Daten ermittelt • Zur Erhebung der biografischen Daten werden Fragebögen und Interviews eingesetzt	Kompetenzbiografie von Erpenbeck und Heyse (1999)
Multimethodenbasierter Ansatz	• Kompetenzdaten werden mittels mehrerer Erhebungsmethoden erfasst • Die Durchführung der Kompetenzanalyse erfolgt häufig computergestützt und basiert auf Tests, Selbstbeurteilung oder Interviews	Kompetenz-Kompass® von Hänggi (2003)

Tabelle 9: Ansätze zur Erhebung von personellen Kompetenzen

2.4.2.1. Interviewbasierter Ansatz

Interviewbasierte Verfahren zählen nach Kanning (2004) zu den am häufigsten verwendeten Methoden im Personalbereich. Inhaltlich gesehen ist das Interview ein Treffen von mindestens zwei Personen, die mithilfe von Fragen und Antworten Informationen austauschen. Inwiefern die ausgetauschten Informationen zu Analysezwecken eingesetzt werden können, hängt stark von der Durchführung und den Inhalten des Interviews ab. Hinsichtlich der Frageninhalte und -typen, Reihenfolge der Fragen, Anzahl und Funktion der Gesprächsteilnehmer, Schulung der Interviewer sowie der Bewertungskriterien bzw. -prozedur sollte im Vorfeld des Interviews eine starke Standardisierung stattfinden. Dies erhöht die Verwendbarkeit der Ergebnisse und die Vergleichbarkeit der ermittelten Kompetenzen zwischen verschiedenen Personen. Der Wortlaut der Fragen, mögliches Nachfragen, Hilfestellungen und die Protokollierung der Antworten können leicht variieren. Ein geringes Strukturierungsniveau ist im Hinblick auf die Gestaltung der Räumlichkeiten und der Dauer des Interviews notwendig. Für die Entwicklung des Interviewkonzepts ist eine Anforderungsanalyse notwendig. Sie liefert wichtige Merkmale, die bei der Strukturierung des Interviews, der Entwicklung des Leitfadens, der Festlegung der Skalen und der Berechnung der Beobachterübereinstimmung (bei mehr als einem Interviewer) berücksichtigt werden sollen (Kanning, 2004).

Das **Instrument for Competence Assessment** von Lantz und Friedrich (2003) nutzt das Interviewverfahren zur Erhebung und Analyse der Kompetenzen. Ziel dieses Instruments ist es, die Kompetenzen einer Person zu erfassen, um gezielt deren Einfluss auf die Wahl von Mobilitäts- und Flexibilitätspfaden, Karrierewegen, beruflichen Weiterbildungsmaßnahmen oder arbeitsorganisatorischen Veränderungen zu nehmen. Hierbei unterscheiden Lantz und Friedrich (2003, S. 85) in Anlehnung an Mansfield und Mitchell (1996) zwischen sieben arbeitsplatzbezogenen Kompetenzfeldern:

- Wertschöpfungs- und funktionsnahe Kompetenz.

- Kompetenz für die Prioritätensetzung und Koordination von Arbeitsaufgaben.

- Kompetenz für die Handhabung von Störungen und Neuigkeiten.

- Kompetenz für die Handhabung von Kontakten und Kommunikation.
- Kompetenz für die Ausführung von Organisationsarbeit.
- Kompetenz für die Ausführung von Qualitätsarbeit.
- Kompetenz für die Handhabung der physischen Umgebung des Arbeitsplatzes.

Neben der Feststellung, ob eine Person diese Kompetenz besitzt, ist die Bestimmung der Kompetenzstärke erforderlich. Hierzu haben Lantz und Friedrich (2003) die folgenden Skalenstufen entwickelt: Nicht vorhanden (0), Ausführungsniveau (1), Zielorientierungsniveau (2) und Veränderungsniveau (3). Bei der letzten Skalenstufe wird angenommen, dass der Mitarbeiter fähig ist, seine Arbeitsweise und Ziele eigenständig und in Abstimmung mit Anderen zu verändern bzw. anzupassen. Die Erhebung und Bewertung der Kompetenzen basiert auf drei grundlegenden Aktivitäten (Lantz und Friedrich, 2003):

- **Interview**: Dieses erfolgt auf Basis eines halb strukturierten Interviewleitfadens. Zur Erfassung der Arbeit des Mitarbeiters und der dafür benötigten Kompetenzen legten die Entwickler des Instruments folgende Fragen fest: *„Was konkret tun Sie in ihrer Funktion? Welche Ziele/Resultate wollen bzw. sollen Sie mit ihrem Tun erreichen? Was tun Sie, um Ihre Arbeit weiterzuentwickeln? Welche Kompetenzen benötigen Sie, um die beschriebenen Handlungen (im jeweiligen Handlungsfeld) so ausführen zu können, wie Sie sie beschrieben haben?"* (Lantz und Friedrich, 2003, S. 87).

- **Analyse**: Im Anschluss an das Interview soll das Niveau der Kompetenzen des Mitarbeiters ermittelt werden. Die Beurteilung der Interviewdaten erfolgt anhand von drei Merkmalen: „Grad der Spezifikation [von Tätigkeiten innerhalb der Mitarbeiteraussagen,] In-Beziehungsetzung von Mitteln und Zielen [und der] Grad der Beschreibung von Zusammenhängen im Rahmen des Tuns der Interviewperson" (Lantz und Friedrich, 2003, S. 87). Das Ergebnis der Analyse ist ein Kompetenzprofil, welches über Stärken und Schwächen des Mitarbeiters informieren soll.

- **Feedback**: Der Mitarbeiter wird über die Analyseergebnisse (Kompetenzprofil) informiert. Auf Basis dieser Informationen können weitere qualifizierende Schritte geplant werden.

Ein Vorteil des Messverfahrens von Lantz und Friedrich (2003) ist, dass es auch für andere Bereiche als die in der Zielstellung genannten eingesetzt werden kann. So können Kompetenzfelder reduziert bzw. angepasst werden. Ein Nachteil ist, dass die Methode sehr „zeitaufwendig" ist (Lantz und Friedrich, 2003, S. 83). Dies gilt vermutlich für den Interviewbasierten Ansatz im Allgemeinen. Ohne entsprechende Vorbereitung und eine entsprechende Sorgfalt bei der Durchführung des Interviews können keine aussagekräftigen Analyseergebnisse erzeugt werden. Zudem sind diese stark vom Interviewer und dessen Fähigkeiten abhängig.

2.4.2.2. Arbeitsprobenbasierter Ansatz

Die Arbeitsprobe ist eines der validesten Instrumente zur Feststellung der beruflichen Eignung und der dafür notwendigen Kompetenzen (Schmidt und Hunter, 1998). Hierbei „werden wichtige Ausschnitte der Arbeitstätigkeit simuliert und das Verhalten des Probanden in diesen Situationen sowie das Arbeitsergebnis einer systematischen Beobachtung unterzogen" (Kanning, 2004, S. 425). Die Arbeitsprobe basiert wie alle Instrumente im Personalbereich auf einer Anforderungsanalyse, in welcher festgestellt wird, welche Arbeitsaufgaben wichtig sind und wie diese gelöst werden. Auf Basis der Analyseergebnisse erfolgt die Konstruktion der Arbeitsprobe, wobei eine realitätsnahe Simulation von mehreren Übungen und verhaltensverankerten Ratingskalen oder Checklisten zu konzipieren sind. Daran schließt sich die Auswahl und Schulung der Beobachter an. Nach der Durchführung und Auswertung der Arbeitsprobe mit mindestens zwei unabhängigen Beobachtern erfolgt eine Evaluation, in der die Effizienz und Validität der Arbeitsprobe überprüft wird. Grenzen findet diese Methodik bei sehr komplexen und langwierigen Aufgaben.

Schaper (2003) hat ein Instrument zur **Messung arbeitsplatzbezogener Kompetenzen** auf Basis von Arbeitsproben entwickelt. Dieses ist im Rahmen der Ausbildung von Industriefacharbeitern anwendbar und soll Lerneffekte und Kompetenzveränderungen nachweisen. Die Kompetenzveränderungen beziehen sich auf die Fach-, Methoden- und Sozialkompetenz. Auf die Messung der Personalkompetenz wurde verzichtet, da „diese anhand von situativen Verfahren nicht adäquat erfasst werden kann" (Schaper, 2003, S. 186). Die Arbeitsprobe wurde mit situativen Fragen kombiniert, die ebenfalls zu den simulationsorientierten Verfahren gehören. Hierdurch ist es möglich, weitere Kompetenzen zu erfassen, die anhand von Arbeitsproben nicht oder nur sehr aufwendig nachgewiesen werden können (z. B. Konfliktfähigkeit im Team).

Instrument	Aufgaben-/Frageninhalte	Anforderungen
Fachkompetenz		
Arbeitsprobe "Maßkorrektur"	• Qualitätskontrolle eines bearbeiteten Werkstücks • Eingabe einer Maßkorrektur an einer Drehmaschine	• Kenntnisse und Fähigkeiten zur Qualitätskontrolle von Getriebezahnrädern • Kenntnisse und Fertigkeiten zur Korrektur von Maßabweichungen an einer Drehmaschine
Arbeitsprobe "Fräserwechsel"	• Ordnen der Reihenfolge von Arbeitsschritten beim Fräserwechsel	• Kenntnisse über den Ablauf und die erforderlichen Arbeitsschritte beim Fräserwechsel
Methodenkompetenz		
Arbeitsprobe "Auswerten von Messprotokollen"	• Identifikation von Werkzeugfehlern an Fräs- und Schabmaschinen • Ableiten von möglichen Korrekturmaßnahmen	• Diagnose von Werkzeugfehlern anhand eines Vergleichs von Messprotokollen aus verschiedenen Unterlagen • Auswahl einer aufwandsgünstigen Korrekturmaßnahme
Arbeitsprobe "Schabradkorrektur"	• Planen einer komplexen Korrekturmaßnahme bezüglich Schabradeinstellungen	• Analyse der Korrekturanforderungen bezüglich der Schabradeinstellungen • Entwurf des Vorgehens zur Korrektur der Einstellungen, wobei die Wechselwirkung von drei Parametern zu berücksichtigen ist
Sozialkompetenz		
Arbeitsprobe "Erklärung technischer Sachverhalte"	• Erklären alltäglicher technischer Sachverhalte (Funktionsweise eines Türschlosses) • Einführung in den Lernort	• Verständliches Erklären technischer oder arbeitsbezogener Sachverhalte • Berücksichtigen der Fragen und Voraussetzungen des Gesprächspartners
Arbeitsprobe "Planen einer Betriebsführung"	• Gemeinsames Planen einer mehrstündigen Betriebsführung	• Kooperatives Planen und Aufteilen von Arbeiten
Situative Fragen	• Reaktion auf die Beschädigung von Arbeitsmitteln • Bemerken fahrlässigen Sicherheitsverhaltens	• Anbieten von Hilfe, Annehmen von Kritik, Umgang mit Konflikten, Einbeziehen von Anderen, Erfragen von Hilfe etc.

Tabelle 10: Arten von Arbeitsproben in Anlehnung an Schaper (2003, S. 192ff.)

Die Entwicklung der tätigkeitsbezogenen Arbeitsproben basiert auf einer Aufgabenanalyse, durch welche inhaltsvalide Berufssituationen sowie notwendige Verhaltensweisen und Wissensbestände ermittelt wurden. Insgesamt hat Schaper (2003) sechs Arbeitsproben sowie situative Fragen entwickelt, vgl. Tabelle 10.

Im Folgenden wird anhand der Arbeitsprobe „Maßkorrektur" kurz die Vorgehensweise und Bewertung der Kompetenzen erläutert: Die Probanden erhalten ein Werkstück, das zwei Fehler bzw. Maßabweichungen aufweist. Sie werden dazu aufgefordert, eine Prüfung und falls notwendig eine Korrektur durchzuführen und so vorzugehen, wie sie es unter normalen Arbeitsbedingungen tun würden. Der Proband erhält für das Aufdecken der Fehler und für die richtigen Arbeitsschritte bei der Maßkorrektur, welche im Vorfeld festgelegt werden, eine bestimmte Anzahl von Punkten. So kann ermittelt werden, wie gut der Proband die Fachkompetenz beherrscht.

Obgleich die Arbeitsprobe eine hohe Validität bei der Messung von Kompetenzen aufweist, ist die Reichweite dieser Methode sehr eingeschränkt. Sie lässt sich im Wesentlichen nur dort einsetzen, wo sie auch entwickelt wurde. Zudem ist die Entwicklung und Durchführung einer Arbeitsprobe sehr aufwendig. Schaper (2003) beziffert den Entwicklungsaufwand der vorgestellten Methode mit fünf Tagen. Der Arbeitsprobenbasierte Ansatz eignet sich vor allem, um Kompetenzen auf Basis realem Verhalten und den damit verbundenen Handlungen einer Person zu erfassen.

2.4.2.3. Testbasierter Ansatz

Tests sind „standardisierte, routinemäßig anwendbare Verfahren zur Messung individueller Verhaltensmerkmale, aus denen Schlüsse auf Eigenschaften der betreffenden Person oder auf ihr Verhalten in anderen Situationen gezogen werden können." (Brandstätter, 1979, S. 82). Hierdurch kann festgestellt werden, welche verborgenen Kompetenzen der Testkandidat besitzt. Im Personalbereich werden verschiedene Testverfahren eingesetzt. Die Wichtigsten sind nach Schuler und Höft (2001) allgemeine Intelligenztests, Tests spezifischer kognitiver Fähigkeiten, Tests der Aufmerksamkeit und Konzentration, Tests sensorischer und motorischer Leistung, sonstige Leistungstests, allgemeine und spezifische Persönlichkeitstests sowie Einstellungs-, Motivations- und Interessenstests. Einen Überblick über solche Tests im beruflichen und wirtschaftlichen Bereich geben Sarges und Wottawa (2001).

Der **Test zur beruflichen Orientierung und Planung (TOP-Test)** von Lang-von Wins et al. (2003) hat zum Ziel, Hochschulabsolventen auf Basis einer Kompetenzanalyse bei der Orientierung in der Berufseinstiegsphase zu unterstützen. Er besteht aus den folgenden vier Teilen, vgl. Tabelle 11.

Teil 1 Bisherige berufliche und studienbezogene Aktivitäten	**Teil 2 Persönliches Kompetenzmuster**	**Teil 3 Berufliche Zukunftspläne und Ziele**	**Teil 4 Wunschorganisation und Wunschtätigkeit**
• Spezifische Aktivitäten und daraus abgeleiteter Lerngewinn • Laufbahnexploration • Auslandserfahrung • Interkulturelle Kompetenz • Subjektive fachliche Kompetenz • Sprachenkompetenz	• Weiterbildungsbereitschaft • Kooperationskompetenz • Denken und Problemlösen • Präsentationsfähigkeit • Einstellung gegenüber Fehlern • Umgang mit Fehlern • Subjektive Belastbarkeit • Eigenverantwortliches Handeln • Soziale Eindruckssteuerung	• Berufsorientierung • Mobilitätsbereitschaft • Berufliche Ziele	• Beschreibung der Wunschorganisation • Gewünschte Form der Berufstätigkeit • Formaler und inhaltlicher Wunschtätigkeitsbereich

Tabelle 11: Inhalte des Tests zur beruflichen Orientierung und Planung in Anlehnung an Lang-von Wins et al. (2003, S. 35f.)

Zur Prüfung dieser berufsrelevanten Kompetenzen und Ziele haben die Entwickler dieses Instruments einen papierbasierten, fünfundzwanzig Seiten umfassenden Fragebogen erstellt. Für jede Kompetenz und jedes Ziel wurde eine Skala entwickelt, die auf Basis von Testfragen (Items) einen Wert ermitteln. Zum Beispiel wurde für die Kompetenz „Eigenverantwortliches Handeln" eine Skala bestehend aus Pflichterfüllung (5 Items), Verantwortungsübernahme (8 Items), Eigeninitiative (9 Items), Risikobereitschaft (7 Items) und Extrarollenverhalten[21] (7 Items) konstruiert.

---

[21] Extrarollenverhalten kann als verantwortungsvolles Handeln, das außerhalb der Erwartungen an den Inhaber einer beruflichen Position besteht, gesehen werden.

Nach Beantwortung der Testfragen wird das so genannte Testheft an die Testentwickler gesandt. Diese werten die Antworten aus und schreiben ein Gutachten in einem Zeitraum von vier Wochen. Der Test wurde nach seiner Entwicklung auf Basis einer umfangreichen Stichprobe (N = 3.251) überprüft. Bei der Entwicklung dieses Tests wurde vor allem darauf geachtet, dass die verschiedenen Testteile verständlich und nachvollziehbar aufbereitet sind. Dies fördert die „richtige" Beantwortung der Testfragen. Ein Nachteil Testbasierter Analyseansätze ist, dass Testkandidaten bei der Beantwortung der Fragen eine Tendenz zu sozial erwünschten Antworten aufweisen. Dies kann die Testergebnisse verzerren. Dagegen spricht, dass der betrachtete Test freiwillig ist, sodass davon auszugehen ist, dass die Testkandidaten an der Brauchbarkeit der Testergebnisse interessiert sind und wahrheitsgemäß antworten (Lang-von Wins et al., 2003).

2.4.2.4. Assessment Center-basierter Ansatz

Das Assessment Center zählt zu den aufwendigsten Instrumenten im Personalbereich. Hierbei erfolgt die Feststellung der Eignung und der notwendigen Kompetenzen mittels Verhaltensbeobachtung. Es werden wie bei der Arbeitsprobe ebenfalls „Arbeitsaufgaben des beruflichen Alltags in der diagnostischen Situation simuliert" (Kanning, 2004, S. 437). Assessment Center werden gewöhnlich in Gruppen durchgeführt. Beispielhafte Inhalte bzw. Aufgaben sind Selbstvorstellung, Gruppendiskussion, Rollenspiel, Stegreifrede, Präsentationen oder Konstruktionsübungen. Die Entwicklung eines Assessment Centers erfolgt analog dem Vorgehen einer Arbeitsprobe. Das Aufgabenspektrum umfasst den Test individueller Fertigkeiten und Fähigkeiten, die in Interaktion mit Anderen notwendig sind.

Das **Lernpotential-Assessment-Center (LP-AC)** von Sarges (2003) richtet sich an Führungskräfte. Ziel ist es, „das Management- und Führungspotential für eine sich immer schneller und unvorhersehbarer ändernde Wirtschaftswelt valider als bisher bestimmen zu können" (Sarges, 2003, S. 63). Lernpotential definiert Sarges (2003, S. 63) als „breites Adaptionspotential [...] nicht allein in einem kognitiven, sondern auch im emotional-motivationalen und im sozialinteraktiven Bereich". Zur Durchführung des Assessment-Centers müssen räumliche (2 - 4 Räume, je nach Anzahl der Kandidaten), zeitliche (ca. 2 Tage), persönliche (6 oder 12 Teilnehmer, 3 oder 6 Beobachter) und technische Voraussetzungen (Overhead-Projektoren, Flipcharts, Computer, Beamer etc.) erfüllt sein.

Die Kandidaten durchlaufen während des gesamten Prozesses zwei Phasen, vgl. Abbildung 16.

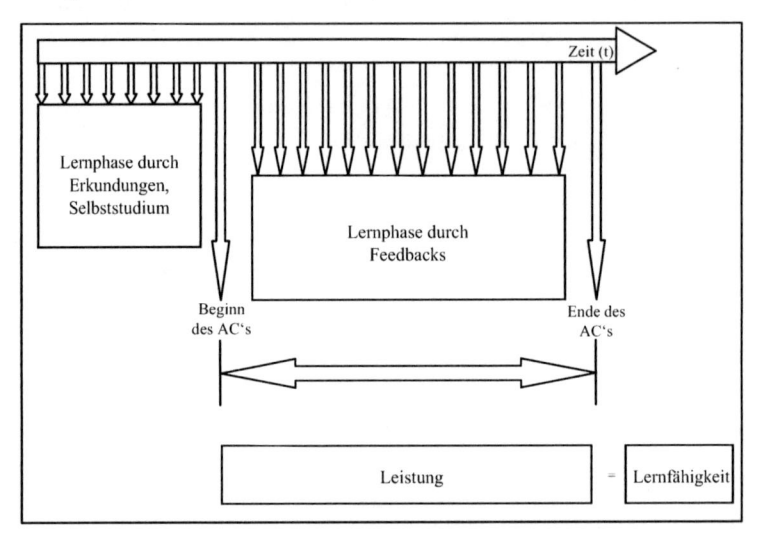

Abbildung 16: Zeitliche Gestaltung des Lernpotential-Assessment-Centers (Sarges, 2003, S. 67)

Die Haupt-Lernphase findet bereits vor Beginn des Assessment Centers statt. Hierzu werden die Kandidaten im Rahmen einer Informationsveranstaltung dazu aufgefordert, relevante Managementliteratur in den Bereichen Gesprächsführung, Moderation, Präsentation, Problemlösung und Verhandeln im Selbststudium durchzuarbeiten. Sarges (2003, S. 67) geht davon aus, dass „talentierte und motivierte Kandidaten [...] in dieser Phase vor dem LP-AC in der Regel mehr [lernen], haben also zu Anfang des LP-ACs einen höheren Status-quo, der sich während des LP-ACs bis zum Ende noch erhöhen kann". Dies erfordert neben mitgebrachten Anlagen und äußeren Anregungen auch und vor allem eigenes Engagement (Lombardo und Eichinger, 2000).

Der Grundgedanke dieser AC-Konzeption ist die erfolgreiche Führung eines Unternehmens, also der Erhalt und der Ausbau von Wettbewerbsvorteilen. Der Wettbewerb spielt sich nach Sarges (2003) im strategischen Dreieck (Unternehmen - Kunde - Konkurrenz) ab. Diese Annahme spiegelt sich auch in den Übungsinhalten des LP-ACs wieder, die folgende Themen abdecken (Sarges, 2003, S. 68):

- Probleme wichtiger Schnittstellen im Produktionsprozess des eigenen Unternehmens.
- Durchführung von Konkurrenzanalysen.
- Berichte über und Demonstration von Kundenkontakten.
- Vorgesetzten-Mitarbeiter-Gespräch als Klassiker der Führung.

Nach jeder Übung erhalten die Kandidaten ein Feedback zur Diskrepanz zwischen gezeigtem und anerkanntem Verhalten erst von der Gruppe, dann vom Moderator und zum Schluss von den Beobachtern. Hierdurch wird es möglich, eine wirkliche Lernmöglichkeit zu schaffen. Nach dem LP-AC findet eine Beobachterkonferenz statt, um die abschließende Beurteilung der Kandidaten durchzuführen.

Die Entwicklung und Durchführung eines Assessment-Centers ist nicht nur zeitaufwendig, sondern benötigt eine hohe Anzahl an Beobachtern. Deren Fähigkeiten beeinflussen den Ablauf und die Ergebnisse maßgeblich. Da mit dem Assessment Center-basierten Ansatz das reale Verhalten erfasst wird, können die Kompetenzen direkt gemessen werden. Problematisch ist jedoch der mögliche Versuch der zu untersuchenden Personen, ein von den Beoachtern als ideal favorisiertes Rollenverhalten einzunehmen.

2.4.2.5. Selbstbeurteilungsbasierter Ansatz

Selbstbeurteilungen wurden bis dato bezogen auf ihren diagnostischen Wert sehr kritisch gesehen und haben daher kaum Beachtung gefunden (Esser, 1998). In jüngerer Zeit werden Selbsteinschätzungen aber auch als Verfahren zur Kompetenzanalyse berücksichtigt (Lang-von Wins, 2003). In diesem Zusammenhang wird Selbsteinschätzung im beruflichen Bereich als Bewertung der eigenen Leistung verstanden (Randall, Ferguson und Patterson, 2000). Zudem kann durch Selbstbeurteilung die Auseinandersetzung mit den eigenen Kompetenzen und die Aktivierung von Lernprozessen gefördert werden (Lang-von Wins, 2003). Häufig wird die Selbsteinschätzung mit einer Fremdbeurteilung kombiniert, um Diskrepanzen zwischen Selbst- und Fremdbild aufzuzeigen (Moser, 2004). Wie bei allen anderen Ansätzen, ist zur Analyse der Kompetenzen ein Kompetenzprofil mit den relevanten Anforderungen notwendig.

Als Beispielverfahren wird im Folgenden der **Beurteilungsbogen zu sozialen und methodischen Kompetenzen** von Frey und Balzer (2003) beschrieben. Ziel dieses Verfahrens ist es, „Lehrkräften, Ausbildern, Dozenten, Führungskräften und Personalentwicklern einen einfach handhabbaren Diagnosebogen zur Selbstbeurteilung von Personen zu liefern, mit dessen Hilfe effektiv und effizient Aus- und Weiterbildungseinheiten evaluiert, Ist-, Soll- und Entwicklungsprofile von Personen innerhalb von Personalentwicklungsprozessen hergestellt sowie Kompetenzmuster über potenzielle Mitarbeiterinnen und Mitarbeiter im Rahmen von Personalauswahlverfahren hervorgebracht werden können" (Frey und Balzer, 2003, S. 323). Die Sozialkompetenzen umfassen hierbei die Dimensionen Selbstständigkeit, Kooperation, Verantwortungsbereitschaft, Konfliktfähigkeit, Kommunikationsfähigkeit und situationsgerechtes Auftreten. Zur Ermittlung der Sozialkompetenz müssen zweiundvierzig Aussagen bewertet werden. Bei der Methodenkompetenz werden die Dimensionen Arbeitstechniken, Zielorientierung, Objektivität, Reflexivität, Analysefähigkeit, Transfervermögen und Problemlösefähigkeit geprüft. Um die Methodenkompetenz festzustellen, müssen insgesamt siebenundfünfzig Aussagen bewertet werden.

Nach Erhalt des Beurteilungsbogens sollen die Kandidaten die Anleitung lesen und den Bogen ausfüllen. Die Bearbeitungszeit beträgt zwischen 25 und 30 Minuten. Im Anschluss können sie mithilfe von Schablonen ihre Angaben selbst auswerten. Dies dauert ca. 10 bis 15 Minuten. Frey und Balzer (2003) schlagen einen so genannten Testleiter vor, der im Umgang mit solchen Beurteilungsbögen und der Interpretation statistischer Werte geübt ist. Dieser soll bei der Interpretation der Beurteilungsergebnisse helfen und anschließend die Beurteilungsbögen über einen PC oder Scanner einlesen, um ein Kompetenzprofil zu erstellen. Auf Basis dieses Kompetenzprofils können weitere qualifizierende Maßnahmen diskutiert und geplant werden.

Ein Vorteil dieses Verfahrens ist, dass innerhalb von kurzer Zeit die Kompetenzen vieler Personen analysiert werden können (Frey und Balzer, 2003). Zudem kann davon ausgegangen werden, dass die betreffenden Personen, selbst am besten Auskunft über ihre Leistungen und die damit verbundenen Kompetenzen machen können. Jedoch ist dafür die Fähigkeit zur Selbstreflexion notwendig. Darüber hinaus kann beim Selbstbeurteilungsbasierten Ansatz die Tendenz zu sozial erwünschtem Verhalten die Ergebnisse verfälschen.

2.4.2.6. Biografiebasierter Ansatz

Der biografische Ansatz beruht auf der Idee, dass „biographische Fakten aus der Vergangenheit und Gegenwart eines Menschen Aufschluss über das zukünftige Verhalten der Person geben" (Kanning, 2004, S. 393). Biografische Fragen sollten nach Mael (1991) Bezug zur Vergangenheit und zum Berufsleben haben, beobachtbare, voneinander abgrenzbare, objektiv identifizierbare und verifizierbare Ereignisse erfassen. Die abgefragten Ereignisse sollten vom Befragten bewusst wahrgenommen werden und nicht personenspezifisch sein, sondern auch bei anderen Menschen auftreten. Alle Fragebogenarten basieren auf einer grundlegenden Analyse der Anforderungen an den Tätigkeitsbereich und deren Umwandlung in Fragen. Diese sind die Grundlage zur Erfassung der Kompetenzen des Befragten.

Die **Kompetenzbiographie** von Erpenbeck und Heyse (1999) stellt ein Verfahren zur Erfassung und Beurteilung von Kompetenzen und deren Entwicklung dar. Als Erhebungsmethode werden biografische Tiefeninterviews eingesetzt. Diese bestehen aus drei Teilbereichen.

1. Initiale Fragebögen: Hierbei werden die Stärken des Unternehmens, in dem der Befragte arbeitet, und die eigenen Stärken erfasst. Ziele dieses Interviews sind die Schaffung einer Vertrauensbasis, die Auseinandersetzung mit den Stärken und das Üben einer gewissen Spontaneität bei der Beantwortung von Fragen.

2. Selbstfokussiertes bzw. selbstzentriertes Interview: Dieses erfolgt auf Basis eines narrativen (berichtenden) Interviews. Es dient der Erfassung der Kompetenzen und der Lebensstationen, in denen diese entwickelt wurden. Tabelle 12 gibt einen Überblick über die Phasen und die methodische Gestaltung des Interviews.

3. Qualitative Abschlußfragebögen: Zum Schluss sollen die Befragten fünf Fragebögen zu Werten, Gesamtkompetenzen, Lebensorientierung, Lernerfahrungen und zum Unternehmen ausfüllen. Die dadurch erfassten Daten ermöglichen ein differenzierteres Bild der untersuchten Person und werden bei der Kompetenzanalyse berücksichtigt. Der Fragebogen zu den Gesamtkompetenzen führt darüber hinaus auch zur Auseinandersetzung mit weniger entwickelten Kompetenzen.

Phasen	Methodologische Ausgestaltung der Interviewphasen
1	• Erste Erzählaufforderung, gesamt- oder teilbiographisch orientiert; im Fall der Kompetenzbiographie auf die vom Erzähler genannten Kompetenzen fokussieren. • Anfangserzählung, nur durch Ermunterungen zum Weitererzählen, durch erzählunterstützende Signale unterbrochen. • Der Erzählfaden entwickelt sich in selbstreferentieller Dynamik, bestärkt durch bekundetes Hörinteresse ohne jede Steuerung. • Koda des Interviewten in Form einer vorläufigen Abschlusserklärung „bis dahin, erstmal…".
2	• Stimulierung weiterer Erzählsequenzen durch auslösende Nachfragen, aber ohne Warum-Fragen. • Rückgriffe auf bereits dargestellte Punkte und Perioden, um sie deutlicher und expliziter zu machen. • Im Fall der Kompetenzbiographie besonders auf kompetenzrelevante Momente und weiterbildungsinduzierte Entwicklungen.
3	• Fragen nach selbsterkannten systematischen Zusammenhängen. • Im Fall der Kompetenzbiographie: selbstorganisativ orientierte Fragen nach wiederkehrenden Instabilitätsmustern und Attraktortypen. • Kausalisierende Fragen nach möglichen Wenn-Dann-Zusammenhängen; welche Bedingungen führten wiederholt zu Kompetenzgewinn?
4	• Ausklang des narrativen Interviews durch eine Small-talk-Phase. • Im Fall der Kompetenzbiographie: Überleitung zu den vertiefenden Fragebogenerhebungen, die oft zusätzliche Informationen in Form von Kommentaren zu den Fragebögen ergeben. • Protokollierung von Vorsichtshaltungen und deutlich werdenden Aussparungen.

Tabelle 12: Methodologische Ausgestaltung der Interviewphasen in Anlehnung an Erpenbeck und Heyse (1999, S. 235f.)

Insbesondere der Teilbereich 2, das selbstfokussierte bzw. selbstzentrierte Interview macht es möglich, die „Kompetenzdimensionen zu erfassen und Daten zu gewinnen, mit denen Lernverläufe hinreichend wissenschaftlich rekonstruiert werden können" (Erpenbeck und Heyse, 1999, S. 469). Der Analyseaufwand ist aufgrund der durchzuführenden Tiefeninterviews sehr hoch. Erpenbeck und Heyse (1999, S. 469) schlagen deshalb vor, dass „zunächst Fakten zur Person und Entwicklungsstationen systematisch erfasst werden", bevor ein Bezug zu den Kompetenzen hergestellt wird. Der Biografiebasierte Ansatz verwendet bei der Erhebung der Kompetenzen Methoden anderer Analyseansätze (z. B. Interviewbasierter, Test- oder Selbstbeurteilungsbasierter Ansatz), sodass die dort beschriebenen Vor- und Nachteile teilweise auch hier gelten. Ein spezifisches Problem dieses Ansatzes ist, dass zukünftige Kompetenzpotenziale nicht deterministisch zwingend aus vergangenen bzw. gegenwärtigen Lebensverläufen diagnostizierbar sind.

2.4.2.7. Multimethodenbasierter Ansatz

Lang-von Wins (2003) bezeichnet den Multimethodenbasierten Ansatz als Rahmensystem zur Beurteilung von Kompetenzen. Insbesondere neuere Ansätze basieren auf der Integration verschiedener Methoden und Verfahren für die Kompetenzanalyse. Sie sind häufig computerbasiert. Dem Benutzer wird nicht nur eine größere Menge an unterschiedlichen Verfahren zur Verfügung gestellt, er erhält auch Hilfestellung bei der Auswahl der geeigneten Methode und deren Anwendung.

Der **Kompetenz-Kompass®** von Hänggi (2003) basiert auf einer multiplen Messmethodik und kann im Rahmen systematischer Personalauswahl und -entwicklung eingesetzt werden. Ziel ist es, dass „Mitarbeiter in verschiedensten Positionen in ihrer Performance nachhaltig geprüft und durch geeignete Fördermaßnahmen rasch und effizient unterstützt" werden können (Hänggi, 2003, S. 386). Dies umfasst nicht nur bereits im Unternehmen Beschäftigte (wie z. B. Angestellte, Azubis, Trainees oder Führungskräfte), sondern auch potenzielle Mitarbeiter (wie z. B. Bewerber).

Hänggi (2003) geht wie Faix et al. (1991) von den vier Kompetenzklassen Fach-, Methoden-, Sozial- und Handlungskompetenz aus. Da der Kompetenz-Kompass® eher einen Rahmen für die verschiedenen Diagnoseverfahren bietet, können auch andere Kompetenzbereiche, wie z. B. „personale Kompetenzen, Aktivitäts- und Handlungskompetenzen, Fach- und Methodenkompetenzen sowie sozial-kommunikative Kompetenzen", abgebildet werden (Hänggi, 2003, S. 387). Zur Messung der Kompetenzen können laut Hänggi (2003) die Erhebungsmethoden Selbst-, Fremd- und Teameinschätzung, Einzel- und Gruppenassessments sowie die Erfassung biografischer Daten verwendet werden.

Der Schwerpunkt dieses Ansatzes liegt auf der weiter gehenden Analyse der erhobenen Daten. Für die Bewerberauswahl und die Mitarbeiter-Kompetenz-Analyse stehen die folgenden Verfahren zur Verfügung, vgl. Tabelle 13.

Bewerberauswahl	Mitarbeiter-Kompetenz-Analysen
• Soll-/Ist-Abgleich auf der Grundlage eines Anforderungsprofils • Soll-/Ist-Abgleich auf der Grundlage eines Sollprofils • Potenzialanalyse als Entscheidungsgrundlage für interne Beförderungen • Profil-Analyse als Grundlage für die Bewerber-Vorselektion	• Zielvergleich pro Funktion bzw. Periode • Potenzial-Analyse interner Fach- und Führungskräfte • Teamperformance als Grundlage effizienter Projektteams

Tabelle 13: Verfahren des Kompetenz-Kompass® in Anlehnung an Hänggi (2003, S. 390f.)

Der Multimethodenbasierte Ansatz unterliegt den gleichen Einschränkungen wie die der hierbei integrierten Analyseansätze. Es kann ebenfalls zu Fehleinschätzungen bei der Kompetenzbeurteilung kommen. Darüber hinaus sollte der Anwender Kenntnisse in allen verwendeten Methoden besitzen. Aufgrund der mit dem Multimethodenbasierten Ansatz häufig verbundenen Computerunterstützung ist der Aufwand für den Anwender geringer, da die Auswertungen automatisch erfolgen. Zudem bietet z. B. der Kompetenz-Kompass® von Hänggi (2003) eine Datenbank mit diversen Kompetenzen und Anforderungsprofilen für verschiedene Branchen.

2.4.2.8. Vergleich der Ansätze

Die vorgestellten Ansätze zur Analyse personeller Kompetenzen besitzen aufgrund ihrer verschiedenen methodischen Schwerpunkte unterschiedliche Stärken und Schwächen. Diese wurden in den vorangegangenen Kapiteln beschrieben und sollen im Rahmen der Auseinandersetzung mit Unterschieden und Gemeinsamkeiten nochmals zusammengefasst dargestellt werden, vgl. Tabelle 14.

Analyseansätze	Hauptstärken	Hauptschwächen
Interview-basierter Ansatz	• Interviews werden in der beruflichen Praxis sehr häufig eingesetzt und sind allgemein akzeptiert • Bereits entwickelte Messverfahren sind häufig auch auf andere Bereiche übertragbar	• Vorbereitung und Durchführung des Interviews sind aufwendig • Analyseergebnisse hängen stark vom Interviewer und seinen Fähigkeiten ab
Arbeitsproben-basierter Ansatz	• Arbeitsproben sind sehr valide Messinstrumente • Kompetenzen werden direkt aufgrund realen Verhaltens gemessen	• Entwicklung und Durchführung der Arbeitsprobe sind sehr aufwendig • Arbeitsproben finden ihre Grenzen bei sehr komplexen und zeitintensiven Aufgaben
Testbasierter Ansatz	• Die Durchführung des Tests ist vergleichsweise unaufwendig • Der Test kann mit beliebig vielen Personen durchgeführt werden	• Bei der Beantwortung der Testfragen kann die Tendenz zu sozial erwünschtem Verhalten die Ergebnisse verfälschen • Die Entwicklung des Tests ist sehr aufwendig
Assessment Center-basierter Ansatz	• Kompetenzen werden direkt aufgrund realen Verhaltens gemessen • Interaktion zwischen mehreren Personen werden beim Assessment Center berücksichtigt	• Entwicklung und Durchführung des Assessment Centers sind sehr aufwendig • Analyseergebnisse hängen stark von den Beobachtern und deren Fähigkeiten ab
Selbstbeurteilungsbasierter Ansatz	• Mit diesem Ansatz können die Kompetenzen von beliebig vielen Personen gemessen werden • Einfache Durchführung der Kompetenzanalyse ist möglich	• Beim Ausfüllen des Beurteilungsbogens kann die Tendenz zu sozial erwünschtem Verhalten die Ergebnisse verfälschen • Personen müssen die Fähigkeit zur Selbstreflexion besitzen
Biografie-basierter Ansatz	• Bei der Kompetenzanalyse wird der individuelle Lebensverlauf berücksichtigt • Die Personen reflektieren ihre Stärken und Schwächen und deren Ursprünge	• Aufwand der Kompetenzanalyse ist auf Basis biografischer Daten sehr hoch • Aufgrund von Vergangenheitsdaten wird auf zukünftige Kompetenzen und Leistungspotenziale geschlossen
Multimethoden-basierter Ansatz	• Bei diesem Ansatz können mehrere Methoden eingesetzt werden • Die Kompetenzanalyse erfolgt häufig computerbasiert	• Die Anwender sollten Kenntnisse in allen verwendeten Methoden besitzen • Die Schwächen der einzelnen Methoden treten in Kombination auf

Tabelle 14: Stärken und Schwächen bei der Messung personeller Kompetenzen

Bis auf den Selbstbeurteilungsbasierten Ansatz ist allen Anderen gemein, dass die Analyse personeller Kompetenzen mit großem Aufwand verbunden ist. Dies resultiert aus der Tatsache, dass zur Analyse häufig mehr als eine Person (z. B. Entwickler, Beobachter oder Interviewer) benötigt wird und eine Reihe an festgelegten Analyseschritten durchzuführen ist. Dies ist notwendig, um die Kompetenzen möglichst reliabel und valide zu messen. Zudem existieren für jeden Analyseansatz bereits konkrete Messinstrumente, die aber zum größten Teil auf die Messung ausgewählter Kompetenzen beschränkt sind. Bei der Darstellung der einzelnen Analyseansätze wird deutlich, dass zur Ermittlung von Kompetenzen ein Anforderungsprofil mit festgelegten Sollkompetenzen erforderlich ist. Eine Analyse aller personellen Kompetenzen ist in der Regel nicht möglich.

Die am einfachsten anzuwendenden Messinstrumente sind dem Selbstbeurteilungsbasierten Ansatz zuzuordnen, wobei die Beurteilung der Kompetenzen entscheidend von der analysierten Person abhängt. Der Gebrauch von Messinstrumenten des Testbasierten Ansatzes ist ebenfalls sehr einfach, jedoch ist deren Entwicklung relativ aufwendig. Bei beiden Ansätzen kann die Tendenz zu sozial erwünschtem Verhalten die Analyseergebnisse verfälschen. Werden die Messinstrumente von fachlich geschulten Personen angewendet, wie z. B. beim Arbeitsproben-, Assessment-Center-, Biografie- und Interviewbasierten Ansatz, kann davon ausgegangen werden, dass die Ergebnisse objektiver sind. Eine Kombination verschiedener Methoden erfolgt im Rahmen des Multimethodenbasierten Ansatzes. Dieser zeichnet sich vor allem dadurch aus, dass diese häufig computerbasiert umgesetzt werden können.

2.4.3. Ebenen übergreifende Analyseansätze

Die im Bereich der Kompetenzanalyse identifizierten Verfahren lassen sich in der Regel entweder der organisationalen oder der personellen Ebene zuordnen. Nur wenige Analyseverfahren berücksichtigen beide Ebenen. Ein spezielles Verfahren zur Ebenen übergreifenden Kompetenzanalyse konnte nicht identifiziert werden. In einigen Ansätzen werden die durch die Organisation bedingten Kompetenzanforderungen bei der Analyse personeller Kompetenzen berücksichtigt. Ein hier einzuordnender Ansatz stammt von Frieling, Grote und Kauffeld (2003) und basiert auf **Teiltätigkeitslisten**. Hierbei handelt es sich um eine Methode zur systematischen Erfassung und Abbildung von Kompetenzen unter

Berücksichtigung zukünftiger Kernkompetenzen eines Unternehmens. Grundlage dieses Ansatzes ist die „Task Analysis-Methodik", bei der es darum geht, die Anforderungen des Arbeitssystems an den Beschäftigten mit dessen Kompetenzen zu vergleichen (Kirwan und Ainsworth, 1992). Die Analyse kann auf verschiedenen Ebenen erfolgen: auf Ebene des Individuums, der Gruppe und der Gesamtorganisation. Auf Basis dieses Verfahrens können die Stärken und Schwächen von Mitarbeitern erkannt und geeignete Kompetenzentwicklungsmaßnahmen abgeleitet sowie evaluiert werden.

Der Erstellungsprozess der Teiltätigkeitslisten läuft in Anlehnung an Frieling et al. (2003) folgendermaßen ab: Zuerst werden die Aufgaben und Teiltätigkeiten eines zu untersuchenden Bereichs, einer Abteilung oder einer Gruppe in einer Liste erfasst. Zur Strukturierung können verschiedene Ordnungsprinzipien, die entweder auf produkt-, prozess- oder handlungstheoretischen Überlegungen basieren, angewendet werden. Diese Grobstruktur wird den Mitarbeitern zur Verfügung gestellt, um die Liste für ihren Arbeitsbereich zu ergänzen. Anschließend müssen alle erfassten Tätigkeiten zu einer Liste zusammengefasst werden und für ein gemeinsames Verständnis mit allen Beteiligten (Mitarbeitern, Vorgesetzte, Management) abgestimmt werden. Ziel ist es, „die Teiltätigkeitslisten so zu implementieren und mit den unternehmensspezifischen Führungsinstrumenten zu verzahnen, dass deren Aktualisierung dauerhaft gesichert ist" (Frieling et al., 2003, S. 171). Die Anwendung dieses Verfahrens zur Einschätzung der Kompetenzen umfasst folgende Schritte, die in Abhängigkeit von den betrieblichen Rahmenbedingungen variieren können (Frieling et al., 2003):

1. Definition der Soll-Qualifikationen oder Soll-Tätigkeitsbilder. Hierbei stellen sich die Fragen: „Was sind notwendige Kompetenzen in der Gruppe, in der Abteilung, im Unternehmen? Welche Flexibilität durch Mehrfachabdeckung von Tätigkeiten scheint optimal, um die Funktionstüchtigkeit sicherzustellen? Wie lassen sich Tätigkeiten bzw. Kompetenzen sinnvoll kombinieren?" (Frieling et al., 2003, S. 171).

2. Selbsteinstufung der Kompetenzen durch die Mitarbeiter. In diesem Zusammenhang ist es notwendig, allgemein formulierte Kernkompetenzen zu konkretisieren und zu operationalisieren.

3. Soll-Ist-Abgleich und Ableitung von Qualifizierungs- bzw. Kompetenzentwicklungsmaßnahmen.

Auf Basis der Teiltätigkeitslisten, der Analyse der aktuellen Personalsituation und der Definition der zukünftigen Kernkompetenzen können neue Tätigkeitsbilder gebildet und diskutiert werden. Diese Tätigkeitsbilder bilden die Grundlage für Qualifizierungsmaßnahmen.

Diese Methode wurde bereits praktisch eingesetzt, um die Kompetenzentwicklung in Unternehmen besser zu organisieren. Hierzu wurde eine prozessorientierte Qualifizierungsstrategie bestehend aus zehn Schritten im Rahmen der Entwicklung von Fachlaufbahnen für Ingenieure konzipiert, vgl. Abbildung 17.

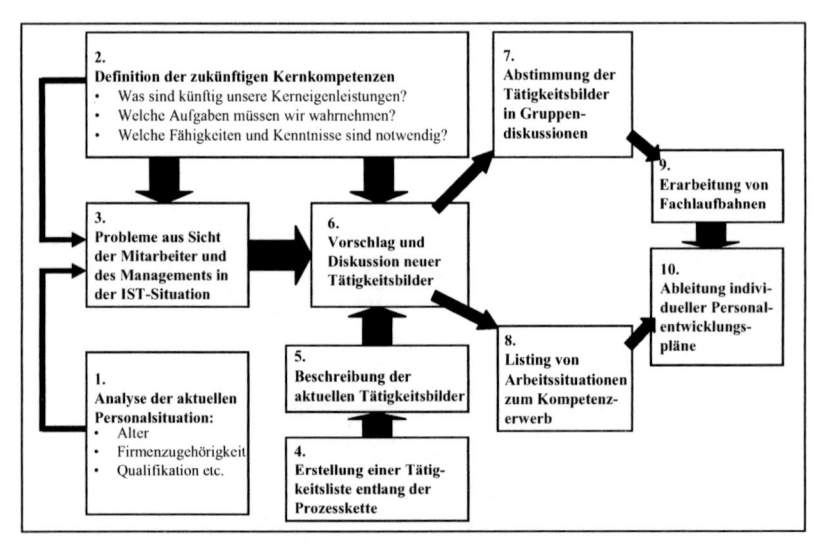

Abbildung 17: Prozessorientierte Qualifizierungsstrategie in zehn Schritten in Anlehnung an Frieling et al. (2003, S. 182) zitiert nach Frieling, Grote und Kauffeld (2000)

Auf eine Darstellung des Prozesses in einem höheren Detaillierungsgrad soll an dieser Stelle verzichtet werden. Vielmehr soll dieses Beispiel zeigen, dass die praktische Anwendung von Verfahren, die sowohl organisationale als auch personelle Kompetenzen berücksichtigen, möglich ist. Jedoch erfolgt bei Frieling et al. (2003) trotz systematischer Analyse der personellen Kompetenzen nur eine zweitrangige Behandlung der organisationalen Kompetenzen. Sie werden auf Basis von allgemein gehaltenen Fragen, wie z. B. „Was sind unsere zukünftigen Kernkompetenzen?", ermittelt. Eine tiefer gehende Auseinandersetzung oder ein spezifisches Analyseverfahren für organisationale Kompetenzen liegt nicht vor.

Es existieren weitere Verfahren, welche die Spezifika der Organisation bei der Analyse der personellen Kompetenzen betrachten. In diesem Zusammenhang sei auf die bereits in Kapitel 2.4.2.6 dargestellte Methode zur Analyse personeller Kompetenzen von Erpenbeck und Heyse (1999) verwiesen, die zumindest die Stärken und Schwächen von Unternehmen berücksichtigt. Hier werden in der Auseinandersetzung mit den Kompetenzen der Mitarbeiter eines Unternehmens am Anfang Fragen zu den unternehmensspezifischen Sachverhalten gestellt. Diese sollen helfen, die eigenen Kompetenzen besser einzuschätzen. Zudem erfolgt eine Gegenüberstellung organisationaler und personeller Kompetenzen, die insbesondere für die Kompetenzentwicklung der Mitarbeiter wichtige Informationen liefert.

Beide hier dargestellten Verfahren unternehmen den Versuch, die Kompetenzen sowohl für die Ebene der Organisation als auch für die Ebene des Individuums zu ermitteln. Hierbei wird ersichtlich, dass die Analyse personeller Kompetenzen im Vordergrund steht und deren Aufwand bzw. Umfang größer ist. Dies ist auch darauf zurückzuführen, dass die Verfahren aus dem psychologischen Bereich stammen. In diesem Zusammenhang zeigt sich, dass die Notwendigkeit besteht, die Kompetenzanalyse und generell das Kompetenzmanagement stärker als bisher Ebenen übergreifend zu betrachten. Diese Forderung besteht bei der Umsetzung und der Etablierung des Kompetenzmanagements in Unternehmen und anderen Organisationen, wie z. B. Hochschulen, vgl. Kapitel 2.3.3.

Ein weiterer Gesichtspunkt, der zur stärkeren Etablierung des Kompetenzmanagements beiträgt, ist die Unterstützung von hierbei notwendigen Funktionen durch Informationstechnologien (IT). Dies führt zu der Frage, inwiefern die in diesem Bereich angewendeten Verfahren und Instrumente IT-technisch abgebildet werden können. Wie die Darstellung der Analyseverfahren zeigt, ist häufig ein erheblicher Entwicklungs- und Durchführungsaufwand notwendig. Dieser kann durch IT gegebenenfalls gesenkt werden. Zudem kann die Effizienz der Verfahren verbessert werden. Daher erfolgt als Nächstes in Kapitel 2.5 eine Analyse der derzeitigen systemtechnischen Unterstützung des Kompetenzmanagements einschließlich der Kompetenzanalyse.

2.5. Systemtechnische Unterstützung des Kompetenzmanagements

Zur Einführung und praktischen Anwendung von Kompetenzmanagement sowohl auf organisationaler als auch personeller Ebene kann der Einsatz von Informationstechnologien (IT) hilfreich sein. Zum einen können die für das Kompetenzmanagement notwendigen Informationen (z. B. Soll- und Ist-Kompetenzprofile) systematisch erhoben werden und zum anderen stehen diese Informationen für die gezielte Steuerung von Kompetenzen in auswertbarer Form zur Verfügung. Mit geeigneten Analyse- und Recherchefunktionen können die sich dabei stellenden Aufgaben effizient bewältigt werden. Im Folgenden soll untersucht werden, wie im Hinblick auf das Kompetenzmanagement der Stand der IT-Unterstützung ist. Hierzu werden zuerst in Kapitel 2.5.1 die bereits systemtechnisch abgebildeten Funktionen für das Management von Kompetenzen analysiert. In diesem Zusammenhang soll ebenfalls ermittelt werden, ob und in welchem Ausmaß die Analyse von Kompetenzen IT-gestützt durchführbar ist. Anschließend erfolgt in Kapitel 2.5.2 eine Untersuchung, welche Anforderungen an Kompetenzmanagement-Systeme bestehen und inwiefern diese durch die derzeitig eingesetzten Systeme erfüllt werden.

2.5.1. Funktionen von Kompetenzmanagement-Systemen

Eine Analyse von Kompetenzmanagement-Systemen und hierzu durchgeführten Studien zeigt, dass vorwiegend Systeme bestehen, die das Management personeller Kompetenzen unterstützen und unter dem Namen Skillmanagement-Systeme bekannt sind. Erste Untersuchungen zu Skillmanagement-Systemen führten Deiters, Lucas und Weber (1999) durch. Sie konnten zu dieser Zeit jedoch nur eine geringe Anzahl solcher Systeme auf dem europäischen, kanadischen und amerikanischen Markt identifizieren.[22] Ihre Analyse zeigt, dass die Mehrheit der betrachteten Systeme eine statische Abbildung der Qualifikationsprofile von Mitarbeitern mit unternehmensspezifischen Bewertungsstufen gestattet, über ausreichende Suchfunktionen und ein integriertes Hilfe- und/oder Lernsystem verfügt. Bei einigen angebotenen Systemen können auch Qualifika-

---

[22] Eine genaue Anzahl von untersuchten Systemen wurde von den Autoren nicht angegeben.

tionen für Aufgaben und Positionen erfasst werden. Dies ermöglicht z. B. Skill-Gap-Analysen und die Planung bzw. Organisation von Weiterbildungsmaßnahmen. Eine Darstellung dynamischer Erfahrungsprofile war weitestgehend nicht möglich. Die Erfassung und Aktualisierung von Profilen mittels Fragebögen war laut Deiters et al. (1999) ebenfalls unterschiedlich komfortabel. Bei einigen Systemen mussten die Mitarbeiter Angaben zu allen Qualifikationen machen, obwohl diese aufgrund ihrer Rolle bzw. Position nicht erforderlich waren. Die Aktualität der Daten, welche die Akzeptanz des Systems positiv beeinflusst, kann mittels Versionierung oder Zeitstempel unterstützt werden. Diese Funktionen wurden von keinem Systemanbieter zur Verfügung gestellt. Deiters et al. (1999, S. 32) kamen zu dem Schluss, dass obwohl „ein großer Bedarf am systematischen Management der Mitarbeiter-Skills besteht", nur wenige Systeme existieren und dass „kein System [...] sämtliche Ansprüche [bzw. Anforderungen] komplett umsetzt".

Fünf Jahre später führten Lehner und Wanninger (2004) eine weitere Analyse von Skillmanagement-Systemen auf dem deutsch- und englischsprachigen Markt (Deutschland, Schweiz, Österreich, Großbritannien, USA, Australien und Kanada) durch. Sie ermittelten 40 Unternehmen, die Funktionen und Module im Bereich des Skillmanagements anbieten. Zur Analyse der Software-Lösungen entwickelten sie einen Fragebogen, der von 28 Unternehmen beantwortet wurde. Auf Basis der zur Verfügung gestellten Daten konnten Lehner und Wanninger (2004, S. 12f.) die Software-Lösung in fünf Gruppen einteilen:

- 35,7 % „Reine Skill-Management-Tools, deren Funktionen auf den Kompetenzmanagement-Bereich abzielen".

- 42,9 % „Wissensmanagement-, HRM-, Projekt-Management- und Workflow-Management-Systeme, die um eine Komponente bzw. ein Modul mit Skill-Management-Funktionen erweitert werden können".

- 14,3 % „Portale, mit denen sich Skill-Management-Aufgaben erledigen lassen".

- 3,6 % „E-Learning-Plattformen mit integrierten Skill-Management-Funktionen".

- 3,6 % „Unternehmensspezifische Konzepte, die in Individualsoftware für Skill-Management umgesetzt werden".

Die häufigsten Funktionen, die von den analysierten Systemen unterstützt werden, sind laut Lehner und Wanninger (2004, S. 18):

1. **Konfigurations- und Customizingmöglichkeiten**, wie die Definition eines unternehmensspezifischen Kompetenzmodells und Bewertungsschemas sowie die firmenindividuelle Festlegung von Anforderungsprofilen, unterstützen 96 % der analysierten Systeme.

2. **Recherchefunktionen**, wie z. B. die Volltext- oder Schlagwortsuche oder das Category-Browsing durch das Kompetenzmodell, besitzen 86 % der analysierten Systeme.

3. **Analyse- und Aggregationsfunktionen,** insbesondere der Soll-Ist-Abgleich, dessen Ergebnisse für Skill-Gap-Analysen oder die Identifikation des Qualifizierungsbedarfs verwendet werden, unterstützen 79 % der analysierten Systeme.

4. **Benutzermanagement** zur Definition von Rollen und Rollenkonzepten bilden 71 % der analysierten Systeme ab.

5. **Kommunikations- und Kollaborationsförderung** zur Unterstützung von z. B. Online-Mentoring, Experten-Gesprächen und Communities of Practice bieten ca. 75 % der Systeme an.

6. **Reporting** zur Generierung von Standard- und unternehmensindividuellen Berichten besitzen 71 % der analysierten Systeme.

7. **Personalisierbarkeit** zur Anpassung der Benutzeroberfläche (z. B. Layout, Anordnung von Menüleisten, Schaltflächen und Inhalten) ermöglichen ca. 33 % der analysierten Systeme.

Die oben zitierten Funktionen zählen Lehner und Wanninger (2004) zu den sieben Klassen von Standardfunktionen moderner Skillmanagement-Systeme. Diese werden von der Mehrheit der analysierten Systeme angeboten. Jedoch kommen sie auch zu dem Schluss, dass das derzeitige Funktionsspektrum sehr heterogen ist. Die Analyse hinterfragt nicht, inwiefern die Funktionen den Ansprüchen eines Kompetenz- bzw. Skillmanagements gerecht werden. Zudem bleibt unklar, inwiefern die dort zur Verfügung stehenden Funktionen die Aufgaben des Kompetenzmanagements unterstützen. Zumal die von Lehner und Wanninger (2004) identifizierten Standardfunktionen teilweise auch auf andere Arten von IT-Systemen, wie z. B. Contentmanagement-Systemen, zutreffen.

Im Hinblick auf die Kompetenzanalyse existieren zwar Analyse- und Aggregationsfunktionen, die z. B. den Qualifizierungsbedarf ermitteln, jedoch ist unklar, wie die Ist- bzw. Sollkompetenzen erfasst werden sollen. Zu dieser Frage liefert die Studie keine Antworten. Eine eigene Analyse von Systemen im Bereich des Kompetenzmanagements zeigt, dass die Erfassung sehr stark manuell, auf Basis einzelner Meinungen oder mittels Selbst- bzw. Fremdbeurteilung erfolgt. Ein klar definierter Prozess zur Kompetenzanalyse, der durch die entsprechenden Funktionen unterstützt wird, war nicht erkennbar. Es existieren zwar Systeme, die Kompetenzschemas und -kataloge anbieten (vgl. Hänggi, 2003; Erpenbeck, 2003; Heyse, 2003), jedoch ist deren Verwendung bisher kaum verbreitet und viele der notwendigen Prozessschritte sind nur manuell durchführbar. Eine Kopplung mit den organisationalen Kompetenzen und die damit verbundene strategische Ausrichtung der personellen Kompetenzen waren nur bei einem System ansatzweise erkennbar. Anhang 1 gibt einen Überblick über die analysierten Systeme. Im Folgenden soll untersucht werden, welche generellen Anforderungen an Systeme für das Management von Kompetenzen bestehen.

2.5.2. Anforderungen an Kompetenzmanagement-Systeme

Bei der Analyse der Anforderungen an Kompetenzmanagement-Systeme wird auf bestehende Untersuchungen zurückgegriffen. Ein umfangreicher Katalog mit Anforderungen, der auf Basis einer Auseinandersetzung mit Problemfeldern des Skillmanagements entstand, stammt von Uslar (2004). Als Grundlage dienten hierfür die praxisnahen Untersuchungen von Hueneke und Zimmermann (2000), die Uslar (2004) durch eine umfangreiche Analyse der Literatur ergänzte. Insgesamt identifizierte er zehn Problemfelder: das Problem des Strukturierungsgrades, der Chancengleichheit, der Inhaltsart und Inhaltsreichweite, der Erhebung und Beurteilung der Daten, der Entlohnungsmaßnahmen, des Datenschutzes, der Aktualität der Daten, der Akzeptanz von Skillmanagement-Maßnahmen, der Technisierung durch Skillmanagement und der unklaren Strategiefindung. Hieraus leitete er die folgenden inhaltlichen, technischen, organisatorischen und rechtlichen Anforderungen ab, vgl. Tabelle 15.

Inhaltliche Anforderungen	Technische Anforderungen	Organisatorische Anforderungen	Rechtliche Anforderungen
• Sinnvolle Strukturierung der Daten bzw. strukturierte Erfassung der Daten • Sinnvoller Skill- bzw. Kompetenzkatalog, welcher aus den Unternehmensprozessen abgleitet ist • Strukturgleichheit von Katalogen für Stellenbeschreibungen und Kompetenzprofilen von Mitarbeitern • Feinheit bzw. Detailliertheit des Katalogs, um Chancengleichheit bei der Erfassung der Kompetenzen zu gewährleisten • Aktualisierung des Katalogs sollte bei Identifikation von Lücken möglich sein • Erfassung sensibler Kompetenzen beschränken • Notwendigkeit der Bewertung von Kompetenzen • Differenzierte und objektive Bewertung mit mindestens fünf Stufen • Ausgewogener Einsatz von Technik im Bereich des Skillmanagements	• Flexible Datenaktualisierung • Ständige Zugriffsmöglichkeit der Personen auf ihre Daten • Freitextfelder für spezielle im Katalog nicht vorhandene Fähigkeiten und Kompetenzen • Bewertungsstufen in Form einer fünf-stufigen Skala • Aktualität der Daten, die mittels Datumsangabe zu jedem Profil nachvollziehbar ist • Aufforderung zur Datenaktualisierung • Komplexe Suchfunktionen • Freitextsuche • Erfassung der persönlichen Erfahrungen in Fließtext • Einfache Bedienbarkeit und Konfiguration • Performanz • Eingliederung in die Systemumgebung	• Partizipation aller Beteiligten bei der Systemeinführung • Systemeinführung mit einem „sinnvollen" Vorgehensmodell • Interdisziplinarität im Projektteam bei Systemeinführung • Motivation zur Pflege der Daten • Frequenz der Aktualisierung der Mitarbeiterdaten • Aktualisierung der Stellenanforderungen • Betriebsklima auf Kommunikation und gegenseitiges Vertrauen ausrichten • Aufbau von informellen Netzen fördern und unterstützen • Investitionskosten müssen als langfristige strategische Maßnahme begriffen werden • Bekanntmachen des Systems	• Datenschutz • Alleinige Verfügungsgewalt des Arbeitnehmers über seine Daten • Benutzergruppen bzw. Benutzerrechteverwaltung • Anonymisierte Daten • Datenreduktion • Datenschutzbeauftragter • Dokumentation des Zugriffs • Betriebsvereinbarungen

Tabelle 15: Anforderungen an Skillmanagement-Systeme in Anlehnung an Uslar (2004, S. 49ff.)

Einige dieser Anforderungen nutzte Uslar (2004), um bestehende Systeme zu evaluieren. Hierzu zählen unter anderem die Verwaltung und Bewertungsstufen der Skills, die Sollprofilerstellung, die Darstellung des Mitarbeiterprofils, die Skalierbarkeit des Systems, die Datenschutzfunktionalität, Suchfunktionalität, die Möglichkeit von Soll-/Istvergleichen, zusätzliche Besonderheiten bzw. Funktionen, die Architektur des Systems und der subjektive Eindruck von Uslar (2004). Seine Evaluierung umfasste fünfzehn IT-Systeme aus dem Bereich des Skill- und Wissensmanagements und führte zu folgendem Ergebnis (Uslar, 2004, S. 79ff.): Die analysierten Systeme verfügen über einen unterschiedlichen Funktionsumfang und lassen sich in vier Gruppen (Spitzen-, oberes Mittel-, unteres Mittel- und Schlussfeld) einteilen. Drei Systeme können aufgrund ihrer Stärken und dem stimmigen Gesamtbild bereits dem Spitzenfeld zugeordnet werden. Trotz des hohen technischen Entwicklungsniveaus existieren im Hinblick auf die organisatorischen Anforderungen einige Schwächen. Dies sind unter anderem das fehlende Anreizsystem, die mangelnde Unterstützung bei der Datenaktualisierung, die fehlende Hilfe bei der Erstellung des Skill- bzw. Kompetenzkatalogs und die geringfügige Unterstützung bei der Einführung eines solchen Systems, insbesondere bei der Erfassung und Pflege der Nutzer- und Kompetenzdaten. In diesen Bereichen sieht Uslar (2004) Weiterentwicklungsbedarf.

Zudem zeigt eine zeitgleich erstellte Studie auf der Nachfragerseite von Fank (2004), dass dort der Bedarf an Kompetenzmanagement in den nächsten Jahren steigen wird.[23] Dies wird von der Mehrheit der Befragten (ca. 80 %) bestätigt. Zwar ist ein Großteil der Befragten mit den derzeitig eingesetzten Methoden zufrieden, jedoch werden diese oft nur singulär genutzt und sind nicht Bestandteil eines umfassenden Kompetenzmanagements. Die IT wird im Hinblick auf das Kompetenzmanagement von der Mehrheit der Unternehmen (71 %) als ein wichtiger Nutzenfaktor gesehen. Insbesondere Funktionen im Bereich der Kompetenzbewertung und der intelligenten Recherche werden bis dato noch nicht so häufig eingesetzt. Hier kann ebenfalls Bedarf im Bezug auf die IT-Unterstützung identifiziert werden.

---

[23] Die Umfrage fand mit 202 Unternehmensvertretern statt.

2.6. Anwendungsbereiche des Kompetenzmanagements

Kompetenzmanagement kann in verschiedenen Bereichen eingesetzt werden. Insbesondere in Organisationen mit personalintensiven Prozessen können Maßnahmen des Kompetenzmanagements, wie z. B. die Analyse, Entwicklung und Nutzung sowie der zielgerichtete Transfer von Kompetenzen, dazu beitragen, den Wertschöpfungsprozess neu auszurichten und die einzelnen Prozessschritte effizienter zu gestalten. Auf zwei Organisationen soll bei der Darstellung von potenziellen Anwendungsbereichen näher eingegangen werden: Erstens auf Hochschulen (Kapitel 2.6.1), deren Bedarf an neuen Konzepten zur Reorganisation von Prozessen bereits in Kapitel 1.1 dargelegt wurde. Hierbei wird der Anwendungsbereich Studienfach- und Hochschulwahl am eingehendsten betrachtet, da an diesem der IT-gestützte Prozess zur Kompetenzanalyse beispielhaft angewendet und untersucht wird (vgl. Kapitel 4). Zweitens auf Unternehmen (Kapitel 2.6.2), die in einem immer härter werdenden Wettbewerb ihre vorhandenen Ressourcen bestmöglich kombinieren und ausschöpfen müssen.

2.6.1. Kompetenzmanagement in Hochschulen

Wie bereits in Kapitel 1.1 dargestellt, stehen Hochschulen vor der Herausforderung, sich zukünftig einem stärkeren Wettbewerb stellen zu müssen. In diesem Zusammenhang ist es insbesondere notwendig, die bereits existierenden Besonderheiten (z. B. aufgrund hochschuleigener Lehr- und Forschungsschwerpunkte, verschiedener Lehrpläne oder besonderer Praxispartner) in Wettbewerbsvorteile umzuwandeln. Zudem müssen sich Hochschulen nach außen klar voneinander abgrenzen. Dies erfordert, dass sie ihr individuelles Profil besser kommunizieren und in die hochschulinternen und -externen Abläufe integrieren. Aus diesen Anforderungen ergeben sich mögliche Anwendungsbereiche für ein Kompetenzmanagement, insbesondere bei der Studienfach- und Hochschulwahl von Studieninteressierten (Kapitel 2.6.1.1), bei der Auswahl von geeigneten Studienbewerbern (Kapitel 2.6.1.2), bei der Konzeption und Organisation von Lehrveranstaltungen (Kapitel 2.6.1.3) sowie bei der Entwicklung der gesamten Hochschule (Kapitel 2.6.1.4). Diese Anwendungsbereiche werden im Folgenden kurz dargestellt und Ansatzpunkte für Maßnahmen des Kompetenzmanagements aufgezeigt. Hierbei wird der Schwerpunkt auf den derzeitigen Stand im Bereich der Studienfach- und Hochschulwahl gelegt, da an diesem Anwendungsbereich beispielhaft gezeigt wird, welchen Beitrag Maßnahmen des Kompetenzmanagements, insbesondere die IT-gestützte Kompetenzanalyse, leisten können.

2.6.1.1. Studienfach- und Hochschulwahl

Aktuelle Studien zeigen, dass ein großer Teil der Abiturienten ihre Studienfach- und Hochschulwahl von ihrem Wohnort oder von Meinungen aus dem Bekanntenkreis abhängig macht (Tomao, 2002; Rüdel, 2000; Universität Luzern, 2005). Dies können Gründe dafür sein, dass Hochschulen derzeit mit hohen Studienabbrecher- und Fachwechslerquoten von 20-30 % zu kämpfen haben, was zu der Forderung führt, die Studienfach- und Hochschulwahl stärker zu steuern (Heublein et al., 2003). Ein noch relativ junges Instrument zur Unterstützung der Studienfach- und Hochschulwahl stellen so genannte Self-Assessments bzw. Selbsttests mit entsprechenden Informations- und Beratungsangeboten dar, die aus Zeit- bzw. Kostengründen häufig in webbasierter Form umgesetzt sind.

Insgesamt konnten 12 solcher Self-Assessments bzw. Selbsttests identifiziert werden. Diese stammen vorwiegend aus den Disziplinen Informatik und Veterinärmedizin. Hier scheint der Bedarf an Aufklärung besonders hoch zu sein, da die meisten Studenten mit falschen Vorstellungen das Studium beginnen, was letztlich zu hohen Abbrecherquoten führt. Im Folgenden werden die Ergebnisse einer tiefer gehenden Analyse von acht webbasierten Selbsttests, welche derzeit von Hochschulen angeboten werden, im Detail dargestellt, vgl. Tabelle 16. Eine ausführliche Übersicht über die Analyseergebnisse findet sich im Anhang 2.

Hochschule	Studienfach
Rheinisch-Westfälische Technische Hochschule (RWTH) Aachen	Informatik, Elektrotechnik, Technische Informatik
Ruhr-Universität (RU) Bochum	Alle Studienfächer
Fachhochschule (FH) Augsburg	Informatik
Freie Universität (FU) Berlin	Informatik
Technische Universität (TU) Chemnitz	Informatik
Ludwig Maximilian Universität (LMU) München	Informatik, Bio-Informatik
Freie Universität (FU) Berlin	Veterinärmedizin
Veterinärmedizinische Universität (VU) Wien	Veterinärmedizin

Tabelle 16: Webbasierte Selbsttests zur Studienfach- und Hochschulwahl

Die RWTH Aachen und die RU Bochum bieten derzeit die umfangreichsten Tests an. Der Test für die Studienfächer Informatik, Technische Informatik und Elektrotechnik der RWTH Aachen prüft unter anderem logisches Schlussfolgern, mathematische Fähigkeiten, extrinsische und intrinsische Lernmotivation, Selbstwirksamkeit und Handlungsorientierung. Die RU Bochum konzentriert sich auf die Analyse von Qualifikationen, persönlichen Eigenschaften, Interessen, Sozial- und Methodenkompetenzen und gibt eine Empfehlung für am besten geeignete Studienfächer. An der VU Wien und der FU Berlin werden zusätzlich Berufsalltag, -perspektiven und -anforderungen, Verdienstmöglichkeiten sowie Art, Dauer und Schwierigkeitsgrad des Studiums der Veterinärmedizin getestet und so die studienfach- bzw. tätigkeitsspezifischen Anforderungen und die persönlichen Voraussetzungen der Studieninteressierten verglichen. Solche berufsrelevanten Aspekte werden bei der RU Bochum in einem zusätzlichen Test abgeprüft. Alle Tests berücksichtigen die vier in Kapitel 2.2.2 beschriebenen Kompetenzkategorien Fach-, Methoden-, Sozial- und Persönlichkeitskompetenz.

Die LMU München prüft im Online-Selbsttest für Informatik und Bio-Informatik die Bereiche Logik, algorithmisches und analytisches Denken, Abstraktionsvermögen, Mathematik, Englisch und Deutsch. Die Tests für Informatik an der FU Berlin und der FH Augsburg konzentrieren sich ebenfalls rein auf Fach- und Methodenkompetenzen. Der Selbsttest für Informatik an der TU Chemnitz stellt den einfachsten Test dar, welcher ausschließlich das fachliche Wissen des Studieninteressierten untersucht.

Die analysierten Selbsttests bieten unterschiedliche Informationen an, um Studieninteressierten bei der Auswertung und Interpretation ihrer Ergebnisse zu helfen. Die Tests der TU Chemnitz, der FU Berlin im Bereich Informatik, der FH Augsburg und der LMU München präsentieren lediglich Lösungen zu den gestellten Fragen. Dagegen bieten die FU Berlin im Bereich Veterinärmedizin und die VU Wien Informationen zur Eignung und zu den geprüften Kompetenzen, geben aber keine Auskunft über die konkreten Lösungen zu den Testfragen. Die Tests der RWTH Aachen und der RU Bochum bieten die umfangreichste Testauswertung und beinhalten mehrere der vorher genannten Informationskategorien.

Außer der TU Chemnitz nutzen die Selbsttests aller Hochschulen die Möglichkeiten einer individuellen Testauswertung im Anschluss an die Testdurchführung (Interaktivität). Bei der TU Chemnitz kann der Testkandidat seine Antworten anhand einer Webseite mit Lösungen selbst prüfen. Der Einsatz von Grafiken zur besseren Visualisierung der Testfragen und der Testauswertung wird nur von drei Selbsttests unterstützt. Der Testumfang variiert teilweise deutlich, was sich in der unterschiedlichen Anzahl der Fragen ausdrückt. Hiermit verbunden ist eine unterschiedliche Dauer der Tests von 15 Minuten beim Informatiktest der FU Berlin bis zu 270 Minuten für die Tests der RU Bochum.

Zu Beginn der Entwicklung solcher webbasierter Selbsttests muss ein Anforderungsprofil festgelegt werden, welches die relevanten Kompetenzen und Anforderungen beinhaltet, die für das entsprechende Studium vorausgesetzt werden. Zur Erstellung dieses Profils können verschiedene Methoden eingesetzt werden (Amberg, Fischer und Schröder, 2005a). Grundsätzlich kann zwischen Primärerhebung der geforderten Kompetenzen und Analyse von bereits erhobenen Profilen (Sekundärforschung) unterschieden werden. Drei der untersuchten Tests (Augsburg, RWTH Aachen und FU Berlin) basieren auf jeweils einer Umfrage, die sowohl mündlich als auch in zwei Fällen schriftlich durchgeführt wurde. Die Tests der Universität Chemnitz und der LMU München verwenden nur Sekundärdaten aus Literaturrecherchen.

Die Entwicklung solcher webbasierter Self-Assessments bzw. Selbsttests orientiert sich an den individuellen Anforderungen und Rahmenbedingungen des jeweiligen Studienfaches. Diese können auf Basis eines Kompetenzmodells, das aus Fach-, Methoden-, Sozial- und Persönlichkeitskompetenz besteht, systematisch erhoben und in einen Selbsttest übertragen werden. Zudem vereinfachen die ermittelten Kompetenzen die Darstellung der Testauswertung, was die Auseinandersetzung der Studieninteressierten mit ihren Stärken und Schwächen fördern kann.

2.6.1.2. Bewerberauswahl

Deutsche Hochschulen haben seit kurzem die Möglichkeit, den Zulassungs- und Auswahlprozess von Studienbewerbern aktiv mitzugestalten.[24] Hierzu wurde am 9. Juli 2004 die Studienplatzvergabe im Hochschulrahmengesetz neu geregelt. Dies betrifft insbesondere die bundesweit zulassungsbeschränkten Studiengänge Betriebswirtschaftslehre, Biologie, Medizin, Pharmazie, Psychologie, Tier- und Zahnmedizin. Seit dem Wintersemester 2005/2006 werden die Plätze in den Studiengängen nach folgendem Verfahren vergeben (Trost und Haase, 2005, S. 10f.):

1. Die verfügbaren Studienplätze werden um die „Sonderquoten für Zweitstudienbewerber, Härtefälle, Überwechsler mit besonderer Hochschulzugangsberechtigung, von der Bundeswehr Benannte und Ausländer, welche Deutschen nicht gleichgestellt sind", reduziert.

2. Danach folgt die Anwendung eines so genannten Quotenmodells, welches länderabhängig geregelt ist:

   a. Quote (20 % Hochschulrahmengesetz, 50 % in Bayern) für die Abiturbesten.

   b. Quote für die Vergabe nach Wartezeit.

   c. Quote für die Studienplatzvergabe im Rahmen eines hochschulspezifischen Auswahlverfahrens.

Innerhalb dieses Auswahlverfahrens können laut Hochschulrahmengesetz die Durchschnittsnote oder gewichtete Einzelnoten des Schulabschlusses, das Ergebnis eines fachspezifischen Studierfähigkeitstest, die Art einer Berufsausbildung oder Berufstätigkeit, das Ergebnis eines Auswahlgesprächs sowie eine Kombination dieser Kriterien berücksichtigt werden (Trost und Haase, 2005). Insbesondere bei der Konzeption der fachspezifischen Studierfähigkeitstests und der Auswahlgespräche können Kompetenzmodelle dazu beitragen, die mit dem Studienfach verbundenen Anforderungen strukturiert zu erfassen und in das Auswahlverfahren zu integrieren. Da nur kognitive Fähigkeiten bei der Auswahl

---

[24] Eine Übersicht über derzeitig verwendete Auswahl- und Eignungsfeststellungsverfahren geben Heine, Briedis, Didi, Haase und Trost (2006).

von Studienbewerbern berücksichtigt werden dürfen, besteht das zu verwendende Kompetenzmodell lediglich aus Fach- und Methodenkompetenzen. Trotz dieser Einschränkung lassen sich hier ebenfalls erste Ansatzpunkte für ein Kompetenzmanagement identifizieren.

2.6.1.3. Lehrveranstaltungskonzeption

Im Hinblick auf die Hochschullehre wird zunehmend gefordert, dass die Entwicklung von Kompetenzen, die im Umgang mit anderen Menschen von Bedeutung sind, in die Lehrveranstaltungen integriert wird (Chur, 2005; Schaeper und Briedis, 2004). Derzeit sind vor allem im Grundstudium vieler Studiengänge die Lehrveranstaltungen auf die Vermittlung von Fachwissen in Form von Vorlesungen ausgerichtet. Anschließend wird dieses in Prüfungen abgefragt, was von den Studenten vor allem erfordert, das behandelte Fachwissen auswendig zu lernen. Gruppenarbeiten, Fallstudien, Seminare und die eigenständige Projektdurchführung werden häufig erst in späteren Phasen des Studiums als Lehrformen eingesetzt.

Im Rahmen des Bologna-Prozesses sollen bis 2010 die bestehenden Studiengänge reformiert sowie die internationalen Abschlüsse des Bachelors und des Masters flächendeckend eingeführt werden (HRK, 2004). Hierzu sind verschiedene Maßnahmen notwendig. Unter anderem ist die Ausarbeitung neuer Studiengangskonzepte erforderlich. In diesem Zusammenhang sollen bei der Konzeption und Organisation der Module bzw. Lerneinheiten neben dem vermittelten Fachwissen die zu erwerbenden Kompetenzen erfasst werden (HRK, 2004). Hier wird ersichtlich, dass der Kompetenz-Ansatz bei der Lehrveranstaltungsorganisation an Bedeutung gewinnt. Weitere Kompetenzmanagement-Maßnahmen, die bei der Lehrveranstaltungsorganisation zum Einsatz kommen können, sind z. B. eine Kompetenzbedarfsanalyse, um zu ermitteln, welche Kompetenzen im Rahmen einer Hochschulausbildung relevant sind, sowie ein über das Abprüfen von Fachwissen hinausgehendes Kompetenzcontrolling, das auch andere Kompetenzen, wie z. B. Sozialkompetenz, bei der Bewertung von Studienleistungen berücksichtigt.

2.6.1.4. Hochschulentwicklung

Staatliche Bildungsoffensiven und Innovationsbemühungen haben dazu geführt, dass Hochschulen im Mittelpunkt der öffentlichen Diskussion stehen. Neben mehr und besser ausgebildeten Studenten werden herausragende Forschungsleistungen und deren Überführung in marktfähige Innovationen, die sowohl den Wirtschaftsstandort Deutschland stärken als auch seine internationale Wettbewerbsfähigkeit verbessern, gefordert. In diesem Zusammenhang entstand die Debatte um die Bildung von Elite-Hochschulen und die Förderung des Wettbewerbs zwischen den Hochschulen. Dies führt zu der Herausforderung, dass Hochschulen ihre individuellen Merkmale in Form eines spezifischen Hochschulprofils zusammenfassen und nach Außen wirksam präsentieren. Hierbei sind sie gezwungen, sich intensiver als bisher mit ihren Stärken und Schwächen auseinander zu setzen. Kompetenzmanagement kann dazu beitragen, die hochschulspezifischen Besonderheiten zu erfassen. In Kapitel 2.4.1 wurden bereits Analyseverfahren zur Erfassung von Kompetenzen vorgestellt. Diese dienen insbesondere der Identifikation von Kernkompetenzen, welche ihrerseits Grundlage für Wettbewerbsvorteile sind. Die identifizierten Kernkompetenzen können in verschiedenen Bereichen, wie z. B. im Rahmen des Hochschulmarketings, bei der Anwerbung geeigneter Studienanfänger oder bei der Akquise von Forschungsgeldern, genutzt und durch entsprechende Kommunikations- bzw. Transfermaßnahmen übertragen werden.

2.6.2. Kompetenzmanagement in Unternehmen

Unternehmen sind aufgrund zunehmender Globalisierung einem erhöhten Wettbewerbsdruck ausgesetzt. Insbesondere in wissensintensiven Bereichen stellt sich die Frage, wie die vorhandenen personellen Ressourcen besser genutzt werden können. Wie bereits in Kapitel 2.3.2.4 aufgezeigt wurde, ist im Bereich des Personalmanagements die Anwendung von Kompetenzkonzepten nur in eingeschränktem Umfang erkennbar. Die Ausweitung auf alle Funktionen des Personalmanagements kann dazu beitragen, personelle Ressourcen auf Basis von Kompetenzen objektiver zu beurteilen und Personalmaßnamen, wie Einsatzplanung und Weiterentwicklung effizienter umzusetzen. Im Folgenden werden drei Bereiche des Personalmanagements, wie die Auswahl von neuem Personal (Kapitel 2.6.2.1), die Planung des Personaleinsatzes (Kapitel 2.6.2.2) und die Weiterentwicklung des bestehenden Personals (Kapitel 2.6.2.3), im Überblick dargestellt und Ansatzpunkte für ein Kompetenzmanagement aufgezeigt. Anschließend erfolgt in Kapitel 2.6.2.4 eine Auseinandersetzung mit der Frage, inwieweit die Entwicklung des gesamten Unternehmens mithilfe des Kompetenzmanagements unterstützt werden kann.

2.6.2.1. Personalauswahl

Bei der Personalauswahl ist die Entscheidung zu treffen, ob eine Person zu einer bestimmten Stelle bzw. einem definierten Aufgabengebiet passt. Die Passung von Mensch und System in Organisationen oder Unternehmen gehört zu den Standardaufgaben des Personalmanagements. In diesem Zusammenhang wird auch vom Person-Job-Fit gesprochen (Amelang, 1997, S. 89). „Fit", mit Passung gleichgesetzt, umfasst hierbei (Amelang, 1997, S. 89):

1. Die Übereinstimmung zwischen den Rahmenbedingungen der Arbeitsumwelt und den Erwartungen bzw. Vorstellungen der Person.

2. Die Übereinstimmung zwischen den Anforderungen, welche sich durch die Arbeitsumgebung und die Arbeitsinhalte ergeben, und den Kompetenzen bzw. Fähigkeiten der Person.

Mangelnde Passung liegt insbesondere dann vor, wenn die Person nicht die an sie gestellten Anforderungen erfüllen kann oder wenn die Bedürfnisse bzw. Erwartungen der Person nicht befriedigt werden. Dies führt zu Arbeitsunzufriedenheit, was die Ursache für Arbeitsstress und geringe Arbeitseffizienz sein kann. Abbildung 18 zeigt die einzelnen Faktoren, welche das so genannte „Fit" beeinflussen.

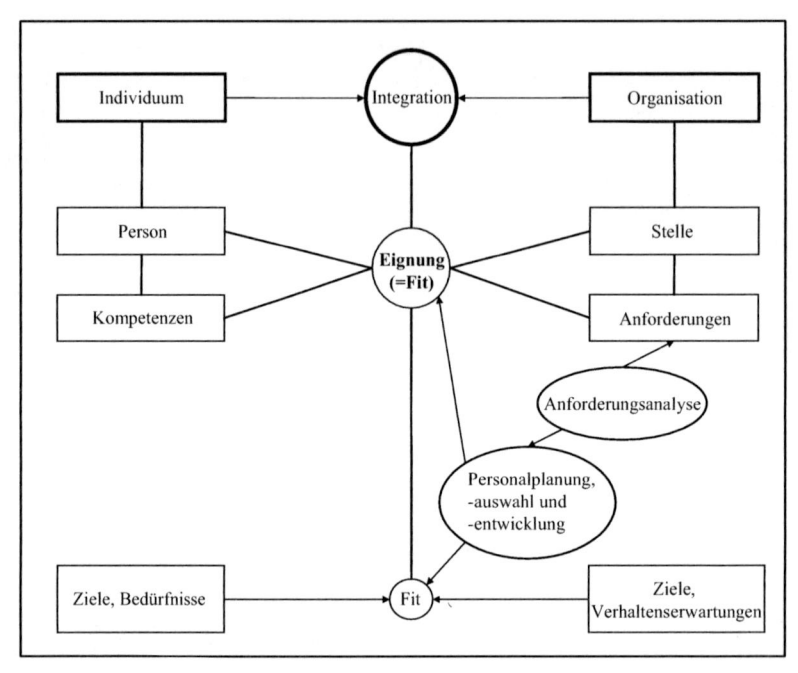

Abbildung 18: „Person-Job-Fit" als Grundmodell der Integration von Individuum und Organisation (Amelang, 1997, S. 90, zitiert nach Hedrich, 1994, S. 84)

Zur Erreichung des „Person-Job-Fit" ist die Entwicklung von Verfahren zur Personalauswahl notwendig. Das derzeit am häufigsten eingesetzte Mittel zur Auswahl qualifizierter Mitarbeiter ist das unstrukturierte Interview. Untersuchungen zeigen jedoch, dass diese, wenn nicht von geschulten Vorgesetzten und Verantwortlichen durchgeführt, den beruflichen Erfolg „kaum besser vorhersagen [können] als ein Würfel oder ein anderes Zufallsverfahren" (von Rosenstiel, 2003, S. 112). Eine strukturierte Analyse der Kompetenzen kann helfen, diese Situation zu verbessern. So können sowohl Anforderungen als auch Bewerbermerkmale, welche für das zu besetzende Aufgabengebiet relevant sind, auf Basis von Kompetenzen erfasst werden. Dies ermöglicht einen Soll-/Ist-Abgleich der erfassten Kompetenzen, eine systematische Darstellung von Anforderungs- und Bewerberprofil und eine Erhöhung der Transparenz im Hinblick auf die Personalauswahl. Zusätzlich kann der Prozess der Kompetenzanalyse durch Informations- und Kommunikationstechnologien unterstützt werden, was zu einer Effizienzsteigerung führt.

2.6.2.2. Personaleinsatzplanung

Nach Jung (2001) umfasst die Personaleinsatzplanung die Zuordnung der Mitarbeiter zu den einzelnen Stellen entsprechend den Anforderungen des Leistungserstellungsprozesses. Untersuchungen zeigen, dass eine unzureichende Personaleinsatzplanung die Leistungsbereitschaft und Bindungswilligkeit engagierter und qualifizierter Mitarbeiter reduziert (Braim, 1999). Eine Ursache hierfür ist, dass falsch eingesetzte Mitarbeiter ihre Kompetenzen nicht verkümmern lassen wollen und versuchen, das Unternehmen zu wechseln. Das Modell des „Person-Job-Fit", welches in Kapitel 2.6.2.2 dargestellt wurde, ist nicht nur bei der Personalauswahl, sondern auch bei der Personaleinsatzplanung anwendbar. Hierbei ist es erforderlich, eine Passung zwischen dem Mitarbeiter und den Aufgaben im Leistungserstellungsprozess zu erreichen. Kompetenzmanagement kann helfen, Fehlpassungen offen zu legen und zu reduzieren. Auf Grundlage der Mitarbeiterkompetenzen und zukünftiger Kompetenzpotenziale sowie der Anforderungen, die sich durch die zu verteilenden Aufgaben ergeben, kann entschieden werden, welche Personen in welchen Bereichen bzw. bei welchen Aufgaben eingesetzt werden können.

2.6.2.3. Personalentwicklung

Wie in Kapitel 2.3.2.1 zur Kompetenzentwicklung dargestellt, vollzieht sich ein Wandel in Gesellschaft und Wirtschaft, sodass „lebenslanges Lernen" in fast allen Gebieten notwendig wird. Insbesondere in wissensintensiven Branchen stehen Unternehmen und Mitarbeiter vor der Herausforderung, sich und ihre Fähigkeiten ständig weiterzuentwickeln. Dies umfasst nicht nur die institutionalisierte Form der Fort- und Weiterbildung, sondern auch die Weiterentwicklung im Prozess der Arbeit und im sozialen Umfeld. Zur effizienten Steuerung von Personalentwicklungsmaßnahmen, unabhängig davon, ob sie durch z. B. Schulungen oder „Training on the job" erfolgen, können unter anderem die Kompetenzbedarfsanalyse und ein entsprechendes Kompetenzcontrolling eingesetzt werden. Diese ermöglichen zum einen die Erfassung des tatsächlichen Kompetenzbedarfs und prüfen zum anderen, ob die Maßnahmen Wirkung zeigen. Die systemtechnische Unterstützung dieser beiden Kompetenzmanagement-Maßnahmen macht deren Anwendung handhabbar.

2.6.2.4. Unternehmensentwicklung

Unternehmen sind gezwungen, in einem immer härter werdenden Wettbewerb zu bestehen. Hierzu sind insbesondere der Aufbau und die Verteidigung von Wettbewerbsvorteilen notwendig. Im Rahmen des Strategischen Managements, insbesondere des „Resource-based View"-Ansatzes, wird davon ausgegangen, dass Wettbewerbsvorteile auf Grundlage von Kernkompetenzen entstehen. Die Auseinandersetzung mit Kernkompetenzen zeigt jedoch, dass es oft schwierig ist, diese zu identifizieren, da sie auf einzigartigen und komplexen Ressourcenbündeln basieren. Hier können die in Kapitel 2.4.1 beschriebenen Verfahren der Kompetenzanalyse als Teil des Kompetenzmanagements helfen, sich mit den eigenen Kernkompetenzen, Kompetenzpotenzialen und -lücken auseinander zu setzen. Zudem können mithilfe von Maßnahmen der Kompetenzentwicklung und -nutzung sowie des Kompetenztransfers (vgl. Kapitel 2.3.1) das Unternehmen gezielt weiterentwickelt werden. Ausgehend vom Ansatz des Ebenen übergreifenden Kompetenzmanagements können die strategische Ausrichtung bzw. die zu erreichenden Kernkompetenzziele auf die personellen Ressourcen übertragen werden und dazu beitragen, einzelne Unternehmensbereiche systematisch weiterzuentwickeln. Umgekehrt können auch auf Grundlage der erfassten Kompetenzen und Leistungspotenziale der personellen Ressourcen, die Kernkompetenzen des Unternehmens ermittelt bzw. gesteuert werden.

2.7. Zusammenfassung des Kapitels

Den Kern des zweiten Kapitels bildete die umfassende Darstellung des Forschungsstandes zum Kompetenzmanagement. Hierbei konnten zwei Forschungsbereiche, die sich intensiv mit Kompetenzen auseinander setzen, identifiziert werden: einerseits die Strategische Managementlehre, welche die Kompetenzen von Organisationen betrachtet, und andererseits die Psychologie und die Pädagogik, die sich mit den Kompetenzen von Individuen beschäftigen. Obwohl diese beiden Ebenen miteinander verknüpft sind, da Individuen häufig ein Bestandteil von Organisationen sind, existieren nur wenige Ansätze, die das Kompetenzmanagement Ebenen übergreifend oder sogar ganzheitlich behandeln. Darüber hinaus zeigte die Untersuchung des Forschungsstandes, dass die Kompetenzanalyse als Ausgangspunkt des Managementprozesses Informationen für alle weiteren Steuerungsaufgaben, wie z. B. die Entwicklung, die Nutzung und den Transfer von Kompetenzen, liefert. Ohne entsprechende Daten kann kein Kompetenzmanagement, unabhängig davon, ob es sich auf Organisationen oder Individuen bezieht, umgesetzt werden.

Die identifizierten Ansätze zur Kompetenzanalyse gestalten sich in Abhängigkeit von der untersuchten Ebene sehr unterschiedlich. Während für die Ebene der Organisation sehr allgemeine Analyseansätze existieren, die keine konkreten Messansätze oder Messungen beinhalten, konzentrieren sich die Verfahren zur Analyse personeller Kompetenzen auf einen abgegrenzten Anwendungsbereich und bieten in der Regel ein Instrument zur Kompetenzmessung an. Obwohl die Ansätze zur Analyse personeller Kompetenzen vielfältig und deren Durchführung sowie die Auswertung weitestgehend bekannt sind, existiert in der derzeitigen Kompetenzliteratur kein standardisierter Prozess, wie die Kompetenzanalyse von der Entwicklung des Analyseinstruments bis zur Auswertung der Kompetenzdaten abläuft.

Eine besondere Bedeutung nimmt in diesem Kontext die systemtechnische Unterstützung ein. Sie kann dazu beitragen, dass die für das Kompetenzmanagement notwendige Administration der Kompetenzdaten erleichtert wird. Zudem kann der erhebliche Entwicklungs- und Durchführungsaufwand der Kompetenzanalyse gesenkt werden. Der geringere Aufwand und eine höhere Effizienz ermöglichen die Etablierung des Kompetenzmanagements in vielfältigen Anwendungsbereichen. Die Voraussetzung hierfür ist jedoch, dass ein Wissen darüber existiert, welche Kompetenzen relevant sind, was wiederum nur durch eine strukturierte Kompetenzanalyse aufgebaut werden kann.

3. IT-gestützter Prozess zur Kompetenzanalyse

3.1. Motivation und Zielsetzung des Kapitels

Wie die Untersuchung zum Stand der Forschung in Kapitel 2 zeigt, besteht im Hinblick auf den Prozess zur Analyse von personellen Kompetenzen noch Forschungsbedarf. Nach Becker und Kahn (2003, S. 6) ist ein Prozess eine „inhaltlich abgeschlossene, zeitlich- und sachlogische Folge von Aktivitäten, die zur Bearbeitung eines [...] Objektes notwendig sind". Zur Ermittlung des Prozesses der Kompetenzanalyse ist es wichtig, die dafür notwendigen Einzelaktivitäten und deren Ablauf zu identifizieren. Da der Prozess der Kompetenzanalyse als sehr umfangreich anzunehmen ist, bietet sich dessen Aufteilung in Teilprozesse an. Auf Basis der identifizierten Einzelaktivitäten ist ein Referenzprozess zu modellieren, der Ausgangspunkt für die Auseinandersetzung mit der Frage ist, inwiefern Informationstechnologien dazu eingesetzt werden können, die Prozessschritte weitestgehend zu automatisieren. Folgende Fragestellungen werden in diesem Kapitel daher näher untersucht:

- Wie gestaltet sich der Prozess zur Kompetenzanalyse bzw. welche Einzelaktivitäten sind in welcher Reihenfolge notwendig, um die Kompetenzen einer Person zu ermitteln?

- Wie kann der Prozess zur Kompetenzanalyse anhand von Informationstechnologien unterstützt werden?

Zur Beantwortung dieser Fragen ist das aktuelle Kapitel wie folgt strukturiert: Zu Beginn wird in Kapitel 3.2 kurz dargestellt, wie bei der Prozessanalyse und -modellierung vorgegangen wird und welche Methode zum Einsatz kommt. Bevor die Analyse der Einzelaktivitäten zur Kompetenzanalyse stattfindet, wird in Kapitel 3.3 der Gesamtprozess in überschaubare und voneinander abgrenzbare Teilprozesse gegliedert. In Abhängigkeit von den identifizierten Teilprozessen erfolgen in Kapitel 3.4 bis 3.7 zur Beantwortung der gestellten Fragen die Prozessanalyse und -modellierung sowie die Auseinandersetzung mit einer möglichen IT-Unterstützung. Abschließend fasst Kapitel 3.8 die Ergebnisse dieser Untersuchung kurz zusammen.

3.2. Gang der Untersuchung und Methodik

Zur Klärung der Frage, wie sich die Prozessabfolge zur Kompetenzanalyse gestaltet, erfolgt zuerst eine Sichtung und Analyse der einschlägigen, sozialwissenschaftlichen Literatur, insbesondere der Psychologie, der Diagnostikforschung und der Pädagogik. Aus den Ergebnissen der Recherche wird ein Referenzprozess modelliert. Zu dessen Darstellung werden Ereignisgesteuerte Prozessketten (EPK) verwendet, da diese intuitiv erfassbar und breit anwendbar sind. Im Anschluss an die Prozessmodellierung erfolgt zudem eine Untersuchung, wie die einzelnen Prozessschritte mittels Informationstechnologien (IT) unterstützt werden können. Mögliche Ansatzpunkte werden in den modellierten Prozess integriert und in der EPK dargestellt.

Die EPK-Methode wurde von A.-W. Scheer im Rahmen des ARIS-Konzepts entwickelt.[25] Sie baut auf Ansätzen stochastischer Netzplanverfahren auf und bildet Prozesse in einer semiformalen Modellierungssprache ab (Scheer, 2001). Bei EPK handelt es sich um gerichtete Graphen, die auf drei wesentlichen Elementen basieren (Rosemann, Schwegmann und Delfmann, 2003):

1. **Ereignisse**, die ablaufrelevante Zustandsausprägungen darstellen. Ereignisse sind in eine Kette von Handlungen bzw. Tätigkeiten eingebettet. Zwei Ereignisse sind dabei besonders hervorzuheben: Start- und Endereignis, mit denen der Prozess beginnt und abgeschlossen wird.

2. **Funktionen**, die Tätigkeiten bzw. Aktivitäten repräsentieren. Funktionen werden durch Ereignisse ausgelöst und haben wiederum Ereignisse als Ergebnis zur Folge.

3. **Verknüpfungsoperatoren** bzw. Konnektoren, um nicht-lineare Prozessverläufe zu modellieren. Hierbei kann zwischen der Inklusive-Oder-Verknüpfung (V), bei der ein oder mehrere Fälle möglich sind, der Exklusive-Oder-Verknüpfung (XOR), bei der nur exakt ein Fall eintreten darf, sowie der Und-Verknüpfung (Λ), bei der alle Fälle eintreten müssen, unterschieden werden. Wenn eine Funktion oder ein Ereignis durch einen Konnektor geteilt wurde, ist die Zusammenführung nur durch den gleichen Konnektor möglich.

---

[25] ARIS bedeutet „Architektur integrierter Informationssysteme". Weitere Informationen hierzu finden sich bei Scheer (2001).

Nach einem Ereignis darf nur eine Und-Verknüpfung folgen, da Ereignisse keine Entscheidung treffen können. Diese kann nur durch Funktionen getroffen werden.

Eine ergänzte Form der Modellierungsmethode EPK ist die erweiterte Ereignisgesteuerte Prozesskette (eEPK). Hierbei können die modellierten Prozesse mit Organisationseinheiten, Informationsobjekten, unterstützenden Systemen, verwendeten und erzeugten Daten sowie Datenspeichern dargestellt werden (Staud, 1999). Dies ermöglicht neben der Modellierung des Prozesses zur Kompetenzanalyse auch die Darstellung von Ansatzpunkten zur IT-Unterstützung. Die bei der folgenden Prozessmodellierung verwendeten Elemente der eEPK sind in Abbildung 19 dargestellt.

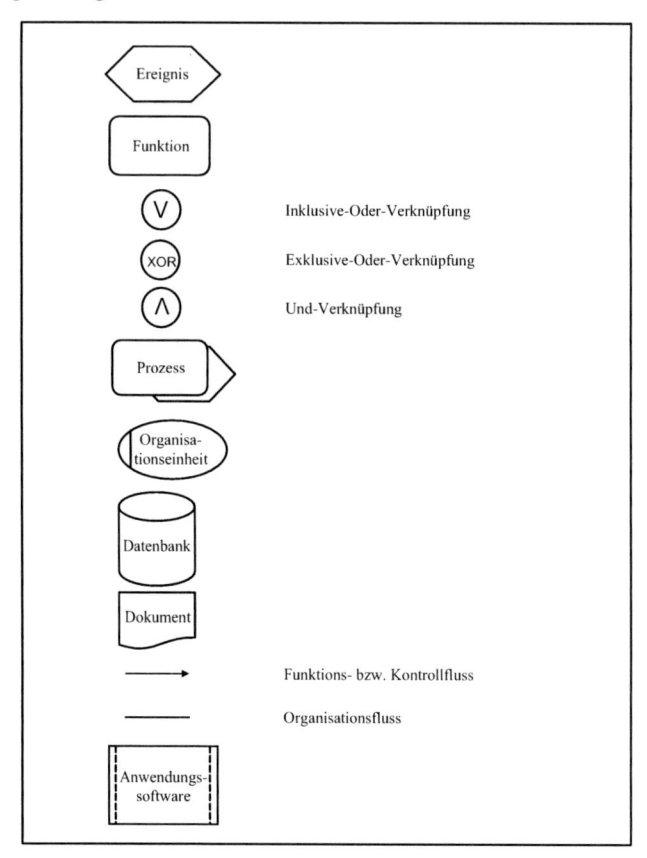

Abbildung 19: Grafische Notation der Elemente einer eEPK

Um sowohl einer nachvollziehbaren Qualitätssicherung als auch der Forderung nach möglichst vielen Freiheitsgraden bei der Prozessmodellierung gerecht zu werden, sind die Grundsätze ordnungsmäßiger Modellierung bei der Darstellung des Prozesses mittels eEPK zu berücksichtigen. Diese umfassen nach Scheer (2002, S. 119f.):

- **Grundsatz der Richtigkeit.** Dies ist gewährleistet, wenn das Modell syntaktisch und semantisch korrekt ist.

- **Grundsatz der Relevanz.** Es sollen nur so viele Informationen im Modell abgebildet werden, wie notwendig sind.

- **Grundsatz der Wirtschaftlichkeit.** Der Erstellungsaufwand des Modells soll dessen Nutzen bzw. Verwendungszweck nicht übersteigen.

- **Grundsatz der Klarheit.** Das Modell soll für den Modelladressaten verständlich und verwendbar sein.

- **Grundsatz der Vergleichbarkeit.** Bei der Erstellung des Modells ist auf konventionsgerechte Objektbenennung entsprechend des verwendeten Rahmenkonzepts zu achten.

- **Grundsatz des systematischen Aufbaus.** Dies erfordert die Integrationsfähigkeit von Modellen, die in unterschiedlichen Sichten erstellt wurden.

Insbesondere die ersten fünf Grundsätze sind für die folgende Prozessmodellierung relevant. Der letzte Grundsatz trifft für den hier zu untersuchenden Sachverhalt nicht zu.

3.3. Überblick über den Gesamtprozess der Kompetenzanalyse

Der Gesamtprozess der Kompetenzanalyse besteht aus einer Vielzahl verschiedener Prozessschritte, die in Teilprozesse zusammengefasst werden können. Zur Identifikation der Teilprozesse und Prozessschritte erfolgt eine Auseinandersetzung mit Ansätzen, deren Mittelpunkt die Analyse von Persönlichkeitsmerkmalen ist. Diese stammen vorwiegend aus dem Bereich der Eignungs- und Personaldiagnostik. Zwei zentrale Ansätze sind hierbei der von Kanning (2004) und der von Trost (2003). Sie eignen sich insbesondere, um die elementaren Teilprozesse der Kompetenzanalyse zu ermitteln (vgl. Tabelle 17).

Prozess der Personaldiagnostik nach Kanning (2004)	Diagnostischer Prozess auf Basis eines Tests nach Trost (2003)	Teilprozesse der Kompetenzanalyse
• Definition der Aufgaben • Anforderungsanalyse	• Analyse der Anforderungen	I. Ermittlung des geforderten Kompetenzprofils
• Auswahl der Untersuchungsmethode • Auswahl und Konstruktion der Messinstrumente	• Analyse der Forschungsliteratur hinsichtlich von Items • Entwicklung eines Testkonzepts • Entwicklung von Testaufgaben und -fragen • Überprüfung der Aufgaben • Empirische Erprobung der Aufgaben an Personengruppen • Erstellung von Begleitmaterialien zum Test • Entwicklung von Parallelformen bzw. Reserveformen des Tests • Ersteinsatz des Tests • Regenerierung des Tests durch neue Items	II. Erstellung des Kompetenzanalyseinstruments
• Datenerhebung	• Testdurchführung	III. Durchführung der Kompetenzanalyse
• Datenauswertung • Entscheidungsfindung • Intervention und Evaluation	• Testauswertung	IV. Auswertung der Kompetenzanalyse

Tabelle 17: Teilprozesse der Kompetenzanalyse

Nach diesen Ansätzen lässt sich der Prozess der Kompetenzanalyse folgendermaßen unterteilen (vgl. Abbildung 20):

I. **Ermittlung des geforderten Kompetenzprofils.** Dieses wird auch als Anforderungs- bzw. Zielprofil bezeichnet und enthält die Kompetenzen, die als notwendig erachtet werden, um die jeweilige Tätigkeit oder den entsprechenden Tätigkeitsbereich erfolgreich zu bewältigen. Die ermittelten Kompetenzanforderungen dienen als Grundlage für das in Teilprozess

II zu erstellende Analyseinstrument und bilden die Basis für die Kompetenzanalyse.

II. **Erstellung des Kompetenzanalyseinstruments.** Wie bei Trost (2003) ersichtlich wird, ist dies hinsichtlich der notwendigen Prozessschritte der umfangreichste Teilprozess. Auf Basis des geforderten Kompetenzprofils ist das Instrument zu entwickeln, mit dem die Kompetenzen analysiert werden können. Dies umfasst neben der Formulierung der Items (Fragen bzw. Aufgaben), deren Auswahl und Zusammenstellung sowie die anschließende Prüfung und Korrektur.

III. **Durchführung der Kompetenzanalyse.** Hierzu wird das entwickelte Kompetenzanalyseinstrument den Personen, deren Kompetenzen ermittelt werden sollen, zur Verfügung gestellt. Diese müssen die entwickelten Fragen beantworten bzw. die Aufgaben bearbeiten.

IV. **Auswertung der Kompetenzanalyse.** Die in Teilprozess III erfassten Daten dienen als Grundlage zur Auswertung der Kompetenzanalyse. Hierbei werden Kompetenzwerte errechnet, die zusammengefasst das Kompetenzprofil der jeweiligen Person ergeben. Dieses Profil kann dazu verwendet werden, um Maßnahmen zu bestimmen, die z. B. die bestehenden Kompetenzen weiterentwickeln oder nutzbar machen.

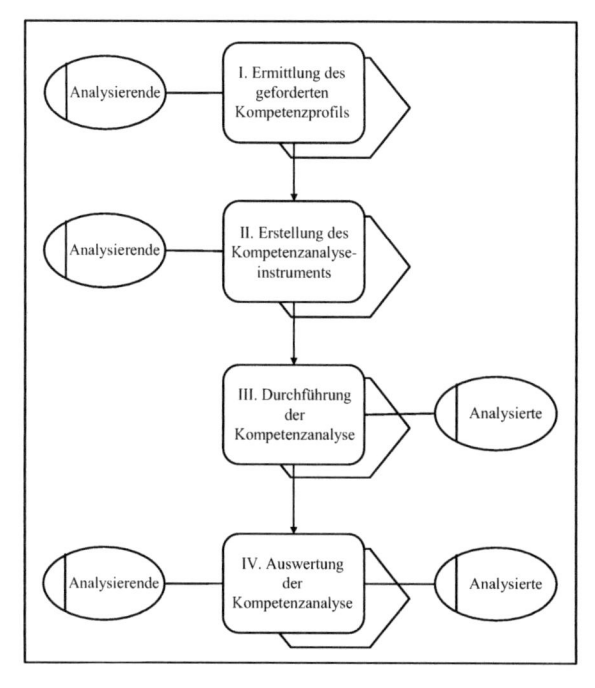

Abbildung 20: Gesamtprozess der Kompetenzanalyse

Wie Abbildung 20 zeigt, existieren zwei Organisationseinheiten bzw. Personengruppen, die an diesem Prozess im Kern beteiligt sind und von den Ergebnissen der Kompetenzanalyse profitieren:

- Die **Analysierenden**, welche die Kompetenzanforderungen erheben, das Kompetenzanalyseinstrument zur Verfügung stellen und die Kompetenzen anderer Personen analysieren bzw. ermitteln möchten. Sie sind demnach in Teilprozess I, II und IV involviert.

- Die **Analysierten**, welche die Personen darstellen, dessen Kompetenzen analysiert werden. Sie sind bei der Durchführung in Teilprozess III aktiv und können an Teilprozess IV beteiligt werden, soweit sie eine Auswertung erhalten.

Diese zwei Perspektiven werden bei der folgenden Untersuchung und Modellierung der Teilprozesse berücksichtigt. Als Nächstes erfolgt für jeden Teilprozess die Ermittlung relevanter Prozessschritte bzw. Einzelaktivitäten. Diese bilden die Grundlage für eine Auseinandersetzung, inwiefern eine IT-Unterstützung hierbei möglich bzw. zweckmäßig ist. Die Untersuchung entspricht der in Kapitel 3.2 beschriebenen Vorgehensweise und Methodik.

3.4. Teilprozess I: Ermittlung des geforderten Kompetenzprofils

Zur Darstellung des Teilprozesses I erfolgt in Kapitel 3.4.1. eine Untersuchung möglicher Prozesselemente. Die hierbei identifizierten Verfahren und Methoden stellen die Grundlage für die Modellierung eines Referenzprozesses in Kapitel 3.4.2 dar. Abschließend erfolgt in Kapitel 3.4.3 auf Basis des modellierten Referenzprozesses eine Auseinandersetzung mit Ansatzpunkten zu dessen IT-Unterstützung. Dieser Teilprozess betrifft nur den Analysierenden, sodass auf eine differenzierte Betrachtung der Prozesselemente abhängig von den zwei in Kapitel 3.3 identifizierten Perspektiven verzichtet werden kann.

3.4.1. Untersuchung der Prozesselemente

Zur Ermittlung des geforderten Kompetenzprofils kann auf Verfahren und Methoden aus der Arbeitspsychologie und der Eignungsdiagnostik zurückgegriffen werden. In diesen Bereichen finden sich bereits methodisch ausgereifte Konzepte zur Anforderungsanalyse (Lang-von Wins, 2003). Diese geben Aufschluss darüber, welche Prozessschritte bzw. Aktivitäten bei der Erhebung von Anforderungen notwendig sind. Für die psychologische Arbeitsanalyse kann in Anlehnung an Frei (1981, S. 15) auf eine dreistufige Methodik verwiesen werden:

1. Analyse der Auftrags- und Erfüllungsbedingungen einer Arbeitstätigkeit,

2. Identifikation und Beschreibung der Tätigkeitsdimensionen,

3. Eigentliche Analyse der Tätigkeiten mit dem Ziel „leistungs-, befindens- und qualifizierungsunterscheidende Variablen zu finden."

Die Ursachen der von Frei (1981) genannten Variablen, wie z. B. die motivationalen Faktoren und die sensomotorischen Fähigkeiten, können unter dem Kompetenzbegriff subsumiert werden (vgl. Kapitel 2.2.2). Hier findet sich ein Anknüpfungspunkt zur Kompetenzanalyse. Reimann (2004) zeigt auf, welche Fragestellungen bei der Arbeitsanalyse gestellt werden müssen, um die unterschiedlichen aus Fach-, Methoden-, Sozial- und Persönlichkeitskompetenz bestehenden Anforderungen zu erfassen (vgl. Tabelle 18).

Kompetenzen	Beispielfragen
Fachkompetenz	• Welche fachlichen Kenntnisse erfordert die Stelle? • Wie viel Berufspraxis erfordert die Stelle?
Methodenkompetenz	• Welche Fähigkeiten in Bezug auf die Anwendung der Fachkenntnisse sind erforderlich? • Wie ist der Anteil vorhandener Standards zu neu zu entwickelnden Vorgehensweisen?
Sozialkompetenz	• Welche Personen/Personengruppen müssen kontaktiert werden? • Mit wem muss ständig kommuniziert werden?
Persönlichkeitskompetenz	• In welchen Gebieten ist eine Einarbeitung erforderlich? • Wie komplex sind die Aufgabenstellungen?

Tabelle 18: Fragen zur Erfassung von Kompetenzanforderungen bei der Arbeitsanalyse in Anlehnung an Reimann (2004, S. 107f.)

Bei der Frage, welche Verfahren und Methoden im Bereich der psychologischen Arbeitsanalyse angewendet werden können, weist Frei (1981) auf den unbefriedigenden Entwicklungsstand hin. Es gibt keine für alle Fälle anwendbare Verfahren oder die allgemeingültige Methode der Arbeitsanalyse. Frieling und Sonntag (1999) geben einen systematischen Überblick zu den zahlreichen Verfahren und Methoden. Diese werden bei der Darstellung der Prozesselemente berücksichtigt (vgl. Kapitel 3.4.1.1 bis 3.4.1.3).

Nicht nur Methoden der Arbeitspsychologie, sondern auch Ansätze der Eignungsdiagnostik werden in der folgenden Auseinandersetzung mit den Prozesselementen bzw. -schritten zur Definition des geforderten Kompetenzprofils berücksichtigt. Nach Eckardt und Schuler (1992) existieren bei der Beurteilung der Eignung von Personen für einen Beruf oder eine Tätigkeit drei verschiedene Wege zur Analyse von Kompetenzanforderungen:

1. **Erfahrungsgeleitet-intuitiv**: Hierbei werden die Merkmale des Berufes oder der auszuübenden Tätigkeiten, die erforderlichen Arbeitsmittel, die Umweltbedingungen und die Qualifikationserfordernisse auf Basis von Erfahrungen beurteilt.

2. **Arbeitsplatzanalytisch-empirisch**: Diese Methodengruppe basiert auf einer formalen Vorgehensweise, die auf Grundlage von Fragebögen und Checklisten die Elemente einer Tätigkeit ermittelt. Anschließend erfolgt eine Übersetzung in Personenanforderungen.

3. **Personenbezogen-empirisch**: Die Kompetenzanforderungen werden mittels Analyse des Zusammenhangs zwischen den Merkmalen der in einem Beruf tätigen Person einerseits und ihrer Arbeitszufriedenheit sowie Leistungshöhe andererseits bestimmt.

Diese Methodengruppen können mit unterschiedlichen Erhebungs- und Analysetechniken unterstützt werden. Generell kann hierbei zwischen der Analyse von bestehenden, so genannten Sekundärdaten, der Primärdatenerhebung sowie der Analyse der erhobenen Daten unterschieden werden. Diese Methoden werden im Folgenden tiefer gehend untersucht.

3.4.1.1. Analyse von Sekundärdaten zur Profilermittlung

Bei Sekundärdaten handelt es sich um „für andere Zwecke, zu früherem Zeitpunkt erarbeitetes Informationsmaterial" (Hammann und Erichson, 2000, S. 77). Im Hinblick auf die Ermittlung des geforderten Kompetenzprofils können z. B. bereits identifizierte Kompetenzanforderungen für verwandte Tätigkeitsfelder oder Anwendungsbereiche hilfreiche Sekundärdaten darstellen. Darüber hinaus können alle Daten und Dokumente, die über notwendige Kompetenzen in dem untersuchten Tätigkeitsbereich Aufschluss geben, bei der Profilermittlung berücksichtigt werden. Solche Daten und Dokumente sind z. B. Leitsätze zur Personal- und Unternehmensführung, Dienstvorschriften, Arbeitsplatz- und Tätigkeitsbeschreibungen, Mitarbeiterbeurteilungen, Publikationen und Statistiken (Fisseni, 1997). Zur Untersuchung dieser Daten und Dokumente kann eine **Textanalyse** durchgeführt werden. Nach Titscher, Wodak, Meyer und Vetter (1998, S. 48) gibt es folgende Methoden der Textanalyse:

1. Inhaltsanalyse,
2. Grounded Theory,
3. Ethnographische Textanalyse,
4. Ethnomethodologische Konversationsanalyse,
5. Tiefenhermeneutik,

6. Qualitativ-heuristische Textanalyse,
7. Narrative Semiotik,
8. Kritische Diskursanalyse nach Fairclough,
9. Kritische Diskursanalyse bzw. diskurs-historische Methode nach Wodak und
10. Funktionale Pragmatik.

Diese Methoden werden in unterschiedlichem Umfang eingesetzt. Eine Untersuchung von Titscher et al. (1998), welche die Zitationshäufigkeit[26] von einschlägigen Methodenwerken sowie die Schlagworthäufigkeit[27] bezogen auf den Methodennamen quantitativ analysieren, zeigt, dass die Inhaltsanalyse und die Grounded Theory am häufigsten zitiert und in der wissenschaftlichen Literatur verschlagwortet sind. Im Folgenden wird die Inhaltsanalyse tiefer gehend dargestellt, da diese Methode insbesondere im Zusammenhang mit der Definition von Anforderungen genannt wird (vgl. Fisseni, 1997).

Die **Inhaltsanalyse** kann sowohl qualitativ als auch quantitativ erfolgen (Lamnek, 1995). Sie gehört zu den etabliertesten Textanalysemethoden der empirischen Sozialforschung. Ziel ist die „Klassifikation von symbolischem Material durch wissenschaftlich geschulte Beobachter, die, auf explizite Zuordnungs- und Verfahrensregeln gestützt, beurteilen sollen, welche Teile des Textmaterials unter die Kategorien des Untersuchungsschemas fallen ..." (Ritsert, 1972, S. 17). Die klassische, vorwiegend quantitative Inhaltsanalyse umfasst die folgenden Schritte (Titscher et al., 1998): Festlegung der Stichprobe (Sender, Dokumente oder Dokumentenbestandteile), Festlegen der Analyseeinheiten (auf syntaktischer oder semantischer Ebene), Definition von Kategorien[28], Einordnung der Analyseeinheiten in diese Kategorien (Kodieren) und die Auswertung

---

[26] Die Ermittlung der Zitationshäufigkeit „besteht in einer quantitativen Analyse der Rezeption der methodenbegründenden bzw. für die jeweilige Methode grundlegenden Werke (und ihrer AutorInnen), getrennt nach den Jahren 1991 bis 1996. Dazu wurden zuerst die Quellendokumente selektiv ausgewählt, dann wurde eine Suchstrategie für die einzelnen Methoden festgelegt, schließlich wurde der SSCI abgefragt." (Titscher et al., 1998, S. 62).

[27] Die Ermittlung der Schlagworthäufigkeit basiert auf einer „Recherche nach Schlagworten zu den [...] Methoden in den Datenbanken WISO-Sozialwissenschaft (FORIS, SOLIS), Sociofile, Psyndex und MLA-International Bibliography" (Titscher et al., 1998, S. 65).

[28] Für die Definition der Kategorien kann auf bereits entwickelte Kategoriensysteme zurückgegriffen (vgl. Bales und Cohen, 1982; Osgood, Saporta und Nunnally, 1954; McClelland, Atkinson, Clark und Lowell, 1953) oder die von Holsti (1969) formulierten Kategorienarten verwendet werden.

(z. B. durch Auszählen der Analyseeinheiten oder durch die Analyse von Abhängigkeiten zwischen Analyseeinheiten).

Neben der Erfassung quantitativ messbarer Textmerkmale wurde die Forderung erhoben, ebenfalls qualitative Aspekte bei der Inhaltsanalyse zu berücksichtigen, wie z. B. Textqualität und Sinngehalt. Insbesondere der Ansatz der **qualitativen Inhaltsanalyse** nach Mayring (2003) hat an Bedeutung gewonnen. Er konzipiert ein inhaltsanalytisches Ablaufmodell, welches aus den folgenden Schritten besteht (Mayring, 2003, S. 49):

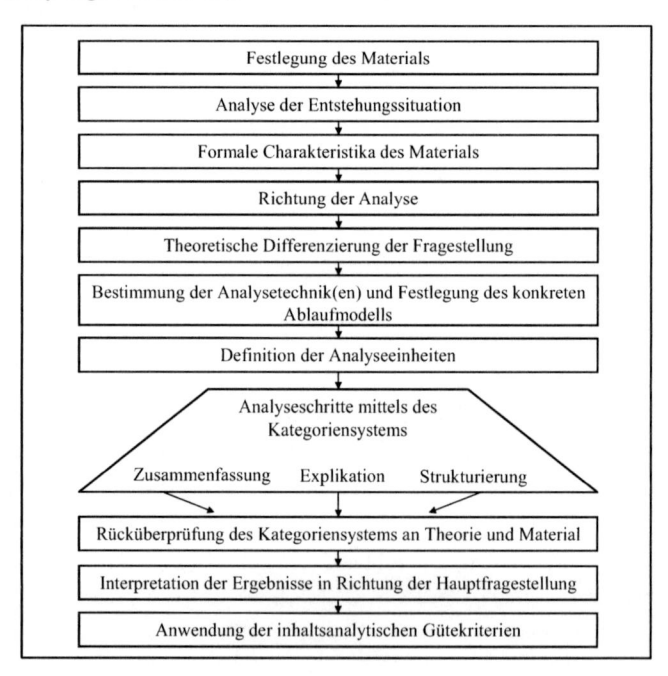

Abbildung 21: Allgemeines inhaltsanalytisches Ablaufmodell (Mayring, 2003, S. 54)

Der Ablauf einer qualitativen Inhaltsanalyse kann in Anlehnung an Mayring (2003) folgendermaßen zusammengefasst werden:

- Das vorliegende Material wird in einer explorativen Phase gesichtet. Danach wird ein System von Kategorien festgelegt, mithilfe dessen das Material untersucht wird.

- Wichtige Aussagen der befragten Personen sollen durch die Techniken **Zusammenfassung** (Reduzierung des Materials auf wesentliche Inhalte), **Explikation** (Kontextanalyse interpretationsbedürftiger Textstellen) und **Strukturierung** (formal, inhaltlich und typisierend) herausgearbeitet werden und den entsprechenden Kategorien zugeordnet werden.

- Anschließend erfolgt die Interpretation der Aussagen im Hinblick auf die Fragestellungen. Dabei werden die Einzelfalldarstellungen Fall übergreifend generalisiert.

Die strukturierte Vorgehensweise der Inhaltsanalyse kann helfen, aus bestehendem Datenmaterial mögliche Kompetenzanforderungen zu identifizieren. Da es sich hierbei um Daten handelt, die zu einem anderen Zweck erhoben wurden, können die identifizierten Kompetenzanforderungen zu unspezifisch für den jeweiligen Anwendungsbereich der Kompetenzanalyse sein. Sie können jedoch eine Basis für die Erhebung von Primärdaten bilden, indem z. B. eine Auswahl an Kompetenzen, die mithilfe einer Sekundärdatenanalyse ermittelt wurde, in einer Befragung verwendet wird, um die wichtigen bzw. für den Anwendungsbereich notwendigen Kompetenzen zu bestimmen. Diese und weitere Möglichkeiten der Primärerhebung werden im folgenden Kapitel untersucht.

3.4.1.2. Erhebung von Primärdaten zur Profilermittlung

Primärdaten sind in Anlehnung an Berekoven, Eckert und Ellenrieder (2000) originäre Daten, die für ein spezielles Problem oder eine Fragestellung erhoben werden. Prinzipiell kann bei der Erhebung von Primärdaten zwischen Feld- und Laborforschung unterschieden werden (Frieling und Sonntag, 1999). Bei der Feldforschung können Daten mittels Beobachtung oder Befragung erhoben werden. Zur Laborforschung werden Experimente sowie Simulationen durchgeführt. Da die meisten Kompetenzanalysen auf Basis einer Befragung erfolgen, wird diese Erhebungsform im Folgenden näher untersucht.

Befragungen können auf unterschiedliche Weise durchgeführt werden. Neben der Form und dem Inhalt der Befragung kann auch die Art der Durchführung variieren. Eine Übersicht über die unterschiedlichen Befragungsarten und -formen gibt Abbildung 22.

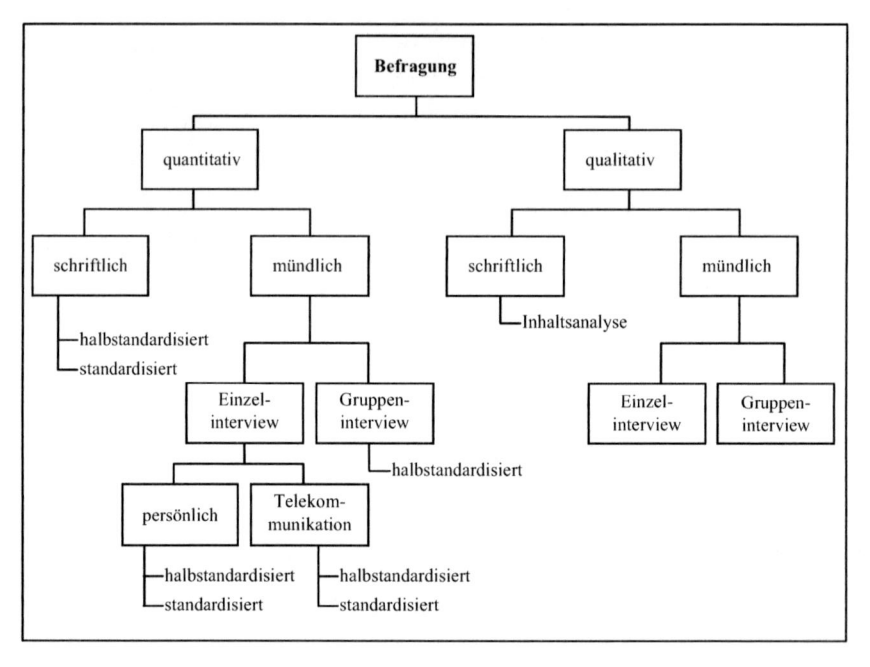

```
                          Befragung
                  ┌───────────┴───────────┐
              quantitativ              qualitativ
           ┌──────┴──────┐          ┌──────┴──────┐
       schriftlich    mündlich   schriftlich    mündlich
                                     └─Inhaltsanalyse
        ─halbstandardisiert
        ─standardisiert
                    ┌──────┴──────┐           ┌──────┴──────┐
                 Einzel-       Gruppen-     Einzel-       Gruppen-
                interview     interview    interview     interview
                              └─halbstandardisiert
            ┌───────┴───────┐
                         Telekom-
         persönlich      munikation
         ─halbstandardisiert    ─halbstandardisiert
         ─standardisiert        ─standardisiert
```

Abbildung 22: Einteilung der Befragungsmethoden/-formen in Anlehnung an Frieling und Sonntag (1999, S. 64)

Die Befragungsmethoden können generell in quantitative und qualitative Verfahren unterteilt werden. Bei der qualitativen Befragung steht die Ermittlung und Sammlung von Informationen im Vordergrund (Lamnek, 1995). Dagegen haben quantitative Verfahren einen prüfenden bzw. vermittelnden Charakter. Sie sind in der psychologischen Forschung stärker verbreitet und liefern die valideren Ergebnisse (Frieling und Sonntag, 1999).

Des Weiteren können Befragungen nach der Art des Mediums, dem Grad der Standardisierung und der Anzahl der Personen differenziert werden (vgl. hierzu Lamnek, 1995; Hopf, 1995; Bungard, Holling und Schultz-Gambard, 1996; Borg, 1995). Im Hinblick auf die Auswahl des **Mediums** kann zwischen schriftlicher und mündlicher Befragung unterschieden werden. Diese beiden Befragungsformen weisen folgende Vor- und Nachteile auf (vgl. Tabelle 19).

Befragungsformen	Vorteile	Nachteile
Schriftlich	1. Kostenersparnis, da keine Interviewer notwendig 2. Zeitersparnis durch IT-gestützte Auswertung 3. Bequemlichkeit und freie Zeitwahl für den Befragten 4. Anonymität, da die Befragung nicht im Beisein einer anderen Person stattfindet 5. Kein Interviewereinfluss 6. Einheitliches Verständnis der Befragten durch die Standardisierung 7. Zeit für die Informationssuche des Befragten 8. Bessere Zugänglichkeit zu den Befragten	1. Geringe Rücklaufquoten 2. Unvollständige Daten 3. Unkontrollierbare Erhebungssituation 4. Mangelnde Flexibilität
Mündlich	1. Höhere Flexibilität – Interviewer kann auf Bedürfnisse des Befragten eingehen 2. Erfassung der Reaktionen des Befragten während der Befragung als zusätzliche Informationen 3. Identifikation des Befragten gewährleistet 4. Vollständigkeit der Daten 5. Geringe Verweigerungsquote 6. Lese- und Schreibfähigkeit nicht notwendig	1. Kostenaufwand durch den Einsatz von Interviewern 2. Höherer Zeitaufwand bei größerer Stichprobe 3. Eingeschränkte Anonymität 4. Interviewereinfluss 5. Geringere Standardisierbarkeit der Befragung durchsetzbar

Tabelle 19: Vor- und Nachteile von mündlichen und schriftlichen Befragungsformen in Anlehnung an Schwarzer (1983) und Bidmon und Spatzl (1994)

Der Einsatz von Informations- und Kommunikationstechnologien (wie z. B. Telefon, Computer oder Internet) ermöglicht zudem eine weitere Differenzierung. So können mündliche Befragungen sowohl in An- als auch in Abwesenheit der befragten Personen durchgeführt werden. Schriftliche Befragungen können nicht nur in Papierform, sondern auch mittels Computer und im Internet stattfinden.

Was die Erhebung der Kompetenzanforderungen anbelangt, so kann diese sowohl in schriftlicher als auch in mündlicher Form erfolgen. Obwohl die Vorteile der schriftlichen Befragung überwiegen (vgl. Tabelle 19), werden zur Anforderungsanalyse häufig Einzelinterviews eingesetzt, wie z. B. bei Zimmerhofer (2005). Diese werden vor allem bei unbekannten Anwendungsbereichen genutzt, in denen noch keine Kompetenzanforderungen erhoben wurden und die Befragung aus Mangel an Informationen recht offen gestaltet werden muss. Stehen mehr Ausgangsdaten zur Verfügung, können Fragen und Antworten so konkret formuliert werden, dass schriftliche Befragungen leichter durchzuführen sind. Zudem bietet sich in diesem Fall auch die computer- bzw. internetbasierte Durchführung der Befragung an.

Ein weiteres Differenzierungsmerkmal von Befragungen ist der **Standardisierungsgrad**. Hierbei kann zwischen standardisierten, halbstandardisierten und unstandardisierten Befragungen unterschieden werden. Standardisieren lassen sich sowohl die Reize bzw. Items (Fragen) als auch die Reaktionen (Antworten) (Fisseni, 1997). Eine Übersicht über mögliche Kombinationen gibt Tabelle 20.

Antwortmöglichkeit	Fragestellung	
	standardisiert	nicht standardisiert
standardisiert	I	III
nicht standardisiert	II	IV

Tabelle 20: Formen der Standardisierung bei Befragungen (Frieling und Sonntag, 1995, S. 64)

Die daraus resultierenden Befragungsformen können folgendermaßen charakterisiert werden (Frieling und Sonntag, 1995, S. 64ff.):

- **Befragungsform I**. Hierbei sind Fragen und Antworten vorgegeben. Diese Befragungsform eignet sich vor allem, um die Meinungsbilder einer größeren, repräsentativen Stichprobe zu erheben und mit anderen Ergebnissen zu vergleichen.

- **Befragungsform II/III**. Diese beiden Formen zählen zu den halbstandardisierten Befragungen, wobei Typ II häufiger verwendet wird. Der Befragte kann hierbei seine Antworten selbst formulieren. Dies ermöglicht die Erfassung von bis dato unbekannten Antworten. Häufig wird die halbstandardisierte Form II in eine standardisierte Befragung integriert. Frieling und Sonntag (1995, S. 70) weisen darauf hin, dass „bei wenig motivierten Befragungsteilnehmern die freien/offenen Antwortmöglichkeiten kaum genutzt werden". Die Befragungsform III, welche standardisierte Antworten vorgibt, aber bei der Fragestellung variabel ist, wird eher bei mündlichen Befragungen verwendet, um individuell auf den Befragten einzugehen.

- **Befragungsform IV.** Die unstandardisierte Form eignet sich vor allem bei mündlichen Befragungen und wird vorwiegend im Rahmen der qualitativen Forschung eingesetzt.

Für die Erhebung der Kompetenzanforderungen eignen sich insbesondere Befragungsformen I und II. Diese ermöglichen sowohl offene Fragestellungen hinsichtlich der erforderlichen Kompetenzen in einem Anwendungsbereich als auch die Bewertung einer Auswahl an vorgegebenen Kompetenzen.

Neben dem Standardisierungsgrad und dem Medium unterteilen Frieling und Sonntag (1999) die unterschiedlichen Befragungsformen nach der **Anzahl der befragten Personen.** Insbesondere bei der mündlichen Befragung können neben Einzelpersonen auch Gruppeninterviews durchgeführt werden (vgl. Abbildung 22). Darüber hinaus ist im Hinblick auf die Befragten zusätzlich festzulegen, welche Personen **Zielgruppe** der Befragung sind. Als Zielgruppe für die Definition der Kompetenzanforderungen sind neben der betroffenen Person das Umfeld und die mit der Person in Interaktion stehenden Individuen relevant, denn Anforderungen bestehen häufig in der Erfüllung von Erwartungen des Umfeldes (Fisseni, 1997; Jeserich, 1990; Jüttemann, 1990).

Nachdem die unterschiedlichen Befragungsformen dargestellt und kurz erläutert wurden, sollen im Folgenden mögliche Inhalte, insbesondere Fragenarten und Antwortskalen, weiter gehend untersucht werden. Generell kann in Bezug auf die Befragungsinhalte zwischen indirekter und direkter Befragung unterschieden werden. Bei der **indirekten Befragung** können sowohl biografische als auch situative Fragen eingesetzt werden.

Bei **biografischen Fragen** werden Kompetenzanforderungen aufgrund früheren Verhaltens ermittelt. Die Grundannahme ist, dass in der Vergangenheit gezeigtes Verhalten der beste Prädiktor für zukünftiges Verhalten ist (Stehle, 1986; Stehle, 1990). In einem standardisierten Fragebogen (ca. 100 - 200 Fragen) sollen die entsprechenden Personen Fragen zu biografischen Merkmalen beantworten. Erfasst werden dabei soziodemographische Variablen, Einstellungen, bisherige Erfahrungen, schulische und berufliche Entwicklungen sowie Aktivitäten und Interessen (Stehle, 1990). Hieraus können Kompetenzen abgeleitet werden, welche die Befragten eines Tätigkeitsbereiches besitzen und welche von zukünftigen Personen dieses Tätigkeitsbereiches ebenfalls erwartet werden.

Im Gegensatz dazu bieten **situative Fragen** auch Personen eine Chance, die bisher keine Gelegenheit hatten, ein bestimmtes Verhalten zu zeigen. Bei situativen Fragen werden den Befragten fiktive, aber realitätsnahe Situationen vorgestellt. Sie sollen ihr Verhalten und notwendige Fähigkeiten in der genannten Situation einschätzen.

Eine Sonderform der indirekten Befragung stellen die Fragen zu kritischen Ereignissen dar. Diese berücksichtigen vor allem Situationen, die entweder als „problematisch" oder „besonders gelungen" angesehen werden (Fisseni, 1997; Flanagan, 1954; Jeserich, 1990). Dabei wird untersucht, welche Verhaltensmuster und Fähigkeiten bzw. Kompetenzen erforderlich sind, um die damit verbundenen Tätigkeiten effektiv, effizient und sinnvoll durchzuführen. Hierzu müssen die kritischen Ereignisse erhoben und zusammengefasst werden. Dies geschieht in der Regel über Interviews, bei denen auch die Begleitumstände und Hintergrundbedingungen hinterfragt werden müssen. Auch Alternativen und innovative Ansätze müssen berücksichtigt werden. Anschließend werden die Ergebnisse skaliert und diejenigen Anforderungen herausgearbeitet, die für die Tätigkeit bzw. den Anwendungsbereich von besonderer Bedeutung sind (Flanagan, 1954).

Bei der **direkten Befragung** wird über Checklisten oder mithilfe von Skalen die Wichtigkeit der Kompetenzanforderungen direkt abgefragt. Es existieren verschiedene Skalen und Skalierungsverfahren. Eine Übersicht über die unterschiedlichen Skalenniveaus geben unter anderem Bühner (2004), Böhler (2004) und Hammann und Erichson (2000). Grundsätzlich werden vier Skalenniveaus unterschieden (vgl. Bühner, 2004, S. 66ff.):

- **Nominalskalenniveau**: Die Merkmale unterscheiden sich lediglich und können in verschiedene Klassen mit Namen eingeteilt werden.
- **Ordinalskalenniveau**: Die Merkmale können in eine Rangreihe gebracht werden.

- **Intervallskalenniveau**: Die Unterschiede in den Merkmalsausprägungen entsprechen den Unterschieden zwischen den gewählten Zahlen.
- **Verhältnisskala**: Die Verhältnisse zwischen den Merkmalsausprägungen können interpretiert werden. Die gewählte Maßeinheit enthält einen empirisch sinnvollen Nullpunkt.

Bei einer Ermittlung und Bewertung von Kompetenzanforderungen auf Basis von Skalen können insbesondere das Rating-Verfahren, Rangreihen (Rankings) und das PaiRS-Verfahren genutzt werden (Staufenbiel und Kleinmann, 2002).

Am häufigsten wird das **Rating-Verfahren** eingesetzt (Schmidt-Atzert, 2004, S. 64). Der Befragte muss auf einer mehrstufigen Skala, die meist verbal und/oder numerisch verankert ist, das Merkmal bzw. die Kompetenz direkt bewerten. Ratingskalen können sehr unterschiedlich gestaltet sein. Mögliche Gestaltungsoptionen sind in Anlehnung an Kanning (2004) die Zahl der Skalenstufen, Skalen mit oder ohne neutralen Mittelpunkt, uni- vs. bipolare Skalen oder die grafische Darstellung der Skalen (z. B. in Form von Kreisen oder Linien). Die Zahl der Skalenstufen orientiert sich zum einen an der Differenzierbarkeit des einzuschätzenden Merkmals und zum anderen an der Differenzierungsfähigkeit der zu befragenden Personen (Kanning, 2004).

Eine **Rangreihe** beruht auf dem Prinzip des Vergleichens. Hierbei muss der Befragte eine Reihe von Elementen bzw. Merkmalen hinsichtlich eines Kriteriums (z. B. der Wichtigkeit für eine Tätigkeit bzw. Anwendungsbereich) ordnen.

Beim **PaiRS-Verfahren** haben die Beurteiler für eine bestimmte Menge von Kompetenzen, die jeweils als Paar dargestellt werden (i, j), anzugeben, welche Kompetenzen sie wichtiger einschätzen. Werden beide Kompetenzen als gleich wichtig bewertet, so ist $v_{ij}=1$. Zusätzlich kann die Frage gestellt werden, wie viel wichtiger Kompetenz i als j (bzw. j als i) ist, z. B. auf einer Skala von 1=„equally important" bis 9=„absolutly more important" (Saaty, 1980). Liegen die Daten aller Paarvergleichsurteile vor, können die Skalenwerte berechnet werden. Die sich daraus ergebende Verhältnisskala wird so normiert, dass die Summe aller Werte eins ergibt. Ein Nachteil dieser Methode ist der enorme Datenerhebungsaufwand. Beim vollständigen Paarvergleich müssen $n(n-1)/2$ Urteile erhoben werden, bei 20 Kompetenzen also bereits 190 Paarvergleiche (Staufenbiel und Kleinmann, 2002).

Ein Vergleich der verschiedenen Skalierungsverfahren erfolgt bei Staufenbiel und Kleinmann, (2002). Sie schlagen zur Anforderungsanalyse das PaiRS-Verfahren vor. Wie bereits erwähnt, wird jedoch aufgrund der einfachen Handhabung häufig das Rating-Verfahren eingesetzt. Die Wahl der Skalenniveaus und der Skalierungsverfahren hat Einfluss, inwiefern die erhobenen Kompetenzdaten analysiert werden können bzw. welche statistischen Methoden zur Datenauswertung in Frage kommen. Eine kurze Übersicht über mögliche Analyse- und Auswertungsverfahren erfolgt im nächsten Kapitel.

3.4.1.3. Analyse von Primärdaten zur Profilermittlung

Bei der Analyse von Primärdaten erfolgt in der Regel eine numerische Auswertung auf Basis statistischer Methoden. Die Art der statistischen Verfahren und Kennzahlen hängt zum einen von der Anzahl der zu untersuchenden Variablen bzw. Merkmale ab. Zum anderen ist wie bereits erwähnt das Skalenniveau für die Art des statistischen Verfahrens entscheidend. Eine Übersicht über mögliche statistische Verfahren in Abhängigkeit von der Variablenzahl gibt Abbildung 23.

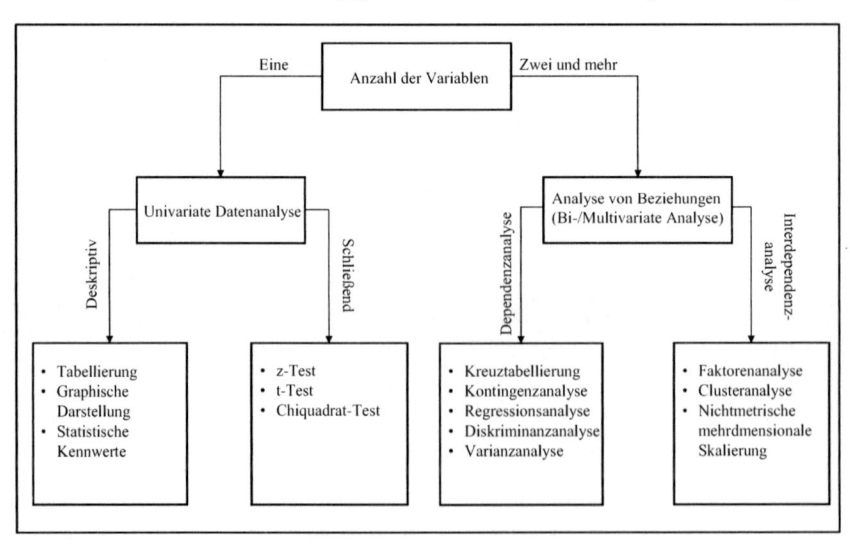

Abbildung 23: Überblick über Datenanalyseverfahren (Böhler, 2004, S. 166)

Drei Analyseklassen können in diesem Zusammenhang unterschieden werden:

1. **Univariate Datenanalyse**: Hierdurch lassen sich Fragen beantworten, die sich jeweils nur auf eine Variable bzw. ein Merkmal beziehen, wie z. B. die Wichtigkeit eines einzelnen Kompetenzmerkmals.
2. **Bivariate Datenanalyse**: Hierdurch lassen sich Fragen beantworten, die sich insbesondere auf die Beziehung zweier Variablen bzw. Merkmale beziehen, wie z. B. der Zusammenhang zwischen der Methodenkompetenz „Analytisches Denken" und der Fachkompetenz „Mathematik". Die eine Kompetenz kann die Andere bedingen.
3. **Multivariate Datenanalyse**: Hierdurch lassen sich Fragen beantworten, die mehr als zwei Variablen bzw. Merkmale zum Gegenstand haben, wie z. B. die Clusterung der einzelnen Kompetenzen zu Kompetenzklassen.

In Abhängigkeit der bei der Befragung bzw. Datenerhebung verwendeten Skalenniveaus (vgl. Kapitel 3.4.1.2) können unterschiedliche statistische Kennzahlen bzw. Analyseverfahren angewendet werden (vgl. Tabelle 21).

Skala	Aussagen	Erlaubte Kennwerte und Verfahren
Nominal	Gleich/Ungleich	Häufigkeiten/Chiquadrat
Ordinal	Größer/Kleiner, Nach/Vor	Median, Quartile, Percentile, Rangkoeffizienten
Intervall	Gleichheit von Differenzen	Arithmetisches Mittel, Standardabweichung/ Produktmomentkorrelation
Ratio/Verhältnis	Gleichheiten von Zahlenverhältnissen	Geometrisches Mittel, Varianzkoeffizient

Tabelle 21: Erlaubte Kennwerte und Analyseverfahren in Anlehnung an Fisseni (1997, S. 29)

Die einzelnen Kennzahlen und Verfahren sollen an dieser Stelle nicht weiter vertieft, sondern vielmehr einige, konkrete Auswertungsmöglichkeiten anhand von Beispielen dargestellt werden:

1. Für die Ermittlung der Kompetenzanforderungen werden mehreren Probanden offene Fragen, wie z. B. „Was sind die wichtigsten Kompetenzen, um diese Tätigkeiten auszuführen?" oder „Welche Kompetenzen waren für den Erfolg dieser Arbeit entscheidend?", gestellt. Aus den Antworten der Befrag-

ten können die **Häufigkeiten** im Hinblick auf die Anzahl der Nennungen gleicher Kompetenzen berechnet und miteinander verglichen werden. Die Häufigkeiten stellen die Basis für die Erstellung einer Rangfolge von Kompetenzen dar. Hieraus kann das geforderte Kompetenzprofil abgeleitet werden.

2. Die Befragten erhalten eine Liste mit ausgewählten Kompetenzen. Hier bietet sich eine Sekundärdatenanalyse im Vorfeld an. Jede Kompetenz soll auf einer Ordinalskala von 1 (unwichtig) bis 6 (sehr wichtig) bewertet werden. Aus den Antworten der Befragten wird der **Median** berechnet. Es werden die Kompetenzen in das Kompetenzprofil aufgenommen, bei denen mehr als die Hälfte der Befragten die Kompetenz als wichtig (mit einem Median von mindestens 4) bewertet haben.

3. Die Kompetenzen sollen von den Befragten mittels des PaiRS-Verfahrens verglichen werden. Aus den Paarvergleichen werden für die einzelnen Kompetenzen Werte auf einer Verhältnisskala ermittelt. Auf Basis dieser Kompetenzwerte werden der **arithmetische Mittelwert** und die **Standardabweichung** berechnet. Kompetenzen mit einem hohen Mittelwert und einer geringen Standardabweichung werden für das geforderte Kompetenzprofil ausgewählt.

Die hier beschriebenen Erhebungs- und Analyseverfahren führen zu einem Kompetenzprofil, welches als Soll- bzw. Referenzprofil in die Kompetenzanalyse eingeht. Die dafür notwendigen Prozesselemente bilden die Grundlage für die Modellierung des Teilprozesses im folgenden Kapitel.

3.4.2. Modellierung des Teilprozesses I

Der Teilprozess „Ermittlung des geforderten Kompetenzprofils" basiert, wie im vorangegangenen Kapitel dargestellt, auf verschiedenen Teilschritten und Verfahren. Das Ziel besteht darin, den Prozess der Kompetenzanalyse weitestgehend mit Informations- und Kommunikationstechnologien zu unterstützen. Aus diesem Grund orientiert sich die Modellierung des Teilprozesses an der Prämisse größtmöglicher Standardisierung. Die Darstellung erfolgt, wie in Kapitel 3.2 beschrieben, auf Basis von Ereignisgesteuerten Prozessketten (EPK). Die bei der Anwendung von EPK geltenden Modellierungsgrundsätze werden hierbei berücksichtigt. Zum besseren Verständnis wird der gesamte Teilprozess zunächst verbal erläutert. Hierbei werden die ablaufenden Funktionen durchnummeriert, um in den folgenden Prozessabbildungen die Übersichtlichkeit zu erhöhen. Der Teilprozess startet, wenn feststeht, dass Kompetenzanforderungen zur Kompetenzanalyse benötigt werden.

(1) Zu Beginn ist festzulegen, auf welcher Datenbasis die Kompetenzanforderungen ermittelt werden. Hierzu ist als Erstes die **Entscheidung zu treffen, ob Sekundärdaten zur Ermittlung des geforderten Kompetenzprofils** herangezogen werden oder ob sofort Primärdaten erhoben werden sollen.

(2) Für den Fall, dass die Kompetenzanforderungen auf der Grundlage von Sekundärdaten ermittelt werden, ist zuerst eine **Recherche von geeigneten Daten** notwendig. Mögliche Quellen wurden bereits in Kapitel 3.4.1.1 beschrieben.

(3) Brauchbare **Sekundärdaten** einschließlich Texte zu Kompetenzanforderungen und Tätigkeitsbeschreibungen werden zur weiteren Verwendung **zusammengetragen**.

(4) Danach erfolgt die **Analyse der Daten hinsichtlich notwendiger bzw. geforderter Kompetenzen**. In diesem Kontext sei auf die in Kapitel 3.4.1.1 beschriebene Inhaltsanalyse verwiesen. Hierbei werden verwandte Tätigkeitsbereiche identifiziert und Kompetenzanforderungen extrahiert. Im Hinblick auf die Analysekategorien wird auf die in Kapitel 2.2.2 dargestellten Ansätze zur Kompetenzklassifikation verwiesen. Diese Vorgehensweise stellt eine Variante der strukturierten Textanalyse dar. Je nach Art der Sekundärdaten und Analysemethode kann die Funktion „Sekundärdaten bez. notw. Kompetenzen analysieren" weiter ausdifferenziert werden. Aufgrund der Vielfalt von Daten und Methoden wird an dieser Stelle des Prozesses auf eine tiefer gehende Betrachtung verzichtet.

(5) Nachdem die notwendigen Kompetenzen identifiziert sind, wird das **geforderte Kompetenzprofil erstellt**. Mit dieser Funktion ist der Teilabschnitt des Prozesses abgeschlossen.

(6) Häufig werden zur Erhebung von Primärdaten Informationen aus Sekundärdaten herangezogen, z. B. um eine Liste mit möglichen Kompetenzen

zu erstellen, die mittels Befragung gewichtet werden sollen. Diese Vorgehensweise wird in dem hier modellierten Prozess berücksichtigt, sodass im Anschluss an die Analyse der Sekundärdaten die **Entscheidung getroffen werden kann, ob eine Erhebung und Analyse von Primärdaten erfolgen soll**. Da in den meisten Fällen eine Befragung zur Erhebung der Kompetenzdaten durchgeführt wird (vgl. Kapitel 3.4.1.2), konzentriert sich der hier modellierte Teilprozess auf eine Primärdatenerhebung mittels Befragung. Falls die Entscheidung gegen eine Erhebung und Analyse von Primärdaten zur Ermittlung der Kompetenzanforderungen getroffen wird, beginnt der Teilprozess II zur Erstellung des Kompetenzanalyseinstruments.

(7) Für den Fall, dass die Kompetenzanforderungen auf der Grundlage von Primär- bzw. Befragungsdaten ermittelt werden, muss zunächst das **Medium der Befragung festgelegt werden**. Hier kann, wie in Kapitel 3.4.1.2 dargestellt, zwischen mündlicher und schriftlicher Befragung differenziert werden. Diese Unterscheidung wird im Prozessmodell berücksichtigt. Jedoch wird der Prozess nur weiterverfolgt, wenn die Entscheidung für die schriftliche Befragung fällt, da diese computerbasiert abgebildet werden kann. Im anderen Fall sind zwar ähnliche Schritte hinsichtlich der Befragungsvorbereitung notwendig, jedoch weicht die Durchführung der mündlichen Befragung von der der schriftlichen ab. Zudem sind in jedem Fall Interviewer notwendig, sodass derTeilprozesses nur bedingt IT-gestützt ausgeführt werden kann.

(8) Bei der Vorbereitung und Durchführung einer schriftlichen Befragung ist **die Zielgruppe festzulegen**. Hier können Personen, die mit dem zu untersuchenden Kompetenzbereich in Interaktion stehen oder in dem entsprechenden Bereich erfolgreich tätig waren, befragt werden.

(9) Zudem ist es notwendig, den **Fragebogen zu erstellen**. Falls im Vorfeld eine Analyse von Sekundärdaten durchgeführt wurde, kann auf die recherchierten Kompetenzdaten zurückgegriffen werden. Bei der Erstellung des Fragebogens ist, wie in Kapitel 3.4.1.2 beschrieben, festzulegen, welche Fragen gestellt werden bzw. welche Kompetenzen zu untersuchen sind. Zudem müssen die Skalen und der Standardisierungsgrad der Befragung bestimmt werden. Aufgrund der Vielfalt der Fragentypen und der

Antwortmöglichkeiten wird an dieser Stelle des Prozesses auf eine tiefer gehende Betrachtung verzichtet. Innerhalb des Erstellungsprozesses findet ein Probedurchlauf mit ca. 10 bis 20 Testpersonen statt. Die Ergebnisse ermöglichen die Anpassung bzw. Verbesserung des Fragebogens.

(10) Nachdem der **Fragebogen** fertig gestellt ist, wird dieser **der vorher festgelegten Zielgruppe zur Verfügung gestellt**.

(11) Im Anschluss ist es notwendig, zu **prüfen, ob genügend Antworten** von der Zielgruppe **eingegangen sind**, z. B. eine realistische Rücklaufquote von 20 %.

(12) Steht eine zufrieden stellende Anzahl an ausgefüllten Fragebögen zur Verfügung, beginnt die **Analyse der Antworten**. Die zu verwendenden Analysemethoden sind abhängig von den im Fragebogen gewählten Frage- und Antworttypen. Eine Übersicht über mögliche Methoden gibt Kapitel 3.4.1.3.

(13) Im Anschluss an die Analyse der Antworten kann das **geforderte Kompetenzprofil erstellt** werden. Mit der Erstellung des geforderten Kompetenzprofils ist der Teilprozess I beendet und Teilprozess II „Erstellung des Kompetenzanalyseinstruments" kann beginnen.

Insgesamt umfasst der Prozess „Ermittlung des geforderten Kompetenzprofils" dreizehn mögliche Funktionen, die in Abhängigkeit von der Datenerhebungsmethode durchlaufen oder übersprungen werden. Ergebnis des Prozesses ist das geforderte Kompetenzprofil, das Ausgangsbasis für die Erstellung des Kompetenzanalyseinstruments ist. Die drei folgenden Abbildungen stellen den hier verbal erläuterten Prozess mithilfe von EPK grafisch dar.

-138-

(1)

Start: Kompetenzanforderungen sind zu ermitteln

Entscheidung bez. Sekundärdaten treffen

XOR

Kompetenzanforderungen sind per Sekundärdaten zu ermitteln

Kompetenzanforderungen sind nicht per Sekundärdaten zu ermitteln

(2)

Sekundärdaten zu Kompetenzen recherchieren

Sekundärdaten sind recherchiert

(3)

Sekundärdaten zu Kompetenzen zusammentragen

Sekundärdaten sind zusammengetragen

(4)

Sekundärdaten bez. notw. Kompetenzen analysieren

Notwendige Kompetenzen sind identifiziert

(5)

Kompetenzprofil erstellen

Kompetenzprofil aus Sekundärdaten ist ermittelt

XOR

(6)

Entscheidung bez. Primärdaten treffen

1*

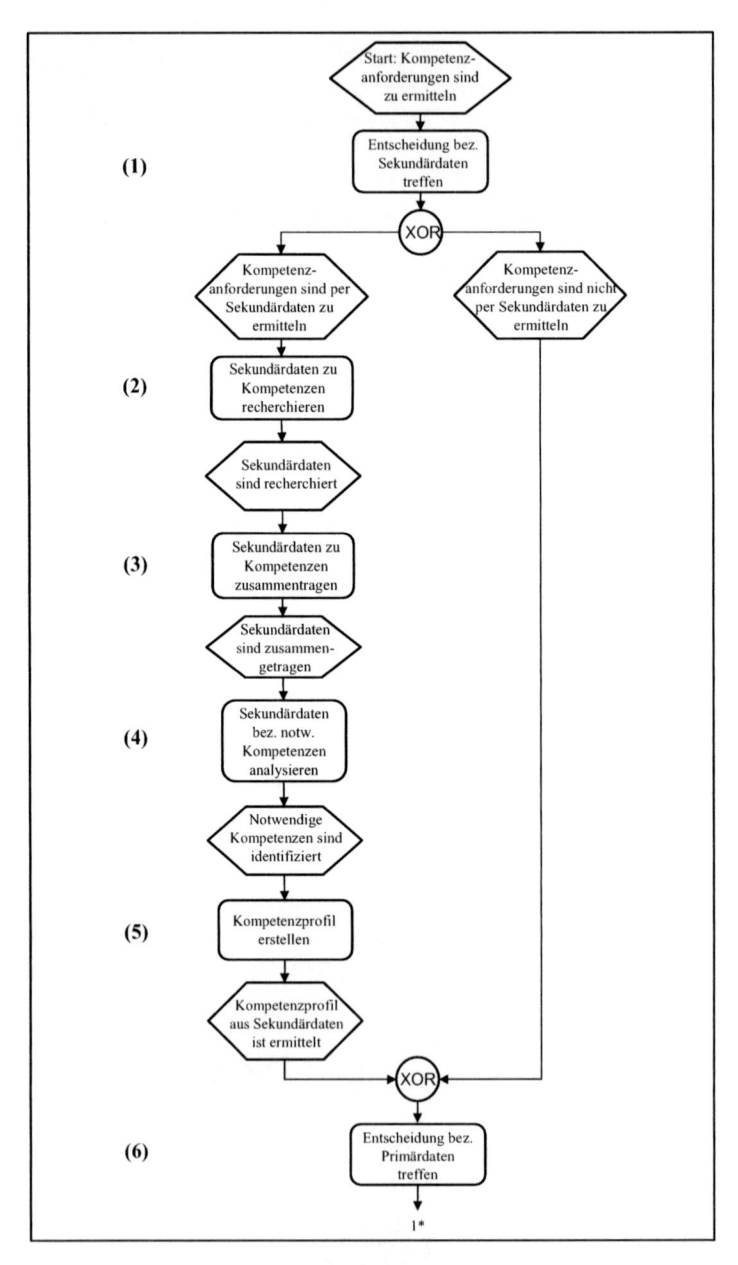

Abbildung 24: EPK zur Abbildung des Teilprozesses I (Teil 1)

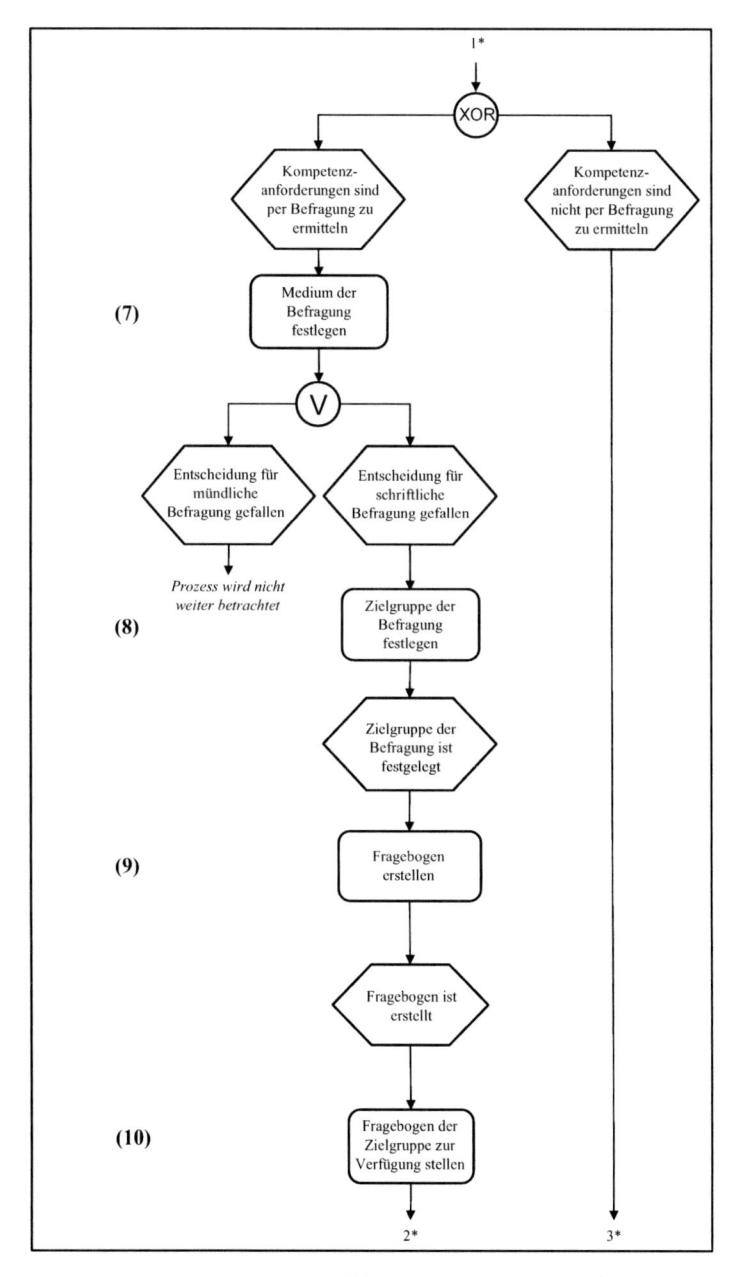

Abbildung 25: EPK zur Abbildung des Teilprozesses I (Teil 2)

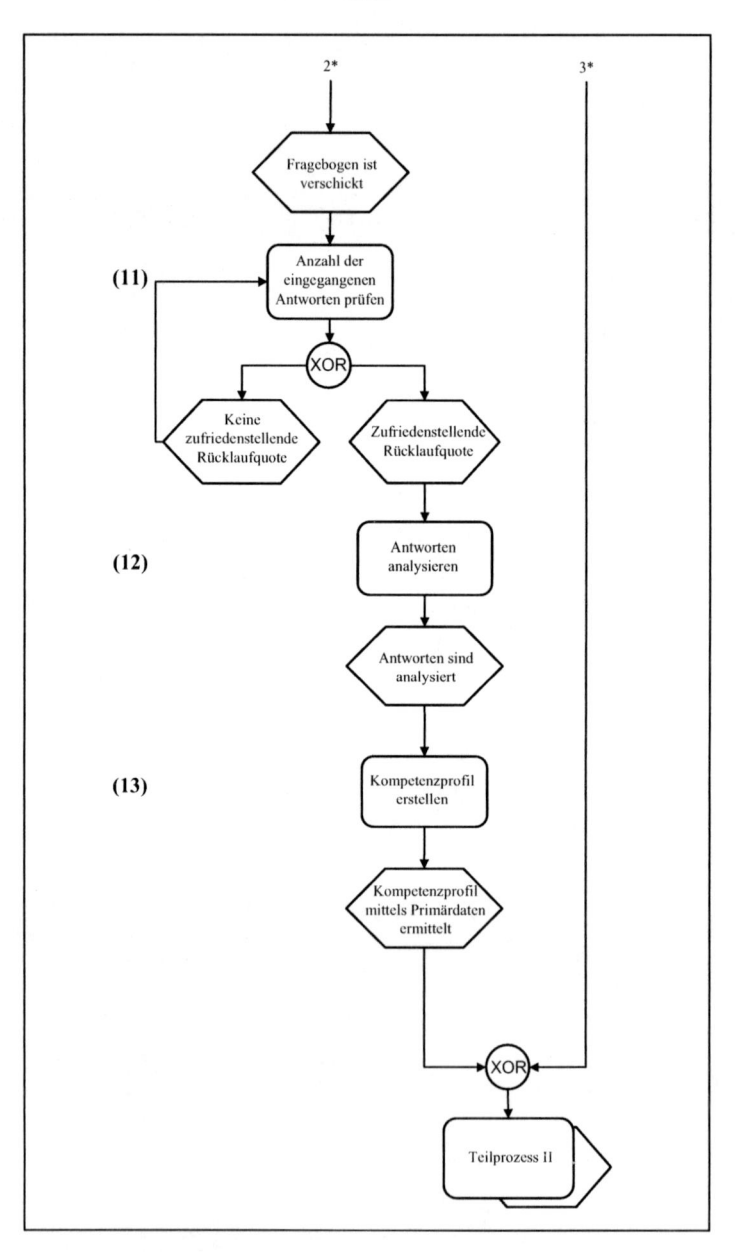

Abbildung 26: EPK zur Abbildung des Teilprozesses I (Teil 3)

3.4.3. Ansatzpunkte zur IT-Unterstützung des Teilprozesses I

Ausgehend von dem in Kapitel 3.4.2 modellierten Teilprozess und den dabei festgelegten Funktionen soll im Folgenden untersucht werden, inwiefern diese mit Software unterstützt werden können. Hierbei ist insbesondere zu klären, welche Funktionen in welchem Umfang für eine IT-Unterstützung geeignet sind und welche Software in diesem Zusammenhang einen zweckmäßigen Beitrag leisten kann. Die Darstellung der identifizierten Ansatzpunkte zur IT-Unterstützung erfolgt entlang der im Teilprozess I ablaufenden Funktionen.

(1) Als Erstes erfolgt die Entscheidung, ob für die Ermittlung des geforderten Kompetenzprofils Sekundärdaten verwendet werden. Diese Entscheidung ist vom Ersteller des Kompetenzanalyseinstruments zu treffen. Ein Tool zur Entscheidungsunterstützung kann bei dieser Funktion einen Beitrag leisten. Hierbei handelt es sich um ein computergestütztes Informationssystem, das „die Endbenutzern aller Ebenen - auch Entscheidungsträgern ohne Erfahrung mit Informationstechnologien - bei der Lösung komplexer Probleme helfen" (Lusti, 1999, S. 3). Da in diesem Bereich noch zu wenig Informationen und keine vergleichbaren Umsetzungen existieren, wird ein solches Tool nicht im Prozessmodell berücksichtigt.

(2) Für den Fall, dass auf Sekundärdaten, z. B. bereits vorhandene Kompetenzanforderungen, zurückgegriffen wird, ist eine **Kompetenzdatenbank** mit Recherche- und Analysefunktionen zweckmäßig. Bereits erfasste Kompetenzprofile können dort gespeichert werden und stehen für Kompetenzanalysen im Rahmen verwandter Anwendungsbereiche zur Verfügung. Darüber hinaus bietet das **World Wide Web** Informationsquellen, die Sekundärdaten zu Kompetenzen bzw. Kompetenzanforderungen beinhalten. In einigen Fällen ist eine Recherche papierbasierter **Dokumente** notwendig.

(3) Die hierbei identifizierten Kompetenzen und themenverwandten Informationen können ebenfalls in einer **Kompetenzdatenbank** zusammengetragen werden, sodass eine IT-gestützte Analyse der erfassten Daten möglich ist.

(4) Bei der Analyse der in der **Kompetenzdatenbank** gesammelten Sekundärdaten hängt die IT-Unterstützung von der Art der Daten ab. Liegen

diese in standardisierter, elektronischer Form vor, kann mithilfe von **Statistiksoftware** eine Auswertung von z. B. am häufigsten vorkommenden Kompetenzen erfolgen. Stehen elektronische, textbasierte Dokumente zur Verfügung, kann die Analyse der Kompetenzen durch **Text Mining-Software** unterstützt werden. Gegenstand des Text Minings ist die aussagekräftige Mustererkennung in großen, strukturierten Beständen numerischer, ordinal- oder nominalskalierter Daten, in welchen aufschlussreiche, aber schwer aufzuspürende Zusammenhänge vermutet werden (Mertens und Griese, 2002). Es ist insbesondere dazu geeignet, wissenswerte Informationen aus umfangreichen Texten zu gewinnen (Mertens und Griese, 2002).

(5) Auf Basis der analysierten Daten erfolgt die Erstellung des ermittelten Kompetenzprofils. Zur dessen standardisierter Abbildung kann HR-XML[29] herangezogen werden. Mithilfe dieses Standards ist es möglich, Kompetenzen generisch und sehr flexibel zu beschreiben (Allen, 2006). Das HR-XML-Schema ist so aufgebaut, dass das Vorhandensein einer Kompetenz und ihrer Ausprägung dargestellt werden können. Zudem kann die relative Bedeutung oder eine Beurteilung der Kompetenz angegeben werden, sodass Kompetenzen klassifiziert oder verglichen werden können. Das erstellte Kompetenzprofil kann in einer **Kompetenzdatenbank** abgespeichert werden und steht für weitere Analysen zur Verfügung.

(6) Als Nächstes erfolgt eine Entscheidung hinsichtlich der Erhebung und Verwendung von Primärdaten bei der Ermittlung des geforderten Kompetenzprofils. Hierbei könnte, wie bei Funktion 1 dargestellt, ebenfalls ein Tool zur Entscheidungsunterstützung eingesetzt werden.

(7) Dies gilt ebenso für die Entscheidung bezüglich des Mediums der Befragung. Auch hier existieren Ansatzpunkte für den Einsatz eines Tools zur Entscheidungsunterstützung, die jedoch aufgrund des derzeitigen Entwicklungsstandes im Prozess unberücksichtigt bleiben.

---

[29] HR-XML steht für Human Resource-eXtensible Markup Language.

(8) Insbesondere bei der Vorbereitung, Durchführung und Auswertung einer schriftlichen Befragung existieren diverse Ansatzpunkte zur IT-Unterstützung. Bei der Festlegung der Zielgruppe für die geplante Befragung kann eine **Kontaktdatenbank** helfen, einen Überblick über mögliche Ansprechpartner zu bekommen.

(9) Bei der anschließenden Erstellung des Fragebogens kann eine **Kompetenzdatenbank** Inhalte zur Formulierung von Fragen und Antworten liefern. Eine **Software zum Management von Content** kann helfen, den Inhalt des Fragebogens festzulegen und in eine webbasierte Form zu bringen. Hierbei bietet sich ebenfalls ein **webbasiertes Umfragetool** an. PHP-Surveyor als Beispielsoftware umfasst neben der Erfassung von Fragen, deren Umsetzung in einen webbasierten Fragebogen mit Internetlink, die Erfassung von Antworten in einer Datenbank und einfache statistische Auswertungen. Zudem sind die vorhandenen Funktionen mittels PHP-Programmierung erweiterbar. Falls es sich um einen standardisierten Fragebogen handelt und das Kompetenzprofil, z. B. in Form einer Checkliste mit einer Skala zur Bewertung der Wichtigkeit, direkt erfasst wird, können eine Kompetenzdatenbank und dieses Tool den Prozessabschnitt vollständig unterstützen. Eine weitere Möglichkeit, vor allem bei unstandardisierten Interviews, ist der Einsatz von **Wiki-Software**. Anstatt wie bisher die Daten lokal zu lagern, ist der Gedanke bei einer Wiki-Plattform, sämtliche Daten virtuell zur Verfügung zu stellen (Ebersbach, Glaser und Heigl, 2005). Dies ermöglicht die kollektive Arbeit verschiedener Personen an ein und denselben Fragestellungen. So können zur Ermittlung des geforderten Kompetenzprofils offene Themenbereiche, wie z. B. die Sammlung von Kompetenzen, die für eine bestimmte Tätigkeit oder Situation notwendig sind, gemeinsam bearbeitet, kommentiert und bewertet werden. Durch den Zugang zu Kompetenzprofilen anderer Befragter bestehen Möglichkeiten des Vergleichs und der ständigen Anpassung. Somit gewährleistet eine gemeinsame Plattform eine höhere Wissensmenge und einen stetigen Informationsaustausch zwischen den Erstellern des geforderten Kompetenzprofils.

(10) Wird davon ausgegangen, dass die Durchführung der Befragung webbasiert mithilfe des Internets erfolgt, können Experten, die nicht vor Ort sind, per E-Mail erreicht werden. Hier bieten sich ebenfalls eine **Kon-**

taktdatenbank und ein **webbasiertes Umfragetool** an, um der festgelegten Zielgruppe den Fragebogen zur Verfügung zu stellen und sie zu informieren.

(11) Die eingehenden Antworten der Befragungsteilnehmer können in einer **Antwortdatenbank** gespeichert werden. Auf die gespeicherten Daten kann bei der Prüfung, ob eine zufrieden stellende Anzahl von Antworten (z. B. 20 %) eingetroffen sind, zugegriffen werden.

(12) Nachdem genügend Antworten gespeichert wurden, können die in der **Antwortdatenbank** erfassten Daten mithilfe von **Statistiksoftware** analysiert werden. Die bei einer offenen, indirekten Fragestellung erfassten Daten werden vorwiegend manuell ausgewertet. Gegebenenfalls können Verfahren des **Text Minings** zur Auswertung von halbstandardisierten Fragen herangezogen werden. Die Befragungsergebnisse können auf Gemeinsamkeiten geprüft werden, sodass sich besonders wichtige und häufig genannte Kompetenzen und Merkmalsanforderungen automatisch zu Schnittmengen zusammenfassen („clustern") lassen.

(13) Abschließend erfolgen die Erstellung und die Speicherung des Kompetenzprofils in einer **Kompetenzdatenbank**. Hierbei kann dessen Abbildung, wie bereits bei Funktion 4 dargestellt, in HR-XML erfolgen.

Die hier beschriebenen Ansatzpunkte zur IT-Unterstützung werden in den vorher modellierten Teilprozess integriert. Hierzu werden in den folgenden Abbildungen die EPK um die IT-Unterstützung ergänzt.

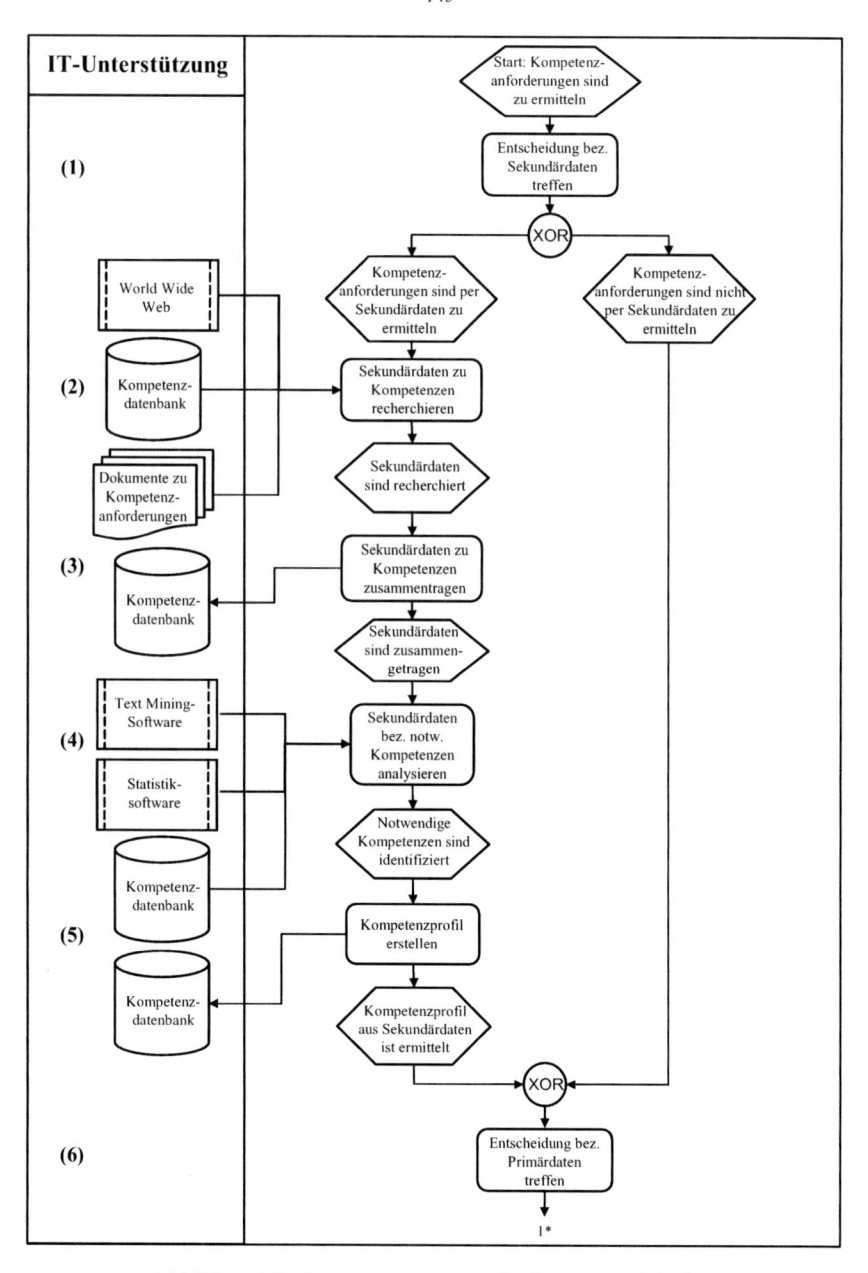

Abbildung 27: IT-Unterstützung des Teilprozesses I (Teil 1)

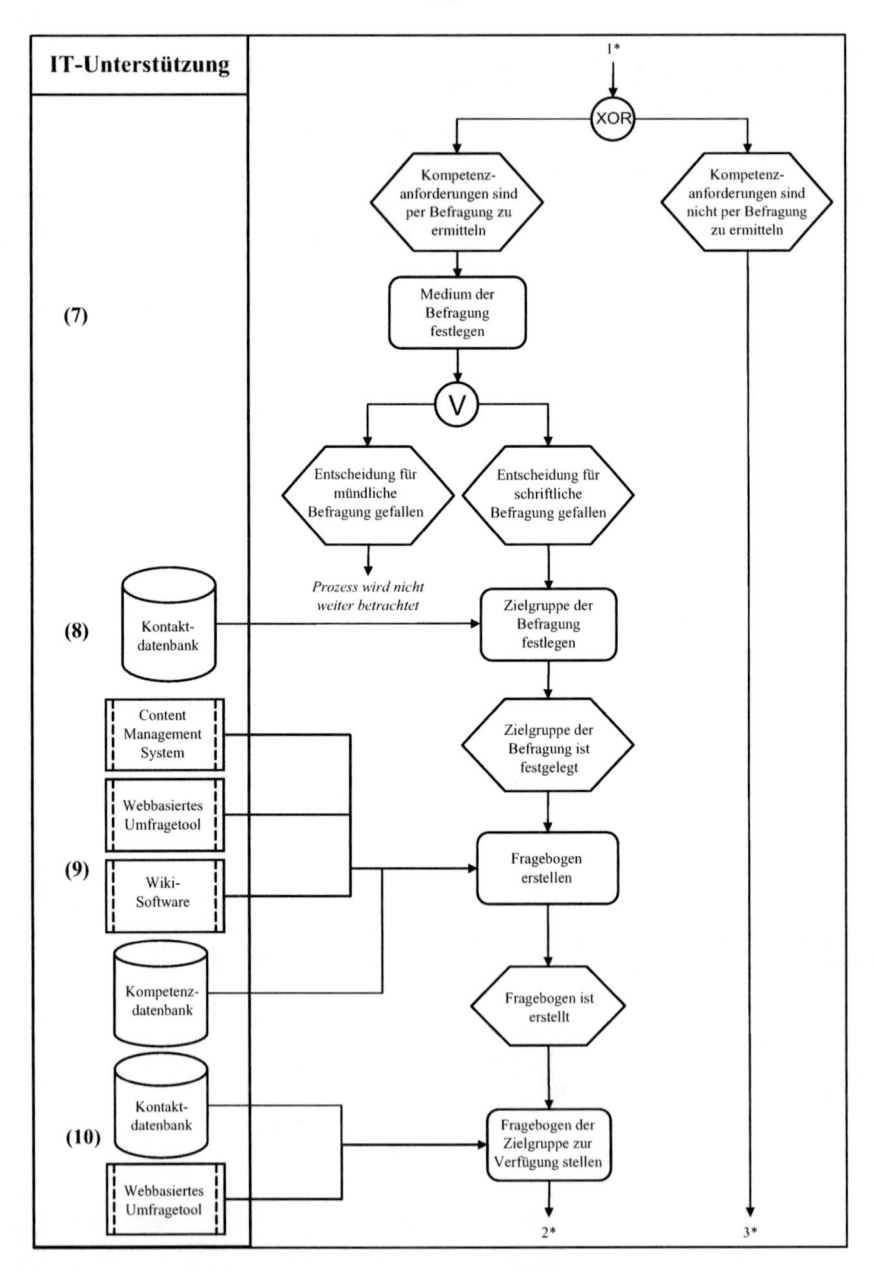

Abbildung 28: IT-Unterstützung des Teilprozesses I (Teil 2)

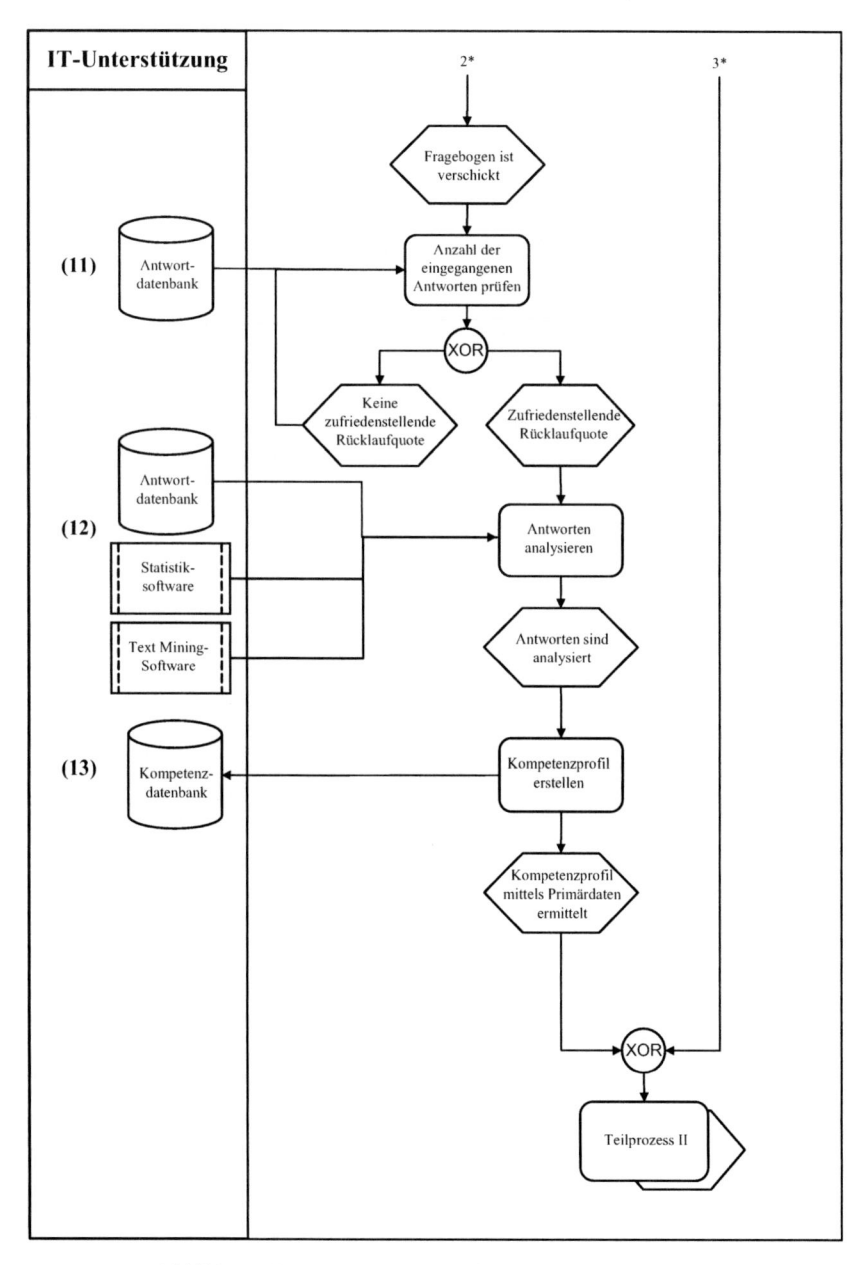

Abbildung 29: IT-Unterstützung des Teilprozesses I (Teil 3)

3.5. Teilprozess II: Erstellung des Kompetenzanalyseinstruments

Nachdem die geforderten Kompetenzen bestimmt wurden, erfolgt die Erstellung des Kompetenzanalyseinstruments. Hierbei werden für die einzelnen Kompetenzen Items entwickelt, durch die ermittelt wird, wie stark diese bei der entsprechenden Person ausgeprägt sind. Wie in Kapitel 2.4.2 beschrieben, existieren verschiedene Ansätze, um Kompetenzen zu analysieren. Unter Berücksichtigung größtmöglicher Standardisierung wird auf die Analyseansätze zurückgegriffen, die computerbasiert umgesetzt werden können, wie z. B. Test-, Selbstbeurteilungs- oder Biografiebasierter Ansatz. Bei allen anderen Ansätzen ist in der Regel die persönliche Anwesenheit des Analysierenden notwendig. Zur Erstellung des Kompetenzanalyseinstruments werden im folgenden Kapitel 3.5.1 die dafür notwendigen Prozesselemente bzw. -schritte untersucht. Die hierbei identifizierten Verfahren und Methoden stellen die Grundlage für die Modellierung eines Referenzprozesses in Kapitel 3.5.2 dar. Abschließend erfolgt in Kapitel 3.5.3 auf Basis des modellierten Referenzprozesses eine Auseinandersetzung mit Ansatzpunkten zu dessen IT-Unterstützung.

3.5.1. Untersuchung der Prozesselemente

Wie eingangs dargestellt, können verschiedenste Ansätze zur Kompetenzanalyse verwendet werden. Die folgenden Ausführungen zielen auf den Einsatz von Tests und Selbstbeurteilungen ab, da diese in der Regel eigenständig und ohne zusätzlichen personellen Aufwand durchgeführt werden können. Häufig erfolgt bereits eine computerbasierte Umsetzung solcher Verfahren. Für die Entwicklung eines Instruments zur Kompetenzanalyse auf Basis von Tests und Selbstbeurteilungen in Form eines Fragebogens sind verschiedene Prozessschritte notwendig. In Anlehnung an Kanning (2004), Lienert und Raatz (1998) sowie Fisseni (1997) können die folgenden Schritte identifiziert werden:

1. Auswahl und Entwicklung der Items (Fragen und Aufgaben).

2. Bewertung der gestellten Fragen bzw. Aufgaben.

3. Vorbereitung der Analyseauswertung.

4. Normierung bzw. Erprobung des Analyseinstruments.

Diese Schritte werden in den folgenden Ausführungen beschrieben, wobei jedoch nicht auf alle Methoden im Detail eingegangen wird. Die einzelnen Anforderungen und die zu berücksichtigenden Aspekte bei der Entwicklung von Tests oder Fragebögen im Bereich der Diagnostik von Leistungen, Fähigkeiten und Eigenschaften sind sehr umfangreich. Aus diesem Grund empfiehlt es sich, Items aus bestehenden Kompetenztests und -fragebögen zu verwenden. Diese sind häufig mehrfach getestet und entsprechen in der Regel den geforderten Gütekriterien (vgl. Kapitel 3.5.1.4).

3.5.1.1. Auswahl und Entwicklung der Items zur Kompetenzanalyse

Generell ist die Verwendung von bereits getesteten Items der Neuentwicklung vorzuziehen. Falls jedoch solche nicht vorliegen oder die bestehenden Items zu unspezifisch sind, ist deren Entwicklung notwendig. Nach Lienert und Raatz (1998) besteht ein Item aus zwei Elementen: erstens dem Problem, der Aufgabe oder der Frage bzw. der Aufforderung zu einer Stellungnahme und zweitens der Problemlösung oder den Schlüsselantworten. Je nach Art und Anzahl der Fragen und Antworten lassen sich die folgenden Itemtypen unterscheiden (Lienert und Raatz, 1998):

1. Der am häufigsten verwendete Itemtyp ist die **gebundene Aufgabenbeantwortung**. Hierbei werden mehrere Möglichkeiten für die Beantwortung der Fragen, an welche die Probanden „gebunden" sind, vorgeschlagen. Diese können wiederum unterteilt werden in:

    - **Zweifach-Wahl-Aufgabe** bzw. Richtig-Falsch-Antworttyp.

    - **Mehrfach-Wahl-Aufgabe** bzw. Multiple choice-Aufgabe: Hierunter fallen Aufgaben mit nur einer richtigen Antwort, der so genannten Schlüsselantwort bzw. Bestantwort, oder mit mehreren richtigen Antworten bzw. Bestantworten, den so genannten Mehrfach-Antwort- oder Stufen-Antwort-Aufgaben.

    - **Zuordnungs-Aufgabe.** Die Elemente einer Aufgabe, z. B. Frage und Antwort oder Problem und Lösung, müssen einander zugeordnet werden.

- **Umordnungs-Aufgabe.** Bei dieser Aufgabe muss eine logische Ordnung zwischen Zahlen, Buchstaben, Wörtern, etc. hergestellt werden.
- **Check-List-Aufgaben.** Aus einer Liste sollen Eigenschafts- oder Zustandsbeschreibungen je nach Aufgabenstellung ausgewählt werden.

2. Der zweite Itemtyp ist die **freie Aufgabenbeantwortung**, die dadurch gekennzeichnet ist, dass der Proband die Aufgabe nach eigenem Ermessen verbal oder nonverbal beantworten soll. Hier kann unterschieden werden zwischen (Lienert und Raatz, 1998):

   - **Ergänzungs-Aufgabe.** Hier muss der Proband einen Text oder eine Aufgabe durch ein Wort (Schlüsselwort), Symbol oder Zeichen ergänzen. Dies ist der einzige Aufgabentyp der freien Aufgabenbeantwortung, der in standardisierten Tests verwendet werden kann.
   - **Essay-Aufgabe** bzw. Kurzaufsatz. Bei der Beantwortung der Fragen oder der Aufgabenstellung hat der Proband die Möglichkeit, einen eigenen Text zu verfassen. Dieser sollte jedoch maximal 150 Wörter umfassen.

3. Außer den bisher genannten Aufgabenformen haben sich Spezialformen oder Kombinationen bereits beschriebener Aufgabentypen herausgebildet. Diese werden als **atypische Aufgabenbeantwortung** bezeichnet. Beispiele für diese Aufgabenform sind (Lienert und Raatz, 1998):

   - Kombination der Richtig-Falsch-Aufgabe mit der Ergänzungs-Aufgabe zur Begründung der Auswahlentscheidung. Dies ermöglicht eine Identifizierung von Zufallslösungen.
   - Kombination der Mehrfach-Wahl-Aufgabe mit Ergänzungs-Aufgabe. Hierdurch kann der Proband eine noch bessere Antwort formulieren. Die willkürliche Wahl der Antwort wird somit erschwert.

Die verwendeten Aufgaben können nach dem Grad der Komplexität wie folgt eingeteilt werden (Lienert und Raatz, 1998):

- Aufgaben, die eine Stellungnahme erfordern (zur Prüfung der Einstellung, dem Interesse oder der Werthaltung).

- Aufgaben, die Tatsachenwissen abfragen (zur Prüfung der Gedächtnisleistung).
- Aufgaben, die die Anwendung von Wissen verlangen.
- Aufgaben, die sich auf komplexe Zusammenhänge beziehen.
- Aufgaben, die das Sozialverhalten prüfen.

Bei der Auswahl des richtigen Aufgabentyps und der Entwicklung von eigenen Items sind unter anderem folgende Anforderungen zu beachten (Lienert und Raatz, 1998, S. 24): leichte Verständlichkeit der Fragen bzw. Aufgaben, einfache Durchführbarkeit, kurze Lösungszeiten, geringer Material- bzw. Papierverbrauch, leichte Auswertbarkeit sowie eine geringe Häufigkeit von Zufallslösungen. Zudem ist eine überschaubare Testlänge anzustreben, die der Anzahl der Aufgaben entspricht.

Bei der Formulierung von Items sind darüber hinaus Sprachregeln zu berücksichtigen. Darunter fallen z. B. (Fisseni, 1997):

1. Die formulierten Items sollen der Alltags- bzw. Umgangssprache entsprechen. Hierbei soll auf lange und ungebräuchliche Wörter, ungewöhnliche Fremdwörter sowie Fachtermini verzichtet werden.
2. In den Items sollen nur klare bzw. eindeutige Begriffe vorkommen.
3. Die Items sollten nicht zu lang sein und nicht mehr als ca. zwanzig Wörter beinhalten.
4. Die Items sollen einen gewöhnlichen Sachverhalt umfassen.
5. Die Items sollen keine Suggestionen enthalten.
6. Beim Satzbau der Items sollen Doppelfragen, doppelte Verneinungen, Schachtelsätze, ungewöhnliche Zeitformen und passive Formulierungen vermieden werden.

Diese Regeln sind mit Blick auf die Zielgruppe der Kompetenzanalyse anzuwenden. Nachdem die Items bestehend aus Fragen bzw. Aufgaben und Antworten formuliert wurden, ist deren Bewertung im Hinblick auf die zu ermittelnde Kompetenz notwendig.

3.5.1.2. Bewertung der Items zur Kompetenzanalyse

Nach Lienert und Raatz (1998) existieren verschiedene Möglichkeiten zur Bewertung der aus Fragen und Antworten bestehenden Items:

1. Die einfachste Vorgehensweise ist, dass jeder richtig beantworteten Frage oder jeder richtig gelösten Aufgabe ein Punkt oder eine gleiche Anzahl von Punkten zugeordnet wird. Diese Art der Bewertung bietet sich vor allem bei einer homogenen bzw. gleichgewichtigen Fragen- und Aufgabenstruktur an.

2. Bei Aufgaben bzw. Fragen, die sich hinsichtlich ihrer Komplexität und ihres Schwierigkeitsgrades unterscheiden, können verschiedene Punktzahlen vergeben werden. Dies ist vor allem dann anwendbar, wenn der Proband die Aufgaben bzw. Fragen in beliebiger Reihenfolge bearbeiten darf.

3. Die Punktzahl kann auch entsprechend der Fragen- und Aufgabenbedeutung für eine bestimmte Kompetenz vergeben werden. Die Verteilung der Punkte geschieht im Hinblick auf die Validität. Fragen bzw. Aufgaben, deren Einfluss auf die Kompetenzausprägung höher ist, werden mit mehr Punkten bewertet.

4. Falls die Aufgaben sehr komplex sind oder eine längere Lösungszeit erfordern, kann diese in Teilaufgaben unterteilt werden, die dann separat bepunktet werden. Hierdurch kommt es ebenfalls zu einer unterschiedlichen Punkteverteilung zwischen den Aufgaben.

Beim Entwurf des Analyseinstruments ist zuerst eine primäre Bewertung vorzunehmen, die nach Vorliegen statistischer Daten durch eine erste Anwendung des Kompetenzanalyseinstruments überprüft und gegebenenfalls angepasst wird (Lienert und Raatz, 1998). Auf Basis dieser Punkte kann ermittelt werden, wie stark die entsprechende Kompetenz bei der Person ausgeprägt ist. Hierzu wird der Mittelwert der erreichten Punkte über alle Fragen berechnet. Dies stellt den Wert, wie stark die Kompetenz bei der Person ausgeprägt ist, dar.

3.5.1.3. Vorbereitung der Kompetenzauswertung

Nachdem die Werte der Kompetenzen einer Person ermittelt wurden, ist festzulegen, wie diese in einer Auswertung dargestellt bzw. präsentiert werden. Hierzu ist die Auseinandersetzung mit möglichen Visualisierungsformen notwendig.

Durch die Kombination von grafischen und textuellen Elementen können Kompetenzprofile und -reportings so aufbereitet werden, dass sie die Informationsaufnahme und -verarbeitung des menschlichen Gehirns unterstützen (Schnotz, 2002). Im Folgenden werden verschiedene dieser Elemente im Detail untersucht.

Die **grafische Visualisierung** von Kompetenzwerten kann unter anderem mithilfe von Kreis- und Balkendiagrammen, Profildarstellungen, Spinnennetzdiagrammen, ikonografischen Elementen oder Wissenslandkarten erfolgen. Kreis- und Balkendiagramme eignen sich generell zur Darstellung des Erfüllungsgrades von Ist- zu Sollwert (Riedwyl, 1987; Schnotz, 2002; Zelazny, 1996). Zelazny (1996) weist allerdings darauf hin, dass Kreisdiagramme nicht angewendet werden können, wenn mehrere „Gesamtheiten" – in diesem Fall mehrere Kompetenzen – abgebildet werden sollen. Balken- oder Säulendiagramme ermöglichen dagegen die Visualisierung mehrerer Kompetenzen und zusätzlich aufgrund der linearen Anordnung der Balken bzw. Säulen deren Vergleichbarkeit.

Eine Visualisierungsform, welche häufig zur Darstellung von Profilen verwendet wird, ist das gleichnamige Profildiagramm. Dieses besteht aus mehreren Achsen, die sowohl horizontal als auch vertikal angeordnet sind und auf denen Zahlenwerte für die zu bewertenden Kompetenzen abgetragen werden können. Die einzelnen Kompetenzwerte werden über die Achsen hinweg verbunden, sodass sich ein kennzeichnendes Profil ergibt (Meyer, 1996). Ein Beispiel für ein solches Profildiagramm zeigt Abbildung 30.

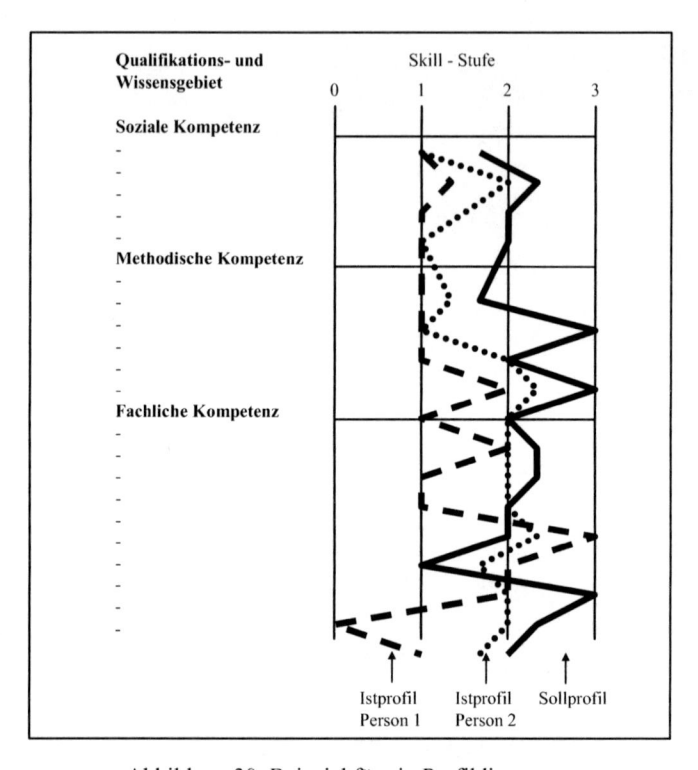

Abbildung 30: Beispiel für ein Profildiagramm

Durch die beträchtliche Menge der zu berücksichtigenden Kompetenzen eignet sich diese Form der Abbildung besonders gut für Kompetenzprofile, was sich durch zahlreiche Anwendungen in der Praxis (z. b. geva-institut, 2006; Weber und Zimmerhofer, 2005; ICUnet.AG, 2004) belegen lässt. Außer der geschilderten Grundform lassen sich Profildiagramme in verschiedenen Varianten generieren: So kann auf das Verbinden der Werte verzichtet werden und stattdessen für jede Kompetenz ein Balken gezeichnet werden, auf dem der Ist-Wert farbig markiert wird. Somit entsteht ein Balkenprofildiagramm.

Eine weitere Visualisierungsmöglichkeit von Kompetenzwerten im Bereich der Diagramme stellt das Spinnennetzdiagramm dar, vgl. Abbildung 31. In der Literatur gibt es unterschiedliche Darstellungen und Bezeichnungen: Meyer (1996) spricht vom Netzdiagramm, Probst et al. (2000) von der Polargrafik. Der wesentliche Unterschied zum Profildiagramm besteht in der kreisförmigen Anordnung der Werte, was zur Form eines Spinnennetzes führt. Die Darstellung benötigt deshalb mindestens drei Merkmale, da bei lediglich zwei keine Linien sichtbar wären. Meyer (1996, S. 50) kommt ebenso zu dem Schluss, dass „Profildarstellungen bei vielen Werten den Netzdiagrammen vorzuziehen [sind], da letztere bei einer großen Anzahl von Werten unübersichtlich werden".

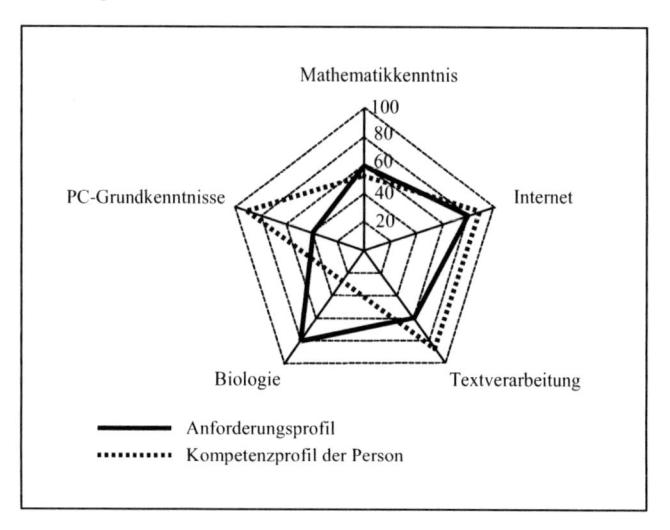

Abbildung 31: Beispiel für ein Spinnennetzdiagramm

Sowohl die Spinnennetz- als auch die Profildiagramme ermöglichen die Abbildung mehrerer Profile (z. B. eigenes Kompetenzprofil, Anforderungsprofil oder Durchschnittsprofil einer bestimmten Zielgruppe) in einer Grafik, was einen Vergleich dieser Profile zulässt.

Eine Visualisierungsform, welche die Informationsaufnahme unterstützt, indem sie auf beim Betrachter bereits vorhandene kognitive Strukturen zugreift, ist die ikonografische Darstellung, wie z. B. die „Chernoff Faces" (Meyer, 1996). Mithilfe eines Gesichts kann eine große Menge an verfügbaren Informationen transportiert werden. Piktogramme sind einfachere Formen solcher Darstellungen. Sie können verwendet werden, um Metaphern oder Gefühle sowie Einstellungen darzustellen (Meyer, 1996). So lässt sich der Einsatz von Smileys auf die Visualisierung von einzelnen Kompetenzwerten anwenden, vgl. Abbildung 32. Der Smiley lächelt, wenn eine Anforderung erfüllt wurde; schaut traurig, wenn dies nicht der Fall ist; blickt den Betrachter neutral an, wenn der Ist-Wert zwar nicht genau den Soll-Wert trifft, aber zwischen ihnen eine akzeptable Distanz existiert. Der Vorteil einer solchen Darstellung liegt darin, dass sie relativ unabhängig vom persönlichen Wissenshintergrund, der Sprache und des Wortschatzes verstanden und korrekt interpretiert werden kann (Maurer und Carlson, 1992).

Abbildung 32: Ikonografische Darstellung am Beispiel von Smileys

Wissenslandkarten werden eingesetzt, um Informationen mehrdimensional zu strukturieren und zu vergleichen (Probst et al., 2000). Diese können auch dazu verwendet werden, um Kompetenzen und deren Ausprägungen einzelnen Personen zuzuordnen (Böhm, Mülle, Studer und Lamparter, 2006). Beispielsweise bezeichnen in Abbildung 33 alle K_i die Kompetenzen und alle MA_j die Mitarbeiter, die Träger dieser Kompetenzen K_i sind. Die Fläche der Kreise gibt die Höhe der Ausprägung an. Damit handelt es sich um eine Variante von Wissensträgerkarten, die ähnlich eines Auskunftsverzeichnisses aufzeigen, bei welcher Person bestimmtes Wissen oder bestimmte Kompetenzen vorhanden sind (Nohr, 2000; Probst et al., 2000).

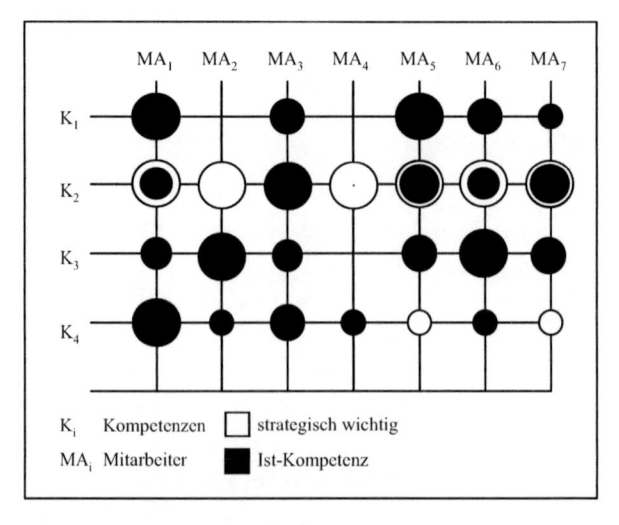

Abbildung 33: Beispiel für eine Wissenslandkarte (Böhm et al., 2004)

Es existieren noch weitere grafische Visualisierungsformen, wie z. B. Mind-Mapping, Clustering und Synergy-Maps. Diese dienen aber vornehmlich der Strukturierung von Elementen (z. B. Einzelkompetenzen in Kompetenzklassen) und nicht der Abbildung konkreter Werte, sodass diese nicht weiter betrachtet werden.

Zusätzlich zur grafischen Visualisierung kann eine **textuelle Rückmeldung** den in der Grafik gezeigten Sachverhalt näher erläutern und eventuell Handlungsempfehlungen geben. Bei der Verwendung von Texten zur Beschreibung von Kompetenzprofilen sollte vor allem auf Verständlichkeit geachtet werden. Die Hamburger Verständlichkeitskonzeption umfasst vier Merkmale, die bei der Textgestaltung berücksichtigt werden sollten (Langer, Schulz von Thun und Tausch, 1974):

- Sprachliche Einfachheit, die durch Verwendung von Vokabeln, welche der Begriffswelt des Lesers entstammen, eine möglichst anschauliche Darstellung in einfachen Sätzen und die Erläuterung von unvermeidlichen Fremdwörtern und Fachausdrücken erreicht wird.

- Gliederung bzw. Ordnung, die durch eine für den Leser gut zu erkennende Struktur umgesetzt werden kann.

- Kürze und Prägnanz, die eine knappe Darstellung der Sachverhalte erfordern und auf unnötige Füllwörter verzichten.

- Zusätzliche Stimulanz, die durch das Einbinden lebensnaher Beispiele beeinflusst wird.

Weiterhin weisen Pädagogen in didaktischen Konzepten ebenso auf die notwendige Berücksichtigung des Vorwissens der Zielgruppe hin (Meyer, 2001). Psychologen betrachten das Vorwissen sogar als „Hauptdeterminante des Wissens […], das eine Person durch Lesen erwirbt" (Ballstaedt, Mandl, Schnotz und Tergan, 1981). Dies lässt sich auch auf die Gestaltung von Texten zur Erläuterung von Kompetenzprofilen anwenden, da diese ebenfalls Wissen vermitteln. Demzufolge muss bei der Auswahl der Textbausteine für Kompetenzprofile, wie auch bei der Formulierung der Items, unbedingt auf eine zielgruppenspezifische Ansprache geachtet werden. Mit der Vorbereitung der Analyseauswertung ist die Entwicklung des Kompetenzanalyseinstruments abgeschlossen. Im Folgenden ist eine Prüfung der entwickelten Items erforderlich.

3.5.1.4. Prüfung des Kompetenzanalyseinstruments

Bei der Anwendung des Kompetenzanalyseinstruments ist die Berücksichtigung von Gütekriterien erforderlich. Diese gewährleisten einen möglichst hohen diagnostischen Qualitätsstandard (vgl. Kubinger und Proyer, 2004; Kanning, 2004; Fisseni, 1997; Schuler, 1996). Gängige Gütekriterien personaldiagnostischer Methoden sind nach Kanning (2004) Reliabilität, Validität, Normierung, Objektivität, Effizienz und Ethik (vgl. Tabelle 22).

Gütekriterien	Beschreibung
Reliabilität (Zuverlässigkeit)	Die Reliabilität gibt an, ob das Ergebnis aufgrund von Messfehlern verfälscht wird. Je größer die Reliabilität, um so geringer der Einfluss von möglichen Fehlern.
Validität (Gültigkeit)	Die Validität sagt aus, inwiefern das entwickelte Verfahren bzw. Instrument die Merkmale der Person (Kompetenzen) misst, die es messen soll. Es gibt verschiedene Formen der Validität: Augenscheinvalidität (*„Inwieweit kann das Messinstrument per Augenschein das Merkmal messen?"*), Inhaltsvalidität (*„Inwieweit sind die Items mit dem Merkmal identisch?"*) und kriterienbezogene Validität (*„Inwieweit kann das Messinstrument das Merkmal messen?"*) (Kanning, 2004, S. 188).
Normierung	Durch die Normierung eines Verfahrens können die individuellen Analyseergebnisse einer Person in einen Bezugsrahmen, der auf statistischen Normwerten (z. B. Mittelwert) verschiedener Merkmale basiert, gestellt werden. Hierdurch ist die Bewertung einer Person im Hinblick auf Andere möglich.
Objektivität	Ein Verfahren ist um so objektiver, je weniger es durch die Personen, die für dessen Durchführung, Auswertung und Interpretation verantwortlich sind, beeinflusst wird. Es werden drei Formen unterschieden: Durchführungs-, Auswertungs- und Interpretationsobjektivität.
Effizienz	Die Effizienz bildet das Verhältnis von Kosten (Aufwand) und Nutzen beim Einsatz des Instruments ab.
Ethik	Ethik als Qualitätskriterium bezieht sich auf die verantwortungsvolle und menschenwürdige Verwendung des Instruments. Sie wird auch durch rechtliche Regelungen bestimmt. Ethik als Qualitäts- und Gütekriterium ist nicht unumstritten. Sie hängt stark vom subjektiven Empfinden ab und ist schwer messbar.

Tabelle 22: Gütekriterien der Personaldiagnostik

Zur Prüfung des Kompetenzanalyseinstruments wird dieses bei einer größeren Stichprobe angewendet. Diese sollte Personen umfassen, die der Zielgruppe dieses Kompetenzanalyseinstruments entsprechen. Im Anschluss werden die erhobenen Daten mittels statistischer Verfahren analysiert. Folgende Analyseschritte sind zur Qualitätsprüfung des Instruments notwendig: Als Erstes erfolgt eine Itemanalyse.[30] Hierbei werden Schwierigkeitsindex[31], Trennschärfe[32] und Homogenität[33] ermittelt. Auf Basis dieser Analyseergebnisse werden ungeeignete Items eliminiert bzw. ausgetauscht. Als Zweites wird eine Prüfung der Reliabilität durchgeführt. Hierdurch soll eine Aussage über die Messgenauigkeit der Items getroffen werden. Als dritter und letzter Schritt soll geprüft werden, ob das entwickelte Kompetenzanalyseinstrument dem Gütekriterium der Validität gerecht wird. Hierzu existieren verschiedene Möglichkeiten. So können z. B. kompetente bzw. leistungsstarke und weniger kompetente bzw. leistungsschwache Personen miteinander verglichen werden (Kanning, 2004). Die Kompetenzen beider Gruppen werden mittels des entwickelten Instruments analysiert. Unterscheiden sich die Analyseergebnisse der beiden Gruppen signifikant voneinander, wird ein Instrument als valide angesehen.

Im Anschluss an die Prüfung des Kompetenzanalyseinstruments kann eine Normierung erfolgen. Hierzu ist die Berechnung „einer Kennzahl, die das Verhältnis des einzelnen Testwertes zu den Ergebnissen einer Stichprobe zum Ausdruck bringt" notwendig (Wottawa, 1980, S. 102). Dies ermöglicht die Vergleichbarkeit der Ergebnisse zwischen den Probanden. Für die Umsetzung der weiteren von Kanning (2004) dargestellten Gütekriterien Objektivität, Effizienz und Ethik ist eine individuelle Prüfung notwendig. Entspricht das entwickelte Kompetenzanalyseinstrument den Gütekriterien, ist der Erstellungsprozess abgeschlossen.

---

[30] Die Itemanalyse erfolgt im Rahmen der Klassischen Testtheorie. Es existieren zwar auch die Kriteriumsorientierte und die Probabilistische Testtheorie (vgl. Fisseni, 1997), jedoch werden diese aufgrund der hohen Bedeutung der Klassischen Testtheorie im Folgenden nicht weiter betrachtet.

[31] Der Schwierigkeitsindex sagt aus, „wie groß der Anteil von Probanden ist, die ein Item „richtig" beantwortet haben" (Michel und Conrad, 1982, S. 20).

[32] Die Trennschärfe „klärt die Position eines Items im Verband der *anderen* Items, indem sie einen Index liefert, der angibt, wie weit die ,Menge der Löser' über alle Items hinweg identisch bleibt" (Fisseni, 1997, S. 47).

[33] Homogenität soll „den Grad angeben, in dem die Items eines Tests dieselbe Eigenschaft messen" (Fischer, 1974, S.127).

3.5.2. Modellierung des Teilprozesses II

Für den Teilprozess „Erstellung des Kompetenzanalyseinstruments" sind, wie in Kapitel 3.5.1 dargestellt, verschiedene Schritte notwendig, welche bei der folgenden Prozessmodellierung berücksichtigt werden. Wie schon bei Teilprozess I orientiert sich auch hier die Modellierung an der Prämisse größtmöglicher Standardisierung. Die Darstellung erfolgt, wie in Kapitel 3.2 beschrieben, auf Basis von Ereignisgesteuerten Prozessketten (EPK). Zum besseren Verständnis wird der gesamte Teilprozess zunächst verbal erläutert. Hierbei werden die ablaufenden Funktionen durchnummeriert, um in den folgenden Prozessabbildungen die Übersichtlichkeit zu erhöhen. Der Teilprozess beginnt, wenn das Kompetenzanalyseinstrument zu erstellen ist.

(1) Das im vorherigen Teilprozess I ermittelte Kompetenzprofil dient als Grundlage für die Entwicklung des Kompetenzanalyseinstruments. Auf Basis der einzelnen Kompetenzanforderungen werden entweder Items aus bestehenden Kompetenztests ausgewählt oder neue entwickelt. Hierzu ist als Erstes erforderlich, die einzelnen **Kompetenzanforderungen abzufragen**.

(2) Da es effizienter ist, bereits entwickelte Items zu nutzen, werden auf Basis der Kompetenzanforderungen die zur Kompetenzanalyse notwendigen **Items recherchiert**.

(3) In Abhängigkeit von den Rechercheergebnissen erfolgt die **Entscheidung**, ob eine **Verwendung bestehender Items** möglich **oder** ob **die Entwicklung eigener Items** notwendig ist.

(4) Für den Fall, dass bereits entwickelte Items zur Verfügung stehen, erfolgt hieraus eine **Auswahl** anhand der erhobenen Kompetenzanforderungen und Gütekriterien.

(5) Die Entwicklung eigener Items ist insbesondere dann erforderlich, wenn nicht für alle Kompetenzanforderungen genügend Items vorhanden sind oder Spezifika (z. B. Kernkompetenzen oder Besonderheiten der Organisation) bei der Erstellung des Kompetenzanalyseinstruments berücksichtigt werden sollen. Falls dies unerlässlich ist, werden zuerst die **Fragen formuliert**. Kapitel 3.5.1.1 gibt hierzu einen Überblick über mögliche

Fragetypen. Zur Unterstützung dieses Prozessschrittes kann eine Auseinandersetzung mit den Merkmalen und Charakteristiken einer Kompetenz hilfreich sein.

(6) Im Anschluss an die Entwicklung der Fragen erfolgt die **Formulierung der Antworten**.

(7) Abschließend werden die ausgewählten und entwickelten **Items bewertet**, vgl. Kapitel 3.5.1.2. Bei Fach-, Methoden- oder Wissensfragen kann eine Antwort richtig (z. B. Wert = 1) oder falsch (z. B. Wert = 0) sein. Bei Fragen zur Persönlichkeits- oder Sozialkompetenzen geben die Antworten Aufschluss darüber, wie stark ein Kompetenzmerkmal beim Getesteten vorhanden ist (z. B. Werte zwischen 0 und 1).

(8) Die bestehenden ausgewählten und/oder die neu entwickelten **Items** werden **zu einem Instrument**, z. B. einem Fragebogen oder Test, **zusammengestellt**, sodass eine Kompetenzanalyse möglich ist.

(9) Da das Ziel der Modellierung eine weitestgehende Automatisierung der Prozessschritte ist, muss als Nächstes die **Auswertung der Kompetenzanalyse vorbereitet** werden. Hierzu ist festzulegen, wie die durch das Analyseinstrument ermittelten Kompetenzwerte in Form von Grafiken und Texten den beteiligten Personen präsentiert werden. Kapitel 3.5.1.3 gibt einen Überblick über mögliche Präsentationsformen.

(10) Anschließend erfolgen die **Erstellung von Informationen** zur Durchführung der Kompetenzanalyse **und** die Formulierung von **Hilfetexten** zur Beantwortung der Fragen.

(11) Zum Schluss ist das **Layout des Kompetenzanalyseinstruments anzupassen**. Damit ist dessen prototypische Entwicklung abgeschlossen. Bevor es jedoch routinemäßig eingesetzt werden kann, ist die Prüfung des Instruments notwendig.

(12) Hierzu wird das entwickelte **Kompetenzanalyseinstrument** einer größeren Stichprobe von Personen, die der Zielgruppe entsprechen, **zur Verfügung gestellt**.

(13) Die ausgewählten Personen wenden das Kompetenzanalyseinstrument an, sodass die **Kompetenzdaten erhoben** werden können.

(14) Diese Daten ermöglichen eine **Prüfung des Kompetenzanalyseinstruments** hinsichtlich der in Kapitel 3.5.1.4 dargestellten Gütekriterien. Hierzu ist die Durchführung verschiedener statistischer Analysen notwendig.

(15) Falls das entwickelte Kompetenzanalyseinstrument nicht den Gütekriterien entspricht, ist eine **Anpassung der Items und** damit **des Analyseinstruments** notwendig.

(16) Im anderen Fall und im Anschluss an die Anpassung kann das **Analyseinstrument zur Verfügung gestellt** werden. Hierdurch ist der Erstellungsprozess vollständig abgeschlossen und die „Durchführung der Kompetenzanalyse" (Teilprozess III) kann beginnen.

Insgesamt umfasst der Prozess „Erstellung des Kompetenzanalyseinstruments" sechzehn mögliche Funktionen. Diese sind in Abhängigkeit davon auszuführen, ob bestehende Items verwendet werden können oder neue entwickelt werden müssen. Ergebnis des Prozesses ist ein Analyseinstrument, mit dessen Hilfe die Kompetenzen einer Person ermittelt werden können. Die drei folgenden Abbildungen stellen den vorher verbal erläuterten Prozess mithilfe von EPK grafisch dar.

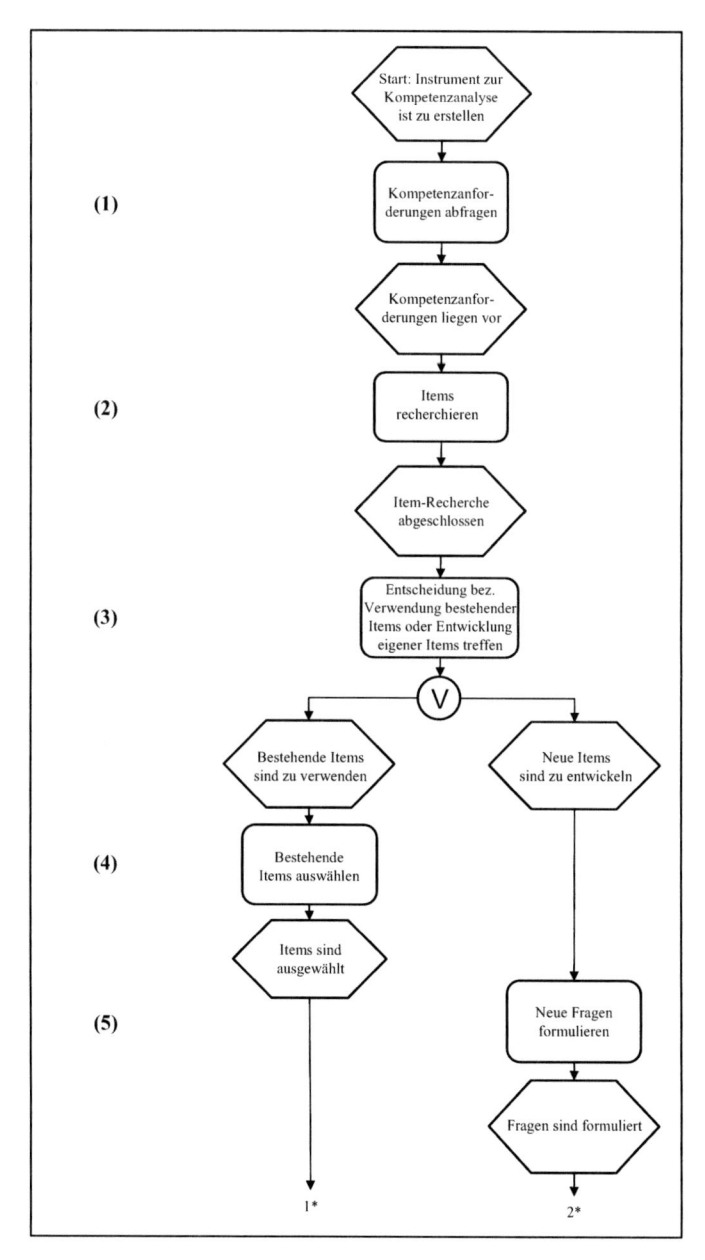

Abbildung 34: EPK zur Abbildung des Teilprozesses II (Teil 1)

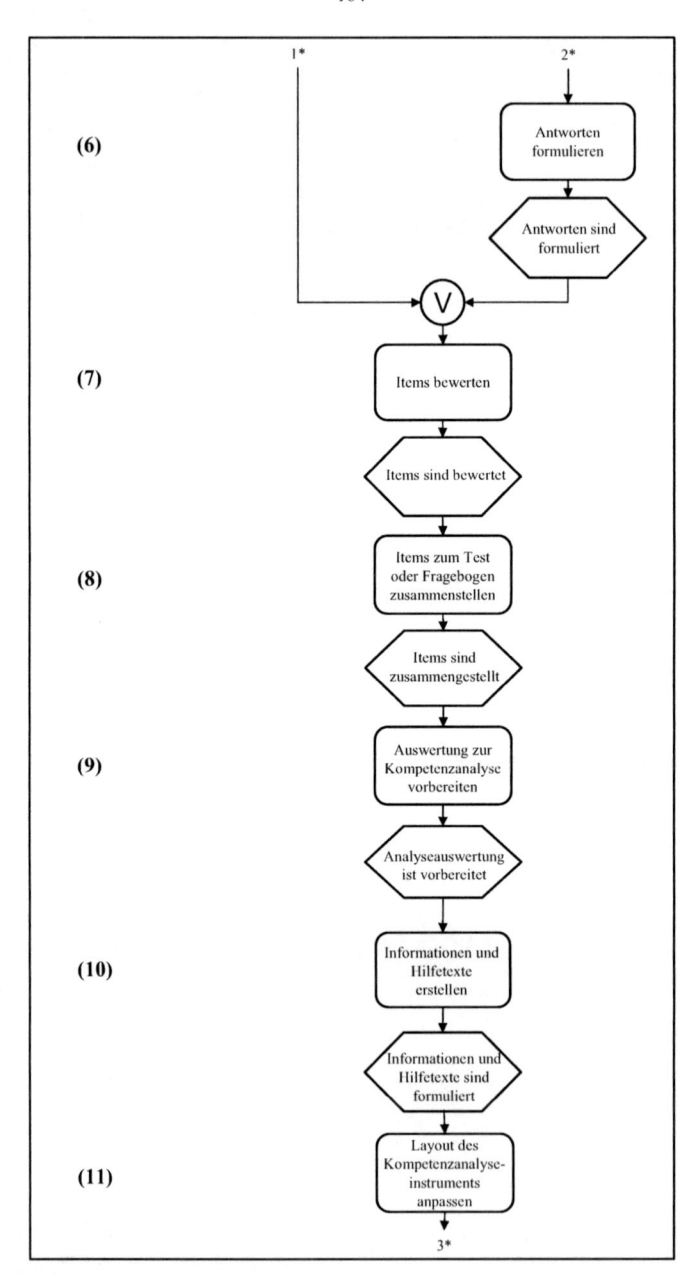

```
                    1*              2*
                                     ↓
                               ┌───────────┐
                               │ Antworten │
(6)                            │formulieren│
                               └─────┬─────┘
                                     ↓
                                ⬡ Antworten sind
                                  formuliert ⬡
                                     ↓
                         ──→ ( V ) ←──
                                     ↓
                               ┌───────────┐
(7)                            │Items bewerten│
                               └─────┬─────┘
                                     ↓
                               ⬡ Items sind bewertet ⬡
                                     ↓
                               ┌───────────┐
                               │ Items zum Test │
(8)                            │ oder Fragebogen│
                               │zusammenstellen │
                               └─────┬─────┘
                                     ↓
                               ⬡ Items sind
                                 zusammengestellt ⬡
                                     ↓
                               ┌───────────┐
                               │ Auswertung zur │
(9)                            │Kompetenzanalyse│
                               │  vorbereiten   │
                               └─────┬─────┘
                                     ↓
                               ⬡ Analyseauswertung
                                 ist vorbereitet ⬡
                                     ↓
                               ┌───────────┐
                               │Informationen und│
(10)                           │   Hilfetexte    │
                               │    erstellen    │
                               └─────┬─────┘
                                     ↓
                               ⬡ Informationen und
                                 Hilfetexte sind
                                 formuliert ⬡
                                     ↓
                               ┌───────────┐
                               │  Layout des    │
(11)                           │Kompetenzanalyse-│
                               │  instruments   │
                               │   anpassen     │
                               └─────┬─────┘
                                     ↓
                                    3*
```

Abbildung 35: EPK zur Abbildung des Teilprozesses II (Teil 2)

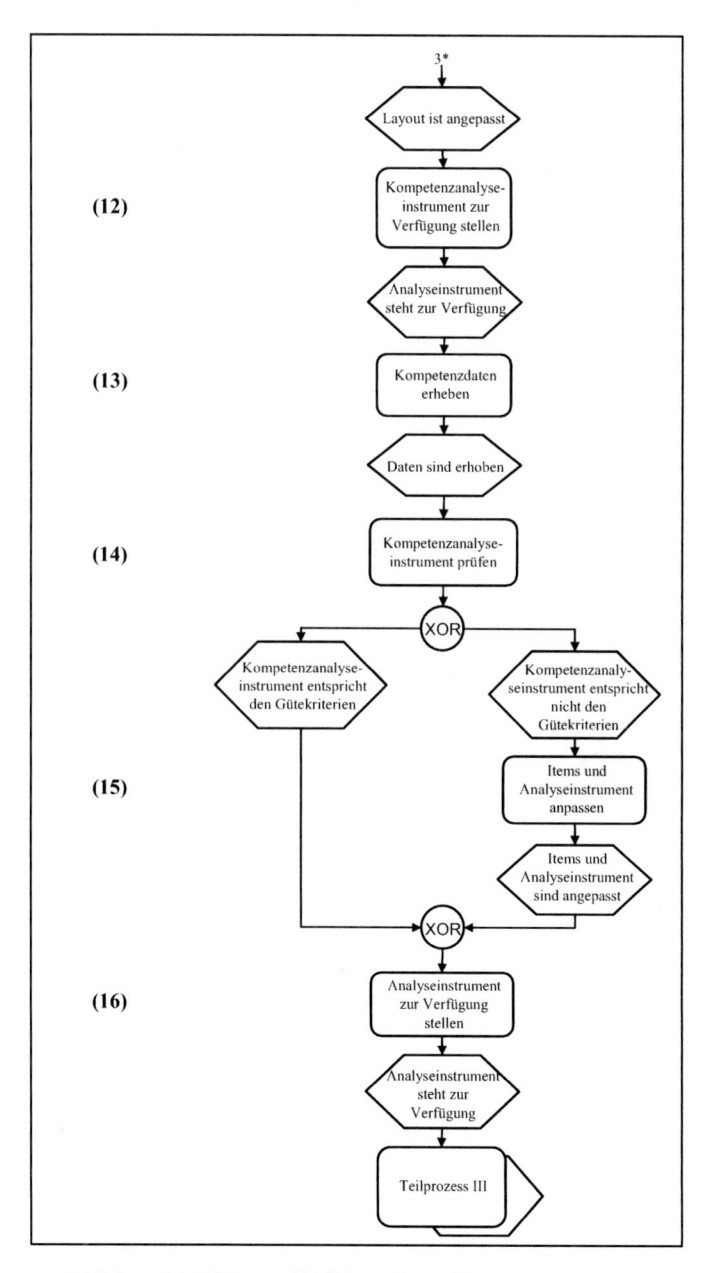

Abbildung 36: EPK zur Abbildung des Teilprozesses II (Teil 3)

3.5.3. Ansatzpunkte zur IT-Unterstützung des Teilprozesses II

Ausgehend von dem in Kapitel 3.5.2 modellierten Teilprozess soll im Folgenden untersucht werden, inwiefern die hierbei festgelegten Funktionen mithilfe von Software unterstützt werden können. In diesem Zusammenhang ist ebenfalls zu klären, welche Funktionen in welchem Umfang für eine IT-Unterstützung geeignet sind und welche Software einen zweckmäßigen Beitrag leisten kann. Die Darstellung der identifizierten Ansatzpunkte zur IT-Unterstützung erfolgt entlang der im Teilprozess II ablaufenden Funktionen.

(1) Als Erstes ist die Abfrage der Kompetenzanforderungen notwendig. Hierzu ist eine **Kompetenzdatenbank** mit Recherche- und Analysefunktionen zweckmäßig.

(2) Die auf Basis der Kompetenzanforderungen durchzuführende Itemrecherche kann im **World Wide Web** oder in **Itemdatenbanken** stattfinden.

(3) Die anschließende Entscheidung hinsichtlich der Verwendung von bereits bestehenden Items oder der Entwicklung eigener Items muss der Analysierende selbstständig treffen. Gegebenenfalls kann ein Tool zur Entscheidungsunterstützung einen Beitrag leisten, wird aber aufgrund des Entwicklungsstandes nicht im Prozess berücksichtigt (vgl. Kapitel 3.4.3).

(4) Für die Auswahl der Items stehen so genannte Itembatterien zur Verfügung. Diese können mittels **Itemdatenbank** elektronisch verwaltet werden. Eine Analyse- bzw. Recherchefunktion kann helfen, die richtigen Items auszuwählen.

(5) Sind eigene Items zu entwickeln, kann bei der Formulierung der Fragen ein **Content Management System** helfen, diese elektronisch zu erfassen. Zudem können die entwickelten Fragen in einer **Itemdatenbank** abgespeichert werden.

(6) Die Formulierung der Antworten kann ebenfalls durch ein **Content Management System** und eine **Itemdatenbank** unterstützt werden.

(7) Zu den ausgewählten und entwickelten Fragen und Antworten ist eine Bewertung zu erfassen. Diese kann ebenfalls in der **Itemdatenbank** abgespeichert werden und steht für eine automatische Auswertung zur Verfügung.

(8) Nach der Bewertung kann die Erzeugung des Analyseinstruments in Form eines webbasierten Tests oder Fragebogens erfolgen. Dieser Prozessschritt kann durch ein **webbasiertes Umfragetool** unterstützt werden. Zudem können die für die Generierung des Analyseinstruments notwendigen Items aus der **Itemdatenbank** abgefragt werden.

(9) Die daran anschließende Vorbereitung der Testauswertung, insbesondere die Konzeption der Grafiken und Texte, welche aufgrund der Antworten des Getesteten automatisch erscheint, kann mittels **Content Management Software** unterstützt werden. Zudem ermöglicht eine elektronische **Grafikbibliothek** die Generierung der Grafiken aus den erfassten Kompetenzwerten.

(10) Die **zu erstellenden Informationen** zur Durchführung der Kompetenzanalyse **und** die **Hilfetexte** zur Beantwortung der Fragen können mittels **Content Management System** erfasst und in einer **Informationsdatenbank** gespeichert werden.

(11) Auch die Anpassung des Layouts zur webbasierten Darstellung der Fragen und Antworten kann mittels eines **Content Management Systems** unterstützt werden. Mit diesem Schritt ist das Kompetenzanalyseinstrument prototypisch umgesetzt.

(12) Das entwickelte Kompetenzanalyseinstrument kann mittels **webbasiertem Umfragetool** und einer **Itemdatenbank** einer größeren Stichprobe von Menschen, die der Zielgruppe entspricht, zur Verfügung gestellt werden.

(13) Die hierbei erhobenen Kompetenzdaten der teilnehmenden Personen werden in einer **Antwortdatenbank** abgespeichert.

(14) Die in der **Antwortdatenbank** erfassten Daten stehen für eine Prüfung des Kompetenzanalyseinstruments im Hinblick auf die Gütekriterien (vgl. Kapitel 3.5.1.4) zur Verfügung. Die notwendige Evaluation kann mithilfe von **Statistiksoftware** erfolgen.

(15) Zur Anpassung der Items kann auf die Daten in der **Itemdatenbank** zurückgegriffen werden. Ein **Content Management System** kann die Umformulierung der Items unterstützen.

(16) Abschließend kann das Kompetenzanalyseinstrument mittels **webbasiertem Umfragetool** der entsprechenden Zielgruppe zugänglich gemacht werden.

Die hier beschriebenen Ansatzpunkte zur IT-Unterstützung werden in den vorher modellierten Teilprozess II integriert. Hierzu werden in den folgenden Abbildungen die EPK um die möglichen Softwaresysteme ergänzt.

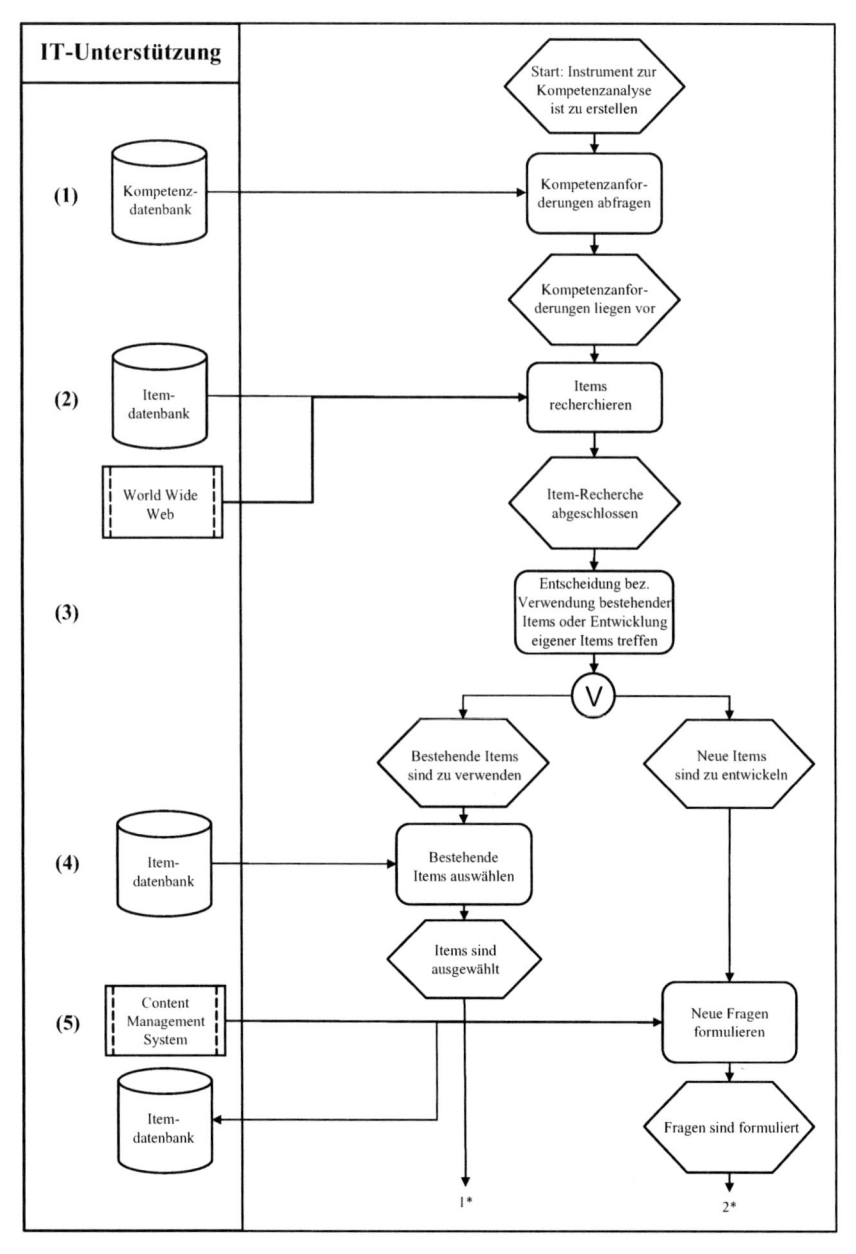

Abbildung 37: IT-Unterstützung des Teilprozesses II (Teil 1)

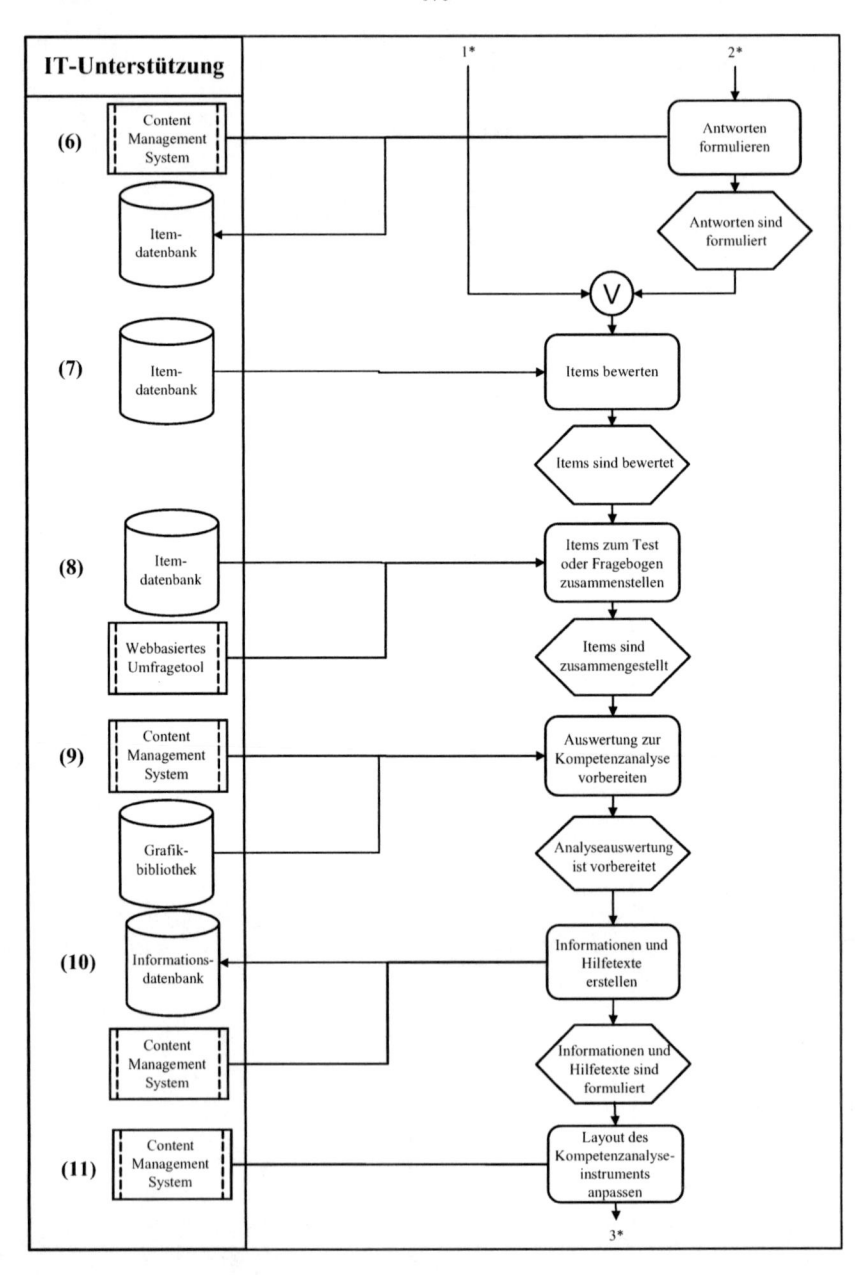

Abbildung 38: IT-Unterstützung des Teilprozesses II (Teil 2)

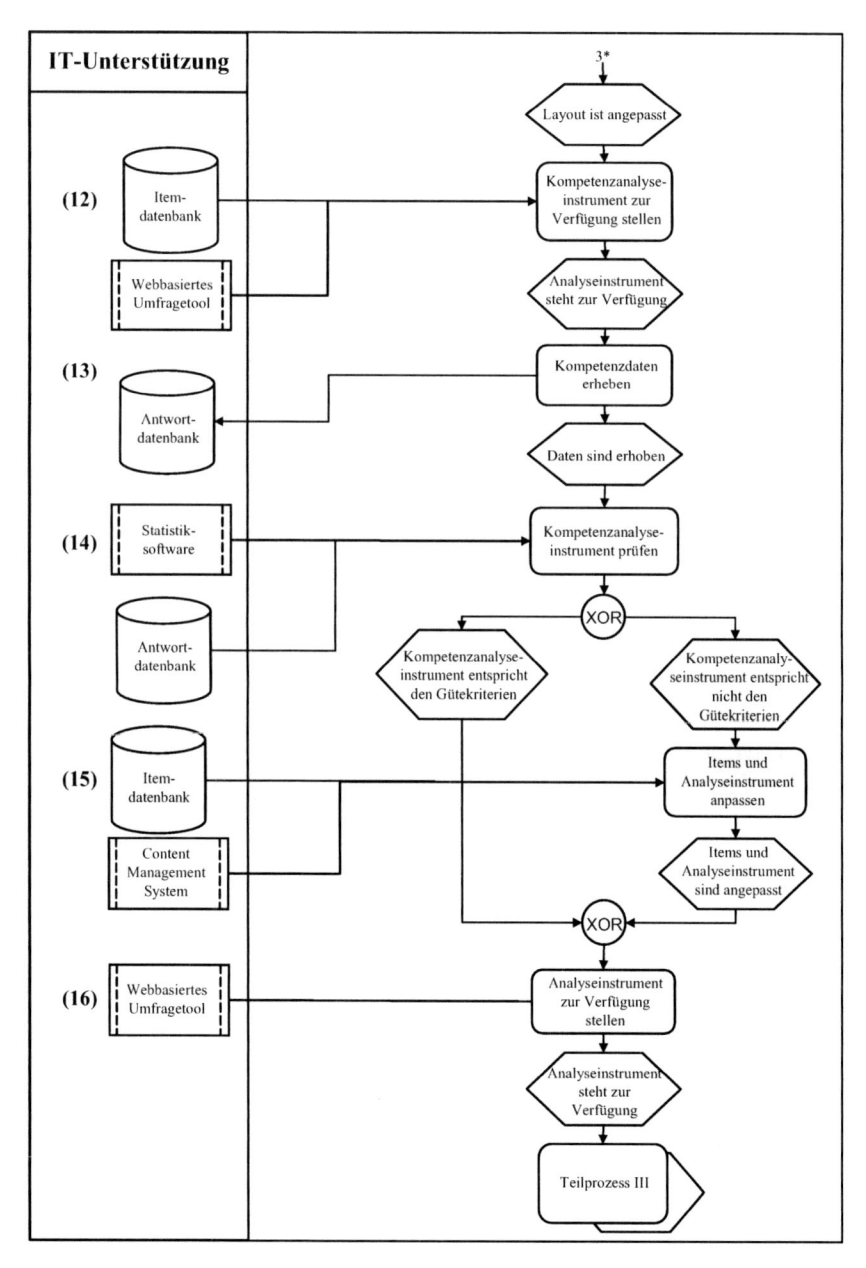

Abbildung 39: IT-Unterstützung des Teilprozesses II (Teil 3)

3.6. Teilprozess III: Durchführung der Kompetenzanalyse

Nachdem das Kompetenzanalyseinstrument erstellt wurde, kann die eigentliche Kompetenzanalyse durchgeführt werden. Ziel ist die Erfassung der Kompetenzdaten. Die in diesem Zusammenhang notwendigen Prozessschritte werden im folgenden Kapitel 3.6.1 genauer untersucht. Die hierbei identifizierten Methoden bzw. Anforderungen stellen die Grundlage für die Modellierung eines Referenzprozesses in Kapitel 3.6.2 dar. Abschließend erfolgt in Kapitel 3.6.3 auf Basis des modellierten Referenzprozesses eine Auseinandersetzung mit Ansatzpunkten zu dessen IT-Unterstützung.

3.6.1. Untersuchung der Prozesselemente

Die Untersuchung von Prozessschritten zur Durchführung der Kompetenzanalyse zeigt, dass hierbei eine standardisierte Primärdatenerhebung abläuft und keine spezifischen Verfahren und Methoden erforderlich sind. Die Erhebung von Primärdaten wurde bereits in Kapitel 3.4.1.2 eingehend untersucht und die hierbei notwendigen Prozessschritte beschrieben, sodass bei Teilprozess III auf eine wiederholte Darstellung verzichtet wird. Vor dem Hintergrund der computer- bzw. webbasierten Umsetzung der Kompetenzanalyse stellt sich die Frage, inwiefern diese Form der Datenerhebung Einfluss auf den Durchführungsprozess hat. In diesem Zusammenhang werden drei Bereiche im Detail untersucht:

1. Die Besonderheiten der computerbasierten Analysedurchführung (Kapitel 3.6.1.1).

2. Die Erhebung der Kompetenzdaten aus Sicht des Analysierten bzw. Probanden (Kapitel 3.6.1.2).

3. Die zu berücksichtigende Durchführungsobjektivität (Kapitel 3.6.1.3).

Die Auseinandersetzung mit diesen Themenbereichen soll Aufschluss darüber geben, inwiefern der klassische Datenerhebungs- bzw. Durchführungsprozess angepasst werden muss. Die sich ergebenden Erkenntnisse fließen in die Prozessmodellierung (Kapitel 3.6.2) ein.

3.6.1.1. Besonderheiten der computerbasierten Analysedurchführung

Jäger und Krieger (1994) haben sich bereits mit der Verwendung des Computers im Bereich der Eignungsdiagnostik, insbesondere bei der Konstruktion und Anwendung von Tests, beschäftigt. Im Hinblick auf die Durchführung von Tests identifizieren sie folgende Prozesselemente, die mittels Computereinsatz angepasst werden können (Jäger und Krieger, 1994, S. 218):

- Auswahl des zu bearbeitenden Tests.
- Itemauswahl.
- Testinstruktion und Testübungsphase.
- Itempräsentation, eingeschlossen Simulation und interaktives Video.
- Registrierung der Antwort und zusätzlich anfallender Daten.

Bei der Auswahl des Tests und der Items kann aufgrund der computergestützten Umsetzung stärker auf die einzelnen Probanden bzw. Analysierten eingegangen werden. In Abhängigkeit vom Antwortverhalten der getesteten Person können leichter oder schwerer zu beantwortende Fragen, Aufgaben oder ganze Tests gestellt werden. Zudem ist eine Anpassung der Testinstruktionen bezogen auf den Komplexitätsgrad und die Fähigkeiten des Analysierten möglich. Bukasa, Kisser und Wenninger (1990) gehen davon aus, das individuelle Testinstruktionen die Gesamttestdauer verkürzen können. Dies gilt ebenfalls für eine mögliche Testübungsphase, die an den individuellen Arbeitsstil angepasst werden kann.

Bei der adaptiven Darstellung der Testinstruktionen und der individuellen Testübungsphase stellt sich das Problem, dass die Rahmenbedingungen für die verschiedenen Personen nicht standardisierbar sind, was der Anforderung der Durchführungsobjektivität (vgl. Kapitel 3.6.1.3) widerspricht. Dies gilt insbesondere bei der Klassischen Testtheorie.

Einen wichtigen Beitrag leistet die computerbasierte Form im Hinblick auf die Items der Kompetenzanalyse (Fisseni, 1997). Hier können Grafiken, bewegliche Objekte und akustische Signale eingesetzt werden, um die Präsentation und Darstellung der Items zu verbessern und gegebenenfalls die Verständlichkeit zu erhöhen. Darüber hinaus können zusätzliche Daten registriert werden, wie z. B. Antwort- und Reaktionszeiten oder Stellen bzw. Zeitpunkte, an denen die Analyse abgebrochen wurde. Diese Informationen können zur Anpassung des Analyseinstruments verwendet werden.

Die durch die computerbasierte Form resultierenden neuen Möglichkeiten können in dem standardisierten Datenerhebungs- und Durchführungsprozess berücksichtigt werden. Beispielsweise können modulare Tests und Fragebögen zur Kompetenzanalyse eingesetzt werden, die je nach Bedarf vom Analysierenden oder Analysierten ausgewählt werden. Darüber hinaus ermöglichen Hilfefunktionen Testinstruktionen, die nur nach Ermessen des Analysierten in Anspruch genommen werden. Deren Nutzung kann dokumentiert und bei der Testauswertung berücksichtigt werden. Auf diese Besonderheiten wird bei der Prozessmodellierung (Kapitel 3.6.2) und der sich anschließenden Auseinandersetzung mit den Ansatzpunkten zur IT-Unterstützung (Kapitel 3.6.3) eingegangen. Zunächst erfolgt jedoch in Kapitel 3.6.1.2 eine Untersuchung, inwiefern sich aus Sicht des Analysierten Anforderungen an die Durchführung der Kompetenzanalyse ergeben.

3.6.1.2. Erhebung der Kompetenzdaten aus Sicht des Analysierten

Die Erhebung von Kompetenzdaten und die sich daran anschließende Auswertung beeinflussen hauptsächlich die Stellung bzw. das Selbstbild des Analysierten. Die Untersuchung eignungsdiagnostischer Situationen, deren Ziel ebenfalls die Erfassung und Beurteilung von Personenmerkmalen ist, zeigt, dass diese mit Stress und Anspannung verbunden sind (Jäger, 1990). Die spezifischen Merkmale jeder einzelnen Person können die Durchführung und damit das Ergebnis individuell beeinflussen.

Zudem existieren nach Spitznagel (1982) weitere Faktoren, die auf eine solche Situation einwirken und ebenfalls bei der Erhebung von Kompetenzdaten berücksichtigt werden müssen:

- Zur Kompetenzanalyse werden nur einseitig Informationen zum Analysierten erhoben, was zu einer „asymmetrischen Selbstenthüllung" führt, die sehr auf Vertrauen angewiesen ist.

- Während des Erhebungsprozesses ist es notwendig, das Vertrauen des Analysierten nicht zu missbrauchen, sodass sich eine gewisse Vertraulichkeit aufbaut. Andernfalls verringert oder verfälscht der Analysierte Informationen zu seiner Person.

- Der Analysierte gibt Informationen über sich preis, wobei er weiß, dass er sich in einer Beobachtungssituation befindet. Dies bedeutet nicht nur, dass der Analysierte auch tatsächlich beobachtet wird, sondern dass er sich der Tatsache bewusst ist, dass seine persönlichen Merkmale analysiert werden.

Jäger (1990, S. 77) schlägt im Hinblick auf die Gestaltung solcher Situationen die Beachtung der folgenden drei Perspektiven vor:

- **Bedingungskonstanz**, d. h. die Gewährleistung gleicher Rahmenbedingungen bei allen analysierten Personen.[34]

- **Transparenz** bezogen auf die Kompetenzanforderungen, die Durchführung der Analyse, die Auswertung der erhobenen Daten und die Zusammenfassung der Daten zu einem Urteil.[35]

- **Soziale Validität**, die gegenseitigen Informationsaustausch zwischen Analysierten und Analysierenden, Partizipation der analysierten Personen am Prozess der Analyse, Transparenz und angemessene Präsentation der Analyseergebnisse umfasst.[36]

Im Hinblick auf die Kompetenzanalyse, die computerbasiert umgesetzt werden soll, können die vorher genannten Perspektiven durch folgende Maßnahmen berücksichtigt werden. Erstens ist darauf zu achten, dass möglichst ähnliche Bedingungen existieren, z. B. die Zielgruppe in gleichem Maße mit dem Computer umgehen kann und dass die notwendige technische Ausstattung zur Verfügung steht. Zweitens kann die Transparenz durch angemessene Instruktionen und Beschreibungen zum Test oder Fragebogen sowie durch entsprechende Informationsseiten zur analysierenden Person oder Organisation erhöht werden. Drittens kann eine Feedback-Funktion den Informationsaustausch zwischen den zwei Parteien ermöglichen, was die soziale Validität unterstützt. Diese Maßnahmen gehen auf die Bedürfnisse der analysierten Personen ein und fördern die Akzeptanz im Hinblick auf das Kompetenzanalyseinstrument. Darüber hinaus existieren Anforderungen an die Durchführung der Kompetenzanalyse, die ebenfalls berücksichtigt werden müssen und im Folgenden dargestellt werden.

---

[34] Jäger (1990) verweist im Hinblick auf die Bedingungskonstanz auf Sader und Keil (1966).

[35] Jäger (1990) verweist im Hinblick auf die Transparenz auf Jäger (1986).

[36] Jäger (1990) verweist im Hinblick auf die soziale Validität auf Schuler und Stehle (1983).

3.6.1.3. Durchführungsobjektivität bei der Kompetenzanalyse

Kanning (2004) geht davon aus, dass ein reliables und valides Messinstrument bei nicht sachgemäßer Anwendung zu verfälschten Ergebnissen führt. Aus diesem Grund ist es wichtig, dass die Gütekriterien bei der Kompetenzanalyse gewährleistet sind. Dies kann durch eine möglichst hohe Standardisierung erreicht werden (Rammstedt, 2004). Nach Kanning (2004, S. 258) umfasst eine standardisierte Datenerhebung die folgenden Anforderungen:

Elemente der Datenerhebung	Anforderungen
Methode	Alle Probanden, deren Merkmale miteinander verglichen werden sollen, müssen sich einer Untersuchung mit derselben Methode (Interview, Test, AC etc.) unterziehen.
Items	Allen Probanden werden dieselben Items vorgelegt.
Reihenfolge	Kommen mehrere Methoden und Items zum Einsatz, so ist ihre Reihenfolge bei jeder Untersuchung identisch.
Rahmenbedingungen	Für alle Probanden gelten die gleichen räumlichen und zeitlichen Untersuchungsbedingungen. Ersteres bezieht sich z. B. auf Hilfsmittel, Letzteres auf die Bearbeitungszeit.
Verhalten der Diagnostiker	Alle eingesetzten Diagnostiker verhalten sich ihrer Rolle entsprechend gegenüber jedem Probanden in gleicher Weise (z. B. Hilfestellungen, Freundlichkeit).

Tabelle 23: Anforderungen der standardisierten Datenerhebung (Kanning, 2004, S. 258)

Bezogen auf den Einsatz computerbasierter Tests zur Kompetenzanalyse können diese so weit angepasst werden, dass Methode, Items und Reihenfolge bei allen Analysierten bzw. Probanden gleich sind. In diesem Bereich kann von einer standardisierten Datenerhebung ausgegangen werden. Hinsichtlich der Rahmenbedingungen hängt die Standardisierung davon ab, inwiefern der Test im gleichen Raum und in der gleichen Zeit stattfindet. Aufgrund der computerbasierten Form und des Einsatzes von Informations- und Kommunikationstechnologien ist eine Testdurchführung mittels Internet an verschiedenen Orten möglich. Dies widerspricht dem Grundsatz einer standardisierten Datenerhebung. Inwiefern solche unterschiedlichen Rahmenbedingungen einen Einfluss auf die Durchführung und damit auf die Kompetenzdaten haben, ist bis dato noch nicht geklärt. Trotz dieser räumlichen Unterschiede kann die Bearbeitungszeit bei allen Probanden in gleichem Umfang festgelegt werden.

Eine der anspruchsvollsten Anforderungen im Hinblick auf die standardisierte Datenerhebung ist die Normierung des Diagnostiker-Verhaltens (Kanning, 2004). Der Einfluss durch die Diagnostiker wird aufgrund der computerbasierten Form und der Abwesenheit solcher Personen bei der Kompetenzanalyse verhindert.

Zusammengefasst können die Anforderungen einer standardisierten Datenerhebung bei einer computerbasierten Umsetzung der Kompetenzanalyse weitestgehend erfüllt werden. Dies verlangt jedoch eine genaue Festlegung, wie die Kompetenzanalyse durchgeführt wird. Die in diesem Zusammenhang notwendigen Prozessschritte werden im folgenden Referenzprozess bestimmt. Hierbei werden sowohl die Besonderheiten der computerbasierten Analysedurchführung (Kapitel 3.6.1.1), die probandengerechte Gestaltung (Kapitel 3.6.1.2) und die Facetten der Standardisierung (Kapitel 3.6.1.3) als auch die in Teilprozess I analysierten Elemente der Datenerhebung (Kapitel 3.4.1.2) berücksichtigt.

3.6.2. Modellierung des Teilprozesses III

Auf der Grundlage der in den vorangegangenen Kapiteln dargestellten Prozesselemente und Besonderheiten bei der Durchführung einer computerbasierten Kompetenzanalyse erfolgt in diesem Abschnitt die Modellierung des Teilprozesses. Auch hier orientiert sich die Modellierung an der Prämisse größtmöglicher Standardisierung und basiert, wie in Kapitel 3.2 beschrieben, auf Ereignisgesteuerten Prozessketten (EPK). Zum besseren Verständnis werden die notwendigen Funktionen zunächst verbal erläutert und ihrer Reihenfolge entsprechend durchnummeriert. Der Teilprozess startet, wenn die Kompetenzanalyse durchzuführen ist.

(1) Als Erstes ist es notwendig, dass der Analysierte das **Kompetenzanalyseinstrument aufruft**. Dies beinhaltet Fragen bzw. Aufgaben inklusive der Antworten, um die Kompetenzdaten zu erfassen, Informationen und Hilfetexte zur Durchführung sowie die Interaktionsschnittstelle, um das Analyseergebnis zu generieren und in geeigneter Form anzuzeigen.

(2) Zur Beantwortung der Fragen bzw. Aufgaben soll der Analysierte als Nächstes **Informationen zur Durchführung** der Kompetenzanalyse **lesen**. Hierunter fallen ebenfalls die Ziele und der Umfang der Analyse so-

wie Angaben zum Datenschutz. Zusätzlich kann die Transparenz durch Auskünfte zu den analysierenden Personen und zur Organisation, welche die Kompetenzanalyse anbietet, erhöht werden.

(3) Vor dem Hintergrund, dass die Kompetenzanalyse computerbasiert erfolgt, ist eine **Registrierung** notwendig. Hierbei können ebenfalls **allgemeine Angaben zur Person** erfasst werden.

(4) Im Anschluss an die Registrierung kann der Analysierte mit der Beantwortung der Fragen bzw. Aufgaben beginnen. Die Fragen werden ihrer Reihenfolge nach abgearbeitet. Zuerst muss der Analysierte die **Frage- bzw. Aufgabenstellung lesen.**

(5) Wenn der Analysierte die Frage- bzw. Aufgabenstellung nicht versteht, kann er sich für die **Verwendung einer Hilfefunktion entscheiden**. Diese enthält zusätzliche Instruktionen und Beispiele, die es dem Analysierten ermöglichen sollen, die Fragen bzw. Aufgaben zu beantworten.

(6) Falls er sich für die Verwendung entscheidet, kann er den zur Verfügung gestellten **Hilfetext lesen.**

(7) Unabhängig davon ist jede **Frage oder Aufgabe zu beantworten.**

(8) Die drei vorherigen Prozessschritte einschließlich einer anschließenden **Prüfung** werden so lange durchlaufen, bis **alle Fragen oder Aufgaben beantwortet sind.**

(9) Anschließend kann der Analysierte ein **Feedback geben**. Dies unterstützt den Informationsaustausch zwischen Analysierten und Analysierenden.

(10) Am Ende hat der Analysierte die **Erfassung der Daten abzuschließen und** diese zur Auswertung an den Analysierenden zu **senden.**

Insgesamt umfasst der Prozess „Durchführung der Kompetenzanalyse" zehn Funktionen. Das Ergebnis des Prozesses sind Daten zu den analysierten Personen, auf deren Basis die Kompetenzen ausgewertet werden können. Die zwei folgenden Abbildungen stellen den vorher verbal erläuterten Prozess mithilfe von EPK grafisch dar.

(1)

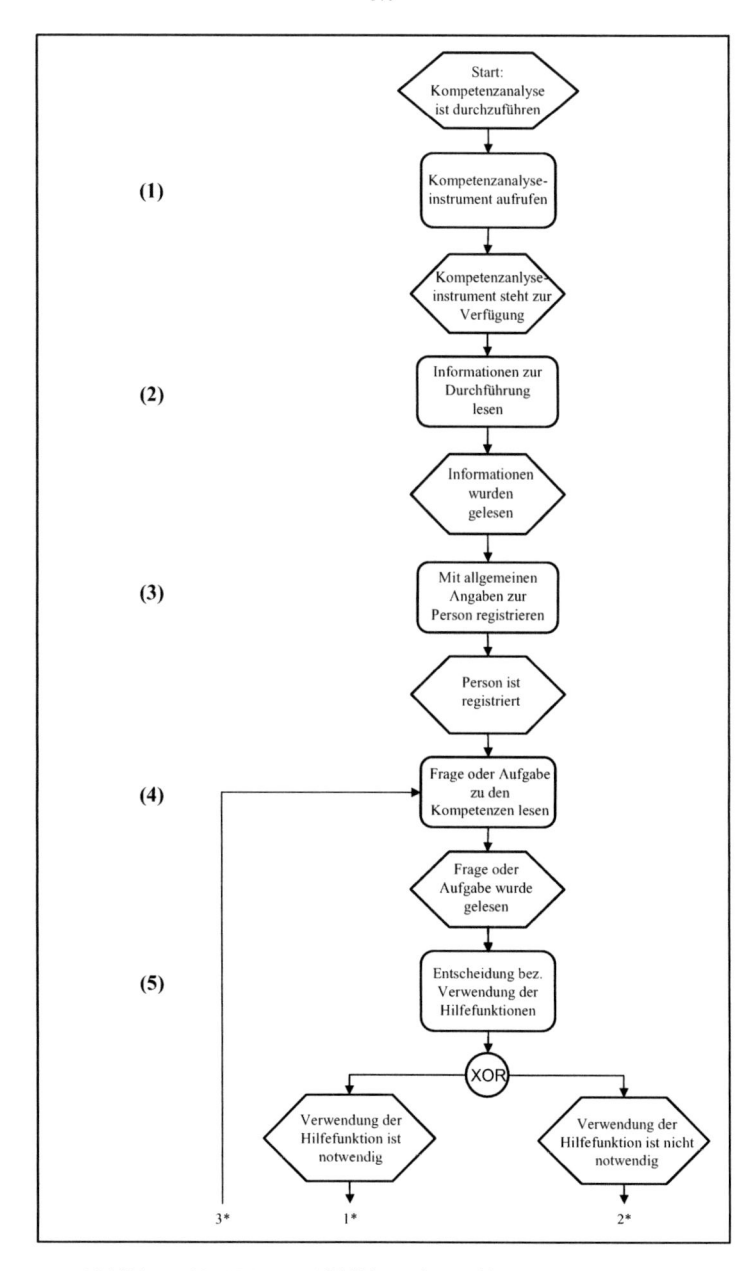

(2)

(3)

(4)

(5)

```
                    Start:
                Kompetenzanalyse
                ist durchzuführen

                Kompetenzanalyse-
                instrument aufrufen

                Kompetenzanlyse-
                instrument steht zur
                     Verfügung

                Informationen zur
                  Durchführung
                      lesen

                  Informationen
                      wurden
                      gelesen

                  Mit allgemeinen
                  Angaben zur
                Person registrieren

                    Person ist
                    registriert

                Frage oder Aufgabe
                    zu den
                Kompetenzen lesen

                  Frage oder
                Aufgabe wurde
                    gelesen

                Entscheidung bez.
                Verwendung der
                  Hilfefunktionen

                       XOR

         Verwendung der              Verwendung der
         Hilfefunktion ist           Hilfefunktion ist nicht
            notwendig                    notwendig

   3*         1*                              2*
```

Abbildung 40: EPK zur Abbildung des Teilprozesses III (Teil 1)

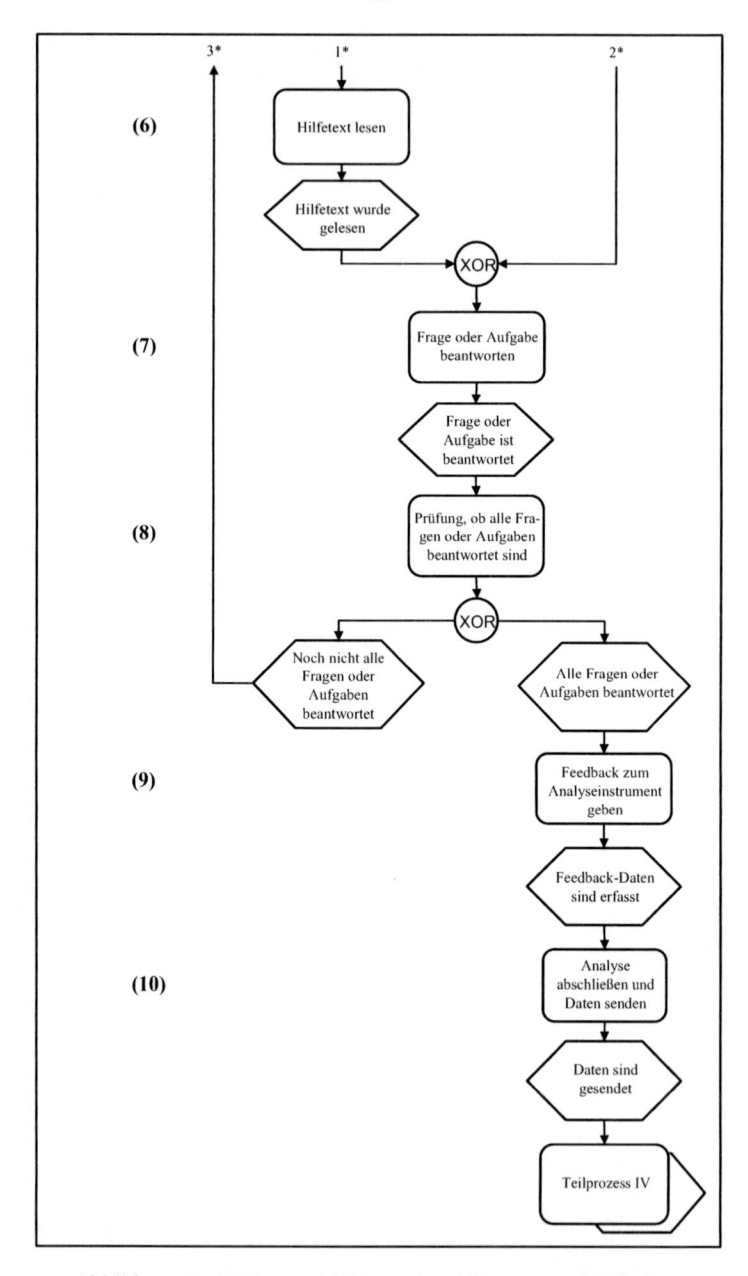

Abbildung 41: EPK zur Abbildung des Teilprozesses III (Teil 2)

3.6.3. Ansatzpunkte zur IT-Unterstützung des Teilprozesses III

Ausgehend von dem in Kapitel 3.6.2 modellierten Teilprozess soll im Folgenden wie auch bei den vorhergehenden Prozessen untersucht werden, inwiefern die hierbei festgelegten Funktionen mithilfe von Software unterstützt werden können. Die Darstellung der identifizierten Ansatzpunkte zur IT-Unterstützung orientiert sich an den im Teilprozess III ablaufenden Funktionen.

(1) Soweit das Kompetenzanalyseinstrument computer- bzw. webbasiert umgesetzt wurde, können die notwendigen Daten und Funktionen mithilfe einer **Itemdatenbank** und eines **webbasierten Umfragetools** im Internet aufgerufen werden.

(2) Ebenso können die Informationen zur Durchführung der Kompetenzanalyse mittels eines **webbasierten Umfragetools** zur Verfügung gestellt werden. Die dafür notwendigen Daten werden aus der **Informationsdatenbank** abgerufen.

(3) Die Verwendung des **webbasierten Umfragetools** ist ebenfalls für die Registrierung der Person zur Kompetenzanalyse und die Erfassung der allgemeinen Angaben zur Person zweckmäßig. Die dabei erfassten Daten können in einer **Antwortdatenbank** gespeichert werden.

(4) Die zur Kompetenzanalyse entwickelten Fragen- bzw. Aufgaben werden aus einer **Itemdatenbank** abgerufen und im **webbasierten Umfragetool** angezeigt. Dies ermöglicht eine Kombination von verschiedenen Visualisierungselementen. Zusätzlich können Audio- oder Videodateien in die Fragen bzw. Aufgaben eingebunden werden.

(5) Die Entscheidungen bezüglich der Verwendung einer Hilfefunktion kann nur der Analysierte selbst treffen. Lediglich ein einfacher Zugang zu entsprechenden Hilfestellungen kann diese Entscheidung unterstützen.

(6) Auch das Lesen des Hilfetextes inklusive der Instruktionen und Beispiele kann nur durch den Analysierten selbst durchgeführt werden. Die dafür notwendigen Informationen können wie bei den vorherigen Funktionen mittels **webbasiertem Umfragetool** und **Informationsdatenbank** dargestellt werden.

(7) Die Antwort(en) auf die gestellte Frage oder Aufgabe können im **webbasierten Umfragetool** erfasst werden und über das Internet an eine **Antwortdatenbank** übertragen werden.

(8) Die anschließende Prüfung erfolgt ebenfalls über Funktionen, die durch das **webbasierte Umfragetool** ausgeführt werden können

(9) Das nachfolgende Feedback kann der Analysierte in entsprechende Eingabefelder, die durch das **webbasierte Umfragetool** angezeigt werden, eintragen. Diese Daten werden in einer **Antwortdatenbank** gespeichert.

(10) Der Abschluss der Datenerfassung und damit das Ende der Kompetenzanalysedurchführung können durch eine entsprechende Funktion im **webbasierten Umfragetool** umgesetzt werden. Die restlichen Daten können zur Auswertung an den Analysierenden gesendet und in eine **Antwortdatenbank** übertragen werden.

Die hier beschriebenen Ansatzpunkte zur IT-Unterstützung werden in den vorher modellierten Teilprozess III integriert. Hierzu werden in den folgenden Abbildungen die EPK um die möglichen Softwaresysteme ergänzt.

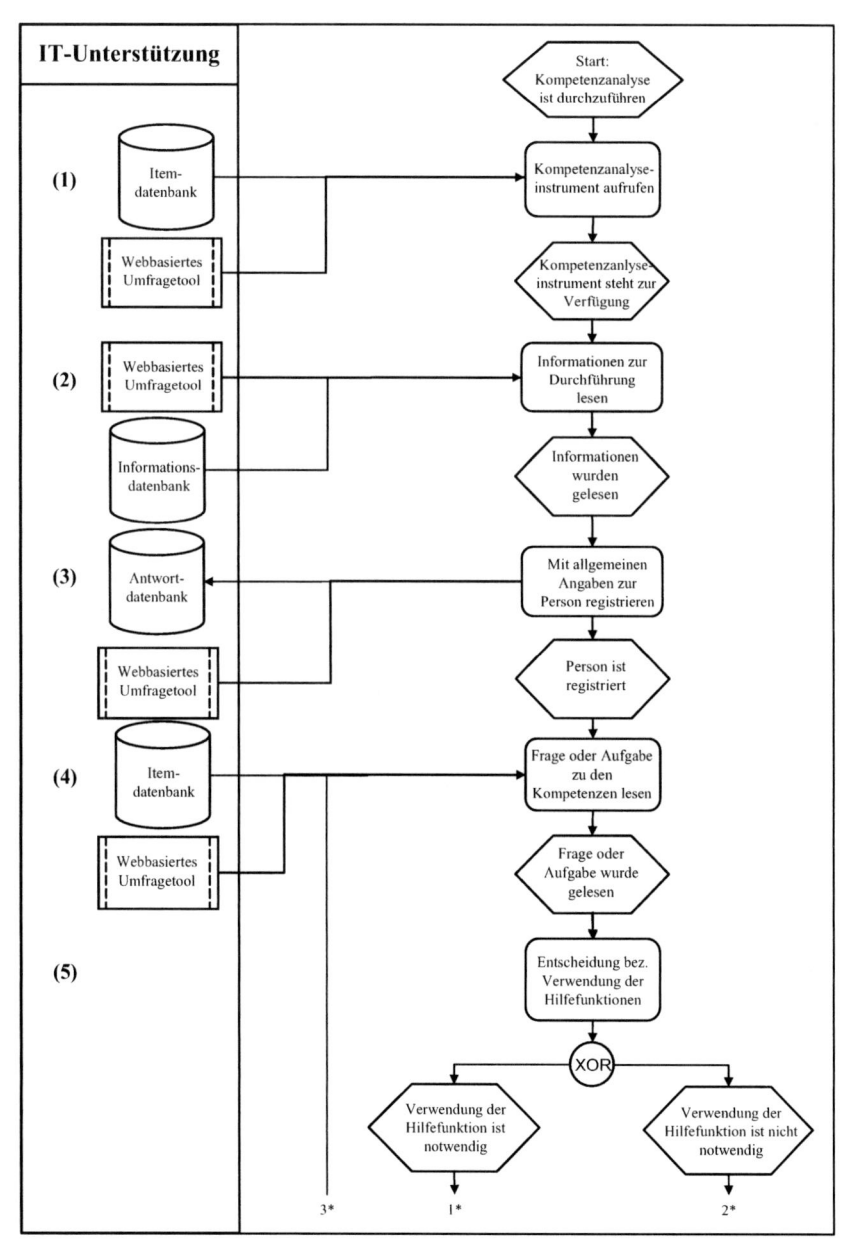

Abbildung 42: IT-Unterstützung des Teilprozesses III (Teil 1)

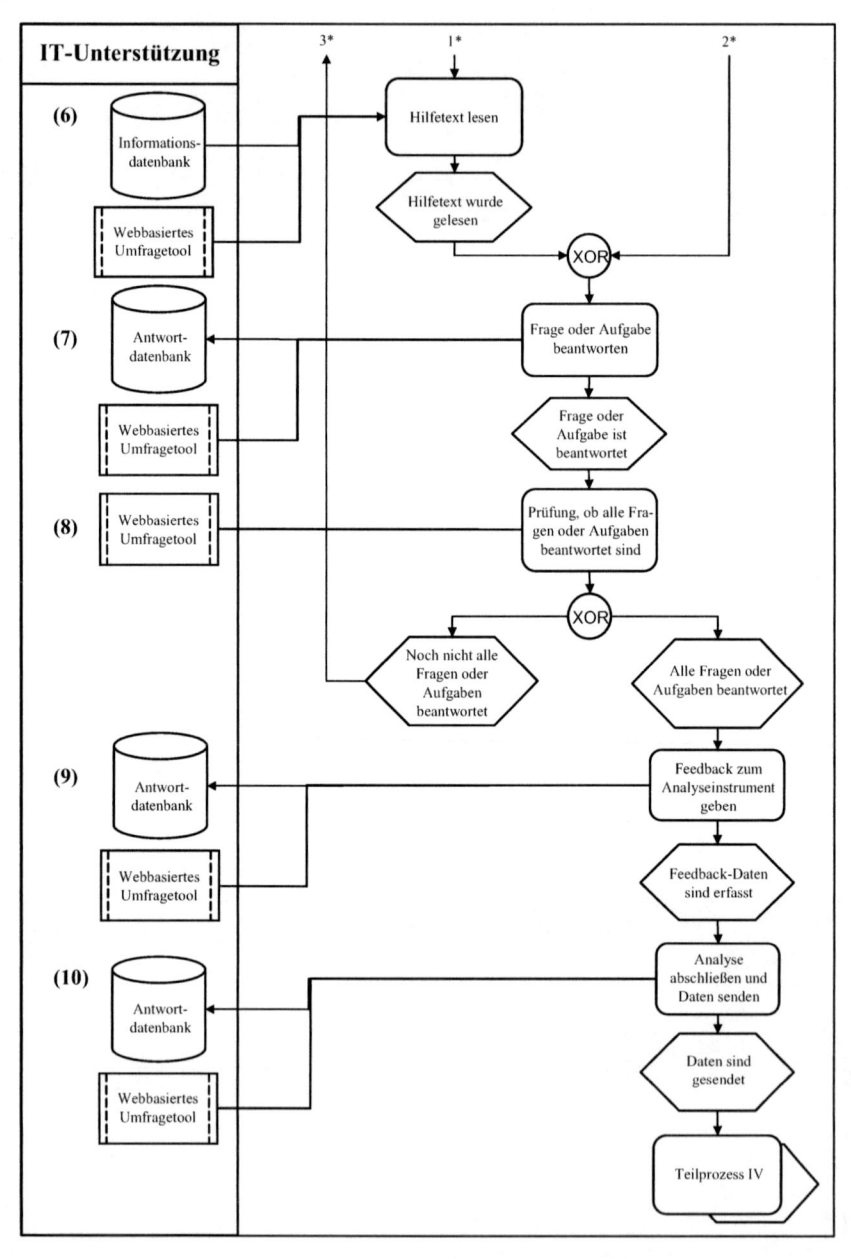

Abbildung 43: IT-Unterstützung des Teilprozesses III (Teil 2)

3.7. Teilprozess IV: Auswertung der Kompetenzanalyse

Nachdem die Kompetenzanalyse durchgeführt und die Daten zu einer Person erfasst wurden, kann der Teilprozess IV „Auswertung der Kompetenzanalyse" beginnen. Ziel ist es, aus den erfassten Daten sowohl für den Analysierten als auch für den Analysierenden Informationen über die Kompetenzen zu generieren. Die in diesem Zusammenhang notwendigen Prozessschritte werden im folgenden Kapitel 3.7.1 untersucht. Die hierbei identifizierten Anforderungen bzw. Methoden stellen die Grundlage für die Modellierung eines Referenzprozesses in Kapitel 3.7.2 dar. Abschließend erfolgt auf dieser Basis eine Auseinandersetzung mit Ansatzpunkten zu dessen IT-Unterstützung in Kapitel 3.7.3.

3.7.1. Untersuchung der Prozesselemente

Die Daten der Kompetenzanalyse können vielfältig ausgewertet werden, sodass z. B. eine personenbezogene Auswertung, ein Gesamtergebnis über alle analysierten Personen oder eine Auswertung hinsichtlich der Qualität des Kompetenzanalyseinstruments möglich ist. Je nachdem, ob die Kompetenzanalyse computer- oder papierbasiert durchgeführt wird, kann eine Verarbeitung der erfassten Daten direkt im Anschluss oder zeitversetzt erfolgen. Zudem ist zu klären, für wen die Informationen aus der Kompetenzanalyse bestimmt sind bzw. welche Personen die Auswertung erhalten sowie welches Ziel oder welchen Zweck die Kompetenzanalyse verfolgt. Im Folgenden wird davon ausgegangen, dass beide, sowohl der Analysierte als auch der Analysierende, eine Auswertung erhalten. Der Zeitpunkt der Auswertung für den Analysierten kann aufgrund der computerbasierten Umsetzung kurz nach der Erfassung der Daten erfolgen.

Bereits in Teilprozess II (Kapitel 3.5.1) wurde untersucht, wie die Items bewertet werden und welche Darstellungselemente für die ausgewerteten Kompetenzen zum Einsatz kommen können. Dies war notwendig, da an dieser Stelle des Prozesses die für eine automatische, computerbasierte Auswertung notwendigen Routinen festgelegt werden müssen. Da Teilprozess IV stark von den vorhergehenden Teilprozessen abhängig ist, beschränken sich die Ausführungen auf einige wesentliche Punkte. Im Folgenden wird in Kapitel 3.7.1.1 kurz der Ablauf der Auswertung für den Analysierten dargestellt. Anschließend werden in

Kapitel 3.7.1.2 Auswertungsmöglichkeiten untersucht, die Informationen für den Analysierenden liefern.

3.7.1.1. Kompetenzauswertung für den Analysierten

Die Auswertung der Kompetenzanalyse erfolgt, wenn alle notwendigen Daten zur Person erfasst sind. Ein genaues bzw. standardisiertes Verfahren, wie bei der Auswertung solcher Daten vorzugehen ist, existiert nicht. In klassischen, papierbasierten Tests, wie z. B. beim TOP-Test oder beim Founders Check (vgl. Kapitel 2.4.2.3), werden die erfassten Daten von professionellen Diagnostikern analysiert. Hierzu wird eine umfangreiche, schriftliche Rückmeldung erstellt und an die analysierte Person zurückgesandt. Dieser Prozessschritt umfasst eine Zeitdauer von ca. vier Wochen (Lang-von Wins et al., 2003).

Durch den Einsatz von Computern ist eine zeitnahe Auswertung möglich, die im Anschluss an die Durchführung der Kompetenzanalyse stattfindet. Fisseni (1997) sieht den Beitrag des Computers im Hinblick auf die Auswertung von Tests als Selbstverständlichkeit. Insbesondere die Errechnung der Kompetenzwerte (Roh- und Standardwerte) und die verbale, grafische und numerische Darstellung von Profilen sind Aufgaben, die heutzutage häufig von einem Computer übernommen werden. Die computerbasierte Interpretation der analysierten Werte beurteilt Fisseni (1997) jedoch als kritisch.

Die in Teilprozess II hinterlegten Routinen führen zu folgendem Ablauf: Aus den erfassten Daten wird für die jeweilige Kompetenz ein Punktewert berechnet. Aus den Punktwerten der einzelnen Kompetenzen erfolgen die Ermittlung und Darstellung eines Kompetenzprofils (vgl. Kapitel 3.5.1.3). Dieses ist die Grundlage, um die eigenen Stärken und Schwächen zu reflektieren und Maßnahmen zu bestimmen, die z. B. zu einer Weiterentwicklung der Kompetenzen führen.

3.7.1.2. Kompetenzauswertung für den Analysierenden

Der Analysierende verfügt über alle erfassten Daten, sodass er in Abhängigkeit von seinen Befugnissen sowohl Analysen zu einzelnen Personen als auch eine Gesamtauswertung über alle Daten durchführen kann. Eine vollständige Aufstellung, welche Analysen möglich sind, konnte nicht identifiziert werden. Notwendig sind in der Regel Auswertungen hinsichtlich der Güte des Kompetenzanalyseinstruments (vgl. hierzu Kapitel 3.5.1.4). Untersucht man Tools, die eine automatische Auswertung der Kompetenzanalyse ermöglichen, werden unter anderem folgende Analysen vorgeschlagen bzw. angeboten (Hänggi, 2003):

- Soll-/Ist-Abgleich auf der Grundlage eines Anforderungsprofils (bzw. geforderten Kompetenzprofils). Hierbei wird das Kompetenzprofil der einzelnen Person einem Anforderungsprofil gegenübergestellt. Die Analyse zeigt Defizite und Potenziale auf, die Basis für Entscheidungen im Bereich der Bewerberauswahl und Personalentwicklung sein können.

- Profil-Vergleich mehrerer Personen mit gleichem Anforderungsprofil (bzw. mit dem geforderten Kompetenzprofil). Die Analyse erfolgt, wie beim ersten Beispiel dargestellt. Jedoch sind hier Vergleiche zwischen unterschiedlichen Personen möglich. Zudem können Defizite identifiziert werden, die bei allen Personen auftreten.

- Falls mehrere zeitlich aufeinander folgende Datensätze zu einer oder mehreren Personen existieren, sind Periodenvergleiche mit Fortschrittsbeurteilung möglich. Diese Analyse ermöglicht eine dynamische Betrachtung der Kompetenzen und es kann ermittelt werden, inwiefern sich die Kompetenzwerte im Zeitablauf verändern. So können z. B. kompetenzbildende Maßnahmen im Hinblick auf ihre Wirksamkeit überprüft werden.

Diese Analysen und die dafür notwendigen Routinen können standardisiert zur Verfügung gestellt werden oder je nach Bedarf ohne vorherige Implementierung ausgeführt werden. Hierzu sind die entsprechenden Kompetenzwerte zu berechnen und in geeigneter Form (vgl. Kapitel 3.5.1.3) darzustellen. Die Interpretation obliegt wie bei der Auswertung für den Analysierten dem Analysierenden.

3.7.2. Modellierung des Teilprozesses IV

Auf Grundlage der in den vorangegangenen Kapiteln dargestellten Prozessschritte erfolgt in diesem Abschnitt die Modellierung eines Referenzprozesses zur Auswertung der bei der Kompetenzanalyse erfassten Daten. Die Prozessmodellierung orientiert sich an der Prämisse größtmöglicher Standardisierung und basiert, wie in Kapitel 3.2 beschrieben, auf Ereignisgesteuerten Prozessketten (EPK). Zum besseren Verständnis werden die notwendigen Funktionen zunächst verbal erläutert und ihrer Reihenfolge entsprechend nummeriert. Der Teilprozess startet, wenn die Kompetenzanalyse auszuwerten ist.

(1) Wie in Kapitel 3.7.1 einleitend dargestellt, ist bei der Auswertung der erfassten Daten festzulegen, für wen die hierdurch generierten Informationen bestimmt sind. In diesem Zusammenhang ist als Erstes die **Entscheidung** zu treffen, **ob der Analysierte eine Auswertung erhält**. In den meisten Fällen erhalten die Analysierten ein Feedback hinsichtlich ihrer analysierten Kompetenzen. In einigen Fällen, z. B. bei der Bewerberauswahl, erhält nur der Analysierende das Kompetenzprofil des Bewerbers.

(2) Ausgangspunkt für die **Berechnung der Kompetenzwerte** sind die Daten einer Person, die innerhalb des Teilprozesses III erfasst wurden. Wie in Kapitel 3.5.1.2 dargestellt, werden die Punktwerte, die für die einzelnen Antworten vergeben wurden, zusammengerechnet. Hieraus ergibt sich der Wert, welcher aussagt, wie stark eine bestimmte Kompetenz ausgeprägt ist.

(3) Die einzelnen Kompetenzwerte zusammengefasst ergeben das Kompetenzprofil des Analysierten. Dieses muss in geeigneter Form präsentiert werden. Die Art, wie die Kompetenzwerte abgebildet werden sollen, wird bereits in Teilprozess II festgelegt (vgl. Kapitel 3.5.2). Jedoch erfolgt an dieser Stelle des Prozesses auf Basis der individuellen Daten des Analysierten die automatische **Darstellung der Kompetenzwerte**.

(4) Auf Grundlage dieser Kompetenzdarstellung kann der Analysierte mit der **Interpretation seiner Kompetenzwerte** beginnen.

(5) Der Analysierende erhält eine Auswertung, sobald Daten von einer oder mehreren Personen eingegangen sind. Hierbei kann zwischen Einzel- und Gesamtauswertung unterschieden werden. Beispielsweise kann der Analysierende die Kompetenzwerte einer einzelnen Person oder im Vergleich zu einer anderen Person sowie eine Auswertung über alle analysierten Personen generieren lassen. Die notwendigen Prozessschritte sind identisch mit denen bei der Auswertung für den Analysierten. Zuerst werden die **Kompetenzwerte aus den** erfassten **Daten berechnet**.

(6) Anschließend werden die berechneten **Kompetenzwerte** in geeigneter Form **dargestellt**.

(7) Auf Basis der Kompetenzdarstellung kann der Analysierende die **Kompetenzwerte interpretieren**.

(8) Zudem können die erfassten **Daten hinsichtlich der Gütekriterien geprüft** und das Kompetenzanalyseinstrument angepasst bzw. verbessert werden.

Insgesamt umfasst der Prozess „Auswertung der Kompetenzanalyse" acht Funktionen. Ergebnis des Prozesses sind die Kompetenzwerte der analysierten Personen, auf dessen Grundlage verschiedene Maßnahmen, wie z. B. die Auswahl eines Bewerbers sowie die Weiterentwicklung der Kompetenzen, möglich sind. Die zwei folgenden Abbildungen stellen den vorher verbal erläuterten Prozess mithilfe von EPK grafisch dar.

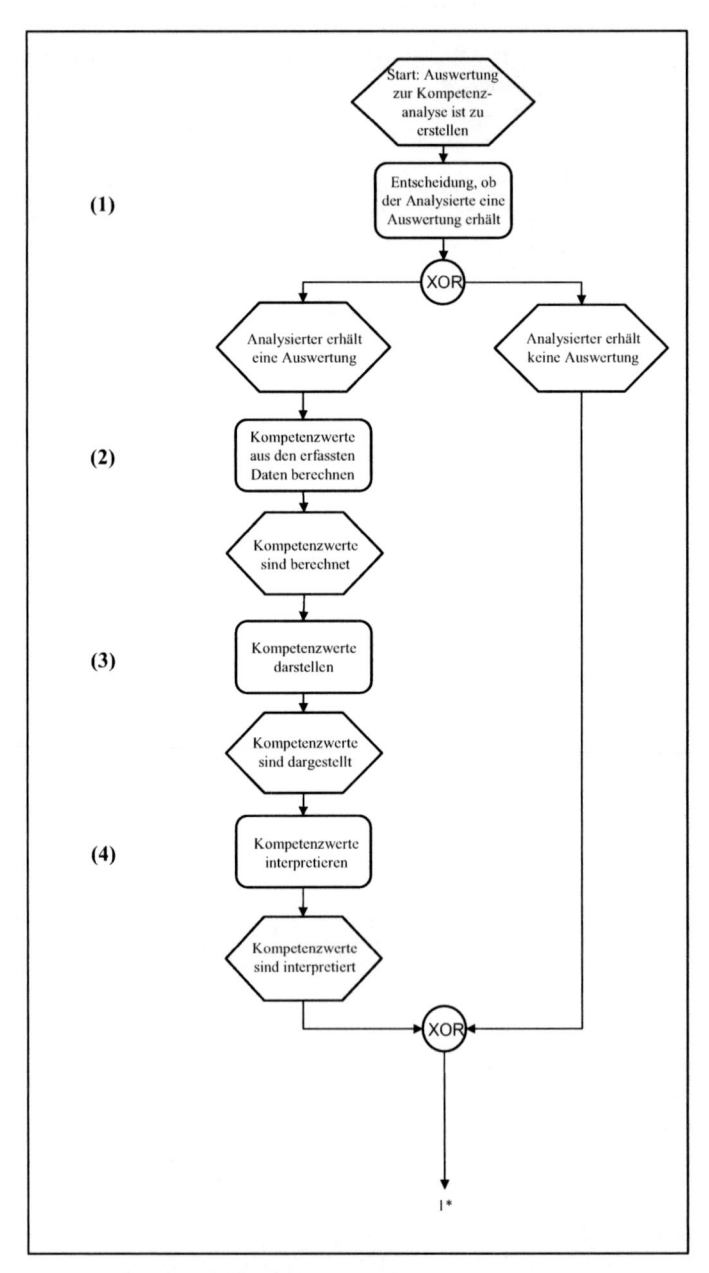

Abbildung 44: EPK zur Abbildung des Teilprozesses IV (Teil 1)

1*

(5) Kompetenzwerte aus den erfassten Daten berechnen

Kompetenzwerte sind berechnet

(6) Kompetenzwerte darstellen

Kompetenzwerte sind dargestellt

(7) Kompetenzwerte interpretieren

Kompetenzwerte sind interpretiert

(8) Daten hinsichtlich Gütekriterien prüfen

Kompetenzanalyse beendet

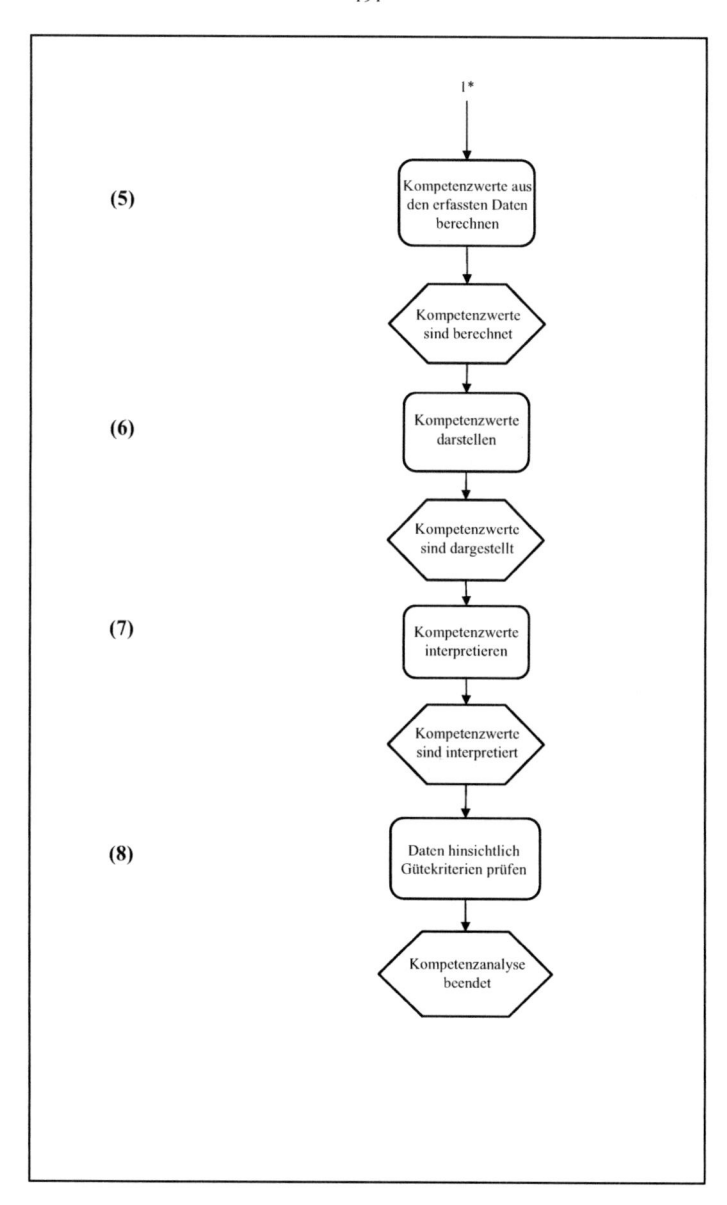

Abbildung 45: EPK zur Abbildung des Teilprozesses IV (Teil 2)

3.7.3. Ansatzpunkte zur IT-Unterstützung des Teilprozesses IV

Ausgehend von dem in Kapitel 3.7.2 modellierten Teilprozess soll im Folgenden untersucht werden, inwiefern die hierbei festgelegten Funktionen mithilfe von Software unterstützt werden können. Die Darstellung der identifizierten Ansatzpunkte zur IT-Unterstützung orientiert sich an den im Teilprozess IV ablaufenden Funktionen.

(1) Die Entscheidung, ob der Analysierte eine Auswertung erhält, trifft in der Regel der Analysierende selbstständig.

(2) Falls der Analysierte eine Auswertung erhält, werden die Kompetenzwerte mittels der entsprechenden mathematischen Formeln auf der **Antwortdatenbank** berechnet.

(3) Zur Darstellung der Kompetenzwerte kann neben einer textlichen Erläuterung eine grafische Visualisierung eingesetzt werden. Die Generierung solcher Grafiken erfolgt mithilfe einer elektronischen **Grafikbibliothek** und dem **webbasierten Umfragetool**. Die notwendigen Daten zur Generierung der Auswertungsdarstellung werden von der **Antwortdatenbank** abgerufen.

(4) Anschließend interpretiert der Analysierte seine Werte selbstständig auf Basis der Kompetenzdarstellung.

(5) Für die Auswertung des Analysierenden werden ebenfalls Kompetenzwerte mittels der entsprechenden mathematischen Formeln auf der **Antwortdatenbank** berechnet. Diese unterscheiden sich in Abhängigkeit davon, welche Informationen der Analysierende benötigt.

(6) Die Darstellung der Kompetenzwerte erfolgt analog wie beim Analysierten in Funktion 3 mittels elektronischer **Grafikbibliothek, Antwortdatenbank** und **webbasierten Umfragetool**.

(7) Anschließend erfolgt die Interpretation der berechneten Werte. Diesen Prozessschritt führt der Analysierende selbstständig aus.

(8) Die Prüfung der Daten und des Kompetenzanalyseinstruments hinsichtlich der Gütekriterien kann mittels **Statistiksoftware** durchgeführt werden. Die dafür notwendigen Daten werden aus der **Antwortdatenbank** abgerufen.

Die hier beschriebenen Ansatzpunkte zur IT-Unterstützung werden in den vorher modellierten Teilprozess IV integriert. Hierzu werden in den folgenden Abbildungen die EPK um die möglichen Softwaresysteme ergänzt.

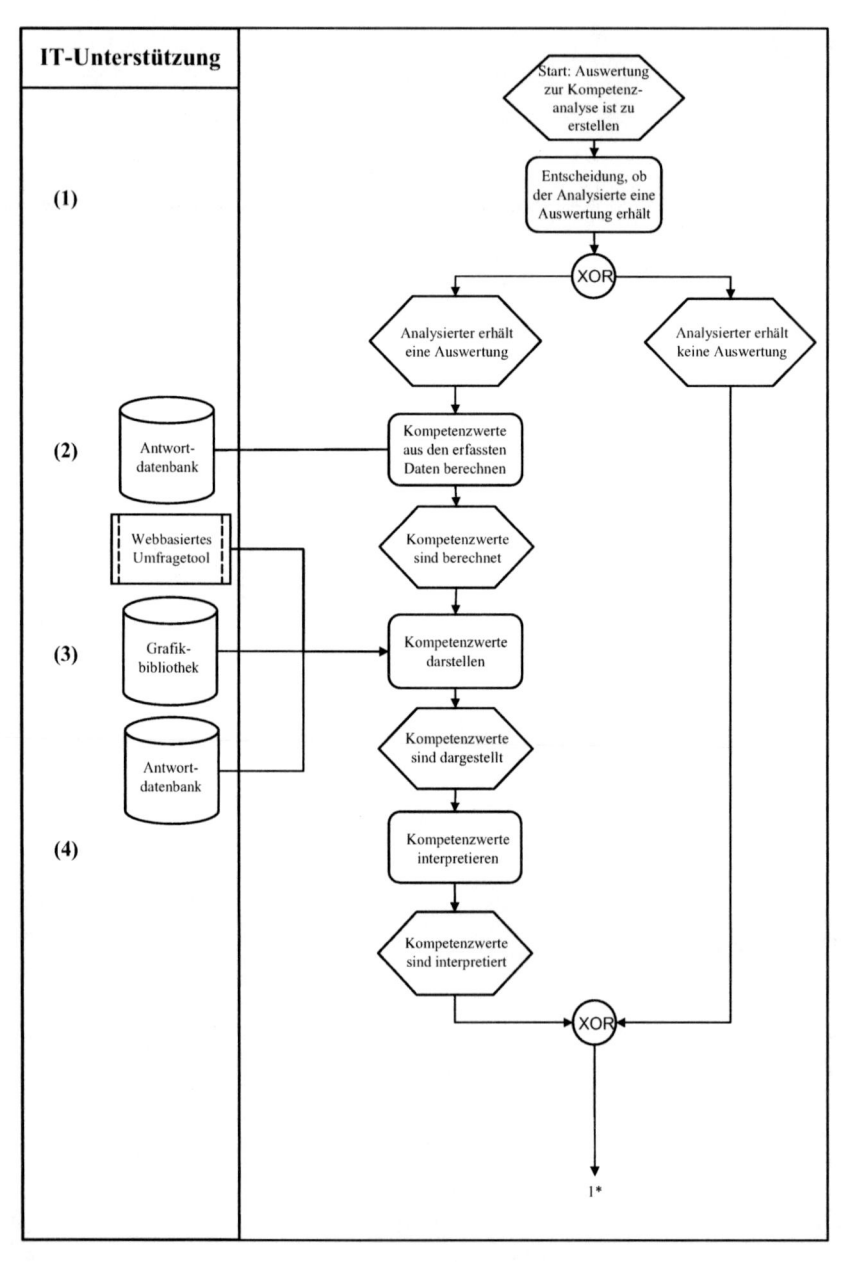

Abbildung 46: IT-Unterstützung des Teilprozesses IV (Teil 1)

-195-

IT-Unterstützung	
(5) Antwort-datenbank	1* → Kompetenzwerte aus den erfassten Daten berechnen
	↓ Kompetenzwerte sind berechnet
Webbasiertes Umfragetool	
(6) Grafik-bibliothek	→ Kompetenzwerte darstellen
Antwort-datenbank	↓ Kompetenzwerte sind dargestellt
(7)	↓ Kompetenzwerte interpretieren
	↓ Kompetenzwerte sind interpretiert
(8) Statistik-software	→ Daten hinsichtlich Gütekriterien prüfen
Antwort-datenbank	↓ Kompetenzanalyse beendet

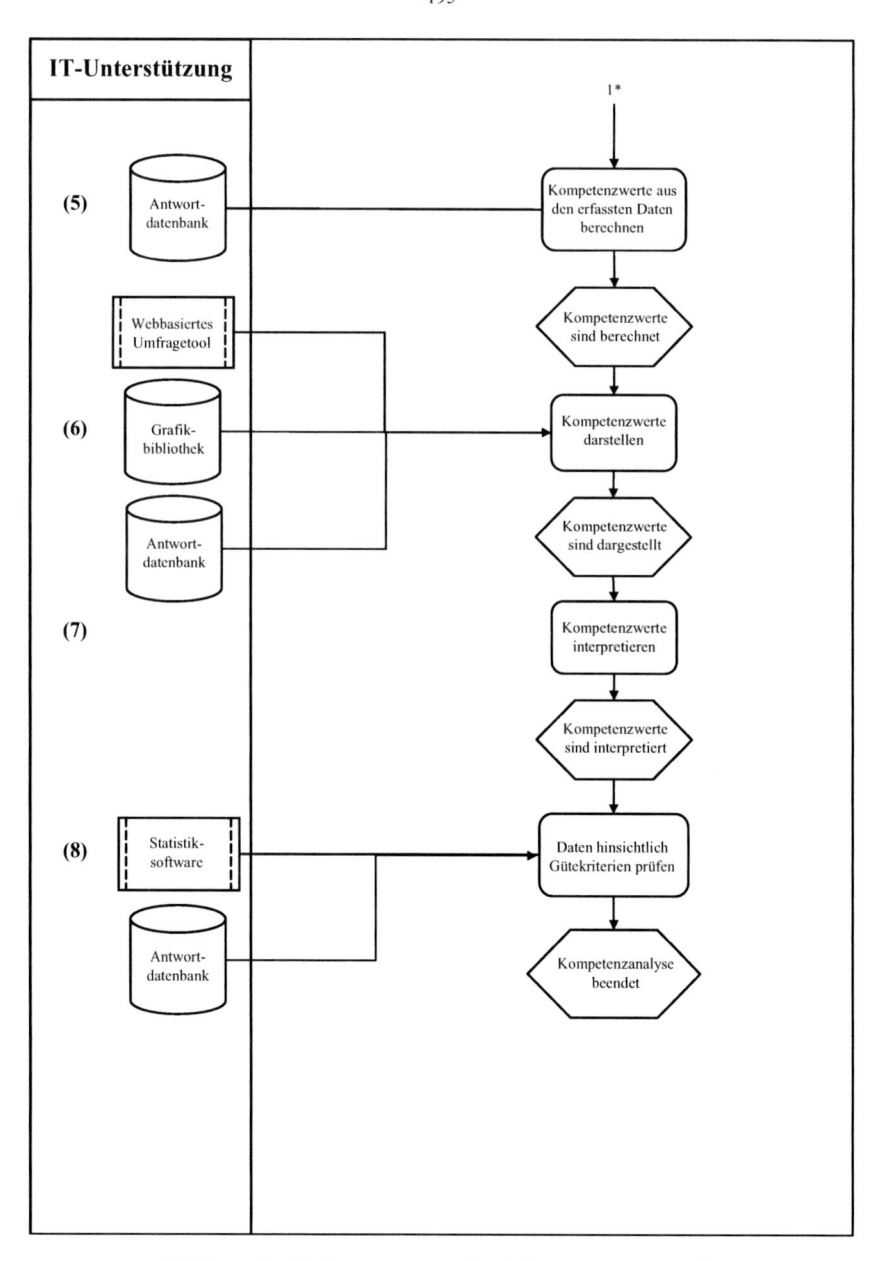

Abbildung 47: IT-Unterstützung des Teilprozesses IV (Teil 2)

3.8. Zusammenfassung des Kapitels

In diesem Kapitel wurde der Prozess zur Kompetenzanalyse entwickelt und mittels EPK formalisiert dargestellt. Der entwickelte Referenzprozess besteht aus vier voneinander abgrenzbaren Teilprozessen: I. die Ermittlung des geforderten Kompetenzprofils, II. die Erstellung des Kompetenzanalyseinstruments, III. die Durchführung und IV. die Auswertung der Kompetenzanalyse. Die Anzahl und Art der Einzelaktivitäten sind in Abhängigkeit von den identifizierten Teilprozessen sehr unterschiedlich. Während die Ermittlung des geforderten Kompetenzprofils und die Erstellung des Kompetenzanalyseinstruments sehr aufwendig sind, können Durchführung und Auswertung der Kompetenzanalyse durch die ersten beiden Teilprozesse weitestgehend vorbereitet werden und benötigen weniger Prozessschritte.

Zudem wird bei der Auseinandersetzung mit der IT-Unterstützung deutlich, dass die letzten beiden Teilprozesse „Durchführung" und „Auswertung" häufig schon computerbasiert umgesetzt sind. Potenziale einer weiterführenden IT-Unterstützung konnten insbesondere für die Teilprozesse I und II identifiziert werden. Eine vollständig IT-gestützte Kompetenzanalyse ist jedoch nur durch eine höhere Standardisierung der Verfahren zur Ermittlung der Kompetenzanforderungen und zur Erstellung des Analyseinstruments sowie durch die gezielte Weiterentwicklung bestehender Softwarewerkzeuge möglich.

Bei der Prozessanalyse wird darüber hinaus ersichtlich, dass zwei zentrale Parteien an der Kompetenzanalyse beteiligt sind: die Analysierenden und die Analysierten. Aufgrund der IT-Unterstützung, insbesondere bei der Durchführung und Auswertung, sind diese beiden Parteien in unterschiedlichem Maße bei der Kompetenzanalyse involviert. Diese Tatsache muss bei der Gestaltung und dem Ablauf des Prozesses berücksichtigt werden.

Im Folgenden wird das entwickelte Prozessmodell anhand eines Anwendungsbeispiels geprüft und gegebenenfalls angepasst. Zudem soll mithilfe eines Prototyps die Machbarkeit einer verstärkten Software-Unterstützung, die bis dato theoretisch diskutiert wurde, praktisch untersucht werden.

4. IT-gestützter Prozess zur Kompetenzanalyse im Rahmen der Studienfach- und Hochschulwahl

4.1. Motivation und Zielsetzung des Kapitels

Das in Kapitel 3 theoretisch hergeleitete Prozessmodell wird im Folgenden auf seine praktische Anwendbarkeit hin untersucht. Dies erfolgt im Rahmen der Studienfach- und Hochschulwahl, da hier der Bedarf an Aufklärung bezogen auf die Studieninteressierten sehr groß ist (vgl. Kapitel 2.6.1.1). Hierzu wurde an der Universität Erlangen-Nürnberg, insbesondere an der Wirtschafts- und Sozialwissenschaftlichen Fakultät, ein webbasiertes Beratungs- und Informationsangebot mit dem Namen „WiSo@visor" entwickelt. Innerhalb dieses interaktiven Angebotes soll die IT-gestützte Kompetenzanalyse die Studienfach- und Hochschulwahl unterstützen. Folgende Fragestellungen werden in diesem Kapitel näher untersucht:

- Inwiefern ist das theoretisch hergeleitete Prozessmodell in der Praxis anwendbar? Welche Ansatzpunkte zur IT-Unterstützung ergeben sich hierbei?
- Wie ist die IT-gestützte Kompetenzanalyse für den Anwendungsbereich der Studienfach- und Hochschulwahl inhaltlich und formal gestaltet?
- Welche Besonderheiten bzw. Anforderungen resultieren aus der praktischen Anwendung der IT-gestützten Kompetenzanalyse bezogen auf die Perspektive der Analysierenden und der Analysierten?

Zur Beantwortung dieser Fragen ist dieses Kapitel wie folgt strukturiert: Zu Beginn wird in Kapitel 4.2 dargestellt, wie bei der Umsetzung der IT-gestützten Kompetenzanalyse im Rahmen der Studienfach- und Hochschulwahl vorgegangen wurde und welche Methoden bei der Evaluation des theoretisch hergeleiteten Prozesses zum Einsatz kamen. Danach erfolgt in Kapitel 4.3 die Untersuchung der IT-gestützten Kompetenzanalyse für die Perspektive der Analysierenden. Im Anschluss wird in Kapitel 4.4 der Blickwinkel der Analysierten beleuchtet. Abschließend fasst Kapitel 4.5 die Ergebnisse dieser Untersuchung zusammen.

4.2. Gang der Untersuchung und Methodik

Wie bereits in der Einleitung (Kapitel 4.1) dargestellt, ist die IT-gestützte Kompetenzanalyse Bestandteil des WiSo@visors. Neben der Analyse von Kompetenzen beinhaltet dieses interaktive Informations- und Beratungsangebot Elemente, die sowohl die hochschulspezifischen Besonderheiten als auch die Charakteristiken der einzelnen Studiengänge berücksichtigen. Insgesamt besteht der WiSo@visor aus drei Bereichen, die wiederum in elf Tests und den dazugehörigen Informationsseiten unterteilt sind (vgl. Tabelle 24).

Bereiche	Tests
A. Bist Du fit für unsere Uni?	Teste Dein Wissen zur Friedrich-Alexander-Universität
	Teste Dein Wissen zur WiSo
	Teste Dein Wissen über Nürnberg
	Teste Dein Wissen zum studentischen Leben
B. Bist Du fit für ein wirtschafts- und sozialwissenschaftliches Studium?	Teste Deine Qualifikationen
	Teste Deine methodischen Kompetenzen
	Teste Deine persönlichen Kompetenzen
	Teste Deine sozialen Kompetenzen
C. Welche Studienrichtung passt zu Dir?	Teste Deine Interessen
	Teste Dein Vorwissen
	Teste Deine Berufswünsche

Tabelle 24: Bereiche des WiSo@visors

Teilbereich A „Bist Du fit für unsere Uni?" hat das Ziel, das Wissen über die hochschulspezifischen Besonderheiten der Friedrich-Alexander-Universität sowie der Wirtschafts- und Sozialwissenschaftlichen (WiSo) Fakultät abzufragen. Dies erfolgt mithilfe von vier Wissenstests. Teilbereich C „Welche Studienrichtung passt zu Dir?" unterstützt die Studieninteressierten bei der konkreten Studienfachwahl. Dies erfolgt auf Basis einer Einschätzung im Hinblick auf Interessen, Vorwissen in dem entsprechenden Studienfach und zukünftige Berufswünsche bzw. -vorstellungen. In Teilbereich B „Bist Du fit für ein wirtschafts- und sozialwissenschaftliches Studium?" findet die eigentliche Kompetenzanalyse statt. Diese basiert auf dem in Kapitel 3 entwickelten Prozessmodell und wird im Folgenden tiefer gehend erläutert. Der genaue Ablauf der Untersuchung wird in Kapitel 4.2.1 dargestellt. Anschließend erfolgt in Kapitel 4.2.2 die Beschreibung der grundlegenden Elemente, die für die prototypische Umsetzung der IT-gestützten Kompetenzanalyse verwendet wurden. Zum besseren Verständnis der Perspektive der Analysierten wurde eine Nutzerakzeptanz bezogene Untersuchung durchgeführt. Diese wird in Kapitel 4.2.3 vorgestellt.

4.2.1. Perspektiven- und prozessorientierte Untersuchung

Die Anwendung der IT-gestützten Kompetenzanalyse im Rahmen der Studienfach- und Hochschulwahl erfolgte für die eigene Fakultät und die neu zu konzipierenden Bachelor-Studiengänge der Wirtschaftswissenschaften (mit den Schwerpunkten Betriebswirtschaftslehre, Volkswirtschaftslehre, Wirtschaftsinformatik sowie Berufs- und Wirtschaftspädagogik), International Business Studies und Sozialökonomik. Hierzu wurde das in Kapitel 3 theoretisch hergeleitete Prozessmodell vollständig ausgeführt.

Wie in Kapitel 3.3 dargestellt, existieren zwei Parteien, die an der IT-gestützten Kompetenzanalyse beteiligt sind. Für die Studienfach- und Hochschulwahl ist die analysierende Partei die Hochschule, insbesondere die Fakultät oder deren Vertreter bzw. Angehörige. Die Analysierten sind die Studieninteressierten, die vor der Entscheidung stehen, ob sie ein Studium absolvieren sollen und wenn ja, welches Studienfach an welcher Hochschule das Richtige für sie ist. Diese zwei Parteien wurden getrennt voneinander betrachtet. Zur Untersuchung der **Perspektive des Analysierenden** bei der IT-gestützten Kompetenzanalyse wurden die hierbei notwendigen Teilprozesse selbst durchgeführt. Diese waren:

- Teilprozess I, in dem das geforderte Kompetenzprofil für die betrachteten Bachelorstudiengänge für die WiSo-Fakultät ermittelt wurde.

- Teilprozess II, in dem aufgrund der ermittelten Kompetenzanforderungen das Kompetenzanalyseinstrument als Bestandteil des WiSo@visors erstellt wurde.

- Teilprozess IV, in dem die bei der Kompetenzanalyse erfassten Kompetenzdaten ausgewertet und interpretiert wurden.

Die Ergebnisse werden entsprechend der ausgeführten Teilprozesse dokumentiert und im Rahmen dieser Arbeit reflektiert. Zur Untersuchung der **Perspektive des Analysierten** führten Studieninteressierte die erforderlichen Teilprozesse eigenständig durch. Diese waren:

- Teilprozess III, in dem sie mittels dem zur Verfügung gestellten WiSo@visor ihre Kompetenzdaten erfassten.

- Teilprozess IV, in dem sie ihre Auswertung erhielten und im Rahmen der Studienfach- und Hochschulwahl nutzen konnten.

Zusätzlich wurde eine Befragung der Studieninteressierten durchgeführt (vgl. Kapitel 4.2.3). Die hieraus gewonnenen Daten dienen dazu, die IT-gestützte Kompetenzanalyse und deren Umsetzung im Rahmen des WiSo@visors aus der Perspektive der Analysierten zu beurteilen.

4.2.2. Prototypische Umsetzung

Zur prototypischen Umsetzung der IT-gestützten Kompetenzanalyse war die Entwicklung eigener Softwarekomponenten erforderlich. Die grundlegenden Elemente, die hierbei angewendet wurden, sind:

- **PHP5**: Hierbei handelt es sich um eine Programmiersprache mit dem Namen „Hypertext Preprocessor". Diese Version unterstützt die objektorientierte Programmierung und kann einfach in den Quelltext von HTML-Seiten integriert werden. Darüber hinaus ist PHP sehr weit verbreitet und wird durch die meisten Provider unterstützt. Dies waren zentrale Gründe für deren Verwendung bei der prototypischen Umsetzung des WiSo@visors.

- **Apache als Webserver**: Dieser ist laut einer aktuellen Studie der am häufigsten eingesetzte Webserver (Netcraft, 2006). Er ist für verschiedene Plattformen (z. B. Linux oder Windows) verfügbar und wird von den Anwendern als performant und robust beurteilt. Ausschlaggebend für die Auswahl des Apache Webservers (Version 2.2.2) war zum einen die einfache Integration von PHP und dass dieser vom Rechenzentrum der Universität gewartet werden kann.

- **Firebird als Datenbank**: Diese entstand als Open-Source-Projekt im Jahr 2000 nach der Quellcode-Freigabe des kommerziellen Datenbankmanagementsystems Interbase durch die Firma Borland. Seitdem wird Firebird konsequent weiterentwickelt und bietet viele Funktionen wie Trigger und Stored Procedures, die Firebird von einfacheren Datenbanksystemen wie MySQL abheben.

Diese Datenbank wird ebenfalls vom universitären Rechenzentrum gewartet und hat sich daher für die Umsetzung des WiSo@visors angeboten.

- **Bibliotheken**: Für zwei Funktionen (Erzeugen von PDF-Dokumenten und Versenden von E-Mails) wurde bei der Entwicklung auf die Einbindung von PHP-Bibliotheken zurückgegriffen. Zur Erzeugung von Dokumenten im PDF-Format wurde die frei verfügbare PHP-Bibliothek FPDF ausgewählt. Diese bietet zahlreiche Funktionen für die Gestaltung von Dokumenten wie z. B. automatisierte Kopf- und Fußzeilenerzeugung, Einbinden von Bildern der Formate JPEG und PNG, Hyperlinks und Seitenkomprimierung an. Zum Versenden von E-Mails eignet sich die frei verfügbare PHP-Klasse HtmlMimeMail5. Sie unterstützt das Anhängen von Dateien an Nachrichten und das Versenden von Multipart-Nachrichten, die sowohl als Text als auch als HTML weitergeleitet werden können.

Darüber hinaus wurde auf bestehende Softwarekomponenten, wie z. B. MS Excel oder SPSS als Statistikprogamm, zurückgegriffen. Diese werden an den entsprechenden Stellen der Teilprozesse genannt und deren Einsatz beschrieben. Eine genaue Darstellung der prototypischen Umsetzung des WiSo@visors erfolgt in Strecker (2006) und Gottfried (2006). Aus diesem Grund wird auf eine nochmalige Beschreibung an dieser Stelle verzichtet.

4.2.3. Nutzerakzeptanz bezogene Analyse

Die Perspektive des Analysierten bei der IT-gestützten Kompetenzanalyse kann mittels dessen Feedback rekonstruiert werden. Für eine weiter gehende Analyse und eine systematische Beurteilung des WiSo@visors war es erforderlich, die Meinung der Nutzer, insbesondere der Studieninteressierten, strukturiert zu erfassen. Dies war unter anderem mit einem Modell zur Untersuchung der Nutzerakzeptanz von technischen Innovationen möglich.

Ein in diesem Kontext geeignetes Modell ist das von Venkatesh, Morris, Davis und Davis (2003) entwickelte UTAUT (Unified Theory of Acceptance and Use of Technology), welches die bekanntesten Modelle der Adoptions- und Akzeptanzforschung in sich vereint. Darüber hinaus wurde das UTAUT in zahlreichen Nachfolgestudien angewendet und hinsichtlich seiner Gültigkeit geprüft (Knarr, 2006). Die Nutzung eines anerkannten Modells verringerte den Aufwand, ein eigenes Evaluationsinstrument zu entwickeln, und ermöglichte eine valide Messung. Auf Basis der im UTAUT identifizierten Einflusskonstrukte auf die Nutzerakzeptanz wurde ein Fragebogen entwickelt, der dazu verwendet wurde, die Perspektive der Analysierten bei der IT-gestützten Kompetenzanalyse tiefer gehend zu untersuchen.

Im Folgenden wird ein kurzer Überblick über das UTAUT-Modell gegeben. Eine ausführliche Darstellung findet sich in Venkatesh et al. (2003). Nach dem UTAUT-Modell wirken folgende Einflusskonstrukte auf die Akzeptanz (Behavioral Use):

- „Faciltiating Conditions", welche die organisatorischen und technischen Rahmenbedingungen darstellen. Diese haben einen direkten Einfluss auf die Akzeptanz.

- „Perceived Usefulness", was dem wahrgenommenen Nutzen entspricht. Dieser wirkt über die Nutzungsabsicht (Behavioral Intention) der entsprechenden Personen auf die Akzeptanz.

- „Effort Expectancy", was den wahrgenommen Aufwand zur Nutzung (Bedienung und Verständlichkeit) der technischen Innovation berücksichtigt. Hier erfolgt die Wirkung ebenfalls über die Nutzungsabsicht.

- „Social Influence", welche den Einfluss anderer Personen auf die Nutzungsabsicht, also den fremdbestimmten Willen zur Nutzung, beschreibt.

Darüber hinaus existieren so genannte Moderatoren, wie Alter (Age), Geschlecht (Gender), Erfahrungen (Experience) und die Freiwilligkeit zur Nutzung (Voluntariness of Use), die ebenfalls Einfluss auf die Akzeptanz haben. Letzteres wird aufgrund der Tatsache, dass der WiSo@visor ein freiwilliges Informations- und Beratungsangebot ist, nicht explizit untersucht. Zusätzlich wurde in Anlehnung an Lin, Chan und Jin (2004) die Einflussvariable Einstellung (Attitude) verwendet. Da diese sehr eng mit der Erfahrung einer Person zusammenhängt, wurden diese Beiden zu einer Variable zusammengefasst.

Die hier dargestellten Einflusskonstrukte bzw. -variablen (Rahmenbedingungen, wahrgenommener Nutzen, Bedienbarkeit, Verständlichkeit, eigene und fremdbestimmte Nutzungsabsicht sowie Alter, Geschlecht und Einstellung bzw. Erfahrung) dienten als Grundlage für die weitere Untersuchung. Zudem sollte analysiert werden, inwiefern sich die Meinung der Zielgruppe bezogen auf die Organisation, die ein solches Instrument einsetzt, ändert (Marketingeffekt) Darauf aufbauend wurde ein Fragebogen mit 40 Items gebildet (vgl. Anhang 15). Als Skala wurde aufgrund ihrer Robustheit (vgl. Carlsson, Carlsson, Hyvönen, Puhakainen und Walden, 2006) eine 5-er Likert-Skala von 1 (trifft überhaupt nicht zu) bis 5 (trifft voll und ganz zu) verwendet.

Die Datenerhebung erfolgte während der Durchführung der Teilprozesse III und IV. Die Ergebnisse fließen in die Beschreibung und Reflexion der Teilprozesse aus der Perspektive der Analysierten in Kapitel 4.4.1 und 4.4.2 mit ein und ermöglichen eine tiefer gehende Betrachtung dieser Partei.

4.3. Perspektive des Analysierenden

Als Erstes erfolgt die Betrachtung der praktischen Umsetzung des modellierten Prozesses zur Kompetenzanalyse für die Perspektive des Analysierenden, insbesondere der Hochschule bzw. ihrer Mitarbeiter. Wie in Kapitel 3.3 dargestellt, ist dieser an der Ermittlung des geforderten Kompetenzprofils, der Erstellung des Kompetenzanalyseinstruments und der Auswertung der Kompetenzanalyse zentral beteiligt. Die einzelnen Funktionen der modellierten Teilprozesse wurden im Rahmen der Studienfach- und Hochschulwahl ausgeführt. Hierbei erfolgte der weitestgehende Einsatz von Software entsprechend der in Kapitel 3 identifizierten Ansatzpunkte zur IT-Unterstützung.

4.3.1. Teilprozess I: Ermittlung des geforderten Kompetenzprofils

Um den inhaltlichen Rahmen festzulegen, ist es zu Beginn der Kompetenzanalyse notwendig, das geforderte Kompetenzprofil zu ermitteln. Da es sich bei dem WiSo@visor um ein Beratungs- und Informationsangebot im Bereich der Studienfach- und Hochschulwahl handelt, waren Kompetenzanforderungen zu eruieren, die für das Studium und die Hochschule vorausgesetzt werden. Wie in Kapitel 4.2 dargestellt, bezieht sich die Kompetenzanalyse auf die neu einzuführenden Bachelor-Studiengänge. Da diese Studiengänge erst im folgenden Wintersemester 2006/2007 starten, existieren derzeit noch keine Erfahrungen von Dozenten, Studenten oder Absolventen, welche Kompetenzen hierfür erforderlich sind. Aus diesem Grund konnten diese nicht mittels Befragung erhoben werden. Auf das geforderte Kompetenzprofil konnte jedoch mittels bestehender Daten zu bisher angebotenen oder ähnlich aufgebauten Studiengängen geschlossen werden. Zum besseren Verständnis werden die dabei verwendeten Sekundärdaten in Kapitel 4.3.1.1 und 4.3.1.2 beschrieben. Anschließend wird in Kapitel 4.3.1.3 dargestellt, wie das geforderte Kompetenzprofil abgeleitet wurde. Zum Abschluss erfolgt in Kapitel 4.3.1.4 eine Auseinandersetzung, inwiefern sich der modellierte Teilprozess auf den hier untersuchten Anwendungsfall übertragen lässt.

4.3.1.1. Beschreibung der Sekundärdaten aus bestehenden Kompetenzprofilen

Im Rahmen zweier Forschungsprojekte, die durch die Hans Frisch- und die STAEDTLER-Stiftung gefördert wurden, erfolgte die Ermittlung von Kompetenzprofilen, die Grundlage für ein Studium der Betriebswirtschaftslehre (BWL) und der Wirtschaftsinformatik (WI) an der Wirtschafts- und Sozialwissenschaftlichen Fakultät der FAU Erlangen-Nürnberg darstellen (Amberg, Fischer und Schröder, 2005b; Amberg, Fischer und Schröder, 2006a). Im Folgenden werden die Vorgehensweise und das Ergebnis dieser Untersuchungen beschrieben, um das Verständnis hinsichtlich des Ursprungs dieser Daten zu erhöhen.

Die Ermittlung dieser Kompetenzprofile basiert auf einer Primärdatenerhebung mittels einer Befragung. Zuvor erfolgte zur Festlegung der für die Befragung relevanten Kompetenzen eine Analyse der Studieninhalte (vgl. Amberg et al. 2005b). Folgende Kompetenzen wurden für die Befragung ausgewählt:

Zur Messung der **Sozialkompetenzen** wurden drei Kompetenzen als relevant erachtet (vgl. Tabelle 25).

Sozialkompetenzen	Beschreibung
Interkulturelle Kompetenz	Interkulturelle Kompetenz bezeichnet die Kommunikations- und Handlungsfähigkeit in kulturellen Überschneidungssituationen. D. h. Personen, die über eine interkulturelle Kompetenz verfügen, haben die Fähigkeit mit Angehörigen einer anderen Kultur zur beiderseitigen Zufriedenheit unabhängig, kultursensibel und wirkungsvoll interagieren zu können.
Kommunikationsfähigkeit	Kommunikationsfähigkeit schließt die bisherigen Erfahrungen und Einstellungen zur Kommunikation ein, ebenso das Zuhören (-können), die Informationsverarbeitung, die Kommunikation in Gruppen sowie die Verständlichkeit mündlicher und schriftlicher Informationen.
Teamfähigkeit	Teamfähigkeit ist die persönliche Bereitschaft und Fähigkeit, in Gruppen zu arbeiten, Meinungen und Gedanken anderer zu akzeptieren und kooperativ weiterzuentwickeln.

Tabelle 25: Sozialkompetenzen zur Primärdatenerhebung in Anlehnung an Amberg et al. (2005b)

Im Bereich der **Persönlichkeitskompetenzen** wurden sieben relevante Kompetenzen identifiziert (vgl. Tabelle 27).

Persönlichkeitskompetenzen	Beschreibung
Flexibilität	Flexibilität ist die Fähigkeit, sich auf geänderte Anforderungen und Gegebenheiten einer Umwelt einstellen zu können. Sie weist auf eine umstellungsfähige Persönlichkeitsstruktur hin. Die beinhaltet darüber hinaus die Erweiterung des Aktionsraums, der die möglichen Handlungsalternativen in einer Entscheidungssituation umfasst, sowie in der Reduzierung der benötigten Zeit, einzelne Aktionen umzusetzen und durchzuführen.
Lern- und Einsatzbereitschaft	Einsatzbereitschaft ist eine persönliche Grundhaltung und realisiert sich in einem aktiven und weitgehend vorbehaltlosen Engagement gegenüber dem Studium und den geforderten Tätigkeiten. Die Lernbereitschaft steht in engem Zusammenhang mit der Offenheit gegenüber Neuem, dem Streben nach Selbstverwirklichung und der eigenen Anpassung an sich ändernde Tätigkeitsanforderungen.

Tabelle 26: Persönlichkeitskompetenzen zur Primärdatenerhebung in Anlehnung an Amberg et al. (2005b) (Teil 1)

Persönlichkeitskompetenzen	Beschreibung
Intelligenz	Intelligenz (lat.: intelligentia = „Einsicht, Erkenntnisvermögen", intellegere = „verstehen") bezeichnet im weitesten Sinne die Fähigkeit zum Erkennen von Zusammenhängen und zum Finden von optimalen Problemlösungen. Intelligenz ist, vereinfacht ausgedrückt, die Fähigkeit, Probleme und Aufgaben effektiv und schnell zu lösen und sich in ungewohnten Situationen zurechtzufinden.
Initiative, Eigeninitiative und Selbstständigkeit	Als Initiative (lat. Initium: „Anfang") bezeichnet man den Anstoß oder den ersten Schritt zu einer Handlung. Weiter gefasst ist Eigeninitiative das Merkmal einer Person, aus eigenem Antrieb zu handeln, selbstständig Entscheidungen zu treffen oder Unternehmungsgeist an den Tag zu legen.
Motivation und Zielorientierung	Unter Motivation bzw. Zielorientierung versteht man die Bereitschaft, in einer konkreten Situation eine bestimmte Handlung mit einer bestimmten Intensität bzw. Dauerhaftigkeit auszuführen (z. B. die konzentrierte Auseinandersetzung mit den Inhalten eines Lehrbuches).
Selbstbewusstsein und Belastbarkeit	Selbstbewusstsein wird hier im Sinn eines hohen Selbstwertgefühls und Selbstvertrauens verwendet. Diese sind die Basis für einen sicheren Umgang mit sich und der Umwelt. Eine gute Belastbarkeit ist physischer Natur und meint das Vermögen auch bei einer anhaltenden Quantität an Arbeit oder psychischem Druck, keine Ermüdungserscheinungen zu zeigen, qualitativ konstante Ergebnisse zu erzielen und Motivation und Selbstbewusstsein beizubehalten.
Verantwortungsbewusstsein	Verantwortungsbewusstsein ist die subjektive Widerspiegelung von Verantwortung. Es äußert sich in der Einstellung zu Menschen, Dingen oder Vorhaben, die von der Verantwortung tragenden Person abhängig sind. Der verantwortungsbewusste Mensch ist sich dieser Abhängigkeit bewusst und fühlt sich verpflichtet, das Notwendige zu tun, um Positives für den oder die abhängigen Menschen, Dinge oder Vorhaben zu bewirken bzw. Schaden von ihnen abzuwenden.

Tabelle 27: Persönlichkeitskompetenzen zur Primärdatenerhebung in Anlehnung an Amberg et al. (2005b) (Teil 2)

Abgeleitet aus den Studieninhalten wurden zehn **Fachkompetenzen** identifiziert (vgl. Tabelle 28).

Fachkompetenzen	Beschreibung
Allgemeinwissen	Allgemeinwissen umfasst allgemeine, nicht unbedingt tätigkeitsspezifische Kenntnisse in den Bereichen Politik, Geschichte, Geografie, Wirtschaft, berühmte Persönlichkeiten, Kunst, Literatur, Musik, Sport, Technik, Biologie, Physik und Chemie.
Betriebswirtschaftliches Wissen	Betriebswirtschaftliches Wissen beinhaltet Grundkenntnisse der betriebswirtschaftlichen Teildisziplinen, wie z. B. Rechnungswesen, Absatzwirtschaft oder Unternehmensführung. Darüber hinaus ist ein grundlegendes Verständnis für Unternehmensstrukturen und -abläufe notwendig.
Computerbezogenes Wissen	Computerbezogenes Wissen bezieht sich sowohl auf den praktischen Umgang mit dem PC als auch auf allgemeine Kenntnisse zu Informationssystemen.
Mathematikkenntnisse	Mathematikkenntnisse beinhalten Wissen in den Bereichen der linearen Algebra, Analysis und Finanzmathematik.
Mehrsprachigkeit	Mehrsprachigkeit bedeutet, dass die Person mehr als eine Sprache beherrscht.
Praxiserfahrungen	Praxiserfahrungen beinhalten die Anwendung von Wissen in realen Situationen. Dies kann in Form eines studienrelevanten Praktikums oder einer Ausbildung erfolgen.
Rechtliches Wissen	Rechtliches Wissen beinhaltet Grundkenntnisse im Privat- und Handelsrecht, Wirtschaftsverfassungs- und -verwaltungsrecht.
Sozialwissenschaftliches Wissen	Sozialwissenschaftliches Wissen beinhaltet Grundkenntnisse im Hinblick auf Phänomene des gesellschaftlichen Zusammenlebens der Menschen. Hierunter fallen sowohl die Struktur und Funktion sozialer Verflechtungszusammenhänge von Institutionen und Systemen als auch deren Wechselwirkung mit den Handlungs- und Verhaltensprozessen der einzelnen Individuen.
Technisches Verständnis	Technisches Verständnis umfasst die Fähigkeit, technische Abläufe und physikalische Vorgänge zu verstehen.
Volkswirtschaftliches Wissen	Volkswirtschaftliches Wissen umfasst grundlegende Kenntnisse bezogen auf gesamtwirtschaftliche Zusammenhänge und Prozesse. Grundbegriffe in der VWL, wie z. B. in Entwicklungs- oder Wirtschaftspolitik, sollten bekannt sein.

Tabelle 28: Fachkompetenzen zur Primärdatenerhebung in Anlehnung an Amberg et al. (2005b)

Im Bereich der **Methodenkompetenzen** konnten sechs wesentliche Kompetenzen identifiziert werden, die für diese Studiengänge erforderlich sind (vgl. Tabelle 29).

Methodenkompetenzen	Beschreibung
Analytisches Denken	Analytisches Denken ermöglicht das Zerlegen und Aufgliedern komplexer Vorgänge in ihre allgemeinen, notwendigen und damit wesentlichen Komponenten.
Ausdrucksfähigkeit	Ausdrucksfähigkeit (auch als verbale Intelligenz bezeichnet) umfasst den Umfang des Wortschatzes und die Fähigkeit, Wortbedeutungen zu erfassen sowie generell Sprachgefühl und Sprachfantasie.
Genaue und sorgfältige Arbeitsweise	Genaue und sorgfältige Arbeitsweise bezeichnet die Gewohnheit bei der Arbeit Normen hinsichtlich der Qualität des Arbeitsergebnisses einzuhalten. Dabei handelt es sich entweder um allgemeine Qualitätsstandards, wie z. B. beim Erstellen von wissenschaftlichen Arbeiten, oder um Anweisungen, die zum einzelnen Arbeitsauftrag erteilt worden sind.
Logisches Denken	Unter dem Begriff "Logik" (logisches Denken) wird ein folgerichtiges, schlüssiges, gültiges, so genanntes "denkrichtiges" Denken bezeichnet, das zu einleuchtenden, offenkundig und selbstverständlich richtigen Schlussfolgerungen und Aussagen führt.
Numerisches Denken	Numerisches Denken ist die Fähigkeit, mit Zahlen umzugehen. Dies beinhaltet insbesondere den Umgang mit den Grundrechenarten.
Organisationsfähigkeit	Organisationsfähigkeit umfasst einerseits das Erkennen des Wesentlichen, wichtiger Zusammenhänge und funktionaler Abhängigkeiten und das eigene Engagement zur Gestaltung bzw. Veränderung erkannter Zusammenhänge. Organisationsfähigkeit wird andererseits in Verbindung mit Selbstmanagement bzw. Selbstorganisation gebracht.

Tabelle 29: Methodenkompetenzen zur Primärdatenerhebung in Anlehnung an Amberg et al. (2005b)

Diese Kompetenzen waren Grundlage für die Erstellung einer Kompetenzliste, die mittels eines webbasierten Fragebogens bewertet werden sollte (vgl. Anhang 3). Die Beschreibungen der Kompetenzen dienten einem einheitlichen Verständnis zwischen allen Befragten. Zur Erhebung der Wichtigkeit der Kompetenzen wurde eine Bewertungsskala von 1 (unwichtig) bis 6 (sehr wichtig) gewählt. Darüber hinaus enthielt der Fragebogen Fragen zu demografischen Merkmalen der Befragten. Als Zielgruppe der Befragung wurden folgende Personengruppen ausgewählt:

- Absolventen, die das Studium der Betriebswirtschaftslehre oder der Wirtschaftsinformatik bereits erfolgreich beendet haben.
- Dozenten, die an der Ausbildung von Studenten der Betriebswirtschaftslehre oder der Wirtschaftsinformatik beteiligt sind.
- Studenten der Betriebswirtschaftslehre oder der Wirtschaftsinformatik, die sich in fortgeschrittenen Semestern des Studiums befinden.

Diese Personen besitzen einen direkten Bezug zu den jeweiligen Studiengängen. Im Zeitraum von Oktober bis November 2005 wurden zwei voneinander getrennte Befragungen mit unterschiedlichen Personengruppen durchgeführt. Die ausgewählten Personen wurden per Mail mit einem personalisierten Anschreiben kontaktiert und konnten mittels des verwendeten webbasierten Umfragetools an der Befragung teilnehmen.[37] Die Analyse der Umfrageergebnisse erfolgte mithilfe der Statistiksoftware SPSS.

Die folgende Tabelle gibt einen Überblick, wie viele Personen angeschrieben wurden, wie hoch die Rücklaufquote war und welche Merkmale die befragten Personen besitzen.

Angaben	Kompetenzprofil für WI	Kompetenzprofil für BWL
Angeschriebene Personen	105	339
Antworten	35 (33 %)	118 (34 %)
Geschlecht	86 % männlich, 11 % weiblich, 3 % keine Angabe	62 % männlich, 38 % weiblich
Altersspektrum	24 – 39 Jahre	23 – 40 Jahre
Anteil der Absolventen	50 %	61 %
Anteil der Dozenten	50 %	19 %
Anteil der Studenten	0 %	20 %
Studium in dem entsprechenden Studienfach	WI: 49 %	BWL: 96 %

Tabelle 30: Allgemeine Informationen und demografische Daten zu den Primärdatenerhebungen (Amberg et al., 2005b; Amberg et al., 2006)

Zur Ermittlung des Kompetenzprofils wurden auf Basis der erhobenen Daten die folgenden statistischen Werte ermittelt:

---

[37] Zur Anwendung des webbasierten Unfragetools vergleiche Anhang 4.

- **Modus**, der den häufigsten Wert einer Häufigkeitsverteilung darstellt.
- **Median**, der bei einer nach Größe sortierten Reihe von Messwerten der Wert ist, der in der Mitte liegt.
- **Varianz**, die das Maß für die Streubreite von Daten bzw. Zahlenwerten beschreibt.
- **Mittelwert**, der bei verschiedenen Zahlenwerten den Durchschnittswert darstellt.

Tabelle 31 stellt die statistischen Werte bezogen auf die analysierten Kompetenzen für die Studiengänge BWL und WI in einer Übersicht dar. Die Kompetenzklassen sind entsprechend ihrer durch die Befragung ermittelten Wichtigkeit angeordnet.

Kompetenzen	Median		Modus		Varianz		Mittelwert	
	BWL	WI	BWL	WI	BWL	WI	BWL	WI
1. Persönlichkeitskompetenzen (PK)								
Lern- und Einsatzbereitschaft (PK)	5	5	6	6	1.61	1.96	5.03	5.09
Zielorientierung und Motivation (PK)	5	5	5	5	1.48	1.63	4.87	4.89
Eigeninitiative/Initiative/Selbstständigkeit (PK)	5	5	6	5	1.49	1.93	4.84	4.69
Selbstbewusstsein und Belastbarkeit (PK)	5	5	5	5	1.08	1.61	4.74	4.46
Flexibilität (PK)	5	5	5	5	1.88	1.59	4.48	4.63
Intelligenz (PK)	4	5	5	5	1.56	1.49	4.22	4.57
Verantwortungsbewusstsein (PK)	4	4	4	4*	1.43	2.21	3.93	4.03
2. Methodenkompetenzen (MK)								
Analytisches Denken (MK)	5	5	5*	6	1.79	1.54	4.89	5.14
Logisches Denken (MK)	5	5	5	6	1.28	1.56	4.68	4.97
Organisationsfähigkeit (MK)	5	5	5	5	1.47	1.24	4.53	4.77
Ausdrucksfähigkeit (MK)	5	5	5	5	1.40	1.36	4.50	4.37
Genaue und sorgfältige Arbeitsweise (MK)	5	5	5	5	1.53	1.35	4.47	4.66
Numerisches Denken (MK)	5	5	5	5	1.56	1.43	4.42	4.54
3. Sozialkompetenzen (SK)								
Kommunikationsfähigkeit (SK)	5	5	5	5	1.51	1.25	4.42	4.43
Teamfähigkeit (SK)	4	5	4	6	2.19	1.75	3.95	4.89
Interkulturelle Kompetenz (SK)	4	3	4	3	1.86	1.54	3.64	3.40
4. Fachkompetenzen (FK)								
Mathematikkenntnisse (FK)	4	4	5	4	1.47	1.36	4.09	3.86
Computerbezogenes Wissen (FK)	4	4	5	4*	1.25	2.00	3.95	4.00
Betriebswirtschaftliches Wissen (FK)	4	4	5	2*	2.02	2.03	3.90	3.71
Mehrsprachigkeit (FK)	4	4	5	4*	2.18	1.96	3.87	4.09
Praxiserfahrungen (FK)	4	3	4	2	2.21	2.37	3.78	3.26
Allgemeinwissen (FK)	4	3	4	2	1.92	0.94	3.74	3.00
Volkswirtschaftliches Wissen (FK)	3	2	3	2	1.41	1.61	3.31	2.54
Sozialwissenschaftliches Wissen (FK)	3	3	2	2	1.33	2.40	3.03	3.11
Rechtliches Wissen (FK)	3	2	2*	1	1.60	2.17	2.83	2.34
Technisches Verständnis (FK)	2	4	2	5	1.63	1.17	2.60	4.34
*Mehrere Modi, kleinster Wert wird angezeigt.								

Tabelle 31: Ergebnisse der Primärdatenerhebungen in Anlehnung an Amberg et al. (2005b) und Amberg et al. (2006a)

Die Analyse der erhobenen Daten zeigt, dass sowohl für den Studiengang BWL als auch für das Studium der WI Persönlichkeits- und Methodenkompetenzen wichtiger sind als Fach- und Sozialkompetenzen. Grund dafür kann zum einen sein, dass „das Studium dem Erwerb von Fachkompetenzen dient. Hierbei ist es nur selten der Fall, dass Fachwissen vorausgesetzt wird, welches nicht noch zusätzlich im Selbststudium erlernt werden kann. Zum anderen gilt für Sozialkompetenzen, dass Studenten in ihrem Studium oft auf sich allein gestellt sind, insbesondere bei der Aufnahme und Wiedergabe von Wissen im Grundstudium" (Amberg et al., 2006a, S. 23).

Zu den wichtigsten Kompetenzanforderungen für beide Studiengänge mit einem Median von mindestens fünf und einem vier übersteigenden Mittelwert zählen:

- Lern- und Einsatzbereitschaft (PK),
- Zielorientierung und Motivation (PK),
- Eigeninitiative, Initiative und Selbstständigkeit (PK),
- Selbstbewusstsein und Belastbarkeit (PK),
- Flexibilität (PK),
- Analytisches Denken (MK),
- Logisches Denken (MK),
- Organisationsfähigkeit (MK),
- Ausdrucksfähigkeit (MK),
- Genaue und sorgfältige Arbeitsweise (MK),
- Numerisches Denken (MK) und
- Kommunikationsfähigkeit (SK).

Als Unterschiede zwischen den beiden Studiengängen können bezogen auf die wichtigsten Kompetenzanforderungen Intelligenz und Teamfähigkeit identifiziert werden. Diese werden bei angehenden Wirtschaftsinformatikern stärker gefordert als bei Studenten der BWL. Da Teamfähigkeit (SK) für den Studiengang WI von den Befragten häufig als besonders wichtig (Modus gleich sechs) eingeschätzt wurde, kann diese Kompetenz ebenfalls zu den wichtigsten Kompetenzanforderungen gezählt werden. Zusätzlich zu den studiengangsbedingten Kompetenzanforderungen wurde bei der Primärdatenerhebung untersucht, ob hochschulspezifische Besonderheiten ebenfalls Auswirkungen auf das geforderte Kompetenzprofil besitzen. Die Mehrheit beider Befragungsgruppen stimmte der Notwendigkeit der folgenden Kompetenzen zu (Amberg et al., 2005b; Amberg et al., 2006a):

- Selbstständiges Arbeiten, da nur wenig Anleitung gegeben wird.
- Planungs- und Organisationsfähigkeit, um die einzelnen Ziele im Studium zu definieren sowie Veranstaltungen und Prüfungen zu planen.
- Zielstrebigkeit, um die einzelnen Ziele im Studium durchzusetzen.

Diese Kompetenzen decken sich weitestgehend mit den für beide Studiengänge als am wichtigsten erachteten Kompetenzanforderungen. Die bei dieser Befragung erhobenen Daten flossen als Sekundärdaten in das für den WiSo@visor zu ermittelnde, geforderte Kompetenzprofil ein. Obgleich sich die Studiengänge hinsichtlich ihres Abschlusses ändern, ist aufgrund ihrer inhaltlichen Nähe davon auszugehen, dass die bereits bestehenden Anforderungen auch zukünftig relevant sind. Die Änderung der fachlichen Inhalte hätte gegebenenfalls Einfluss auf die Art der Fachkompetenzen. Diese werden aber bis dato als wenig relevant eingeschätzt. Da bei diesen Primärdatenerhebungen nur zwei der aufgezählten Studiengänge berücksichtigt wurden, erfolgte eine Analyse weiterer Sekundärdaten, deren Inhalte die Beschreibungen aller untersuchten Studiengänge sind.

4.3.1.2. Beschreibung der Sekundärdaten aus Tätigkeitsbeschreibungen

Sowohl zum Studium im Allgemeinen als auch zu den einzelnen Studiengängen existieren diverse Informationsquellen. Diese stellen so genannte Tätigkeitsbeschreibungen dar und geben Auskunft darüber, was Inhalt des Studiums ist und welche Anforderungen an Studierende für einen erfolgreichen Abschluss gestellt werden. Im Rahmen der Ermittlung des geforderten Kompetenzprofils für die eingangs genannten Studiengänge erfolgte eine Analyse solcher Informationsquellen. Hierunter zählen sowohl allgemeine als auch spezielle Studienführer, die sich entweder auf den entsprechenden Studiengang (z. B. Wirtschaftsinformatik von Mertens, Chamoni, Ehrenberg, Griese, Heinrich, Kurbel und Barbian, 2002) beziehen oder von der jeweiligen Hochschule (z. B. für die Wirtschafts- und Sozialwissenschaftlichen Studiengänge der Universität Erlangen-Nürnberg von Esslinger, 2003) herausgegeben werden. Darüber hinaus wurden Beschreibungen der betrachteten Studiengänge, die Informationen zu den einzelnen Studienanforderungen beinhalten, untersucht.

Obgleich die Anzahl existierender Studienführer und die allgemeinen Informationen zum Studium umfangreich sind, geben nur Wenige über Kompetenzanforderungen Auskunft. Insgesamt konnten 21 Informationsquellen[38], die hauptsächlich in Papierform zur Verfügung standen, identifiziert werden. Die notwendige Inhaltsanalyse wurde manuell durchgeführt. Die zu den untersuchten Studiengängen genannten Kompetenzanforderungen wurden in einer Excel-Liste erfasst und den entsprechenden Kompetenzklassen zugeordnet. Ziel war es, Kompetenzanforderungen zu ermitteln, die alle untersuchten Studiengänge berücksichtigen. Im Folgenden werden die Analyseergebnisse in Übersichtsform dargestellt.

Die geforderten **Sozialkompetenzen** umfassen die folgenden Kompetenzen (vgl. Tabelle 32).

Kompetenzanforderung	Anzahl der Nennungen	Quellen
Kommunikationsfähigkeit	10	Busse (2005), Career Counselling for Teachers (2006), Esslinger (2003), Mertens et al. (2002), Padtberg (2006), Sloane et al. (1998), SPIEGEL ONLINE (2005a), SPIEGEL ONLINE (2005b), SPIEGEL ONLINE (2005c), Staufenbiehl et al. (2002)
Teamfähigkeit	4	Busse (2005), Esslinger (2003), Mertens et al. (2002), Staufenbiehl et al. (2002)
Kontaktfähigkeit	3	Career Counselling for Teachers (2006), Esslinger (2003), Schmidt (2005), Staufenbiehl et al. (2002)
Hilfsbereitschaft	3	Career Counselling for Teachers (2006), SPIEGEL ONLINE (2005a), SPIEGEL ONLINE (2005b)
Einfühlungsvermögen	3	Schmidt (2005), SPIEGEL ONLINE (2005a), SPIEGEL ONLINE (2005b),
Konfliktfähigkeit	2	SPIEGEL ONLINE (2005a), SPIEGEL ONLINE (2005c)
Pädagogische Fähigkeiten	2	Career Counselling for Teachers (2006), Hesse und Schrader (1997)
Anpassungs- und Kooperationsfähigkeit	2	Busse (2006), Esslinger (2003)
Internationale Kommunikationsfähigkeit	2	Busse (2006), Höfinghoff (2005)

Tabelle 32: Anzahl der Nennungen von Sozialkompetenzen in Sekundärquellen

---

[38] Diese Informationsquellen werden in Tabelle 32 bis Tabelle 34 aufgezählt.

Im Bereich der **Persönlichkeitskompetenzen** wurden sieben für ein Studium notwendige Kompetenzen identifiziert (vgl. Tabelle 33).

Kompetenzanforderung	Anzahl der Nennungen	Quellen
Motivation und Zielorientierung	6	Career Counselling for Teachers (2006), Gerlach (2004), Hesse und Schrader (1997), o. V. (1999), Sloane, Twardy und Buschfeld (1998), Staufenbiel, Heimburger und Friedenberger (2002)
Eigeninitiative, Initiative und Selbstständigkeit	6	Gerlach (2004), Mertens et al. (2002), o. V. (1999), Schwarz (2006), Sloane et al. (1998), Staufenbiehl et al. (2002)
Lern- und Einsatzbereitschaft	4	Gerlach (2004), Sloane et al. (1998), SPIEGEL ONLINE (2005b), SPIEGEL ONLINE (2005c)
Selbstdisziplin (inkl. Selbstkontrolle, Ausdauer und Hartnäckigkeit)	3	Career Counselling for Teachers (2006), Gerlach (2004), Täubner (2005)
Selbstbewusstsein und Belastbarkeit (inkl. Stabilität)	3	Career Counselling for Teachers (2006), o. V. (1999), Staufenbiehl et al. (2002)
Durchsetzungsvermögen	2	O. V. (1999), Staufenbiehl et al. (2002)
Flexibilität	1	Staufenbiehl et al. (2002)
Selbstkritik	1	Täubner (2005)

Tabelle 33: Anzahl der Nennungen von Persönlichkeitskompetenzen in Sekundärquellen

Im Bereich der geforderten **Methodenkompetenzen** wurden die folgenden Kompetenzen als relevant genannt (vgl. Tabelle 34).

Kompetenzanforderung	Anzahl der Nennungen	Quellen
Logisches Denken (inkl. abstraktes und vernetztes Denken)	9	Gerlach (2004), Hesse und Schrader (1997), Himmelrath (2005), Kretschmann (2002), Mertens et al. (2002), o. V. (1999), Padtberg (2006), Schwarz (2006), SPIEGEL ONLINE (2005c)
Analytisches Denken	8	Esslinger (2003), Gerlach (2004), Hesse und Schrader (1997), Himmelrath (2005), Mertens et al. (2002), o. V. (1999), Sloane et al. (1998), Staufenbiehl et al. (2002)
Problemlösungsfähigkeit (inkl. kritisches Urteilsvermögen)	6	Busse (2006), Gerlach (2004), Kretschmann (2002), Mertens et al. (2002), o. V. (1999), Sloane et al. (1998)
Ausdrucksfähigkeit (sprach- und schriftlich)	4	Busse (2005), Esslinger (2003), o. V. (1999), Padtberg (2006)
Numerisches Denken	4	Gerlach (2004), Himmelrath (2005), Mertens et al. (2002), Schmidt (2005)
Organisationsfähigkeit	3	Gerlach (2004), o. V. (1999), Schwarz (2006)
Umgang mit Computern	2	Himmelrath (2005), o. V. (1999)
Genaue, sorgfältige und systematische Arbeitsweise	2	Gerlach (2004), o. V. (1999)
Auswendiglernen	2	Gerlach (2004), SPIEGEL ONLINE (2005c)
Gestalterische und schöpferische Fähigkeiten	1	Career Counselling for Teachers (2006)

Tabelle 34: Anzahl der Nennungen von Methodenkompetenzen in Sekundärquellen

Fachkompetenzen wurden sehr selten als studiumsrelevante Anforderung genannt. Häufig wird fachliches Interesse an dem entsprechenden Studiengang vorausgesetzt. Da die Studieninhalte sehr vielfältig sind und in Kapitel 4.3.1.1 bereits festgestellt wurde, dass Fachkompetenzen eine eher untergeordnete Rolle spielen, wurden diese nicht weiter untersucht und die Analyse an dieser Stelle abgeschlossen.

4.3.1.3. Analyse der Sekundärdaten zur Profilermittlung

Aus den verschiedenen Sekundärdaten wurde das für alle Studiengänge (vgl.

Kapitel 4.1) erforderliche Kompetenzprofil ermittelt. Hierzu wurden sowohl die Daten der in Kapitel 4.3.1.1 dargestellten Erhebung als auch die Informationen aus den studiumsrelevanten Tätigkeitsbeschreibungen (vgl. Kapitel 4.3.1.2) zusammengeführt (vgl. Tabelle 35).

Methoden-kompetenzen	SD 1	SD 2	Sozialkompeten-zen	SD 1	SD 2	Persönlichkeits-kompetenzen	SD 1	SD 2
Logisches Denken	X	9	Kommunikationsfähigkeit	X	10	Motivation und Zielorientierung	X	6
Analytisches Denken	X	8	Teamfähigkeit	X	4	Eigeninitiative, Initiative und Selbstständigkeit	X	6
Problemlösungsfähigkeit		6	Kontaktfähigkeit		4	Lern- und Einsatzbereitschaft	X	4
Ausdrucksfähigkeit (sprach- und schriftlich)	X	4	Hilfsbereitschaft		3	Selbstbewusstsein und Belastbarkeit	X	3
Numerisches Denken	X	4	Einfühlungsvermögen		3	Selbstdisziplin		3
Organisationsfähigkeit	X	3	Konfliktfähigkeit		2	Durchsetzungsvermögen		2
Umgang mit Computern		2	Pädagogische Fähigkeiten		2	Flexibilität	X	1
Genaue, sorgfältige und systematische Arbeitsweise	X	2	Anpassungs- und Kooperationsfähigkeit		2	Selbstkritik		1
Auswendiglernen		2	Internationale Kommunikationsfähigkeit		2			
Gestalterische und schöpferische Fähigkeiten		1						
Spalte „SD 1" beschreibt mit dem Wert X, ob die Kompetenz in der Primärdatenerhebung als wichtige Kompetenzanforderung bewertet wurde. Spalte „SD 2" gibt die Anzahl der Quellen an, die diese Kompetenz als studiumsrelevant nennen bzw. bezeichnen.									

Tabelle 35: Zusammenfassung der Sekundärdaten zur Ermittlung des geforderten Kompetenzprofils

Aus dieser Übersicht können die Kompetenzanforderungen abgeleitet werden. Die Ableitung erfolgte unter der Prämisse, dass die Anzahl der Kompetenzen einen entsprechenden Umfang nicht übersteigt. Ausgewählt wurden die Kompetenzen, die mindestens in drei Quellen als Studiumsvoraussetzung genannt wurden. Darüber hinaus wurden die Kompetenzen präferiert, die ebenfalls in der Primärdatenerhebung als sehr wichtig eingeschätzt wurden. Das geforderte Kompetenzprofil, welches den Rahmen für die Entwicklung des Kompetenzanalyseinstruments darstellt, besteht aus folgenden Anforderungen (vgl. Tabelle 36).

Kompetenzklassen	Kompetenzanforderungen
Methodenkompetenzen	• Logisches Denken • Analytisches Denken • Problemlösungsfähigkeit • Ausdrucksfähigkeit • Numerisches Denken • Organisationsfähigkeit
Persönlichkeitskompetenzen	• Motivation und Zielorientierung • Eigeninitiative, Initiative und Selbstständigkeit • Lern- und Einsatzbereitschaft • Selbstbewusstsein und Belastbarkeit • Selbstdisziplin
Sozialkompetenzen	• Kommunikationsfähigkeit • Teamfähigkeit • Kontaktfähigkeit • Hilfsbereitschaft • Einfühlungsvermögen

Tabelle 36: Kompetenzanforderungen für die Kompetenzanalyse im Rahmen des WiSo@visors

Im Bereich der Methodenkompetenzen, welcher aufgrund beider Sekundärdatenanalysen am umfangreichsten ist, wurden als einzige Kompetenzklasse sechs Kompetenzen ausgewählt. Dadurch hat dieser Bereich mehr Gewicht als die beiden Anderen, die lediglich fünf Kompetenzen umfassen. Eine Gegenüberstellung dieser Kompetenzanforderungen mit denen, die auf Basis der Primärerhebung (vgl. Kapitel 4.3.1.1) ermittelt wurden, zeigt, dass die Sozialkompetenzen an Wichtigkeit gewonnen haben. Dies ist vor allem darauf zurückzuführen, dass der Schwerpunkt Wirtschaftspädagogik stark auf die zwischenmenschliche Interaktion ausgerichtet ist, was entsprechende Kompetenzen erfordert. Die Fachkompetenzen wurden aufgrund ihrer geringen Bedeutung, wie bereits in Kapitel 4.3.1.1 dargestellt, nicht im geforderten Kompetenzprofil berücksichtigt.

Zusätzlich wurden Qualifikationen als Studiumsvoraussetzung betrachtet. Insbesondere die Qualifikation Abitur bzw. „Erworbene Hochschulreife" ist notwendige Bedingung, um für das Studium zugelassen zu werden. Zudem ist es das derzeit am stärksten wirkende Entscheidungskriterium für die Auswahl der Studienbewerber (vgl. Kapitel 2.6.1.2). Neben dem Abitur gibt es weitere Qualifikationen, die Aussagen darüber zulassen, ob bestimmte Kompetenzen vorhanden sind. So können sehr gute Sprachkenntnisse und längere Auslandsaufenthalte auf ein größeres Interesse an anderen Ländern und Kulturen sowie auf die Aneignung interkultureller Kommunikationsfähigkeiten hinweisen. Die Art der Grund- und Leistungskurse zeigt die Bereiche auf, in denen fachliches Wissen bzw. Fachkompetenz existiert. Bezogen auf ein wirtschaftswissenschaftliches Studium kann ein Leistungskurs im Fach Wirtschaft die entsprechenden fachlichen und methodischen Grundlagen legen. Praktika oder eine Ausbildung tragen dazu bei, theoretische Kenntnisse anzuwenden. Bei einigen Studiengängen wird eine abgeschlossene Ausbildung in der Zulassung zum Studium positiv berücksichtigt. Eine ehrenamtliche Tätigkeit weist auf freiwilliges Engagement bzw. auf eine gewisse Einsatzbereitschaft hin. Diese Qualifikationen werden bei der Kompetenzanalyse zudem erhoben und in der Auswertung berücksichtigt.

4.3.1.4. Zusammenfassende Diskussion der Untersuchungsergebnisse

Die Anwendung des theoretisch hergeleiteten Teilprozesses I im Rahmen der Studienfach- und Hochschulwahl zeigt, dass dieser praktisch umsetzbar ist. Da die für die Kompetenzanalyse vorgesehenen Studiengänge erst zu einem späteren Zeitpunkt eingeführt werden, wurden für die Ermittlung der Kompetenzanforderungen Sekundärdaten verwendet. Die im Referenzprozess modellierten Funktionen „Sekundärdaten zu Kompetenzen recherchieren", „Sekundärdaten zu Kompetenzen zusammentragen", „Sekundärdaten bez. notwendiger Kompetenzen analysieren" und „Kompetenzprofil erstellen" wurden erfolgreich ausgeführt. Ergebnis des Prozesses ist das geforderte Kompetenzprofil, welches die Grundlage für die Erstellung des Kompetenzanalyseinstruments in Teilprozess II darstellt.

Das ermittelte Kompetenzprofil besteht aus Methoden-, Persönlichkeits- und Sozialkompetenzen. Fachkompetenzen werden für ein Studium im Bereich der Wirtschafts- und Sozialwissenschaften nicht zwingend vorausgesetzt. Die Konzentration auf drei Kompetenzklassen kann als für den Anwendungsfall spezifisch angenommen werden. In anderen Bereichen, insbesondere bei der Ausübung von Arbeitstätigkeiten, ist davon auszugehen, dass ein gewisses Fachwissen unabdingbar ist. Die Formulierung bzw. Beschreibung der Einzelkompetenzen ist ebenfalls für den untersuchten Anwendungsfall charakteristisch.

Die zur Recherche, Zusammenfassung und Analyse der Kompetenzanforderungen eingesetzte Software beschränkte sich auf ein Tabellenkalkulations- und ein Statistikprogramm. Der manuelle Anteil bei der Ermittlung des geforderten Kompetenzprofils war in dem untersuchten Anwendungsfall relativ hoch. Dies kann darauf zurückgeführt werden, dass der größte Teil der Sekundärdaten in Papierform zur Verfügung standen. Die in Kapitel 4.3.1.1 dargestellte Primärdatenerhebung konnte dagegen weitestgehend mit IT unterstützt werden (vgl. Anhang 4). Mit wachsendem Anteil an elektronischen Daten kann ein gesteigerter Einsatz von IT im Bereich der Verwendung von Sekundärdaten zur Ermittlung des Kompetenzprofils erwartet werden, sodass eine verstärkte Automatisierung des Teilprozesses I auch hier möglich ist.

4.3.2. Teilprozess II: Erstellung des Kompetenzanalyseinstruments

Auf Basis der in Teilprozess I ermittelten Kompetenzanforderungen (vgl. Kapitel 4.3.1) wurde das Kompetenzanalyseinstrument erstellt. Da die Studienfach- und Hochschulwahl durch computer- und internetbasierte Informationen unterstützt werden sollte, eignete sich für die Kompetenzanalyse ein Testbasierter Ansatz, insbesondere in Form eines Online-Tests. Hierbei können Studieninteressierte die zu den Kompetenzen gestellten Testfragen und -aufgaben online bearbeiten. Nachdem sie ihre Antworten übermittelt haben, erhalten sie zeitnah eine Auswertung, die eine Auseinandersetzung mit den jeweiligen Stärken und Schwächen sowie mit den von der Hochschule gestellten Anforderungen ermöglicht.

Entsprechend des modellierten Referenzprozesses wurden die Funktionen zur Erstellung des Kompetenzanalyseinstruments durchgeführt. Die daraus resultierenden Ergebnisse werden im Folgenden beschrieben. In Kapitel 4.3.2.1 erfolgt die Darstellung, wie die zur Analyse notwendigen Items ausgewählt bzw. entwickelt wurden. Anschließend wird in Kapitel 4.3.2.2 die Bewertung der ausgewählten bzw. entwickelten Items dargelegt. Auf Basis dieser Bewertungen und der in Kapitel 3.5.1.3 beschriebenen Möglichkeiten zur Ergebnisdarstellung erfolgte die Vorbereitung der Kompetenzauswertung. Aufbau und Inhalte dieser werden in Kapitel 4.3.2.3 beschrieben. Im Anschluss daran wird in Kapitel 4.3.2.4 auf die Gestaltung der Kompetenzanalyse eingegangen. Nachdem das Kompetenzanalyseinstrument fertig gestellt wurde, erfolgte dessen Prüfung. Die Ergebnisse dieser Prüfung werden in Kapitel 4.3.2.5 beschrieben. Zum Abschluss erfolgt in Kapitel 4.3.2.6 eine Diskussion, inwieweit sich der modellierte Teilprozess II auf den hier untersuchten Anwendungsfall übertragen lässt.

4.3.2.1. Auswahl und Entwicklung der Items zur Kompetenzanalyse

Auf der Grundlage der in Kapitel 4.3.1 ermittelten Kompetenzanforderungen wurden entsprechend der übergeordneten Kompetenzklassen drei Tests konzipiert und die dafür notwendigen Items ausgewählt bzw. entwickelt. Zusätzlich wurde ein weiterer Fragebogen für die Erfassung der Qualifikationen entworfen.

In Anlehnung an den in Kapitel 3.5.2 modellierten Teilprozess II erfolgte zunächst eine Recherche, inwiefern für die vorliegenden Kompetenzanforderungen bereits Items bestehen. Tabelle 37 gibt einen Überblick über Quellen, die sich mit der jeweiligen Kompetenz auseinander setzen bzw. Items zu deren Prüfung vorschlagen.

Kompetenzanforderung	Quellen für die Items
Logisches Denken (MK)	Hesse und Schrader (2005)
Analytisches Denken (MK)	Hesse und Schrader (2005)
Problemlösungsfähigkeit (MK)	Brommer (1993) zitiert nach Heyse und Erpenbeck (2004)
Ausdrucksfähigkeit (MK)	Hesse und Schrader (2005)
Numerisches Denken (MK)	Hesse und Schrader (2005)
Organisationsfähigkeit (MK)	Becher (2003)
Motivation und Zielorientierung (PK)	Rheinberg (2004)
Eigeninitiative, Initiative und Selbstständigkeit (PK)	Heyse und Erpenbeck (2004)
Lern- und Einsatzbereitschaft (PK)	Heyse und Erpenbeck (2004)
Selbstbewusstsein und Belastbarkeit (PK)	Hesse und Schrader (2005)
Selbstdisziplin (PK)	Heyse und Erpenbeck (2004)
Kommunikationsfähigkeit (SK)	Heyse und Erpenbeck (2004)
Teamfähigkeit (SK)	Heyse und Erpenbeck (2004)
Kontaktfähigkeit (SK)	Fey (2005)
Hilfsbereitschaft (SK)	Heyse und Erpenbeck (2004)
Einfühlungsvermögen (SK)	Goleman (1996)

Tabelle 37: Quellen für die ausgewählten bzw. weiterentwickelten Items

Auf Basis dieser Quellen wurden die notwendigen Items ausgewählt, angepasst oder entwickelt. Für die Kompetenzanforderungen „Logisches", „Analytisches" und „Numerisches Denken" sowie „Ausdrucksfähigkeit" konnten die von Hesse und Schrader (2005) publizierten Items weitestgehend übernommen werden. Die Wort-, Zahlen- und Textbeispiele sowie die verwendeten Grafiken wurden geringfügig modifiziert. Zur Analyse der „Problemlösungsfähigkeit" wurde auf Items des Selbsttests von Brommer (1993) zurückgegriffen und entsprechend dem Anwendungsfall angepasst. Für die Kompetenz „Organisationsfähigkeit" wurden auf Basis der von Becher (2003) identifizierten Merkmale guter Studiumsorganisation Items formuliert. Insgesamt wurden für den Test zur Analyse der Methodenkompetenzen 30 Items ausgewählt bzw. entwickelt.

Im Bereich der Persönlichkeitskompetenzen wurde für „Eigeninitiative, Initiative und Selbstständigkeit" sowie für „Lern- und Einsatzbereitschaft" auf Selbsttests von Heyse und Erpenbeck (2004) zurückgegriffen, indem inhaltlich geeignete Items ausgewählt und angepasst wurden. Bei der Kompetenz „Selbstdisziplin bzw. Selbstkontrolle" diente ebenfalls Heyse und Erpenbeck (2004) als

Quelle zur Entwicklung der Items. Die dort dargestellten Merkmale einer disziplinierten Person wurden in Items umgewandelt. Zur Analyse von „Motivation und Zielorientierung" wurden die für ein Studium passenden Items basierend auf dem Diagnoseschema von Rheinberg (2003) abgeleitet. Um „Selbstbewusstsein und Belastbarkeit" zu ermitteln, wurden von Hesse und Schrader (2005) publizierte Items ausgewählt und angepasst. Insgesamt wurden zur Analyse der Persönlichkeitskompetenzen 25 Items ausgewählt bzw. entwickelt.

Im Bereich der Sozialkompetenzen wurden auf Basis der von Heyse und Erpenbeck (2004) dargestellten Kennzeichen und Merkmale für hohe „Teamfähigkeit" und ausgeprägte „Hilfsbereitschaft" Items abgeleitet. Ebenso eignete sich der von ihnen publizierte Selbsttest zur Analyse der Kommunikationsfähigkeit für die Festlegung entsprechender Items. Für die Sozialkompetenz „Kontaktfähigkeit" wurde auf die von Fey (2005) dargestellten Eigenschaften kontaktfreudiger Personen zurückgegriffen. Diese wurden entsprechend dem Anwendungsfall angepasst. Die Items zur Analyse des „Einfühlungsvermögens" wurden auf Basis der Merkmale „sozialer Empathie" von Goleman (1997) entwickelt. Insgesamt wurden zur Untersuchung der Sozialkompetenzen 25 Items ausgewählt bzw. entwickelt.

Die für die Kompetenzanalyse verwendeten Itemtypen basieren auf dem Single bzw. Multiple Choice-Verfahren, d. h. es können ein oder mehrere Antworten ausgewählt werden. Zudem waren für die Erfassung der Qualifikationen Felder notwendig, in denen sowohl Text- als auch Zahleneingaben möglich sind. Folgende Itemtypen wurden für die Tests prototypisch umgesetzt:

- Items, bei denen nur eine Antwort ausgewählt werden kann.
- Items mit der Möglichkeit, mehr als eine Antwort auszuwählen.
- Items mit der Möglichkeit zur Texteingabe.
- Items mit der Möglichkeit zur Zahleneingabe.

Die folgenden Tabellen geben anhand von Beispielen einen Überblick, mit welchen Itemtypen die einzelnen Kompetenzen analysiert werden. Eine vollständige Liste aller verwendeten Items befindet sich in Anhang 7 bis 11.

Kompetenz-anforderung	Frage	Itemtyp	Antworten
Logisches Denken	Welche Zahl setzt diese Reihe logisch fort? (Die Zahlenreihe 2 1 3 2 4 3 ? wurde mittels Grafik angezeigt, vgl. Anhang 8)	Einfachauswahl	• 5 • 2 • 4 • 3 • 1
Analytisches Denken	Mit welcher Auswahlfigur kann man die Figurenreihe richtig fortsetzen? (Hierbei wurden mittels einer Grafik vier Figuren angezeigt, vgl. Anhang 8)	Einfachauswahl	• Figur A • Figur B • Figur C • Figur D • Figur E
Problemlösungsfähigkeit	Beurteile die folgende Aussage: Für jedes Problem existiert nur eine richtige Lösung.	Einfachauswahl	• Stimme gar nicht zu. • Stimme eher nicht zu. • Stimme teilweise zu. • Stimme eher zu. • Stimme voll zu.
Ausdrucksfähigkeit	Vier von fünf Wörtern sind in gewisser Weise ähnlich. Welches Wort passt nicht in die Reihe?	Einfachauswahl	• alsbald • übermorgen • demnächst • binnen kurzem • sogleich
Numerisches Denken	Welche Rechenzeichen fehlen hier (2215 ? 1926 ? 17 = 17)?	Einfachauswahl	• keine Lösung • - (minus) und * (mal) • - (minus) und / (geteilt) • / (geteilt) und - (minus) • / (geteilt) und * (mal)
Organisationsfähigkeit	Wie viel Zeit sollte man täglich für das Studieren einplanen?	Einfachauswahl (Bei einigen Items ist auch Mehrfachauswahl möglich)	• Nicht mehr als 4 Stunden. • Circa 8 Stunden wie bei Berufstätigen. • Circa 6 Stunden, da es sich um eine geistig anstrengende Tätigkeit handelt. • Circa 10 Stunden, da es sich um eine körperlich leichte Tätigkeit handelt.

Tabelle 38: Exemplarische Items für die Erhebung der Methodenkompetenzen

Kompetenzanforderung	Frage	Itemtyp	Antworten
Motivation und Zielorientierung	Beurteile die folgende Aussage: Ein Studium zu absolvieren, finde ich sehr wichtig.	Einfachauswahl	• Stimme gar nicht zu. • Stimme eher nicht zu. • Stimme teilweise zu. • Stimme eher zu. • Stimme voll zu.
Eigeninitiative, Initiative und Selbstständigkeit	Beurteile die folgende Aussage: Ich habe mich schon in Projekten aktiv eingebracht und den Verlauf und das Ergebnis wesentlich beeinflusst.	Einfachauswahl	• Stimme gar nicht zu. • Stimme eher nicht zu. • Stimme teilweise zu. • Stimme eher zu. • Stimme voll zu.
Lern- und Einsatzbereitschaft	Beurteile die folgende Aussage: Auch wenn ich in einem Fach eine schlechte Note bekommen habe, lasse ich mich nicht entmutigen und versuche weiterhin mein Bestes zu geben.	Einfachauswahl	• Stimme gar nicht zu. • Stimme eher nicht zu. • Stimme teilweise zu. • Stimme eher zu. • Stimme voll zu.
Selbstbewusstsein und Belastbarkeit	Beurteile die folgende Aussage: Es macht mir sehr lange zu schaffen, wenn mir etwas mal nicht so richtig gelingt.	Einfachauswahl	• Stimme gar nicht zu. • Stimme eher nicht zu. • Stimme teilweise zu. • Stimme eher zu. • Stimme voll zu.
Selbstdisziplin	Beurteile die folgende Aussage: Bei meiner Arbeit lasse ich mich leicht durch andere Dinge ablenken.	Einfachauswahl	• Stimme gar nicht zu. • Stimme eher nicht zu. • Stimme teilweise zu. • Stimme eher zu. • Stimme voll zu.

Tabelle 39: Exemplarische Items für die Erhebung der Persönlichkeitskompetenzen

Kompetenzanforderung	Frage	Itemtyp	Antworten
Kommunikationsfähigkeit	Beurteile die folgende Aussage: Es macht mir Spaß bei Argumentationen in der Gruppe meinen Standpunkt darzustellen.	Einfachauswahl	• Stimme gar nicht zu. • Stimme eher nicht zu. • Stimme teilweise zu. • Stimme eher zu. • Stimme voll zu.
Teamfähigkeit	Beurteile die folgende Aussage: Ich sage meine Meinung, auch wenn das Team anderer Meinung ist.	Einfachauswahl	• Stimme gar nicht zu. • Stimme eher nicht zu. • Stimme teilweise zu. • Stimme eher zu. • Stimme voll zu.
Kontaktfähigkeit	Beurteile die folgende Aussage: Ich spreche niemanden an, weil ich befürchte, dass der Andere sieht wie unsicher ich bin.	Einfachauswahl	• Stimme gar nicht zu. • Stimme eher nicht zu. • Stimme teilweise zu. • Stimme eher zu. • Stimme voll zu.
Hilfsbereitschaft	Beurteile die folgende Aussage: Anderen Menschen zu helfen, ist für mich ein Bedürfnis.	Einfachauswahl	• Stimme gar nicht zu. • Stimme eher nicht zu. • Stimme teilweise zu. • Stimme eher zu. • Stimme voll zu.
Einfühlungsvermögen	Beurteile die folgende Aussage: Falls ich mich über jemanden geärgert haben, versetze ich mich zuerst in seine/ihre Lage und urteile dann.	Einfachauswahl	• Stimme gar nicht zu. • Stimme eher nicht zu. • Stimme teilweise zu. • Stimme eher zu. • Stimme voll zu.

Tabelle 40: Exemplarische Items für die Erhebung der Sozialkompetenzen

Zur Erfassung der Qualifikationen wurde das für ein Studium notwendige Zulassungskriterium, die Abiturnote, abgefragt. Zudem wurden weitere, für die entsprechenden Studienfächer zweckmäßige Qualifikationen, wie. z. B. Sprachkenntnisse und Praktika, berücksichtigt. Die folgenden zwei Tabellen geben einen Überblick über alle Merkmale, die zur Erfassung der Qualifikationen verwendet werden.

Item	Itemtyp	Antworten
An welcher Schulart wirst Du Dein Abitur ablegen oder hast Du Dein Abitur abgelegt?	Einfachauswahl	• Gymnasium • Gesamtschule • Berufsoberschule • Fachoberschule • Sonstige
Mit welcher Note hast Du Dein Abitur bestanden bzw. was war Deine letzte Durchschnittsnote? Eingabe mit Komma, z.B. "2,0"	Zahleneingabe	
In welchem Bundesland hast Du Abitur gemacht oder wirst Du Abitur machen?	Einfachauswahl	Liste mit den 16 Bundesländern
Erster bzw. zweiter Leistungskurs	Einfachauswahl mit Texteingabefeld	• Neun Fächer • Sonstiges Fach
Drittes bzw. viertes Abiturfach	Einfachauswahl mit Texteingabefeld	• Neun Fächer • Sonstiges Fach
Hast Du bereits eine Ausbildung begonnen oder abgeschlossen?	Einfachauswahl	• Nein, ich habe bis jetzt weder eine Ausbildung begonnen noch abgeschlossen. • Ich habe bereits eine Ausbildung begonnen. • Ich habe bereits eine Ausbildung abgeschlossen.
Hast Du bereits Berufserfahrungen? Dann trage diese in das folgende Textfeld ein.	Texteingabe	
Hast Du bereits ein oder mehrere Praktika absolviert?	Einfachauswahl	• Nein, ich habe bis jetzt kein Praktikum absolviert. • Ich habe bis jetzt 1 Praktikum absolviert. • Ich habe bis jetzt mehr als 1 Praktikum absolviert. • Ich habe bis jetzt mehr als 3 Praktika absolviert. • Ich habe bis jetzt mehr als 5 Praktika absolviert.

Tabelle 41: Erfassung von Qualifikationsmerkmalen (Teil 1)

Item	Itemtyp	Antworten
Hast Du bereits ein Studium begonnen oder abgeschlossen?	Einfachauswahl	• Nein, ich habe weder ein Studium begonnen noch abgeschlossen. • Ja, ich habe bereits ein Studium begonnen. • Ja, ich habe bereits ein Studium abgeschlossen.
Erste, zweite bzw. dritte Fremdsprache	Einfachauswahl mit Texteingabefeld für „Sonstige"	• Sieben Sprachen • Sonstige • Keine weitere Sprache (wird bei der dritten Fremdsprache zusätzlich angegeben)
Wie gut? (Diese Frage ist für jede angegebene Fremdsprache zu beantworten.)	Einfachauswahl	• Grundkenntnisse • Fortgeschrittene Kenntnisse • Fließend in Wort und Schrift • Muttersprache
Kannst Du auf einen Auslandsaufenthalt zurückblicken?	Einfachauswahl	• Nein, ich war bis jetzt noch nie im Ausland. • Ich war bis jetzt nur im Urlaub im Ausland. • Ich war ohne Unterbrechung länger als 2 Monate im Ausland. • Ich war ohne Unterbrechung länger als ein halbes Jahr im Ausland. • Ich war ohne Unterbrechung länger als ein Jahr im Ausland. • Ich habe einige Jahre im Ausland gelebt. • Sonstige
Hast Du Dich schon einmal ehrenamtlich engagiert? Ehrenamtliche Tätigkeiten haben einen sozialen bzw. gesellschaftlichen Zweck und werden nicht bezahlt.	Einfachauswahl	• Nein. • Ja. • Weiß nicht.
Gibt es weitere Qualifikationen, die Du gerne hier angeben möchtest? Dann trage diese in das folgende Textfeld ein.	Texteingabe	
Aus welchem Bundesland kommst Du?	Einfachauswahl	Liste mit den 16 Bundesländern

Tabelle 42: Erfassung von Qualifikationsmerkmalen (Teil 2)

Alle ausgewählten bzw. entwickelten Fragen wurden in einer Gruppe von acht Personen hinsichtlich ihrer Verständlichkeit geprüft und diskutiert. Die Erfassung der Items erfolgte aufgrund der einfachen Handhabung in MS Excel. Anschließend wurden die erfassten Daten in eine Datenbank übertragen und standen so für die Testdurchführung in elektronischer Form zur Verfügung.

4.3.2.2. Bewertung der Items zur Kompetenzanalyse

Im Anschluss an die Auswahl bzw. Entwicklung der Items sind diese im Hinblick auf die zu ermittelnde Kompetenz sowie bezogen auf das Gesamtergebnis der jeweiligen Kompetenzklasse zu bewerten. Hierzu wurde in Anlehnung an Lienert und Raatz (1998) (vgl. Kapitel 3.5.1.2) für Single Choice die einfachste Vorgehensweise gewählt, sodass bei jedem Item die gleiche Anzahl von Punkten (maximal 100) erreicht werden kann. Die Verteilung der Punkte (von 0 bis 100) auf die möglichen Antworten ist abhängig vom Itemtyp. Für Items, die richtig oder falsch beantwortet werden, kann der Proband entweder 0 Punkte (für eine falsche Antwort) oder 100 Punkte (für eine richtige Antwort) erhalten. Items, die hinsichtlich einer Kompetenz eine Tendenz (z. B. von sehr kommunikativ bis unkommunikativ) aufweisen, wurden mit einer Punkteanzahl von 0 bis 100 bewertet. Dies erfolgte in Abhängigkeit der Bedeutung und der Anzahl der Antworten. So wurde z. B. eine Antwortskala, die aus „Stimme gar nicht zu.", Stimmer eher nicht zu.", „Stimme teilweise zu.", Stimme eher zu." und „Stimme voll zu." besteht, stufenweise mit 0, 25, 50, 75, 100 oder umgekehrt mit 100, 75, 50, 25, 0 bemessen. Der erste, hier dargestellte Skalentyp fand vor allem im Bereich der Methodenkompetenzen, der Zweite bei den Sozial- und Persönlichkeitskompetenzen Anwendung.

Bei Items, die auf dem Multiple Choice-Verfahren basieren, kann zwar ebenfalls 100 als volle Punktzahl erreicht werden, jedoch differiert die Vorgehensweise bei der Verteilung der Punkte auf die Antworten. Um zu ermitteln, wie hoch die zu verteilenden Punkte sind, wurde die Maximalpunkteanzahl von 100 durch die Anzahl der richtigen Antworten dividiert. Die falschen Antworten führten in der gleichen Höhe zu Punktabzug. So ist z. B. bei einem Item mit vier Antworten, von denen zwei richtig und zwei falsch sind, die Punkteverteilung folgendermaßen: Die zwei richtigen Antworten werden mit je 50 Punkten bewertet. Die Wahl einer falschen Antwort führt zu einem Abzug von 50 Punkten. Bei zwei falschen Antworten werden 100 Punkte abgezogen. Diese Vorgehensweise war notwendig, da gegebenenfalls die Möglichkeit besteht, durch Anklicken aller Antworten volle Punktzahl zu erreichen. Falls der Proband aufgrund der gewählten Antworten einen negativen Wert für das entsprechende Item erzielt, wird dieser auf null gesetzt. Items mit dieser Bewertung wurden vor allem beim Test zur Analyse der Methodenkompetenzen eingesetzt.

Die Anzahl der Punkte und deren Verteilung auf die Antworten wurden ebenfalls in der Datenbank hinterlegt. So ist es möglich, aufgrund der Eingaben des Probanden eine automatische Berechnung der Ergebniswerte durchzuführen und in einer zeitnahen Auswertung anzuzeigen.

4.3.2.3. Vorbereitung der Kompetenzauswertung

Die Kompetenzauswertung soll sich an die Durchführung der Kompetenzanalyse anschließen, nachdem der Proband seine Daten abgesendet hat. Hierzu ist bereits bei der Erstellung des Kompetenzanalyseinstruments der Inhalt der Auswertung bzw. des Ergebnisses festzulegen. Dieser soll für die Zielgruppe des WiSo@visors aus drei Elementen bestehen:

1. Den berechneten Ergebniswerten für die entsprechende Kompetenz und den gesamten Kompetenzbereich,

2. Grafiken zur besseren Veranschaulichung und

3. einem erläuternden Text.

Zur Darstellung der Ergebniswerte wurde im Vorfeld festgelegt, wie die Berechnung durchgeführt wird. Der Vorgang der Berechnung kann wie folgt beschrieben werden: Zuerst muss auf Basis der im Test eingegeben Daten bzw. gewählten Antworten deren Bewertung (Werte zwischen 0 und 100) selektiert werden. Danach wird, wie in Kapitel 3.5.1.2 dargestellt, der Mittelwert der erreichten Punkte über alle Items, die zur Messung einer Kompetenz herangezogen werden, berechnet. Auf Basis des berechneten Mittelwertes wird festgelegt, wie stark die entsprechende Kompetenz bei der Person in Prozentwerten ausgeprägt ist. Diese Vorgehensweise erfolgt in gleicher Weise zur Ermittlung der Ergebniswerte auf Ebene des Kompetenzbereichs.

Zur grafischen Veranschaulichung der Analyseergebnisse wurden zwei unterschiedliche Visualisierungselemente gewählt. Zum einen kommen ikonografische Darstellungen, insbesondere Gesichter (Ikonogramme) in verschiedenen Stimmungslagen, zum Einsatz. Diese unterstützen eine schnelle Informationsaufnahme im Hinblick auf die erreichten Kompetenzwerte (vgl. Kapitel 3.5.1.3). Zum anderen wird der eigene Ergebniswert im Vergleich zu den Ergebnissen der anderen Analysierten auf einem Balken abgebildet (vgl. Kapitel 3.5.1.3). Dies soll die Analysierten bei der Interpretation ihrer individuellen Kompetenzwerte unterstützen. Anhand der Vergleichswerte können sie sich selbst besser einschätzen.

Der dritte Bestandteil der Kompetenzauswertung ist ein Text, der das erreichte Ergebnis erläutert und wenn möglich Tipps zur Verbesserung der Kompetenz gibt. In Abhängigkeit von dem jeweiligen Ergebniswert soll dem Analysierten ein spezifischer Text angezeigt werden. Hierzu war es notwendig, die entsprechenden Textbausteine im Vorfeld zu erstellen. Zur Vereinfachung wurden drei unterschiedliche Intervalle für die Kompetenzwerte gebildet: 0-40, 41-80 und 81-100. Abhängig von der erzielten Punktzahl und dem erreichten Kompetenzintervall wird der entsprechende Textbaustein angezeigt. Der Text für das Intervall 81-100 bestätigt den guten Kompetenzwert und bekräftigt den Analysierten in der Wahl des Studiums bzw. der Hochschule. Im Intervall 41-80 erhält der Analysierte Hinweise, wie er seine fast ausreichenden Kompetenzen verbessern kann. Der Text für das letzte Intervall weist auf die ungenügenden Kompetenzen hin, hinterfragt die Entscheidung für ein Studium und gibt Tipps, wie die Kompetenzen weiterentwickelt werden können. Anhang 11 gibt einen Überblick über die für die Kompetenzauswertung erstellten Textbausteine.

Die Berechnung der Ergebniswerte findet in der Datenbank statt. Hierzu wurden die entsprechenden Funktionen hinterlegt. Die errechneten Werte werden ebenfalls auf der Datenbank abgespeichert und dienen der Erstellung der für die Auswertung ausgewählten Grafiken. Dies erfolgt automatisch nach Eingang der erfassten Daten des Analysierten. Die Textbausteine wurden mit MS Word erfasst und in die Datenbank übertragen, sodass sie automatisch in Abhängigkeit vom Ergebniswert angezeigt werden können.

4.3.2.4. Gestaltung und Umsetzung des Kompetenzanalyseinstruments

Neben den Inhalten des Kompetenzanalyseinstruments ist auch dessen Gestaltung festzulegen. Da der WiSo@visor die Studienfach- und Hochschulwahl unterstützen soll, wurde zu jedem Item ein hochschulspezifisches Bild beigefügt. Die Positionen von Item und Bild wurden so gewählt, dass der Proband zuerst das Item (links oben) erfasst und anschließend das Bild (rechts). Hiervon ausgenommen sind Items, die sich direkt auf Bilder oder Figuren beziehen. Deren Gestaltung war abhängig von der jeweiligen Frage- bzw. Aufgabenstellung.

Zusätzlich wurden die Tests zur Erfassung der Methoden-, Sozial- und Persönlichkeitskompetenzen sowie der Qualifikationen durch folgende Elemente, die in die Tests integriert wurden, unterstützt:

- Zu Beginn des jeweiligen Tests erhält der Proband eine Frage zur Selbsteinschätzung, wie z. B. „Schätze Deine methodischen Kompetenzen ein! Zu wie viel Prozent erfüllst Du bezogen auf Deine methodischen Fähigkeiten die Anforderungen, die ein Studium an Dich stellt?". Diese hat das Ziel, dass der Proband sich auf den Test und die nachfolgenden Fragen einstellen kann. Zudem erhält der Analysierende mehr Informationen über das Selbstbild des Probanden.

- Zu jeder Frage kann der Proband einen Hilfetext aufrufen, der Auskunft darüber erteilt, warum diese Frage zu beantworten ist. Dieser soll das Verständnis des Probanden im Hinblick auf das Ziel des Tests erhöhen und ihm Informationen zur Beantwortung der Fragen liefern.

- Darüber hinaus kann der Proband Feedback zu jeder einzelnen Frage geben. Hierzu öffnet sich ein zusätzliches Eingabefenster. Beim Absenden der Daten wird dokumentiert, an welcher Stelle des Tests der Proband die Feedbackfunktion eingesetzt hat. Dies ermöglicht eine leichtere Identifikation von Fehlern.

- Am Schluss des Tests wurde eine so genannte Konzentrationsfrage gestellt, wie z. B. „Wie gut konntest Du Dich während der Beantwortung der Fragen konzentrieren?". Diese soll dem Analysierenden Auskunft darüber geben, wie ernsthaft der Proband die Testfragen beantwortet hat und ob die Testlänge angemessen ist.

Für die Beantwortung der Tests wurde keine Zeitdauer vorgegeben. Zwar bringt dies den Nachteil mit sich, dass die Analysierten unerlaubte Hilfsmittel verwenden können, jedoch ist die Kompetenzanalyse zur Studienfach- und Hochschulwahl freiwillig und dient hauptsächlich der Beratung und der eigenen Auseinandersetzung mit Stärken und Schwächen. Eine Manipulation der Testdurchführung durch Hilfsmittel und die demzufolge verzerrten Informationen wirken sich vor allem nachteilig auf das Ergebnis der Analysierten aus.

Der WiSo@visor einschließlich aller Tests wurde in webbasierter Form umgesetzt und auf den Internetseiten der Fakultät zur Verfügung gestellt. Hierdurch wurde die Möglichkeit geschaffen, mittels Internetverbindung und Webbrowser das Informations- und Beratungsangebot zu nutzen. Es kann davon ausgegangen werden, dass die Zielgruppe über die notwendige technische Ausstattung verfügt und die Fähigkeit besitzt, damit umzugehen. Diese Annahme wird jedoch bei der Auseinandersetzung mit der Perspektive der Analysierten geprüft (vgl. Kapitel 4.4).

4.3.2.5. Prüfung des Kompetenzanalyseinstruments

Nachdem das Kompetenzanalyseinstrument in einer ersten Version vollständig erstellt wurde, erfolgte dessen Prüfung. Hierzu stand der WiSo@visor mit eigener Homepage und einem Link auf der Eingangsseite der Fakultät im Internet zur Verfügung. Zur Versuchspersonenwerbung wurden Schulen, vor allem Gymnasien und Berufsoberschulen, kontaktiert. Dies ermöglichte eine direkte Ansprache der Zielgruppe des Kompetenzanalyseinstruments (Schüler, Abiturienten und Personen mit allgemeiner Hochschulreife im Alter von 16 bis 26). Für die Identifikation der Zielgruppe wurden sozio-demografische Fragen bei Anmeldung und während der Tests gestellt.

In einem Zeitraum von vier Wochen (26. Juni bis 24. Juli 2006) wurden 494 Anmeldungen registriert. Für die statistischen Berechnungen wurden jedoch nur diejenigen Fälle berücksichtigt, die alle Kompetenztests absolvierten, da hier von einer ernsthaften bzw. gewissenhaften Beantwortung der Fragen ausgegangen werden kann. Dies führte zu einer Reduktion auf 140 zu berücksichtigende Fälle. Da die Tests jederzeit wiederholt werden können, wurden jeweils der erste und der letzte eingegangene Datensatz in der Datenbank gespeichert. Für die Prüfung wurde lediglich der erste Datensatz verwendet.

Die Fragen zu Alter und Geschlecht geben einen Aufschluss über die Stichprobe. Da die Beantwortung dieser Fragen freiwillig war, existieren nur zu 105 Personen hinsichtlich ihres Geschlechts auswertbare Daten. Die eingegrenzte

Stichprobe, 33 % männliche und 67 % weibliche Studieninteressierten, ist im Median 19 Jahre alt. Der größte Anteil (78 %) der Probanden fällt auf die 18- bis 21-Jährigen. Die Mehrheit der Analysierten absolviert die Allgemeine Hochschulreife an einem Gymnasium (88 %) und kommt aus Bayern (85 %). Mindestens 43 % der Probanden haben Wirtschaft und Recht als Leistungs- oder Grundkurs und damit möglicherweise ein großes Interesse an den im WiSo@visor abgebildeten Studiengängen.

Auf Basis der Stichprobe von 140 Fällen erfolgte die Analyse der entwickelten Kompetenztests nach der Klassischen Testtheorie (vgl. Lienert und Raatz, 1998). Die bereits in elektronischer Form vorliegenden Daten wurden in SPSS importiert. Mithilfe dieser Statistiksoftware wurden alle Analysen und Berechnungen durchgeführt.

Zur Prüfung des Kompetenzanalyseinstruments wurden der Schwierigkeitsgrad, die Trennschärfe und die Reliabilität untersucht (vgl. Kapitel 3.5.1.4). Der Schwierigkeitsindex eines Items ist der prozentuale Anteil der auf diese Aufgabe entfallenden richtigen Antworten. Bei ordinal skalierten Items entspricht dieser dem Mittelwert. Dieser kann zwischen 0 und 100 % liegen, wobei der Bereich zwischen 20 und 80 % anzustreben ist. Der Trennschärfenkoeffizient bezeichnet die „Korrelation zwischen Aufgabenpunktwert – meist 0 oder 1 – und dem Rohwert eines jeden von N [Probanden] der Analysestichprobe" (Lienert und Raatz, 1998, S. 78). Nach Ebel (1972) sind Items mit Trennschärfen unter 0.19 „unbrauchbar", von 0.20 bis 0.29 „wenig brauchbar", zwischen 0.30 und 0.39 „brauchbar" und ab 0.40 „gut". Zur Bestimmung der Reliabilität erfolgte eine Konsistenzanalyse, die auch als „instrumentelle Reliabilität" bezeichnet wird. Hierzu wird Cronbach's Alpha berechnet. Nach Wittenberg (1991) weist ein Wert ab 0.50 auf eine ausreichende Reliabilität, ab 0.70 auf eine zufrieden stellende Reliabilität und ab 0.90 auf eine hohe Reliabilität hin.

Zuerst erfolgte die Analyse des Tests für die **Persönlichkeitskompetenzen**. Dieser ist hinsichtlich seiner Aufgabenstruktur sehr homogen. Tabelle 43 zeigt einen Überblick über die Analyseergebnisse.

Kompetenz	Cronbach's Alpha	Item*	Schwierigkeitsgrad (Mittelwert)	Trennschärfenkoeffizient	Cronbach's Alpha ohne Item
Lern- und Einsatzbereitschaft	0.616	301	82.68	0.365	0.568
		302	76.07	0.463	0.491
		304	82.14	0.391	0.549
		305	79.29	0.365	0.568
Initiative, Eigeninitiative und Selbstständigkeit	0.627	313	88.39	0.367	0.589
		315	72.50	0.436	0.549
		317	44.29	0.415	0.553
		318	74.46	0.459	0.527
Selbstbewusstsein und Belastbarkeit	0.685	319	35.36	0.430	0.645
		320	35.71	0.575	0.556
		321	37.86	0.394	0.666
		323	40.89	0.484	0.609
Selbstdisziplin	0.764	326	25.71	0.563	0.709
		328	39.29	0.596	0.692
		329	30.00	0.604	0.686
		330	31.96	0.504	0.741

*Zur Beschriftung der Items siehe Anhang 9.

Tabelle 43: Gütekriterien der Items zur Ermittlung der Persönlichkeitskompetenzen

Im Bereich der Persönlichkeitskompetenzen existieren für vier Kompetenzen ausreichend bis zufrieden stellend reliable Skalen mit jeweils vier Items, die zumindest eine brauchbare Trennschärfe aufweisen. Zur reliablen Messung der Kompetenz „Lern- und Einsatzbereitschaft" war aufgrund der geringen Trennschärfe von 0.289 die Eliminierung des Items 303 notwendig. Für die Kompetenz „Initiative, Eigeninitiative und Selbstständigkeit" wurde zur Verbesserung von Cronbach's Alpha von 0.248 auf 0.627 Item 314 entfernt. Diese Prozedur erfolgte ebenfalls für die Kompetenzen „Selbstbewusstsein und Belastbarkeit" sowie „Selbstdisziplin". Durch die Eliminierung von Item 322 stieg Cronbach's Alpha für „Selbstbewusstsein und Belastbarkeit" von 0.453 auf 0.685. Bei der Kompetenz „Selbstdisziplin" erhöhte sich Cronbach's Alpha ohne Item 327 von 0.414 auf 0.764. Lediglich für die Kompetenz „Motivation" konnte keine reliable Skala erreicht werden.

Die Analyse des Tests zur Ermittlung der **Sozialkompetenzen** kam zu folgendem Ergebnis (vgl. Tabelle 44).

Kompetenz	Cronbach's Alpha	Item*	Schwierigkeitsgrad (Mittelwert)	Trennschärfenkoeffizient	Cronbach's Alpha ohne Item
Kommunikationsfähigkeit	0.587	400	73.93	0.416	k. A.
		401	68.04	0.416	k. A.
Teamfähigkeit	0.718	405	22.50	0.481	0.669
		407	51.43	0.567	0.614
		408	20.71	0.509	0.651
		409	13.57	0.470	0.677
Kontaktfähigkeit	0.824	410	84.46	0.650	0.793
		411	58.21	0.651	0.777
		412	73.93	0.658	0.774
		414	65.71	0.699	0.764
Hilfsbereitschaft	0.582	415	30.00	0.388	0.496
		416	11.43	0.489	0.353
		418	26.61	0.316	0.588
Einfühlungsvermögen	0.521	420	13.21	0.384	k. A.
		422	40.00	0.384	k. A.

*Zur Beschriftung der Items siehe Anhang 10.

Tabelle 44: Gütekriterien der Items zur Ermittlung der Sozialkompetenzen

Im Bereich der Sozialkompetenzen konnten für alle fünf Kompetenzen ausreichend bis zufrieden stellend reliable Skalen mit zwei bis vier Items, die größtenteils gute Trennschärfen aufweisen, gebildet werden. Bei allen Kompetenzen mussten Items gelöscht werden, um Cronbach's Alpha auf ein ausreichendes Maß zu erhöhen. Bei der Kompetenz „Kommunikationsfähigkeit" führte die Eliminierung der Items 402, 403 und 404 zu einer Steigerung von 0.029 auf 0.587. Für „Teamfähigkeit" wurde Item 406 gelöscht. Dies erhöhte Cronbach's Alpha von 0.549 auf 0.781. Das Entfernen des Items 413 hatte eine Steigerung des Cronbach's Alpha von 0.470 auf 0.824 für die Skala zur Messung der „Kontaktfähigkeit" zur Folge. Bei der Kompetenz „Hilfsbereitschaft" stieg Cronbach's Alpha von 0.314 auf 0.528 aufgrund der Eliminierung der Items 417 und 419. Für die Kompetenz „Einfühlungsvermögen" mussten die Items 421, 423 und 424 gelöscht werden, um Cronbach's Alpha von 0.077 auf 0.521 zu steigern. Da zwei bzw. drei Items kaum ausreichend für die Bildung einer Skala sind, müssen zukünftig für die Kompetenzen „Kommunikationsfähigkeit", „Hilfsbereitschaft" und „Einfühlungsvermögen" weitere Items ausgewählt bzw. entwickelt werden.

Für den Test zur Analyse der **Methodenkompetenzen** konnten keine reliablen Skalen ermittelt werden. Ein Grund dafür könnte die Heterogenität des Tests sein, da dieser aus sehr unterschiedlichen Itemtypen besteht. Diese kann nach Lienert und Raatz (1998, S. 202) insbesondere bei der Konsistenzanalyse als Methode zum Nachweis der Reliabilität zu keinem zufrieden stellenden Ergebnis führen. Eine Alternative zur Konsistenzanalyse ist die Testwiederholungsmethode, die darauf basiert, den Test nach einiger Zeit von der gleichen Stichprobe nochmals durchführen zu lassen. Dies ist aber gerade bei Leistungs- und Wissenstests problematisch (vgl. Lienert und Raatz, 1998), da die Aufgaben und deren Lösungen nach ein- bzw. mehrmaliger Durchführung erlernbar sind.

Ein zweiter Grund ist der unterschiedlich hohe Schwierigkeitsgrad der gewählten Items (vgl. Tabelle 45). Nach Lienert und Raatz (1998) sollte dieser Wert idealerweise bei allen Items im mittleren Bereich liegen. Tabelle 45 zeigt, dass der Schwierigkeitsgrad der für die Analyse der Methodenkompetenzen verwendeten Items von 2.1 bis 99.3 variiert. Dies hat sowohl Auswirkungen auf die Trennschärfe als auch auf die Homogenität (Lienert und Raatz, 1998). Diese sind geringer als es für reliable Skalen notwendig ist.

Zur Gewährleistung reliabler Messung ist die Anpassung des Tests zur Analyse der Methodenkompetenzen erforderlich. Hierzu ist es zum einen notwendig, die Anzahl der Items zur Messung eines einzelnen Kompetenzmerkmals zu erhöhen. Zum anderen werden einheitliche Aufgabentypen verwendet, sodass sich die Homogenität des Tests vergrößert. Darüber hinaus haben eine Anpassung und eine Überprüfung der Items hinsichtlich ihres Schwierigkeitsgrades zu erfolgen. Der angepasste Test ist bei einer neuen, vergleichbaren Stichprobe anzuwenden. Auf Basis dieser Ergebnisse ist eine neue Prüfung des Schwierigkeitsgrades, der Trennschärfe und der Reliabilität erforderlich.

Items*	Schwierigkeitsgrad
502	90.0
504	99.3
505	89.3
507	15.7
509	54.3
512	5.0
513	2.1
514	8.6
515	7.1
516	2.1
517	40.7
518	47.1
520	77.1
521	97.9
523	82.1
525	77.9
526	23.6
527	69.3
528	38.6
529	47.1
532	87.9
533	81.4
535	65.0
536	93.6
537	67.9
538	77.7
539	22.1
540	53.8
541	72.1
542	24.3

*Zur Beschriftung der Items siehe Anhang 8.

Tabelle 45: Schwierigkeitsgrad der Items zur Analyse der Methodenkompetenzen

Für den Test zu den **Qualifikationen** der Studieninteressierten war keine Reliabilitätsanalyse erforderlich, da hier nur Fakten bzw. Strukturdaten abgefragt werden. Da die Studieninteressierten keine Probleme mit der Beantwortung der Fragen zu den Qualifikationen hatten, kann davon ausgegangen werden, dass sie diese richtig und in der vorgesehenen Weise angeben konnten.

Nach der Klassischen Testtheorie ist neben der Reliabilitätsanalyse auch eine Prüfung der Validität notwendig (vgl. Kapitel 3.5.1.4). Formale Validität kann auf Basis einer Faktorenanalyse mit den jeweiligen Items der einzelnen Kompetenzen nachgewiesen werden (Wittenberg, 1991). Die Ergebnisse dieser Analyse zeigen, dass im Bereich der Sozial- und Persönlichkeitskompetenzen die Eindimensionalität der Skalen und damit die formale Validität bestätigt werden kann (vgl. Anhang 13). Darüber hinaus kann die Validität auf Basis einer Korrelationsanalyse von Ergebnissen zweier verschiedener Stichproben oder mit einem externen Kriterium (Kriteriumsvalidität), wie z. B. Studienerfolg, geprüft werden (vgl. Kapitel 3.5.1.4). Diese Analysen können jedoch erst zukünftig durchgeführt werden. Insbesondere zur Prüfung der Kriteriumsvalidität kann mittels Langzeituntersuchungen analysiert werden, ob die Personen, die den Test mit einem positiven Ergebnis absolviert haben, auch im Studium erfolgreicher sind.

4.3.2.6. Zusammenfassende Diskussion der Untersuchungsergebnisse

Am Beispiel der Studienfach- und Hochschulwahl konnte gezeigt werden, dass der in Kapitel 3.5 konzipierte Teilprozess II in der Praxis anwendbar ist. Hierzu wurde auf Basis der in Teilprozess I ermittelten Kompetenzanforderungen drei verschiedene webbasierte Tests zur Kompetenzanalyse und ein Fragebogen zur Ermittlung der Qualifikationen erstellt. Die im Referenzprozess modellierten Funktionen „Kompetenzanforderungen abfragen", „Items recherchieren", „Bestehende Items auswählen" oder „Neue Items (Fragen und Antworten) formulieren" sowie „Items bewerten", „Items zum Test oder Fragebogen zusammenstellen", „Auswertung zur Kompetenzanalyse vorbereiten", „Informationen und Hilfetexte erstellen", „Layout des Kompetenzanalyseinstruments anpassen", „Kompetenzanalyseinstrument zur Verfügung stellen", „Kompetenzdaten erheben" und „Kompetenzanalyseinstrument prüfen" wurden erfolgreich ausgeführt. Ergebnis des Prozesses ist das Kompetenzanalyseinstruments, insbesondere der Teil B des WiSo@visors. Dieser steht nach entsprechenden Anpassungen den Studieninteressierten zur Durchführung der Kompetenzanalyse im Internet zur Verfügung.

Die Prüfung des Kompetenzanalyseinstruments ergab, dass eine Anpassung der Items hauptsächlich für den Test zur Ermittlung der Methodenkompetenzen erforderlich ist. Im Bereich der Persönlichkeits- und Sozialkompetenzen konnten reliable Skalen nachgewiesen werden. Lediglich die Items zur Analyse der Kompetenz „Motivation" werden neu ausgewählt bzw. entwickelt. Zudem werden die bestehenden Items für einige Sozialkompetenzen ergänzt.

Die aus der Prüfung resultierenden Anpassungen werden zukünftig im Rahmen dieses Forschungsprojektes umgesetzt.

Die Entwicklung des Kompetenzanalyseinstruments stellt hinsichtlich der Anzahl der dazu notwendigen Funktionen den umfangreichsten Teilprozess dar. Zudem war hierbei ein erheblicher manueller Aufwand notwendig. Lediglich die Datenerhebung und die Prüfung des Kompetenzanalyseinstruments konnten mittels IT unterstützt werden. Insbesondere die Auswahl, Entwicklung und Bewertung der Items sowie die Gestaltung und die webbasierte Umsetzung des Analyseinstruments erfolgten bei diesem Anwendungsfall weitestgehend ohne IT-Unterstützung. Diese Funktionen sollen zukünftig mithilfe geeigneter Administrationssoftware stärker IT-gestützt ablaufen (vgl. Strecker, 2006), sodass sich der manuelle Anteil der Tätigkeiten im Teilprozess II reduziert.

4.3.3. Teilprozess IV: Auswertung der Kompetenzanalyse

Nachdem Teilprozess II ausgeführt wurde, steht das Instrument zur Kompetenzanalyse für die Durchführung zur Verfügung. Bei der IT-gestützten Kompetenzanalyse wird der Analysierende erst wieder aktiv, wenn der Durchführungsprozess abgeschlossen oder wenn eine genügend hohe Anzahl an Kompetenzdaten eingetroffen ist. Am Durchführungsprozess selbst ist er nicht beteiligt. Aus diesem Grund wird der Teilprozess III bei der Anwendung der IT-gestützten Kompetenzanalyse aus der Perspektive des Analysierenden nicht untersucht.

Im Hinblick auf den Auswertungsprozess sind sowohl der Analysierende als auch der Analysierte beteiligt. Im Folgenden wird, obwohl zeitlich nachgelagert, die Perspektive des Analysierenden betrachtet. Die Untersuchung des Teilprozesses aus der Sicht des Analysierten erfolgt in Kapitel 4.4, da hier dessen Perspektive insgesamt untersucht wird.

Die Auswertung für den Analysierenden kann sowohl standardisiert als auch individuell entsprechend dem jeweiligen Informationsbedarf generiert werden. Im Rahmen des WiSo@visor existiert bis auf die Information, wie viel Anmeldungen registriert wurden, keine standardisierte Auswertung. Da aber die Daten in elektronischer Form zur Verfügung stehen, können noch ex post verschiedene Analysen durchgeführt werden. Diese liefern mehr Informationen über die Personen, welche an der Kompetenzanalyse teilgenommen haben. Falls die für die

Auswertung notwendigen mathematischen Funktionen nicht als Datenbankabfragen implementiert sind, können die Daten in SPSS importiert werden, womit umfangreiche Berechnungen möglich sind. Die im Zeitraum vom 26. Juni bis 24. Juli 2006 erfassten Qualifikations- und Kompetenzdaten wurden tiefer gehend untersucht. Hierbei erfolgte ebenfalls eine Einschränkung auf die Analysierten, die alle drei Kompetenztests absolviert haben (vgl. Kapitel 4.3.2.5). In Kapitel 4.3.3.1 erfolgte zuerst eine Analyse der Daten im Hinblick auf die Qualifikationen der Analysierten. Anschließend wurden in Kapitel 4.3.3.2 die Kompetenzen einschließlich der Stärken und Schwächen für die Zielgruppe „Studieninteressierte" untersucht. Zum Abschluss erfolgt in Kapitel 4.3.3.3 eine Auseinandersetzung, inwiefern sich der modellierte Teilprozess IV aus der Perspektive des Analysierenden auf den hier untersuchten Anwendungsfall übertragen lässt.

4.3.3.1. Auswertung und Interpretation der Qualifikationen

Bevor eine Auswertung der Kompetenzdaten stattfinden konnte, sollte untersucht werden, welche Qualifikationen die Analysierten bereits besitzen. Nach dem Hochschulrahmengesetz ist die wichtigste Voraussetzung für ein Studium die allgemeine Hochschulreife. Diese wird in der Regel mit dem Abitur erworben. Je besser die Abiturnote, desto höher ist die Wahrscheinlichkeit, dass der Studieninteressierte den gewünschten Studienplatz erhält. Zudem zeigen Untersuchungen, dass die Abiturnote bis dato der beste Prädiktor für den Studienerfolg ist (Rindermann und Oubaid, 1999).

Tabelle 46 gibt einen Überblick, über die Noten der analysierten Studieninteressierten. Hierzu wurden vier Intervalle gebildet und der prozentuale Anteil der Analysierten, die sich aufgrund ihrer Noten darin befinden, errechnet. Insgesamt sind sowohl Median als auch Mittelwert der angegebenen Noten 2,3. Der häufigst genannte Wert ist 2,5. Schlechter als 3,5 ist keiner der Analysierten.

Abitur- bzw. Durchschnittsnote	Anteil der Analysierten
1,0 bis 1,5	11 %
1,6 bis 2,5	57 %
2,6 bis 3,5	32 %
Schlechtere Note	0 %

Tabelle 46: Abitur- bzw. Durchschnittsnote der Analysierten (N = 136)

Am häufigsten absolvieren die analysierten Studieninteressierten das Abitur an einem Gymnasium (vgl. Tabelle 47).

Schulart	Anteil der Analysierten
Gymnasium	88 %
Gesamtschule	10 %
Berufsoberschule	1 %
Fachoberschule	1 %

Tabelle 47: Schulart der Analysierten (N = 136)

Dies liegt auch daran, dass der überwiegende Anteil aus Bayern kommt (vgl. Tabelle 48), in dem das Gymnasium die vorherrschende Schulform ist, um die allgemeine Hochschulreife abzulegen.

Bundesland	Abitur	Jetziger Wohnort
Bayern	85 %	85 %
Baden-Württemberg	4 %	4 %
Nordrhein-Westfalen	3 %	4 %
Thüringen	3 %	2 %
Sonstige	5 %	5 %

Tabelle 48: Bundesland bezogen auf den Wohnort und die Schulausbildung (N = 136)

Die Inhalte des Abiturs sind sehr unterschiedlich (vgl. Tabelle 49).

Fach	Leistungskurs 1	Leistungskurs 2	Abiturfach 3	Abiturfach 4	Gesamt
Mathematik	27 %	4 %	24 %	11 %	66 %
Englisch	25 %	16 %	16 %	4 %	61 %
Deutsch	14 %	4 %	16 %	16 %	50 %
Französisch	4 %	9 %	1 %	1 %	15 %
Latein	2 %	1 %	0 %	0 %	3 %
Wirtschaft und Recht	16 %	11 %	5 %	8 %	40 %
Physik	3 %	4 %	6 %	2 %	15 %
Chemie	3 %	2 %	8 %	1 %	14 %
Biologie	3 %	15 %	9 %	9 %	36 %
Sonstiges Fach	3 %	34 %	15 %	38 %	90 %

Tabelle 49: Leistungskurse und Abiturfächer der Analysierten (N = 136)

Die häufigst abgelegten Abiturfächer der Analysierten sind Mathematik, Englisch sowie Wirtschaft und Recht. Diese Fächer sind im Hinblick auf ein wirtschaftswissenschaftliches Studium sehr hilfreich. Zu den sonstigen Fächern zählen unter anderem Geografie, Geschichte, Kunst, Sozialkunde und Sport. Neben der schulischen Ausbildung können Praktika, Auslandsaufenthalte, ehrenamtliche Tätigkeiten oder eine Ausbildung die Kompetenzen der Studieninteressierten erweitern (vgl. Tabelle 50).

Qualifikationen	Anteil der Analysierten
Mehr als ein absolviertes Praktikum	78 %
Längerer Auslandsaufenthalt (mehr als 2 Monate)	27 %
Ehrenamtliche Tätigkeit	67 %
Abgeschlossene Ausbildung	18 %

Tabelle 50: Zusätzliche Qualifikationen der Analysierten (N = 136)

So haben mehr als die Hälfte der Analysierten bereits ein Praktikum absolviert und eine ehrenamtliche Tätigkeit ausgeübt. Dies zeigt Engagement und bereitet auf die zukünftige Berufspraxis vor. Auch eine kaufmännische Ausbildung kann vor allem für ein wirtschaftswissenschaftliches Studium zweckmäßig sein. Bei der Datenauswertung war darüber hinaus auffällig, dass jeder der Analysierten zusätzliche Angaben in einem separaten Textfeld zu ihren beruflichen Erfahrungen machten. So wurden die absolvierten Praktika und Ausbildungen genauer beschrieben sowie die Ferien- und Nebenjobs (z. B. in der Gastronomie, als Babysitter oder im Einzelhandel) ergänzend aufgezählt. Dies zeigt die enorme Bedeutung außerschulischer Tätigkeiten und das Verständnis der Zielgruppe darüber.

Ein ebenso wichtiger Kompetenzbereich ist das Beherrschen von Fremdsprachen. Nicht nur im Studium, sondern auch im zukünftigen Arbeitsleben sind diese unerlässlich. Dies ist auch den Studieninteressierten bewusst (vgl. Tabelle 51).

Fremdsprache	1	2	3
Deutsch (als Fremdsprache)	2 %	3 %	0 %
Englisch	89 %	10 %	1 %
Französisch	3 %	58 %	9 %
Latein	2 %	21 %	4 %
Spanisch	1 %	3 %	13 %
Italienisch	0 %	2 %	4 %
Russisch	0 %	1 %	2 %
Sonstige	3 %	2 %	8 %
Keine weitere Fremdsprache	0 %	0 %	59 %

Tabelle 51: Fremdsprachenkenntnisse der Analysierten (N = 136)

Die Auswertungsergebnisse zeigen, dass jeder der Studieninteressierten Englisch als Fremdsprache beherrscht. Von den 121 Analysierten, die Englisch als Erstes angaben, besitzen 45 % fortgeschrittene Englischkenntnisse. 50 % beherrschen diese Sprache fließend in Wort und Schrift.

Die im Rahmen der Qualifikationen durchgeführten Auswertungen zeigen ein erstes Bild von den analysierten Studieninteressierten. Hierbei stechen vor allem die außerschulischen Aktivitäten und das Interesse an Fremdsprachen hervor. Diese sind gerade für ein wirtschaftswissenschaftliches Studium von besonderer Bedeutung. Zum einen ist es wichtig, bereits während des Studiums durch Praktika und entsprechende Nebenjobs sein Wissen und die damit verbundenen Kompetenzen zu erweitern. Zum anderen werden in den neu konzipierten Bachelorstudiengängen das Erlernen und Vertiefen von Fremdsprachen als Teil der Ausbildung verlangt. Diese Anforderungen können wahrscheinlich die Mehrheit der Studieninteressierten erfüllen.

4.3.3.2. Auswertung und Interpretation der Kompetenzen

Aus den erfassten Daten konnte ermittelt werden, wie stark die geforderten Kompetenzen bei der Zielgruppe, den Studieninteressierten, ausgeprägt sind. Hierbei wurden jedoch nur die Kompetenzen berücksichtigt, für die reliable Skalen gebildet wurden. Dies trifft für die Bereiche der Persönlichkeits- und Sozialkompetenzen zu. Die Methodenkompetenzen können erst bei zukünftigen Untersuchungen berücksichtigt werden.

Als Erstes wird ein Überblick gegeben, welche Ergebnisse die Analysierten bei den Tests bezogen auf die einzelnen Kompetenzanforderungen erreichten. Hierzu wurden drei Intervalle gebildet, die den in der Testauswertung verwendeten Bereichen für die Zuordnung der Textbausteine entsprechen (vgl. Kapitel 4.3.2.3). Anschließend erfolgte die grafische Darstellung des durchschnittlich erreichten Ergebnisses in Form des Medians und die Verteilung der Einzelergebnisse um diesen. Die daraus resultierenden Informationen stellen die Grundlage für mögliche Interpretationen dar. Zum Abschluss wurden die im Test erreichten Ergebnisse und die Selbsteinschätzung der Analysierten zu Beginn des Tests gegenübergestellt und hinsichtlich der Unterschiede untersucht. Darüber hinaus wurde hinterfragt, inwiefern die Analysierten die Tests konzentriert und ernsthaft durchgeführt haben.

Im Bereich der Persönlichkeitskompetenzen verteilen sich die Analysierten aufgrund ihrer Testergebnisse folgendermaßen auf die drei Intervalle (vgl. Tabelle 52).

Persönlichkeitskompetenzen	0-40 %	41-80 %	81-100 %
Lern- und Einsatzbereitschaft	1 %	41 %	58 %
Initiative, Eigeninitiative und Selbstständigkeit	3 %	64 %	33 %
Selbstbewusstsein und Belastbarkeit	57 %	41 %	2 %
Selbstdisziplin	68 %	32 %	0 %

Tabelle 52: Testergebnisse der Analysierten im Bereich der Persönlichkeitskompetenzen (N = 140)

Diese Ergebnisse zeigen, dass die einzelnen Persönlichkeitskompetenzen sehr unterschiedlich ausgeprägt sind. Während der größte Teil der Analysierten bessere Werte (> 50 %) bei den Kompetenzen „Lern- und Einsatzbereitschaft" und „Initiative, Eigeninitiative und Selbstständigkeit" erreichte, sind die Werte für „Selbstbewusstsein und Belastbarkeit" sowie „Selbstdisziplin" eher niedriger. Diese Zweiteilung der Persönlichkeitskompetenzen bestätigen auch die Mediane (schwarzer Strich) in Abbildung 48, wobei die Streuung um diese bei den geringer ausgeprägten Kompetenzen höher ist. Die sich hier zeigenden Ergebnisse lassen vermuten, dass „Selbstdisziplin" sowie „Selbstbewusstsein und Belastbarkeit" inhaltlich nahe beieinander liegen. Gleiches gilt für „Lern- und Einsatzbereitschaft" sowie „Initiative, Eigeninitiative und Selbstständigkeit".

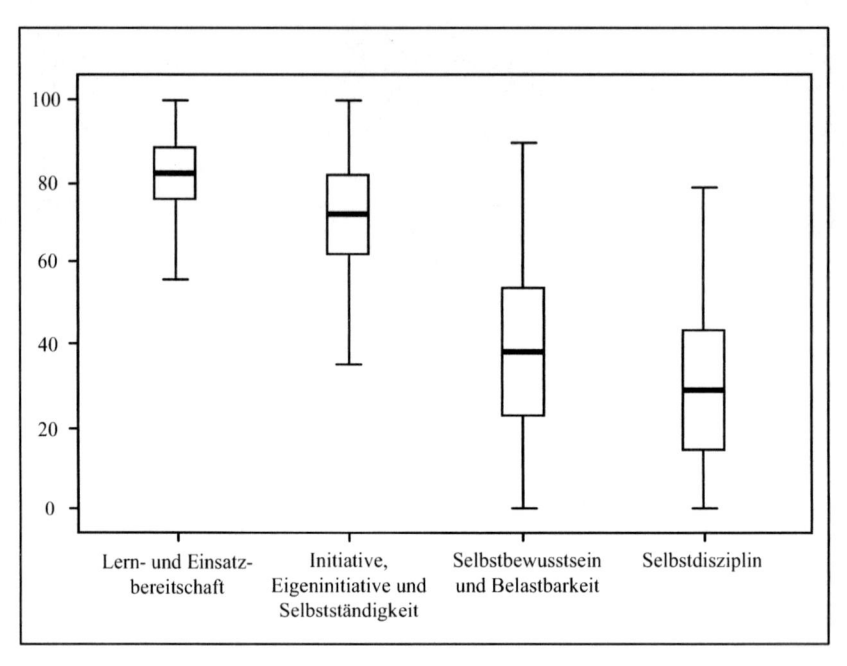

Abbildung 48: Ausprägungen der Persönlichkeitskompetenzen bei den Analysierten
(N = 140)

Diese Teilung in zwei Kompetenzgruppen lässt sich auch im Bereich der Sozialkompetenzen beobachten. Hier verteilen sich die Analysierten aufgrund ihrer Testergebnisse folgendermaßen auf die drei Intervalle (vgl. Tabelle 53).

Sozialkompetenzen	0-40 %	41-80 %	81-100 %
Kommunikationsfähigkeit	12 %	48 %	40 %
Teamfähigkeit	79 %	20 %	1 %
Kontaktfähigkeit	8 %	51 %	41 %
Hilfsbereitschaft	85 %	14 %	1 %
Einfühlungsvermögen	86 %	13 %	1 %

Tabelle 53: Testergebnisse der Analysierten im Bereich der Sozialkompetenzen
(N = 140)

Während „Kommunikations- und Kontaktfähigkeit" bei der Mehrheit der Analysierten eher stärker ausgeprägt sind, erreichen sie im Hinblick auf „Teamfähigkeit", „Hilfsbereitschaft" und „Einfühlungsvermögen" niedrige Kompetenzwerte. Abbildung 49 verdeutlicht dies nochmals anhand der Mediane und der Streuung darum. Auch hier kann die Annahme geäußert werden, dass „Kommunikations- und Kontaktfähigkeit" inhaltlich näher beieinander liegen als „Teamfähigkeit", „Hilfsbereitschaft" sowie „Einfühlungsvermögen". Letztere fokussieren eher auf die konstruktive Auseinandersetzung mit anderen Personen.

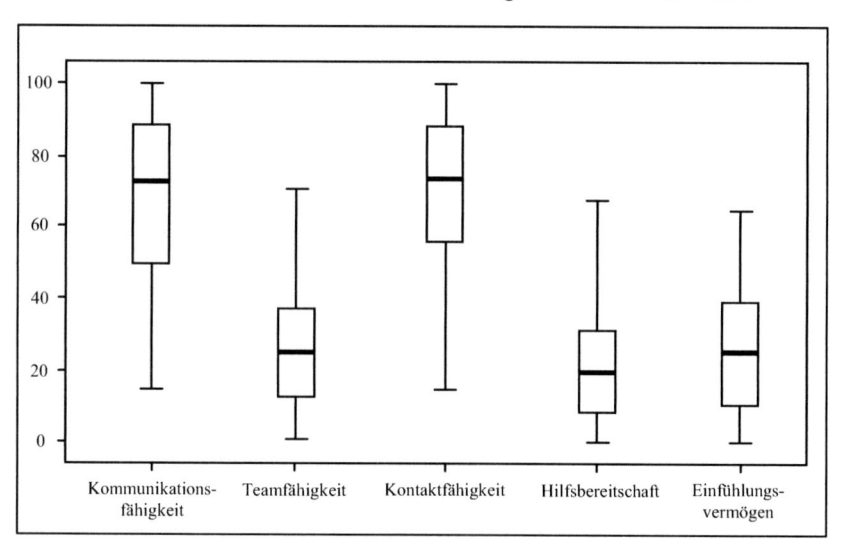

Abbildung 49: Ausprägungen der Sozialkompetenzen bei den Analysierten (N = 140)

Eine Gegenüberstellung dieser Testergebnisse mit den Selbsteinschätzungen der Analysierten zeigt Unterschiede in allen hier betrachteten Intervallen auf (vgl. Tabelle 54).

Ergebnisintervalle	PK Testergebnis	PK Selbsteinschätzung	SK Testergebnis	SK Selbsteinschätzung
0-20 %	0 %	6 %	0 %	7 %
20-40 %	1 %	14 %	28 %	11 %
40-60 %	77 %	24 %	71 %	20 %
60-80 %	22 %	44 %	1 %	41 %
80-100 %	0 %	12 %	0 %	21 %

Tabelle 54: Gegenüberstellung von Testergebnis und Selbsteinschätzung (N = 140)

Sowohl bei den Persönlichkeits- als auch den Sozialkompetenzen verteilen sich die Selbsteinschätzungen über alle Intervalle. Am häufigsten wird das Intervall „60-80 %" als Erfüllungsgrad im Hinblick auf die Kompetenzanforderungen angegeben. Auffällig ist, dass kaum Unterschiede zwischen den beiden Kompetenzbereichen hinsichtlich der Selbsteinschätzungen existieren. Bezogen auf das tatsächliche Testergebnis zeigt sich, dass es Analysierte gibt, die sich schlechter einschätzen. Dies liegt in beiden Kompetenzbereichen bei ca. 20 %. Die Mehrzahl der Analysierten schätzt sich jedoch besser ein, vor allem im Bereich der Sozialkompetenzen. Tatsächlich liegt die Mehrheit der Analysierten aufgrund des Testergebnisses in beiden Bereichen im mittleren Intervall. Diese Erkenntnisse können dazu genutzt werden, die Textbausteine und die Grafiken entsprechend anzupassen. Inwiefern diese Defizite Auswirkungen auf die Studierfähigkeit haben, lässt sich erst in Langzeitstudien erkennen.

Abschließend soll kurz auf das Konzentrationsniveau der Analysierten während der Tests eingegangen werden. Sowohl bei den Persönlichkeits- als auch bei den Sozialkompetenztests konnten sich ca. 85 % der Analysierten überwiegend bis sehr konzentrieren. Dies deutet auf eine angemessene Testlänge hin.

4.3.3.3. Zusammenfassende Diskussion der Untersuchungsergebnisse

Die Anwendung des theoretisch hergeleiteten Teilprozesses IV im Rahmen der Studienfach- und Hochschulwahl zeigt, dass dieser aus der Perspektive des Analysierenden anwendbar ist. Die im Referenzprozess modellierten Funktionen „Kompetenzwerte aus den erfassten Daten berechnen", „Kompetenzwerte darstellen" und „Kompetenzwerte interpretieren" wurden erfolgreich ausgeführt. Das Ergebnis des Prozesses ist ein umfassendes Bild über die analysierten Studieninteressierten.

Dieser Teilprozess wurde partiell IT-gestützt umgesetzt, vor allem bei der Auswertung der erfassten Kompetenzdaten. Hierzu war es notwendig, die Daten manuell in SPSS zu importieren. Zukünftig sind die entsprechenden Schnittstellen zu schaffen, um diese Funktion zu automatisieren. Zudem können einige Auswertungen, wie z. B. die Darstellung der Kompetenzwerte bezogen auf alle Analysierten, standardmäßig generiert werden. Dies ermöglicht in Zukunft eine dynamische Betrachtung der Ergebnisse im Zeitablauf. Die Interpretation der Ergebnisse obliegt hingegen stets den Analysierenden. Gegebenenfalls können

Schwellenwerte beim Konzentrationsniveau definiert werden, die bei einer Unterschreitung automatisch auf die Notwendigkeit einer Testanpassung hinweisen.

Die hier durchgeführten Auswertungen zeigen, dass einige Anpassungen im Hinblick auf den Fragebogen zu den Qualifikationen erforderlich sind, wie z. B. die Erweiterung der Antwortlisten bei einigen Fragen. Zudem ist es notwendig, den Test zur Ermittlung der Methodenkompetenzen zu verbessern, um auch diese Kompetenzen erheben und auswerten zu können.

4.4. Perspektive des Analysierten

Nachdem der Prozess zur Kompetenzanalyse für die Perspektive des Analysierenden betrachtet wurde, erfolgte eine Untersuchung für den Blickwinkel der Analysierten, insbesondere der Studieninteressierten. Wie in Kapitel 3.3 dargestellt, sind diese an der Durchführung und der Auswertung der Kompetenzanalyse beteiligt. Die einzelnen Funktionen der modellierten Teilprozesse wurden für den Anwendungsfall der Studienfach- und Hochschulwahl ausgeführt. Hierbei erfolgte der weitestgehende Einsatz von Software entsprechend der in Kapitel 3 identifizierten Ansatzpunkte zur IT-Unterstützung. Zum besseren Verständnis dieser Perspektive wurde, wie in Kapitel 4.2.3 dargestellt, eine Umfrage im Anschluss an die Durchführung der beiden Teilprozesse organisiert. Die Ergebnisse dieser Befragung fließen in deren Darstellung ein und geben Aufschluss darüber, welche Bereiche einer Kompetenzanalyse im Hinblick auf die Nutzerakzeptanz einen hohen Einfluss haben.

4.4.1. Teilprozess III: Durchführung der Kompetenzanalyse

Der Teilprozess III kann beginnen, wenn das Kompetenzanalyseinstrument erstellt wurde und den Analysierten zur Verfügung steht. Die Durchführung der IT-gestützten Kompetenzanalyse lässt sich entsprechend dem modellierten Prozess in Kapitel 3.6.2 in zwei Abschnitte einteilen. Als Erstes sind vorbereitende Schritte zur Analysedurchführung, wie z. B. die Registrierung und die Informationsaufnahme, erforderlich. Diese werden in Kapitel 4.4.1.1 dargestellt und im Rahmen der Studienfach- und Hochschulwahl zur Studienberatungszwecken untersucht. Danach wird in Kapitel 4.4.1.2 die Erfassung der Kompetenzdaten betrachtet. Hierbei wurde insbesondere analysiert, ob die Anwendung bzw. Bedienung des Kompetenzanalyseinstruments zweckmäßig ist. Zum Abschluss erfolgt in Kapitel 4.4.1.3 eine Auseinandersetzung damit, inwieweit sich der modellierte Teilprozess III auf den hier untersuchten Anwendungsfall übertragen lässt.

4.4.1.1. Vorbereitende Schritte zur Analysedurchführung

Bevor die Kompetenzdaten erfasst werden können, sind einige vorbereitende Schritte notwendig. Der Studieninteressierte musste als Erstes das Kompetenzanalyseinstrument aufrufen. Hierzu sind eine Internetverbindung und ein Webbrowser notwendig. Darüber hinaus sollte der Studieninteressierte mit diesen umgehen können. Nachdem er den WiSo@visor aufgerufen hatte, erhielt er einen Überblick über dessen Inhalte. Neben den Tests werden auch Informationen und Links zur Hochschule und zur Fakultät, zu den angebotenen Studienfächern und den damit verbundenen Kompetenzanforderungen zur Verfügung gestellt (vgl. Anhang 14). Diese sollen die Beratungsfunktion des WiSo@visors unterstützen.

Zur Durchführung der Tests bzw. der Kompetenzanalyse war eine Registrierung erforderlich, bei der der Studieninteressierte, seine E-Mailadresse und ein selbst gewähltes Passwort angeben musste (vgl. Anhang 14). Des Weiteren wurden der Name zur persönlichen Ansprache und einige sozio-demografische Kerndaten (Alter und Geschlecht) erfasst. Diese Angaben waren freiwillig. Ziel der Registrierung ist es, dass der Analysierte die Durchführung der Tests jederzeit unterbrechen und zu einem anderen Zeitpunkt fortsetzen kann. Hierzu hat er die Möglichkeit, sich mit der angegebenen E-Mailadresse und dem Passwort wieder anzumelden. Darüber hinaus können die erfassten Daten zu Auswertungszwecken einer Person zugeordnet und die zusammengefassten Ergebnisse nach vollständiger Bearbeitung per Mail zugesandt werden.

Zur Untersuchung, wie die Zielgruppe den WiSo@visor beurteilt und inwiefern die derzeitigen Rahmenbedingungen (wie z. B. Internetverbindung und -kenntnisse) eine IT-gestützte Kompetenzanalyse im Rahmen der Studienfach- und Hochschulwahl zulassen, wurde eine zusätzliche Befragung durchgeführt. Die Inhalte des Fragebogens (vgl. Anhang 15) basierten, wie in Kapitel 4.2.3 dargestellt, auf einem Modell zur Analyse der Benutzerakzeptanz von IT-Systemen.

Während eines Zeitraums von vier Wochen (26. Juni bis 24. Juli 2006) wurde zum einen der Fragebogen im Internet zur Verfügung gestellt, sodass Personen, die den WiSo@visor nutzten, auch die Möglichkeit hatten, ihn zu beurteilen. Zum anderen wurden angehende Absolventen von Gymnasien, Berufs- oder Fachoberschulen zur Anwendung des WiSo@visors in die Fakultät eingeladen. Während der Durchführung erhielten diese Personen einen Fragebogen zur Beurteilung des WiSo@visors. Insgesamt folgten dieser Einladung 94 Schüler, wovon 85 den Fragebogen ausfüllten. Über das Internet wurden nochmals neun Fragebögen ausgefüllt, sodass 94 Beurteilungen für eine Auswertung der Nutzerakzeptanz zur Verfügung standen.

Die daraus resultierende Stichprobe besteht aus 28 % männlichen und 72 % weiblichen Schülern und ist im Median 19 Jahre alt. Der größte Anteil (88 %) der Probanden fällt auf die 18- bis 21-Jährigen. Die Mehrheit der Befragungsteilnehmer absolviert die Allgemeine Hochschulreife an einem Gymnasium (74 %). Dies entspricht im Wesentlichen der im Rahmen der Prüfung des Kompetenzanalyseinstruments verwendeten Stichprobe (vgl. Kapitel 4.3.2.5).

Auf Basis der erfassten Daten wurde analysiert, inwiefern Erfahrungen bzw. Einstellungen der Analysierten bereits am Anfang des Durchführungsprozesses Einfluss auf die Nutzung des WiSo@visors haben. Hierzu wurden einleitend die Fragen gestellt, ob es grundsätzlich Spaß macht, Kompetenz- und Beratungstests auszufüllen (Item 1a), im Internet zu surfen (Item 1b) und Analyseergebnisse über sich selbst zu lesen (Item 1c). Die Antworten zeigen, dass mit einem Median von 4 auf einer Skala von 1 (trifft überhaupt nicht zu) bis 5 (trifft voll und ganz zu) bei allen drei Items die Mehrheit der Befragten eine positive Einstellung zum Internet, zu Kompetenztests und zu individuellen Analyseergebnissen hat.

Diese Einstellung hat auch einen positiven Einfluss sowohl auf den wahrgenommenen Nutzen des Tests als auch auf die Nutzungsabsicht der Studieninteressierten. Dies zeigte eine weiter gehende Analyse der Korrelationen zwischen den im Rahmen der Akzeptanzuntersuchung gebildeten Indizes „Einstellung", „Wahrgenommener Nutzen" und „Nutzungsabsicht". Tabelle 55 gibt einen Überblick über die statistischen Werte dieser Indizes.

Indizes	Cronbach's Alpha	Item*	Trennschärfen-koeffizient	Cronbach's Alpha ohne Item
Einstellung	0.612	1a	0.443	k. A.
		1c	0.443	k. A.
Nutzungsabsicht	0.879	2	0.620	0.867
		3	0.570	0.873
		4	0.694	0.858
		5	0.652	0.864
		6	0.717	0.855
		7	0.731	0.853
		8	0.663	0.862
Wahrgenommener Nutzen	0.776	13d	0.445	0.767
		13e	0.406	0.779
		18b	0.651	0.698
		18c	0.672	0.689
		19a	0.576	0.726
Rahmenbedingungen	0.713	9	0.557	k. A.
		10	0.557	k. A.

*Zur Beschriftung der Items siehe Anhang 15.

Tabelle 55: Itemstatistik für die Indizes zur Akzeptanzanalyse (Teil 1)

Zur Bildung des Index „Einstellung" war die Eliminierung des Items 1b notwendig, um Cronbach's Alpha und damit die Reliabilität auf ein ausreichendes Maß von 0.381 auf 0.612 zu erhöhen. Die anderen beiden Indizes wurden mittels der in Tabelle 55 aufgelisteten Items gebildet. Die Nutzungsabsicht umfasst Items, die sowohl den fremdbestimmten als auch den eigenen Willen zur Verwendung des WiSo@visors berücksichtigen. Eine Trennung dieser beiden Aspekte führt zu einer Verringerung der Reliabilität und ändert nichts an dem signifikanten Zusammenhang zwischen Einstellung und Nutzungsabsicht. Der wahrgenommene Nutzen bezieht sich auf den Kompetenztest, auf deren einfache Handhabung und auf den Teil C, der ebenfalls im Rahmen des WiSo@visors durchgeführt wurde (vgl. Kapitel 4.2). Hier wurde Item 13e bewusst nicht gelöscht, da der Trennschärfenkoeffizient nach Ebel (1972) einen guten Wert besitzt und die Reliabilität sich nur geringfügig erhöhen würde.

Für die Korrelation dieser drei Indizes wurde aufgrund des ordinalen Skalenniveaus Spearman's Rangkorrelationskoeffizient Rho herangezogen (vgl. Wittenberg, 1991). Die Berechnung dieses Wertes zeigt, dass der Zusammenhang zwischen „Einstellung" und „Nutzungsabsicht" (p ≤ 0.000) sowie zwischen „Einstellung" und „Wahrgenommener Nutzen" (p ≤ 0.003) höchst signifikant ist. Die Stärke des Zusammenhangs zwischen „Einstellung" und „Nutzungsabsicht" beträgt 0.406. Im Hinblick auf die Beziehung zwischen „Einstellung" und „Wahrgenommener Nutzen" ist dieser 0.307. Es handelt sich demzufolge um einen positiven Zusammenhang zwischen der Einstellung der Analysierten und einerseits dem wahrgenommenen Nutzen, der sich hauptsächlich auf die Kompetenztests bezieht, und andererseits der Absicht zur Nutzung des WiSo@visors.

Neben der Einstellung der Analysierten können gemäß dem in Kapitel 4.2.3 dargestellten Akzeptanzmodell auch die Rahmenbedingungen, wie z. B. die Verfügbarkeit einer Internetverbindung und die Kenntnisse im Hinblick auf die Anwendung des Internets, einen Einfluss auf die Anwendung des WiSo@visor und die IT-gestützte Kompetenzanalyse haben. Hierzu wurden zwei Fragen gestellt (Item 9 und 10 im Anhang 15). Die Antworten zeigen, dass mit einem Median von 5 auf einer Skala von 1 (trifft überhaupt nicht zu) bis 5 (trifft voll und ganz zu) die Mehrheit der Befragten über eine Internetverbindung verfügt und sich im Umgang mit dem Internet sicher fühlt. Dies bedeutet, dass die Rahmenbedingungen zur Durchführung der IT-gestützten Kompetenzanalyse für die Studienfach- und Hochschulwahl fast ideal sind. Bei einer Korrelationsanalyse zwischen einem auf Basis dieser zwei Items gebildeten Index „Rahmenbedingungen" (vgl. Tabelle 55) und den bereits beschriebenen Indizes „Wahrgenommener Nutzen" und „Nutzungsabsicht" wurde ersichtlich, dass kein signifikanter Zusammenhang besteht (vgl. Anhang 18). In diesem Kontext lässt sich zwar die Aussage formulieren, dass sehr gute Rahmenbedingungen keinen Einfluss auf die Nutzungsabsicht bzw. den wahrgenommenen Nutzen besitzen, jedoch muss dies nicht für unzureichende Voraussetzungen gelten. Schlechte Rahmenbedingungen könnten möglicherweise zu einer Verringerung der Nutzungsabsicht bzw. des wahrgenommenen Nutzens der Zielgruppe führen.

4.4.1.2. Erfassung der Daten zur Kompetenzanalyse

Nachdem der Studieninteressierte das Kompetenzanalyseinstrument aufgerufen und den Registrierungsvorgang abgeschlossen hatte, konnte er seine Daten zur Kompetenzanalyse eingeben. Hierzu standen, wie in Kapitel 4.3.2 beschrieben, drei Tests zur Ermittlung der Persönlichkeits-, Sozial- und Methodenkompetenzen sowie ein Fragebogen zur Erfassung der Qualifikationen zur Verfügung.

Diese mussten jeweils einzeln aufgerufen und absolviert werden. Für jeden Kompetenztest gab es einen einleitenden Text, der dessen Ziel und Inhalt sowie die Anzahl der Fragen beschreibt (vgl. Anhang 14). Nachdem der Analysierte diesen gelesen hatte, konnte er mit der Beantwortung der Fragen beginnen. Bei der ersten Frage sollte der Analysierte sich im Hinblick auf seine Kompetenzen auf einer fünfstufigen Skala selbst einschätzen (vgl. Anhang 14). Diese „Eisbrecherfrage" erhöht das Interesse des Analysierten und stimmt ihn auf die nachfolgenden Fragen ein. Anschließend folgten die Fragen zur Erfassung des jeweiligen Kompetenzmerkmals. Falls der Analysierte Schwierigkeiten bei der Beantwortung der Fragen hatte, stand ihm ein Hilfetext zur Verfügung (vgl. Anhang 14). Dieser beinhaltet Informationen zum Ziel und Zweck der Frage. Je nach Fragentyp erhält der Analysierte Informationen, wie er die Frage lösen kann. Zudem konnte er mittels Feedback-Button eine Nachricht mit der Problembeschreibung an den Analysierenden senden (vgl. Anhang 14). Zum Abschluss des Tests sollte der Analysierte einschätzen, wie konzentriert er die Fragen beantwortet hatte (vgl. Anhang 14). Danach konnte er seine Daten absenden und der Durchführungsprozess war abgeschlossen.

Zur Untersuchung, inwiefern der WiSo@visor und das damit verbundene Benutzerinterface die Durchführung der IT-gestützen Kompetenzanalyse begünstigen, wurden den Anwendern in einem zusätzlichen Feedbackbogen (vgl. Kapitel 4.4.1.1) acht Fragen zur Bedienbarkeit und zur Verständlichkeit der Inhalte gestellt (Anhang 15). Diese berücksichtigten den Bedienungsaufwand durch den Wiso@visor (Item 13a), durch die gestellten Fragen (Item 13b) und durch die Nutzung des Informationsangebotes (Item 13c) sowie die Verständlichkeit der Fragen zu den drei Bereichen des WiSo@visors (Items 12a, b und c). Darüber hinaus konnten hierdurch die Übersichtlichkeit der Gestaltung (Item 14) und die flexible Nutzung des Beratungsangebotes (Item 15) untersucht werden.

Die Antworten der Befragten sollen Aufschluss darüber geben, ob die Gestaltung des WiSo@visor zielgruppengerecht ist und inwiefern dessen wahrgenommener Nutzen sowie die Nutzungsabsicht der Analysierten hierdurch beeinflusst wurden. Die Auswertung dieser acht Items ergab, dass mit einem Median von mindestens 4 auf einer Skala von 1 (trifft überhaupt nicht zu) bis 5 (trifft voll und ganz zu) die Mehrheit der Befragten die Inhalte des WiSo@visors als verständlich und übersichtlich empfand sowie ihn relativ mühelos bedienen konnte (vgl. Anhang 16). Zur Analyse des Einflusses von Bedienbarkeit und

Verständlichkeit auf den wahrgenommenen Nutzen bzw. die Nutzungsabsicht wurden zwei Indizes gebildet. Diese setzen sich aus jeweils drei Items (12a, b, c und 13a, b, c) zusammen. Die Items 14 und 15 konnten bei der Bildung der Indizes nicht berücksichtigt werden, da der Trennschärfenkoeffizient beider Items mit weniger als 0.3 auf deren geringe Brauchbarkeit hinwies. Tabelle 56 gibt einen Überblick über die Werte der gebildeten Indizes und die verwendeten Items.

Indizes	Cronbachs Alpha	Item*	Trennschärfen-koeffizient	Cronbach's Alpha ohne Item
Verständlichkeit	0.705	12a	0.409	0.657
		12b	0.640	0.488
		12c	0.459	0.701
Bedienbarkeit	0.817	13a	0.686	0.731
		13b	0.689	0.728
		13c	0.633	0.784
*Zur Beschriftung der Items siehe Anhang 15.				

Tabelle 56: Itemstatistik für die Indizes zur Akzeptanzanalyse (Teil 2)

Anschließend erfolgte eine Korrelationsanalyse mit den bereits bestehenden Indizes „Wahrgenommener Nutzen" und „Nutzungsabsicht" (vgl. Tabelle 55). Das Ergebnis dieser Analyse zeigt, dass nur ein signifikanter Zusammenhang zwischen den Indizes existiert (vgl. Anhang 18). Dieser betrifft einzig die Beziehung zwischen den Indizes „Verständlichkeit" und „Bedienbarkeit" (p = 0.002). Im Hinblick auf den „Wahrgenommenen Nutzen" und die „Nutzungsabsicht" konnte kein Einfluss durch die untersuchten Indizes nachgewiesen werden. In diesem Kontext lässt sich wie bereits bei den Rahmenbedingungen (vgl. Kapitel 4.4.1.1) die Aussage formulieren, dass eine sehr gute Verständlichkeit und eine einfache Bedienbarkeit keinen Einfluss auf die Nutzungsabsicht bzw. den wahrgenommenen Nutzen besitzen, jedoch muss dies nicht für eine unzureichende Gestaltung der IT-gestützten Kompetenzanalyse gelten. Diese könnte möglicherweise zu einer Verringerung der Nutzungsabsicht bzw. des wahrgenommenen Nutzens der Zielgruppe führen.

4.4.1.3. Zusammenfassende Diskussion der Untersuchungsergebnisse

Der in Kapitel 3.6 theoretisch hergeleitete Teilprozess III zur Durchführung der Kompetenzanalyse ist, wie dessen Anwendung im Bereich der Studienfach- und

Hochschulwahl zeigt, praktisch umsetzbar. Die im Referenzprozess modellierten Funktionen „Kompetenzanalyseinstrument aufrufen", „Informationen zur Durchführung lesen", „Mit allgemeinen Angaben zur Person registrieren", „Frage oder Aufgabe zu den Kompetenzen lesen", gegebenenfalls „Hilfetext lesen", „Frage oder Aufgabe beantworten", „Feedback zum Analyseinstrument geben" sowie „Analyse abschließen und Daten senden" wurden von der Mehrheit der Analysierten erfolgreich ausgeführt. Das Ergebnis des Prozesses umfasst die gespeicherten Kompetenzdaten der Analysierten, die Grundlage für die Auswertung der Kompetenzanalyse in Teilprozess IV sind.

Der Teilprozess III lief weitestgehend IT-gestützt mittels Webbrowser und Internet ab. Um zu ermitteln, inwiefern die Studieninteressierten mit dieser Form der Kompetenzanalyse zurechtkamen, wurde eine zusätzliche Befragung durchgeführt. Deren Ergebnisse zeigen, dass die vorurteilsfreie Einstellung der Zielgruppe gegenüber diesem Medium und Kompetenztests im Allgemeinen den wahrgenommenen Nutzen und die Nutzungsabsicht positiv beeinflussten. Die Rahmenbedingungen (Internetverfügbarkeit und -kenntnisse) waren zwar ebenfalls sehr gut, jedoch haben diese keinen Einfluss auf die Nutzung des WiSo@visors. Dies gilt ebenfalls für dessen Bedienbarkeit und für die Verständlichkeit der Inhalte. Hierbei bleibt unklar, ob eine unzureichende Gestaltung der IT-gestützten Kompetenzanalyse nicht zu einer Verringerung der Nutzungsabsicht und des wahrgenommenen Nutzens führt. Diese Erkenntnisse können insbesondere bei der Erstellung des Kompetenzanalyseinstruments berücksichtigt werden, indem dieses zielgruppenabhängig entsprechend der vorherrschenden Einstellung umgesetzt wird.

4.4.2. Teilprozess IV: Auswertung der Kompetenzanalyse

Die im Rahmen des WiSo@visors durchgeführte Kompetenzanalyse sollte hauptsächlich die Analysierten bei der Studienfach- und Hochschulwahl unterstützen. Nachdem diese ihre Daten eingegeben und abgesendet hatten, erhielten sie unmittelbar im Anschluss an die Durchführung eine automatisch erzeugte Auswertung mit Informationen zu ihren Kompetenzen. Die Generierung der Auswertungsinhalte erfolgte auf Grundlage der in Kapitel 4.3.2.3 festgelegten Berechnungsfunktionen, grafischen Visualisierungselementen und Textbausteinen. Auf Basis dieser Informationen sollen sich die Analysierten mit ihren

Kompetenzen, vor allem ihren Stärken und Schwächen, im Hinblick auf die zukünftige Studienfach- und Hochschulwahl auseinander setzen.

Entsprechend dem in Kapitel 3.7 modellierten Referenzprozess wurden die Funktionen ausgeführt, die für die Perspektive der Analysierten relevant sind. Zur Darstellung der Ergebnisse wird in Kapitel 4.4.2.1 beschrieben, aus welchen Elementen die Auswertung des WiSo@visors besteht und wie diese strukturiert ist. Anschließend erfolgt in Kapitel 4.4.2.2 eine Auseinandersetzung mit möglichen Interpretationen der Ergebnisse aus Sicht der Analysierten. Hierbei wird auf Daten aus der in Kapitel 4.2.3 beschriebenen Befragung von Studieninteressierten, die den WiSo@visor nutzten, zurückgegriffen. Zum Abschluss erfolgt in Kapitel 4.4.2.3 eine Auseinandersetzung, inwiefern sich der modellierte Teilprozess IV auf den hier betrachteten Anwendungsfall übertragen lässt.

4.4.2.1. Darstellung der Ergebnisse der Kompetenzanalyse

Der Vorteil einer IT-gestützten Kompetenzanalyse wird vor allem beim Auswertungsprozess deutlich. Im Vergleich zu Tests in Papierform kann eine sofortige Rückmeldung an den Analysierten erfolgen. Dies ist auch beim WiSo@visor möglich. Auf Basis der in Teilprozess III erfassten und in der Datenbank abgespeicherten Antworten konnten die zur Ermittlung der Kompetenzwerte notwendigen Berechnungen durchgeführt werden. Auf deren Grundlage erfolgte wiederum die Erstellung der Auswertung. In Abhängigkeit davon, wie viele Personen den WiSo@visor gleichzeitig benutzten, nahm das IT-gestützte Ausführen dieser Funktionen in der Regel nur einige Sekunden in Anspruch. Die generierte Auswertung war standardisiert und bestand aus drei Hauptbestandteilen (vgl. Anhang 14):

1. Für jeden durchgeführten Kompetenztest erhielt der Analysierte ein individuelles Ergebnis in webbasierter Form. Dieses beinhaltete, wie bei der Vorbereitung zur Kompetenzauswertung in Kapitel 4.3.2.3 festgelegt, verschiedene Elemente. Als Erstes wurde die ausgewertete Kompetenzklasse in Form der Überschrift angezeigt. Danach folgten ein einleitender Text und eine Grafik, die dem Analysierten zeigt, in welchem Drittel er sich bezogen auf die Werte der anderen Analysierten befindet. Anschließend erhielt der Analysierte den erreichten Punktwert pro untersuchte Kompetenz als Prozentangabe, deren grafische Visualisierung in Form eines Ikonogramms und einem Balkendia-

gramm mit Vergleichswerten sowie einen erläuternden Textbaustein mit Tipps zur Verbesserung der Kompetenz.

2. Zum besseren Überblick wurden die Einzelergebnisse aller Tests des WiSo@visors einschließlich der Teile A und B in einer webbasierten Ergebnisübersicht zusammengefasst. Die erreichten Kompetenzwerte wurden mithilfe von zwei grafischen Visualisierungselementen dargestellt. Zum einen wurde die bereits beschriebene Grafik zur Einordnung in das obere, mittlere oder untere Drittel der Analysierten abgebildet. Zum anderen wurde die Interpretation durch ein lachendes, neutrales oder trauriges Ikonogramm unterstützt. Zusätzlich erhielt der Analysierte zu jedem Test einen verlinkten Verweis auf die entsprechende Informationsseite (vgl. Kapitel 4.4.1.1). Absolvierte der Analysierte einen Test vollständig, wurden die Ergebnisse und ein bestätigendes Häkchen angezeigt. Andernfalls war der Test mit einem Fragezeichen gekennzeichnet.

3. Am Ende der Ergebnisübersicht befand sich ein Button, der dem Analysierten die Möglichkeit anbot, eine zusammengefasste Auswertung in Form eines PDF-Dokumentes anzufordern. Bei Anklicken des Buttons wurde die Auswertung an die bei der Registrierung angegebene E-Mail-Adresse gesandt.

Zur Untersuchung, wie die Zielgruppe die Auswertung und deren Umsetzung im WiSo@visor beurteilte, wurden in der zusätzlich durchgeführten Datenerhebung (vgl. Kapitel 4.4.1.1) zwei Fragen gestellt. Hierbei wurden die Analysierten gefragt, ob es ihnen Mühe bzw. Aufwand bereitet, sich mit ihrem Testergebnis zu beschäftigen (Item 13e) und sich anhand des Ergebnisses mit den eigenen Kompetenzen auseinander zu setzen (Item 13d). Die Umfrage zeigte, dass mit einem Median von 4 die Mehrheit der Befragten mit der Auswertungsgestaltung zurechtkamen und in der Lage waren, die Ergebnisse zu interpretieren. Hier wird ersichtlich, dass im Rahmen des WiSo@visors der durch die IT-gestützte Kompetenzanalyse generierte Nutzen wahrgenommen wird.

4.4.2.2. Interpretation der Ergebnisse der Kompetenzanalyse

Nachdem der Studieninteressierte sein individuelles Ergebnis erhalten hatte, oblag es ihm, sich damit weiter gehend auseinander zu setzen und die sich daraus ergebenden Schlussfolgerungen im Rahmen der Studienfach- und Hochschulwahl zu ziehen. Um besser nachzuvollziehen, wie die Zielgruppe die Ergebnisse der Kompetenzanalyse bewertete und inwiefern die durch den Wi-So@visor erzeugte Auswertung deren Meinung beeinflusste, wurden einige Daten aus der zusätzlich durchgeführten Befragung analysiert.

Als Erstes war zu klären, wie die Analysierten ihre Testergebnisse beurteilten. Hierzu wurden zwei Fragen gestellt. Zum einen wurde untersucht, ob die Studieninteressierten das Gefühl hatten, dass das Testergebnis ihre Person und ihre persönlichen Eigenschaften widerspiegelt (Item 19b). Falls dies nicht der Fall war, sollte zum anderen ermittelt werden, ob dieses gegebenenfalls zu negativ ist (Item 20). Die Ergebnisse der Befragung zeigen, dass mit einem Median von 3 mehr als die Hälfte der Analysierten, insgesamt 60 %, das Gefühl hatte, dass das Testergebnis sie zumindest teilweise widerspiegelt. 31 % der Analysierten waren der Meinung, dass das Testergebnis ihren Stärken und Schwächen entspricht. Die Antworten auf die Fragen, ob das Testergebnis zu negativ ist, deuten darauf hin, dass nur 20 % der Analysierten dieses Gefühl besitzen. Diese persönliche Einschätzung bzw. Interpretation der Ergebnisse hat Einfluss auf den wahrgenommenen Nutzen und die Nutzungsabsicht der Zielgruppe. Wie eine Korrelationsanalyse zeigte, existiert ein signifikanter Zusammenhang zwischen den Items 19b und 20 und den in Kapitel 4.4.1.1 (Tabelle 55) gebildeten Indizes „Wahrgenommener Nutzen" und „Nutzungsabsicht" (vgl. Tabelle 57).

		Nutzungsabsicht	Wahrgenommener Nutzen
Item 19b	Korrelationskoeffizient	.419**	.323**
	Sig. (2-seitig)	0.000	0.002
	N	91	89
Item 20	Korrelationskoeffizient	-.244*	-.274**
	Sig. (2-seitig)	0.020	0.009
	N	91	90

**Die Korrelation ist auf dem 0,01 Niveau signifikant (zweiseitig).
*Die Korrelation ist auf dem 0,05 Niveau signifikant (zweiseitig).

Tabelle 57: Ergebnisse der Korrelationsanalyse (Spearman's Rangkorrelationskoeffizient Rho)

Der stärkste Zusammenhang besteht zwischen dem Item 19b mit der Frage, ob das Testergebnis die Person widerspiegelt, und dem Index „Nutzungsabsicht". Dieser Zusammenhang ist zudem positiv. Je stärker das Testergebnis dem Selbstbild der Person entspricht, desto wahrscheinlicher ist damit die Absicht, dass die Person die Nutzung des WiSo@visor jederzeit wiederholen würde bzw. diesen weiterempfiehlt. Dies gilt ebenfalls für den wahrgenommenen Nutzen. Umgekehrt führt ein zu negativ empfundenes Ergebnis zu einer Verringerung der Nutzungsabsicht und des wahrgenommenen Nutzens.

Als Zweites wurde untersucht, wie hoch der wahrgenommene Nutzen im Hinblick auf die Studienfach- und Hochschulwahl ist. Die Ergebnisse auf die Fragen, ob die Analysierten sich aufgrund der Informationen, Fragen und der Auswertung des WiSo@visors besser auf das Studium vorbereitet fühlen (Item 18a, b, c und 19a), zeigen, dass mit einem Median von 3 mehr als die Hälfte der Analysierten dies zumindest teilweise so empfand. Insbesondere im Hinblick auf die Kompetenztests bestätigten dies sogar 67 % der Befragten.

Der wahrgenommene Nutzen hat einen starken Einfluss auf die Nutzungsabsicht der Zielgruppe bezogen auf den WiSo@visor, wie eine Korrelationsanalyse zwischen den beiden Indizes bestätigt (vgl. Anhang 18). Vor allem die positiven Antworten einer großen Gruppe von Analysierten (mehr als 40 %) zu den Fragen, ob sie den Wiso@visor jederzeit wiederholen (Item 4) oder weiterempfehlen (Item 5) würden, zeigen, dass dieses Mittel zur Unterstützung der Studienfach- und Hochschulwahl sowie in der Auseinandersetzung mit den eigenen Stärken und Schwächen zweckmäßig ist.

Dieses Analyseinstrument hatte nicht nur einen positiven Nutzen für die Analysierten, sondern stärkt auch die Organisation, die dieses zur Verfügung stellt. So zeigen die Antworten auf die Fragen, die den Bekanntheitsgrad (Item 21a) und das Image (21b) der Hochschule betreffen, dass mit einem Median von 3 ein Großteil der Befragten erst durch die Nutzung des WiSo@visors auf die Fakultät und die Studienangebote aufmerksam wurde (47 %) und sich ihre Meinung über diese verbesserte (41 %). Immerhin konnten 23 % der Befragten durch die Anwendung des WiSo@visors davon überzeugt werden, sich für ein Studium an der Fakultät zu bewerben (Item 21c). Dieser positive Effekt für die analysierende Organisation wird vor allem durch den wahrgenommenen Nutzen des WiSo@visors durch die Zielgruppe beeinflusst (vgl. Anhang 18). Hier besteht ein höchst signifikanter Zusammenhang ($p \leq 0.001$).

4.4.2.3. Zusammenfassende Diskussion der Untersuchungsergebnisse

Die Anwendung des theoretisch hergeleiteten Teilprozesses IV am Beispiel der Studienfach- und Hochschulwahl zeigt, dass dieser für die Perspektive des Analysierten umsetzbar ist. Die im Referenzprozess modellierten Funktionen „Kompetenzwerte aus den erfassten Daten berechnen", „Kompetenzwerte darstellen" und „Kompetenzwerte interpretieren" wurden von der Mehrheit der Analysierten erfolgreich ausgeführt. Das Ergebnis des Prozesses ist die Auseinandersetzung mit den eigenen Kompetenzen, Stärken und Schwächen im Hinblick auf die zukünftige Studienfach- und Hochschulwahl.

Dieser Teilprozess wurde fast durchgängig IT-gestützt ausgeführt. Lediglich die Interpretation der Ergebnisse, das damit verbundene Empfinden, ob diese einen Nutzen erbringen, und deren Weiterverwendung oblag den Analysierten. Im Bereich der Studienfach- und Hochschulwahl konnte gezeigt werden, dass eine IT-gestützte Kompetenzanalyse den hierbei notwendigen Entscheidungsprozess unterstützen kann. Zudem wurde auf Basis der zusätzlich durchgeführten Befragung ersichtlich, dass auch die analysierende Organisation von der IT-gestützten Kompetenzanalyse profitiert, indem sich die Meinung der analysierten Personen im Hinblick auf das Bildungsangebot verbesserte und sich der Bekanntheitgrad erhöhte.

Es gibt bereits Bemühungen die Interpretation der Ergebnisse mittels IT, insbesondere in Form von Expertensystemen, zu unterstützen. Diese sind vor allem im klinischen Bereich vorzufinden (Fisseni, 1997). So können auf Grundlage der erfassten Daten nicht nur Ergebnisse bewertet, sondern auch Vorschläge zur Indikation abgegeben werden. Diese Entwicklungen sind jedoch noch nicht in dem entsprechenden Maße praktisch erprobt, sodass sie leicht im Rahmen der IT-gestützten Kompetenzanalyse anwendbar wären.

4.5. Zusammenfassung des Kapitels

In diesem Kapitel wurde der Prozess zur IT-gestützten Kompetenzanalyse im Rahmen der Studienfach- und Hochschulwahl angewendet und tiefer gehend untersucht. Als Ergebnis dieser Untersuchung wurde nachgewiesen, dass das theoretisch hergeleitete Prozessmodell auch praktisch umsetzbar ist. Zudem wurde gezeigt, dass die Kompetenzanalyse vor allem während der Teilprozesse

III und IV weitestgehend mittels Software durchführbar ist. Die Vorteile IT-gestützter Verfahren sind die hohe Objektivität, die Zeitersparnis bei der Durchführung und Auswertung der Kompetenzanalyse sowie die sofortige Verfügbarkeit der Analyseergebnisse. Zudem können die Kompetenzdaten im Vergleich zu mündlichen Interviews exakt erfasst werden. Die Nachteile, wie z. B. die Gefahr der unsachgemäßen Testung oder die fehlende Testfairness, können durch entsprechende Funktionen und Anweisungen begrenzt werden.

Potenziale für weiterführende Forschungsaktivitäten ergeben sich vor allem bei den Teilprozessen I und II. Zur Durchführung der hierbei notwendigen Funktionen ist ein erheblicher manueller Aufwand notwendig. Ein höherer Anteil an elektronisch verfügbaren Kompetenzdaten sowie an Items, die zur Analyse der Kompetenzen notwendig sind, würde eine höhere Automatisierung der Teilprozesse bewirken.

Hinsichtlich der Gestaltung des Kompetenzanalyseinstruments zeigte die Untersuchung, dass für den Test zur Ermittlung der Methodenkompetenzen Verbesserungsbedarf besteht. Hier ist eine Anpassung bzw. der Austausch der Items erforderlich. Dagegen konnten im Bereich der Persönlichkeits- und Sozialkompetenzen bereits reliable Tests entwickelt werden. Zukünftig werden diese an einer größeren Stichprobe geprüft und gegebenenfalls in Langzeitstudien validiert. Aus der Perspektive des Analysierenden konnten die zur Anwendung der IT-gestützten Kompetenzanalyse notwendigen Prozessschritte erfolgreich bewältigt werden.

Die zusätzlich durchgeführte Befragung der am WiSo@visor teilgenommenen Studieninteressierten zeigte, dass aus der Perspektive der Analysierten ein Nutzen aufgrund der IT-gestützten Kompetenzanalyse wahrgenommen wird. Dieser wirkt sich positiv auf deren Nutzungsabsicht aus und führt zu mehr Akzeptanz IT-gestützter Verfahren im Vergleich zu klassischen Mitteln im Bereich der Studienfach- und Hochschulwahl.

5. IT-gestützte Kompetenzanalyse und ganzheitliches Kompetenzmanagement

5.1. Motivation und Zielsetzung des Kapitels

Zum Abschluss der Arbeit soll geklärt werden, inwiefern die IT-gestützte Kompetenzanalyse Voraussetzung für ein ganzheitliches Kompetenzmanagement ist. Wie die Untersuchung zum Stand der Forschung in Kapitel 2 zeigt, wird „ganzheitlich" als Attribut im Kontext des Kompetenzmanagements nur einmal verwendet. Der Ansatz von Klemke et al. (2003) setzt „ganzheitlich" mit „Ebenen übergreifend" gleich. Eine Untersuchung ganzheitlicher Denkansätze führt jedoch zu der Erkenntnis, dass die Gleichsetzung der beiden Termini zu kurz greift. Ganzheitliche Denkansätze beinhalten in der Regel noch mehr zu berücksichtigende Aspekte. Im Folgenden wird ganzheitliches Kompetenzmanagement weiterführend betrachtet. Kompetenzen sollen nicht nur Ebenen übergreifend, sondern im eigentlichen Sinn „ganzheitlich" gemanagt werden. Folgende Fragestellungen werden in diesem Kapitel näher untersucht:

- Was zeichnet ganzheitliches Kompetenzmanagement aus?

- Inwiefern trägt eine IT-gestützte Kompetenzanalyse dazu bei, Kompetenzen ganzheitlich zu managen?

Zur Beantwortung dieser Fragen sind die nachfolgenden Ausführungen wie folgt strukturiert: Zu Beginn wird in Kapitel 5.2 der Gang der Untersuchung beschrieben. Danach erfolgen in Kapitel 5.3 die Identifikation von Merkmalen ganzheitlicher Denk- und Managementansätze sowie deren Übertragung auf das Kompetenzmanagement. Anschließend wird in Kapitel 5.4 dargestellt, welchen Beitrag eine IT-gestützte Kompetenzanalyse im Hinblick auf das ganzheitliche Kompetenzmanagement liefert. Abschließend fasst Kapitel 5.5 die Ergebnisse dieser Untersuchung kurz zusammen.

5.2. Gang der Untersuchung und Methodik

Für den Terminus „ganzheitlich" existieren mannigfaltige Definitionen und Umschreibungen. Um zu klären, was ganzheitliches Kompetenzmanagement im Kontext dieser Arbeit bedeutet, wird „ganzheitlich" mittels einer Begriffsexplikation präzisiert. Hierbei wird auf Theorien und wissenschaftliche Ansätze zurückgegriffen, die sich mit diesem Begriff eingehend auseinander setzen. Die bei der Präzision des Terminus „ganzheitlich" verwendeten Merkmale werden anschließend auf das Kompetenzmanagement übertragen. Hierzu werden die folgenden Untersuchungsschritte durchgeführt:

1. Als Erstes werden gängige Verwendungen des Begriffs „ganzheitlich" (Explikandum) im Bereich der Managementlehre aufgelistet.

2. Anschließend erfolgt eine Einschränkung des Begriffs durch die Auswahl geeigneter Definitions- und Erklärungsansätze.

3. Die in den Ansätzen erwähnten Merkmale des untersuchten Begriffs werden zusammengefasst, sodass dessen Bedeutung präzisiert und eine wissenschaftliche Erklärung (Explikat) von „ganzheitlich" abgeleitet werden kann.

4. Im letzten Schritt erfolgt eine Übertragung des ganzheitlichen Denkansatzes auf das Kompetenzmanagement.

Nachdem ermittelt wurde, was ganzheitliches Kompetenzmanagement bedeutet, soll geklärt werden, welchen Beitrag eine IT-gestützte Kompetenzanalyse hierzu leistet. Anhand der durch die Begriffsexplikation hergeleiteten Bedeutung erfolgt eine Auseinandersetzung, inwiefern die Kompetenzanalyse den hierbei identifizierten Merkmalen gerecht wird.

5.3. Merkmale eines ganzheitlichen Kompetenzmanagements

Zur Identifikation von Merkmalen eines ganzheitlichen Kompetenzmanagements ist die Auseinandersetzung mit ganzheitlichen Denkansätzen notwendig. Diese werden in verschiedenen wissenschaftlichen Disziplinen bereits angewendet. Tabelle 58 gibt einen Überblick über die Verwendung des Terminus „ganzheitlich" in unternehmens- bzw. managementnahen Bereichen.

Quelle	Ganzheitliche Ansätze	Definition bzw. Beschreibung von „Ganzheitlich"
Kleiner (1992, S. 12)	Ganzheitliches Personalwesen	„Mit dem Begriff ganzheitlich möchten wir vor allem von einer punktuellen Betrachtung des Personalwesens Distanz nehmen. Es sollen nicht einzelne Instrumente isoliert, sondern der Forschungsgegenstand, [...], umfassend und in ihrem Beziehungsgefüge vernetzt behandelt werden."
Eggers (1994, S. 13)	Ganzheitlich-vernetzendes Management	„Ganzheitliches Denken ist dabei als umfassende Identifikation und Handhabung von Faktoren sowie als Erkennen wichtiger *Vernetzungen* von ‚Ganzes-Teil-Relationen' aufzufassen."
Wojda und Buresch (1997, S. 27)	Ganzheitliche Unternehmensführung	„Ganzheitliche Gestaltung bedeutet, alle für eine Aufgabenstellung relevanten Einflußfaktoren und deren Wirkung im entsprechenden Ausmaß zu berücksichtigen."
Radtke (1997, S. 2)	Ganzheitliches Modell zur Umsetzung von Total Quality Management	„Die Ganzheitlichkeit beruht dabei auf einer inhaltlichen Vollständigkeit und einer Vorgehensweise zur Umsetzung von TQM [Total Quality Management]. Das Modell muß außerdem allgemeingültig und flexibel sein und an die unterschiedlichen Rahmenbedingungen der Unternehmen angepasst werden können."
Welker (1998, S. 39)	Ganzheitliche Unternehmensgestaltung	„Eine Gestaltung des Informationsflußsystems, die die Aktionsparameter Organisation, Technologie und Personal gemeinsam betrachtet, wird im folgenden als ganzheitlich bezeichnet."
Biethahn, Muksch und Ruf (2000, S. 2)	Ganzheitliches Informationsmanagement	„Als *ganzheitlich* wird ein Informationsmanagement dann bezeichnet, wenn es alle Informationsflüsse von der Sammlung und Erfassung bis hin zur Bereitstellung der jeweils gewünschten Informationen sowie alle damit verbundenen Be- und Verarbeitungsprozesse im Zusammenhang plant, steuert, koordiniert, realisiert und kontrolliert."

Tabelle 58: Überblick über ganzheitliche Ansätze

Die hierbei verwendeten Definitionen bzw. Begriffserklärungen fallen sehr heterogen aus. Nach Eggers (1994, S. 14) reicht das Forschungsfeld des ganzheitlichen Managements von „zahlreichen – praxisorientierten – Lösungskeimen bis zu einigen fundierten (Grund-)Konzeptionen". Zu den Verfassern eines fundierten Konzept zählt Eggers (1994) insbesondere Ulrich und Probst (1991). Diese verstehen unter einer ganzheitlichen Denkweise „ein integrierendes, zusammenfügendes Denken, das auf einem breiteren Horizont beruht, von grösseren Zusammenhängen ausgeht und viele Einflussfaktoren berücksichtigt, das weniger isolierend und zerlegend ist als das übliche Vorgehen" (Ulrich und Probst, 1991, S. 11). Ulrich und Probst (1991) identifizieren auf Basis der Systemtheorie sieben Bausteine eines ganzheitlichen Denkens, die sie auf die Unternehmung und das Management übertragen. Diese Bausteine und zwei ergänzende Quellen werden dazu herangezogen, die Merkmale eines ganzheitlichen Kompetenzmanagements abzuleiten. Bei den ergänzenden Quellen handelt es sich um Wojda und Buresch (1997), die sich mit ganzheitlichen Gestaltungsgrundsätzen im Rahmen der Unternehmensführung weiterführend auseinander setzen, und um Pfeiffer, Weiß und Strubl (1994), deren Ansatz ebenfalls auf der systemtheoretischen Forschung basiert. Insgesamt konnten so sechs Merkmale identifiziert werden: System- und Umweltorientierung, Netzwerkorientierung, Ordnungsbildung zur Komplexitätsbewältigung, Lenkungs- und Entwicklungsorientierung, Ziel- und Zukunftsorientierung sowie Inhalts- und Prozessorientierung. Diese werden im Folgenden dargestellt und auf das Kompetenzmanagement übertragen.

5.3.1. System- und Umweltorientierung

Im Rahmen der System- und Umweltorientierung wird das Unternehmen bzw. die Organisation als sozio-technisches System, das wiederum Teil eines umfassenderen Systems Umwelt ist, betrachtet. Nach Wojda und Buresch (1997) sowie Pfeiffer et al. (1994) bestehen solche Systeme, insbesondere Arbeitssysteme, aus den Komponenten Input, Output, Personal, Technologie und Organisation. Diese müssen aufeinander abgestimmt sein. Grundvorstellung des ganzheitlichen Denkens ist zudem, dass Systeme in der Regel offen sind (Ulrich und Probst, 1991). Dies bedeutet, dass zwischen dem System und seiner Umwelt Wirkungsbeziehungen existieren, die zu einer gegenseitigen Beeinflussung führen. Neben Energie beeinflusst der Austausch von Informationen diese Beziehung. Für das Überleben eines Systems ist es nach Ulrich und Probst (1991) notwendig, dass es sich an seine Umwelt anpassen kann. Dabei sind insbesondere aus Menschen bestehende, soziale Systeme von kulturellen sowie gesellschaftlichen Rahmenbedingungen abhängig.

Kompetenzmanagement bezieht sich sowohl auf die Personen in einem System als auch auf das System als Ganzes in Form einer Organisation bzw. Unternehmung. Ziel ist es, die personellen und spezifischen organisationalen Kompetenzen zu erkennen, zu entwickeln, zu nutzen und auf andere Bereiche zu transferieren. Beim **ganzheitlichen Kompetenzmanagement** ist die Berücksichtigung der systembedingten Zusammenhänge und der umweltbedingten Anforderungen notwendig, da sich die personellen und organisationalen Kompetenzen gegenseitig beeinflussen. Zudem sind bei der Analyse, Entwicklung und Nutzung der personellen Kompetenzen die kulturellen sowie gesellschaftlichen Rahmenbedingungen zu beachten. Beispielsweise beeinflussen gesellschaftsrelevante Themen wie z. B. der Schutz der Persönlichkeit und der individuellen Daten die Einführung von Kompetenzmanagement im Unternehmen. Die Akzeptanz des Personals hinsichtlich Kompetenzmanagements entscheidet darüber, ob der mit der Einführung verbundene Aufwand einen Nutzen bringt.

5.3.2. Netzwerkorientierung

Durch das Zusammenwirken der einzelnen Teile bzw. Komponenten eines Systems entsteht ein bestimmtes Systemverhalten. Inhalt des ganzheitlichen Denkens ist es, die zwischen den Teilen bestehenden Verbindungen zu erkennen und zu verstehen (Ulrich und Probst, 1991). In der Regel werden diese Verbindungen mit linearen Kausalketten gleichgesetzt, die häufig auf der Annahme beruhen, „dass ein Tatbestand auf eine einzige Ursache zurückzuführen ist" (Ulrich und Probst, 1991, S. 37).

Nach Ulrich und Probst (1991, S. 38) stellen Kausalketten jedoch kein „passendes Modell einer Problemsituation" dar. Vielmehr ist es notwendig, vom Netzwerkgedanken mit zirkulären Beziehungen auszugehen, d. h. dass Ursache und Wirkung in einer n:m Beziehung stehen und sich auch selbst beeinflussen können. Diese Wirkungszusammenhänge sind auch nach Pfeiffer et al. (1994) in Analyse- und Gestaltungsprozessen zu berücksichtigen, was nur mittels integrierter Betrachtungsweise möglich ist. Ulrich und Probst (1991) machen zudem darauf aufmerksam, dass eine Organisation, wie z. B. ein Unternehmen, ein sehr komplexes und kaum vollständig zu erfassendes Netzwerk ist. Aus diesem Grund sind mehrere Netzwerkdarstellungen notwendig, welche die verschiedenen Aspekte der Organisation betonen.

Ganzheitliches Kompetenzmanagement berücksichtigt die in der Organisation bestehenden Netzwerke und integriert bei der Analyse, Weiterentwicklung und Nutzung von Kompetenzen die Wirkungszusammenhänge, insbesondere die

Voraussetzungen und Konsequenzen der getroffenen Maßnahmen. Zudem berücksichtigt ganzheitliches Kompetenzmanagement den Einfluss organisationaler bzw. personeller Kompetenzen auf sich selbst und auf die jeweils andere Kompetenzebene.

5.3.3. Ordnungsbildung zur Komplexitätsbewältigung

Zwei Bausteine ganzheitlichen Denkens sind nach Ulrich und Probst (1991) Komplexität und Ordnung. Komplexität wird in diesem Zusammenhang als die „Fähigkeit eines Systems, in einer gegebenen Zeitspanne eine grosse Zahl von verschiedenen Zuständen annehmen zu können", definiert (Ulrich und Probst, 1991, S. 58). Ordnung beschreiben Ulrich und Probst (1991) als ein in betrachteten Objekten erkennbares Muster. Sie behandeln diese beiden Bereiche zwar thematisch getrennt, verknüpfen sie jedoch im Hinblick auf soziale Systeme folgendermaßen: „Wie wir gesehen haben, entsteht Ordnung dadurch, dass die Elemente sich nicht beliebig und zufällig verhalten, sondern dabei bestimmten Regeln folgen. Ordnungsbildung ist also ein *Mittel zur Komplexitätsbewältigung*, und Ordnungsbildung erfolgt durch die *Entwicklung von Regeln*" (Ulrich und Probst, 1991, S. 253).

Wie das Zitat zeigt, kann mithilfe von Regeln in einem komplexen System Ordnung hergestellt werden. Regeln existieren nach Ulrich und Probst (1991, S. 75) in einem sozialen System in unterschiedlichen Formen:

- „Sie können bewusst formuliert, schriftlich festgehalten und formal in Kraft gesetzt sein (z. B. Gesetze, unternehmungspolitische Grundsätze, Organisationsvorschriften ...)".

- „Sie können sprachlich umschrieben werden, jedoch sind sie nicht formal in Kraft gesetzt oder bewusst entworfen worden. Meist handelt es sich um historisch gewachsene Gewohnheitsregeln, Sitten und Gebräuche".

- „Sie können sprachlich kaum umschrieben werden, obwohl sie intuitiv befolgt werden".

Durch die Einführung von Regeln wird das Verhalten der Elemente und des Systems als Ganzes beschränkt. Dies führt zu einer Reduzierung der Komplexität. Nach Ulrich und Probst (1991, S. 76) ist eine wesentliche Aufgabe in sozialen Systemen, „gestaltend Ordnung zu schaffen und lenkend Ordnung aufrecht zu erhalten". Aus diesem Grund ist beim **ganzheitlichen Kompetenzmanagement** die Formulierung von Regeln notwendig, die dazu beitragen, die mit Kompetenzen verbundene Komplexität zu organisieren.

5.3.4. Lenkungs- und Entwicklungsorientierung

In Anlehnung an Ulrich und Probst (1991) bleiben dynamische Ganzheiten nicht gleich, sondern verändern sich ständig. Das gezeigte Verhalten ist dabei nicht beliebig, da auch bei sehr komplexen Systemen Verhaltensmuster identifiziert werden können. Ulrich und Probst (1991) gehen davon aus, dass Systeme bestimmte Vorzugszustände (wie z. B. festgelegte Ziele) anstreben und sich mit entsprechenden Verhaltensweisen unter Kontrolle halten, was auch als Fähigkeit zur Lenkung bezeichnet werden kann. Es existieren zwei Arten der Lenkung (Ulrich und Probst, 1991, S. 79):

- „Steuerung ist eine informelle Anweisung an ein System und die Einwirkung auf ein System, damit es sich in einer bestimmten Art verhält und ein Ziel erreicht."

- „Regelung ist eine informationelle Rückkoppelung einer Abweichung von einem gewünschten Verhalten oder Ziel."

Welche Art der Lenkung stattfindet bzw. zweckmäßig ist, hängt von der Vernetzung der Elemente und der Art sowie der Komplexität des Systems ab. Je komplexer und je stärker vernetzt das System ist, desto höher ist der Anteil der Selbstlenkung bzw. Regelung. Bei sozialen Systemen besteht jedoch aufgrund der Fähigkeit, „aus eigenem Willen neue Eigenschaften zu entwickeln und sich selbst gewollt zu ändern", ein gewisser Bedarf an Steuerung, d. h. die Ausrichtung des Systems auf ein bestimmtes Ziel oder Zweck. Zudem können in komplexen, sozialen Systemen die Lenkungsfunktionen auf mehrere Elemente verteilt werden, sodass eine zweckmäßige Steuerung möglich ist.

Das sich ändernde Verhalten des Systems lässt nach Ulrich und Probst (1997) neben der Lenkungsfähigkeit auch auf eine entsprechende Entwicklungsfähigkeit schließen. Ganzheitliches Denken basiert auf der Vorstellung, dass ein System zur Erfüllung festgelegter Ziele, Funktionen und Werte entwicklungsfähig ist. Entwicklung umfasst hierbei „ein bewusstes oder unbewusstes Erweitern des Verhaltenspotentials und eine Neuerung oder Neuwahl von Zielen und Zwecken" (Ulrich und Probst, 1997, S. 90). Solche Entwicklungen basieren in sozialen Systemen auf Lernprozessen und werden sowohl durch die Umwelt als auch durch die Personen des Systems beeinflusst.

Ganzheitliches Kompetenzmanagement soll dazu beitragen, dass das System, wie z. B. eine Organisation oder ein Unternehmen, lenk- und entwicklungsfähig bleibt. Dies kann durch Maßnahmen zur Kompetenzentwicklung und der Umsetzung des lebenslangen Lernens beeinflusst werden. Die zur Lenkung notwendigen Befugnisse und Verantwortlichkeiten können in Abhängigkeit von den personellen Kompetenzen erfolgen.

5.3.5. Ziel- und Zukunftsorientierung

Ziele sind die gedankliche Vorwegnahme zukünftiger Zustände bzw. Endpunkte und basieren auf Entscheidungsprozessen bestimmter Personen (Wojda und Buresch, 1997). Sie werden somit subjektiv bestimmt. Der ganzheitliche Gestaltungsgrundsatz geht vom Konzept der multiplen Zielsetzung aus, was die Berücksichtigung verschiedener Zielkriterien (wie z. B. ökonomische, technisch-funktionale oder soziale) einschließt. Zwei Punkte sind nach Wojda und Buresch (1997, S. 29) bei der Festlegung von Zielen im Rahmen eines ganzheitlichen Ansatzes von besonderer Bedeutung:

- Inhalt und Spezifizierung der Zielsetzung. Dies bedeutet neben der Zielformulierung auch die Darstellung der Abhängigkeiten zwischen den Zielen. So können Zielhierarchien, Zielkongruenz und Zielkonflikte in übersichtlicher Weise beschrieben werden. Zudem ist hierbei die Berücksichtigung zukünftiger Entwicklungen unerlässlich.

- Dynamik der Zielformulierung. Aufgrund sich ständig ändernder Rahmenbedingungen und der bestehenden Unsicherheit beim Planen zukünftiger Zustände sind eine regelmäßige Überprüfung und wenn notwendig ein Abgleich der Ziele erforderlich.

Wojda und Buresch (1997) machen zudem darauf aufmerksam, dass Randbedingungen zu beachten sind, die entweder nicht verändert werden können oder nicht verändert werden sollen. Diese sind ebenfalls in den Prozess der Zielfestlegung zu integrieren, da sie gegebenenfalls die Entscheidungsalternativen einschränken.

Ganzheitliches Kompetenzmanagement soll zielorientiert sein und zukünftige Entwicklungen berücksichtigen. Im Rahmen der Gestaltung eines ganzheitlichen Kompetenzmanagements ist die Festlegung von Zielen unter Beachtung von Randbedingungen erforderlich. Dies können unter anderem organisationsinterne und -externe Faktoren, wie z. B. Ressourcenausstattung, Marktverhalten oder Umweltbedingungen, sein. Zudem sind die Abhängigkeiten zwischen den festgelegten Zielen darzustellen. Nachdem Ziele und Abhängigkeiten formuliert wurden, ist im Rahmen der ganzheitlichen Gestaltung eine regelmäßige Prüfung während der Umsetzung erforderlich. Falls Abweichungen auftreten oder die Randbedingungen sich ändern, sind die Ziele entsprechend anzupassen.

5.3.6. Inhalts- und Prozessorientierung

Nach Wojda und Buresch (1997) ist ganzheitliche Gestaltung der Unternehmensführung inhalts- und vorgehens- bzw. prozessorientiert. Die Inhaltsorientierung bezieht sich hierbei auf das „Was" bzw. auf die Auswahl der zu betrachtenden Systemkomponenten und Gestaltungsmaßnahmen. Die Vorgehensorientierung legt das „Wie" fest bzw. bestimmt den Gestaltungsprozess. Beide stehen in Wechselwirkung zueinander und beeinflussen gemeinsam das Gestaltungsergebnis. Im Rahmen der ganzheitlichen Unternehmensgestaltung verwenden Wojda und Buresch (1997) aus inhaltsorientierter Sicht ein Modell, welches aus fünf Gestaltungsfeldern (1. Produkt/Markt, 2. Prozesse, 3. Mitarbeiter, 4. Unternehmensinfrastruktur,
5. Management und Organisation) besteht. Es können auch andere Modelle, wie z. B. das Arbeitssystemmodell in Kapitel 5.3.1, verwendet werden. Entsprechend den identifizierten Gestaltungsebenen bzw. -feldern stellen Wojda und Buresch (1997) verschiedene Vorgehensweisen dar. Unter anderem schlagen sie das Konzept zur kontinuierlichen Verbesserung (KAIZEN von Imai, 1996) im Rahmen der ganzheitlichen Gestaltung vor, das sowohl prozess- als auch ergebnisorientiert ist.

Für das **ganzheitliche Kompetenzmanagement** sind im Hinblick auf die Inhaltsorientierung Bereiche festzulegen, die beeinflusst bzw. gestaltet werden sollen. Bezogen auf ein Unternehmen sind die Mitarbeiter wahrscheinlich der wichtigste Gestaltungsbereich für das Kompetenzmanagement. Darüber hinaus können aber auch alle anderen von Wojda und Buresch (1997) modellhaft dargestellten Gestaltungsfelder im Rahmen des Kompetenzmanagements beeinflusst werden. So können z. B. die Unternehmensinfrastruktur oder die personalintensiven Prozesse auf das Prinzip des lebenslangen Lernens bzw. die ständige Weiterentwicklung von Kompetenzen ausgerichtet werden. Neben der inhaltlichen Gestaltung ist darüber hinaus festzulegen, wie ganzheitliches Kompetenzmanagement umgesetzt wird. Hierzu ist die Konzeption und Implementierung entsprechender Prozesse und Vorgehensweisen erforderlich.

5.4. Beitrag einer IT-gestützten Kompetenzanalyse zum ganzheitlichen Kompetenzmanagement

Im Folgenden soll geklärt werden, inwieweit die IT-gestützte Kompetenzanalyse im Hinblick auf das ganzheitliche Kompetenzmanagement einen Beitrag leistet. Wie bereits in Kapitel 2.3 dargestellt, beginnt der Managementprozess mit der Analysephase. Diese liefert Informationen für die nachfolgenden Managementphasen und beeinflusst maßgeblich die in diesen Prozessabschnitten getroffenen Entscheidungen. Zudem sind zur Überprüfung und zum Controlling von Managementmaßnahmen Informationen notwendig, die nur mittels regelmäßiger Kompetenzanalyse gewonnen werden können. Zur strukturierten Beantwortung der eingangs gestellten Frage wird anhand der in Kapitel 5.3 beschriebenen Merkmale der Beitrag einer IT-gestützte Kompetenzanalyse im Hinblick auf das ganzheitliche Kompetenzmanagement diskutiert.

5.4.1. System- und Umweltorientierung

Die Kompetenzanalyse hat die Aufgabe, Kompetenzen zu ermitteln und Kompetenzlücken bzw. -potenziale zu identifizieren. Dies kann sich sowohl auf Personen als auch auf Organisationen beziehen. Zwar fand in der vorliegenden Arbeit aufgrund des gewählten Anwendungsbereiches eine Fokussierung auf personelle Kompetenzen statt, jedoch lassen sich die einzelnen Schritte des modellierten

Referenzprozesses zur Kompetenzanalyse auch auf Organisationen übertragen. Die im Rahmen des ganzheitlichen Kompetenzmanagements geforderte Berücksichtigung beider Ebenen kann durch den Prozess der IT-gestützten Kompetenzanalyse umgesetzt werden. Insbesondere die Betrachtung organisationaler Besonderheiten bei der Ermittlung des geforderten Kompetenzprofils im Bereich der Studienfach- und Hochschulwahl (vgl. Kapitel 4.3.1.1) zeigt, dass systembedingte Zusammenhänge zwischen Organisation und Personal im Rahmen der Kompetenzanalyse berücksichtigt werden können. Dies führt zu der Erkenntnis, dass bereits bei der IT-gestützten Kompetenzanalyse die Systemorientierung als Merkmal des ganzheitlichen Kompetenzmanagements unterstützt wird.

Neben der Systemorientierung erfolgt im Rahmen der IT-gestützten Kompetenzanalyse eine Ausrichtung auf die von der Umwelt vorgegebenen Rahmenbedingungen. So können bei der Ermittlung des geforderten Kompetenzprofils im Teilprozess I neben internen Informationen auch externe Daten verwendet werden. Solche externen Informationen sind unter anderem Kunden- und Lieferantenwünsche als umweltbedingte Anforderungen im Bereich organisationaler Kompetenzen oder allgemeine Tätigkeitsbeschreibungen zur Ermittlung personeller Kompetenzanforderungen. Letztere wurden im Rahmen der Studienfach- und Hochschulwahl zur Erstellung des geforderten Kompetenzprofils herangezogen (vgl. Kapitel 4.3.1.2). Die Berücksichtigung umweltbedingter Anforderungen bei der Kompetenzanalyse gewährleistet, dass die für das Kompetenzmanagement notwendigen Informationen nicht am Markt vorbei ermittelt werden.

Auch bei anderen Teilprozessen der Kompetenzanalyse erfolgt eine Ausrichtung auf die durch die Umwelt vorgegebenen Rahmenbedingungen. Wie bereits in Kapitel 5.3.1 dargestellt, beeinflussen gesellschaftsrelevante Themen wie der Schutz der Persönlichkeit und der persönlichen Daten die Einführung von Kompetenzmanagement im Unternehmen. Die damit verbundenen Anforderungen sind bereits bei der Ermittlung der Kompetenzen, insbesondere von Personen, zu beachten und haben Einfluss auf die Gestaltung des Kompetenzanalyseinstruments sowie auf die Durchführung und Auswertung der Kompetenzanalyse. Bei entsprechender Implementierung der Kompetenzanalyse kann diese hinsichtlich System- und Umweltorientierung einen Beitrag zu einem ganzheitlichen Kompetenzmanagement leisten.

5.4.2. Netzwerkorientierung

Ganzheitliches Kompetenzmanagement soll die in der Organisation bestehenden Netzwerke und Wirkungszusammenhänge bei der Analyse, Entwicklung und Nutzung von Kompetenzen berücksichtigen. Im Rahmen der IT-gestützten Kompetenzanalyse von Individuen wird für die Ermittlung des geforderten Kompetenzprofils vor allem auf personelle Beziehungen, die für die Ausübung der entsprechenden Tätigkeit von Bedeutung sind, zurückgegriffen. Wie in Kapitel 3.4.1.2 dargestellt, eignen sich als Ansprechpartner zur Erhebung der Kompetenzanforderungen insbesondere Personen, die mit dem zu analysierenden Individuum in Interaktion stehen, da Anforderungen auf den Erwartungen des Umfeldes basieren. In diesem Zusammenhang werden bereits die in der Organisation bestehenden Netzwerke bei der Kompetenzanalyse betrachtet, um die richtigen Ansprechpartner bzw. die richtige Zielgruppe der Erhebung zu identifizieren.

Neben personellen Netzwerken werden im Rahmen der IT-gestützten Kompetenzanalyse auch Beziehungen zwischen Organisationen und Personen berücksichtigt. Wie die Anwendung im Bereich der Studienfach- und Hochschulwahl zeigt, haben organisationale Rahmenbedingungen (wie z. B. Größe der Hochschule, Art und Umfang der Lehre) Einfluss darauf, welche Kompetenzen ein Studienbewerber haben sollte, um das Studium erfolgreich zu bewältigen. Je größer und anonymer die jeweilige Hochschule ist, desto mehr sind die Studenten auf sich selbst gestellt und benötigen vor allem Eigeninitiative, um sich im Studium zurechtzufinden.

Im Rahmen der Netzwerkorientierung eines ganzheitlichen Kompetenzmanagement sind auch Wirkungsbeziehungen, z. B. die Konsequenzen getroffener Maßnahmen, zu beachten. So können z. B. Maßnahmen zur Kompetenzentwicklung mittels regelmäßiger Kompetenzanalyse überprüft werden. Verändert sich das Kompetenzprofil der Person oder Organisation in die gewünschte Richtung, kann davon ausgegangen werden, dass die Wirkung der Maßnahme positiv ist. Hier leistet die IT-gestützte Kompetenzanalyse ebenfalls in Form von Controlling-Informationen einen Beitrag zum ganzheitlichen Kompetenzmanagement.

5.4.3. Ordnungsbildung zur Komplexitätsbewältigung

Wie in Kapitel 5.3.3 dargestellt, ist beim ganzheitlichen Kompetenzmanagement die Formulierung von Regeln notwendig. Diese tragen dazu bei, die mit Kompetenzen verbundene Komplexität zu reduzieren. Ordnungsbildende Regeln sind auch bei der Kompetenzanalyse erforderlich. Diese beziehen sich vor allem darauf, wie die Kompetenzanalyse durchzuführen ist und was die Inhalte der Kompetenzanalyse sind. Hierdurch kann gewährleistet werden, dass die dabei ermittelten Informationen auch verwendbar sind. Insbesondere die bewusst formulierten und formal in Kraft gesetzten Regeln der Kompetenzanalyse können durch die IT-Unterstützung fest implementiert werden und sind so nur schwer umgehbar. Dies gilt z. B. für die Art und den Umfang der Fragen, die zur Analyse der personellen oder der organisationalen Kompetenzen gestellt werden. Zudem kann geregelt werden, wie häufig und von wem die Kompetenzanalyse durchgeführt wird.

Eine durch Regeln organisierte Kompetenzanalyse reduziert die Komplexität von Informationen, die im ganzheitlichen Kompetenzmanagement für die Konzeption und Realisierung von Maßnahmen zur Entwicklung oder Nutzung von Kompetenzen erforderlich sind. Regeln fördern die inhaltliche Strukturierung und gewährleisten eine systematische Erhebung. Somit liefert eine IT-gestützte Kompetenzanalyse, insbesondere durch die damit verbundene Standardisierung der Vorgehensweise, einen maßgeblichen Beitrag zur Ordnungsbildung und zur Komplexitätsbewältigung als Merkmale eines ganzheitlichen Kompetenzmanagements.

5.4.4. Lenkungs- und Entwicklungsorientierung

Ganzheitliches Kompetenzmanagement soll dazu beitragen, dass das System und insbesondere die existierenden Kompetenzen lenk- und entwicklungsfähig bleiben. Zur Unterstützung der zielgerichteten Steuerung und der Entwicklung von Kompetenzen sind entsprechende Maßnahmen, wie z. B. die Einführung von Beurteilungssystemen oder die Förderung der Weiterbildung, erforderlich. Zu deren Auswahl und Umsetzung werden Informationen über bestehende Kompetenzen benötigt. Insbesondere das Wissen zu Kompetenzlücken bzw. Schwächen hilft dabei, Ansatzpunkte für Entwicklungs- und Steuerungsmaßnahmen zu identifizieren. Die dazu notwendigen Informationen liefert die Kompetenzanalyse.

Da diese Informationen in regelmäßigen Abständen und in dem entsprechenden Umfang erforderlich sind, ist eine effiziente Durchführung der Kompetenzanalyse unerlässlich. Dies kann mittels IT-Unterstützung sichergestellt werden. Zwar ist der Entwicklungsaufwand einer computerbasierten Kompetenzanalyse höher als der einer papierbasierten Methode, jedoch kann die Auswertung der Daten automatisiert erfolgen und führt auch bei einer großen Anzahl von Analyseobjekten zu einem kalkulierbaren Aufwand. Dies zeigt insbesondere die Anwendung im Rahmen der Studienfach- und Hochschulwahl. Hier konnten gleichzeitig mehr als 30 Studieninteressierte, die lediglich von zwei Personen betreut wurden, ihre Kompetenzen im Hinblick auf ein zukünftiges Studium testen. Diese Anzahl wäre bei einem persönlichen Gespräch mit zwei Studienberatern in diesem Zeitraum nicht zu bewältigen gewesen.

Zur Unterstützung der Entwicklungs- und Lenkungsfähigkeit des Systems ist es notwendig, die entsprechenden Verantwortungsbereiche mit geeigneten Personen zu besetzen. Insbesondere bei der Besetzung leitender Tätigkeiten, die in der Regel auch lenkende Funktionen beinhalten, kann die Kompetenzanalyse hilfreiche Informationen für den Entscheidungsprozess liefern, wie z. B. über notwendige bzw. bestehende Kompetenzen. Die durch die IT-gestützte Kompetenzanalyse ermittelten Kompetenzdaten und Informationen sind Grundlage für die Umsetzung der Lenkungs- und Entwicklungsorientierung im Rahmen des ganzheitlichen Kompetenzmanagements.

5.4.5. Ziel- und Zukunftsorientierung

Ganzheitliches Kompetenzmanagement ist zielorientiert und berücksichtigt zukünftige Entwicklungen. Zudem sind bei der Zielsetzung interne und externe Randbedingungen zu beachten. Dies kann bereits bei der Kompetenzanalyse umgesetzt werden. Die in Teilprozess I zu ermittelnden Kompetenzanforderungen können sich an den Zielvorstellungen einzelner Personen oder der gesamten Organisation orientieren. Ziele der Organisation, wie z. B. die Erhöhung der Kundenzufriedenheit oder die Verbesserung der Innovationsfähigkeit, können als Basis für die Formulierung von Kompetenzanforderungen dienen. Auf Basis dieser Sollkompetenzen können Abweichungen identifiziert und durch geeignete

Entwicklungsmaßnahmen beseitigt werden. Hierdurch können auch zukünftige Entwicklungen und die damit verbundenen neuen Anforderungen berücksichtigt werden.

Die durch die IT-gestützte Kompetenzanalyse ermittelten Informationen können wiederum die Art und den Umfang der festzulegenden Ziele beeinflussen. So ermöglicht z. B. das Wissen über Kompetenzlücken als interne Randbedingung eine Beschränkung der Entscheidungsalternativen für die Auswahl der Ziele. Darüber hinaus können diese Informationen zur Definition neuer Ziele führen, wie z. B. zu dem Ziel die Kompetenzlücken zu beseitigen.

Neben der Festlegung der Ziele ist im Rahmen des ganzheitlichen Kompetenzmanagements auch deren regelmäßige Überprüfung notwendig. Hierzu kann die IT-gestützte Kompetenzanalyse die notwendigen Informationen liefern. Die hierbei erfassten Ist-Kompetenzen können mit den Ziel- bzw. Sollkompetenzen abgeglichen werden und zeigen so bestehende Abweichungen auf. Bei mehrmaliger Durchführung der Kompetenzanalyse werden Entwicklungsverläufe sichtbar. So kann ermittelt werden, ob sich Ist- und Sollkompetenzen im Zeitablauf annähern. Falls dies nicht der Fall ist, sind entweder die Ziele oder die Maßnahmen des Kompetenzmanagements anzupassen. Zur Ermittlung solcher Informationen ist aufgrund der Datenvielfalt eine entsprechende IT-Unterstützung bei der Kompetenzanalyse notwendig. Neben der IT-gestützten Erfassung von Kompetenzdaten liefert eine softwarebasierte Auswertung Informationen, die im Rahmen der Ziel- und Zukunftsorientierung des ganzheitlichen Kompetenzmanagements unerlässlich sind.

5.4.6. Inhalts- und Prozessorientierung

Im Hinblick auf die Inhalts- und Prozessorientierung des ganzheitlichen Kompetenzmanagements sind zum einen die Gestaltungs- bzw. Kompetenzbereiche festzulegen und zum anderen ist das Vorgehen zu bestimmen, wie diese beeinflusst bzw. gestaltet werden. Zur Definition der inhaltlichen Komponenten des Kompetenzmanagements kann in einer ersten Analysephase ermittelt werden, welches die relevanten Kompetenzen sind. Als Strukturierungselemente dienen so genannte Kompetenzklassen (vgl. Kapitel 2.2.1 und 2.2.2), wie z. B. Fach-, Methoden-, Sozial- und Persönlichkeitskompetenzen für die Ebene des Individuums und markt-, leistungserstellungs- und funktionsbezogene Kompetenzen für die Ebene der Organisation. Diese verbessern die Übersicht und ermöglichen eine ganzheitliche Betrachtung von Kompetenzen. Zudem können durch die Kompetenzanalyse Kompetenzlücken und -potenziale identifiziert werden, die Ansatzpunkte für den Gestaltungsprozess im Rahmen eines ganzheitlichen Kompetenzmanagements liefern.

Weiterhin bedarf es der Festlegung des Vorgehens, wie Kompetenzen ganzheitlich organisiert werden können. Dies ist auch für die in diesem Zusammenhang durchzuführende Kompetenzanalyse notwendig. Im Rahmen dieser Arbeit wurde hierzu ein Prozess konzipiert und im Bereich der Studienfach- und Hochschulwahl umgesetzt. Dieser ermöglicht ein standardisiertes Prozedere, das sich unabhängig von den jeweilig zu analysierenden Inhalten wiederholen lässt. Durch das definierte Vorgehen und die festgelegten Gestaltungsbereiche in Form von Kompetenzklassen können die für das ganzheitliche Kompetenzmanagement notwendigen Informationen systematisch ermittelt werden. Dies unterstützt die Inhalts- und Vorgehensorientierung als ganzheitliche Gestaltungsgrundsätze.

5.5. Zusammenfassung des Kapitels

Den Kern des Kapitels bildet die Auseinandersetzung, inwiefern ein ganzheitliches Kompetenzmanagement eine IT-gestützte Kompetenzanalyse voraussetzt. Hierzu wurde als Erstes geklärt, welche Merkmale ein ganzheitliches Kompetenzmanagement umfasst. Anschließend wurde in einer zweiten Untersuchung der Beitrag einer IT-gestützten Kompetenzanalyse diskutiert. Die erste Untersuchung führte zu folgendem Ergebnis: Ganzheitliches Kompetenzmanagement bezieht sich nicht nur auf das System und die systembedingten Zusammenhänge, sondern berücksichtigt auch die Außenwelt und die umweltabhängigen Rahmenbedingungen. Zudem sind die in der Organisation bestehenden Netzwerke und die bei der Analyse, Entwicklung und Nutzung von Kompetenzen auftretenden Wirkungszusammenhänge zu beachten. Die aufgrund der System- und Netzwerkorientierung entstehende Komplexität ist mittels entsprechender ordnungsbildender Regeln im Rahmen eines ganzheitlichen Kompetenzmanagements zu reduzieren. Darüber hinaus muss gewährleistet werden, dass das System lenk- und entwicklungsfähig bleibt. Dies bedingt zum einen die Festlegung von Zielen unter Berücksichtigung zukünftiger Entwicklungen, zum anderen sind die Gestaltungsinhalte sowie der durchzuführende Prozess zu bestimmen.

Die Umsetzung dieser Merkmale bzw. Anforderungen zur Etablierung eines ganzheitlichen Kompetenzmanagements in einer Organisation erfordert verschiedenste Informationen. Diese beziehen sich sowohl auf das System und dessen Elemente als auch auf die Umwelt und die zukünftigen Entwicklungsmöglichkeiten. Darüber hinaus ist das Wissen hinsichtlich der bestehenden Kompetenzen sowie der Kompetenzlücken und -potenziale für die Konzeption und Durchführung von Managementmaßnahmen relevant. Diese Informationen und die dafür notwendigen Kompetenzdaten können nur mithilfe einer strukturierten Kompetenzanalyse ermittelt werden. Zudem können Ziele, zukünftige Entwicklungen und umweltabhängige Randbedingungen im Rahmen des geforderten Kompetenzprofils bei der Analyse berücksichtigt werden. Der in dieser Arbeit entwickelte Prozess liefert eine Anleitung, wie die Kompetenzanalyse durchzuführen ist. Da die erforderlichen Informationen sehr umfangreich sind und zudem regelmäßig benötigt werden, ist eine IT-Unterstützung bei der Kompetenzanalyse für deren effiziente Durchführung unerlässlich. Das Ergebnis der zweiten Untersuchung zeigt, dass ganzheitliches Kompetenzmanagement eine IT-gestützte Kompetenzanalyse voraussetzt, da diese die hierfür notwendigen Informationen zur Verfügung stellt.

6. Zusammenfassung und Ausblick

6.1. Zusammenfassung

Stärkerer Wettbewerb und höherer Innovationsdruck erfordern neue Ansätze, um die eigenen Ressourcen wirkungsvoll einzusetzen und effizienter zu nutzen. Dies gilt nicht nur für Unternehmen, sondern auch zunehmend für öffentlich-rechtliche Institutionen wie z. B. Hochschulen. Ein Ansatz, der hierzu einen Beitrag leisten kann, ist das gezielte Management von Kompetenzen. Kompetenzmanagement ist jedoch nur dann zweckmäßig, wenn es nicht nur punktuell zum Einsatz kommt, sondern ganzheitlich verstanden wird. In diesem Sinn setzt Kompetenzmanagement ein möglichst umfassendes Wissen über bestehende bzw. anzustrebende Kompetenzen voraus. Folglich ist es notwendig, die existierenden Konzepte im Bereich des Kompetenzmanagements vor allem im Hinblick auf die Kompetenzanalyse zu verstehen, woraus die erste Forschungsfrage resultiert:

Wie ist der Stand der Forschung im Bereich des Kompetenzmanagements?

Zur Beantwortung dieser Frage wurden verschiedene Forschungsbereiche im Hinblick auf die Verwendung von Kompetenzkonzepten untersucht. Die Untersuchung zeigte, dass sich Ansätze zum Kompetenzmanagement in mehr als einer wissenschaftlichen Disziplin finden lassen. Es konnten zwei voneinander unabhängige Forschungsbereiche, die sich intensiv mit Kompetenzen auseinander setzen, identifiziert werden (vgl. Kapitel 2.2.): zum einen die Strategische Managementlehre, welche die Organisation als Kompetenzträger betrachtet, zum anderen die Psychologie und die Pädagogik, deren Hauptaugenmerk auf den Individuen bzw. Personen liegt. Zwar verknüpfen einige Ansätze und Konzepte bereits die beiden vorher genannten Ebenen miteinander, jedoch befinden sich diese in einem frühen Entwicklungsstadium.

Kompetenzmanagement umfasst verschiedene Steuerungsaufgaben (wie z. B. Entwicklung, Nutzung oder Transfer) und basiert in der Regel auf Informationen, die Auskunft darüber geben, welche Kompetenzen bei dem entsprechenden Träger vorhanden bzw. für die Zukunft notwendig sind (vgl. Kapitel 2.3). Diese

Informationen werden innerhalb einer Analysephase ermittelt. Die Untersuchung zum Stand der Forschung zeigte, dass die bestehenden Analyseansätze in Abhängigkeit von der betrachteten Ebene und den damit verbundenen Forschungsdisziplinen sehr unterschiedlich sind (vgl. Kapitel 2.4). Ansätze der Strategischen Managementlehre sind eher abstrakt und geben einen allgemeinen Handlungsrahmen vor. Dagegen konzentrieren sich die Verfahren der Psychologie bzw. Pädagogik auf einen abgegrenzten Anwendungsbereich und bieten in der Regel ein konkretes Messinstrument für ausgewählte Kompetenzen an. Die Darstellung eines formalisierten Prozesses, wie sich die Kompetenzanalyse von der Entwicklung des Analyseinstruments bis zur Auswertung der Kompetenzdaten gestaltet, fehlt in der derzeitigen Kompetenzliteratur. Jedoch können Teile bestehender Ansätze bei der Entwicklung eines solchen Prozessmodells berücksichtigt und integriert werden.

Wie in Kapitel 1.1 dargestellt, nimmt der Wettbewerb sowohl für Organisationen als auch für Individuen stetig zu und führt zu einem erheblichen Innovationsdruck. Aus diesem Grund ist es wichtig, die bestehenden bzw. geforderten Kompetenzen regelmäßig zu evaluieren und gegebenenfalls eine Neuausrichtung vorzunehmen. Die Untersuchung zum Stand der Forschung zeigte, dass die hierbei erforderliche Kompetenzanalyse mit einem hohen manuellen Aufwand verbunden ist, sodass eine IT-Unterstützung unerlässlich scheint. Darüber hinaus kann diese die Administration der ermittelten Kompetenzdaten im weiteren Prozess des Kompetenzmanagements erleichtern. Der durch die IT verringerte Aufwand und die damit verbundene höhere Effizienz ermöglichen den Einsatz des Kompetenzmanagements in vielfältigen Anwendungsbereichen (vgl. Kapitel 2.6). Sowohl zur Unterstützung der Erfassung als auch der Verwaltung von Kompetenzdaten existieren bereits IT-Systeme. Diese so genannten Skillmanagement-Systeme bieten zwar bereits vielfältige Funktionen, jedoch besteht vor allem bei der Datenaktualisierung, der Erstellung des Skill- bzw. Kompetenzkatalogs und der Datenpflege deutlicher Weiterentwicklungsbedarf (vgl. Kapitel 2.5).

Die Untersuchung zum Stand der Forschung kam zu dem Ergebnis, dass die Kompetenzanalyse eine notwendige Voraussetzung für das Management von Kompetenzen ist und dass der hierbei notwendige Prozessablauf unter Berücksichtigung stärkerer IT-Unterstützung weiterer Forschung bedarf. Dieses Ergebnis führt zur folgenden Forschungsfrage:

Wie ist der Prozess der Kompetenzanalyse gestaltet und inwieweit lässt sich dieser mittels IT unterstützen?

Die Beantwortung dieser Frage erfolgte nur für die Ebene des Individuums. Die Gründe hierfür waren die bereits ausgereiften Ansätze zur Messung einzelner Kompetenzen und die Tatsache, dass Individuen, als Bestandteil einer Organisation, diese nachhaltig beeinflussen. Die Übertragung des entwickelten Prozessmodells auf Organisationen stellt eine weitere noch zu beantwortende Forschungsfrage dar (vgl. Kapitel 6.2).

Zur Entwicklung eines standardisierten Prozessmodells war zunächst eine Untersuchung der zur Kompetenzanalyse notwendigen Prozessschritte erforderlich. Hierzu wurden aufgrund der Konzentration auf die Ebene der Individuen Quellen verwendet, die sich mit der Identifikation und Analyse von Persönlichkeitsmerkmalen sowie mit der Eignungsdiagnostik auf Basis von Kompetenzen oder Fähigkeiten beschäftigen. Die in diesem Zusammenhang dargestellten Tätigkeiten bzw. Aufgaben wurden zu vier voneinander abgrenzbaren Teilprozessen aggregiert.

Teilprozess I: Die Ermittlung des geforderten Kompetenzprofils umfasst dreizehn zu erfüllende Funktionen und stellt die inhaltliche Grundlage für das zu entwickelnde Analyseinstrument dar (vgl. Kapitel 3.4).

Teilprozess II: Die Erstellung des Kompetenzanalyseinstruments besteht aus sechzehn auszuführenden Funktionen und ist damit der umfangreichste Teilprozess. Auf Basis der in Teilprozess I ermittelten Kompetenzanforderungen wird das Instrument zur Kompetenzanalyse erstellt (vgl. Kapitel 3.5).

Teilprozess III: Die Durchführung der Kompetenzanalyse beinhaltet zehn Funktionen, die mittels des in Teilprozess II erstellten Instruments ausgeführt werden (vgl. Kapitel 3.6).

Teilprozess IV: Die Auswertung der Kompetenzanalyse basiert auf den in Teilprozess III erfassten Daten und umfasst in Abhängigkeit von den benötigten Informationen acht Funktionen (vgl. Kapitel 3.7).

Die identifizierten Teilprozesse sind nicht nur hinsichtlich ihrer Funktionsanzahl, sondern auch bezüglich der daran beteiligten Personen sehr unterschiedlich. In diesem Zusammenhang konnten zwei zentrale Parteien identifiziert werden: zum einen die Analysierenden, die an der Ermittlung des geforderten Kompetenzprofils (Teilprozess I), der Erstellung des Kompetenzanalyseinstruments (Teilprozess II) und der Auswertung der Kompetenzanalyse (Teilprozess IV) teilhaben, zum anderen die Analysierten, deren Kompetenzen ermittelt werden sollen und die an der Durchführung (Teilprozess III) und gegebenenfalls an der Auswertung (Teilprozess IV) beteiligt sind. Diese beiden Parteien haben hinsichtlich der Kompetenzanalyse und deren Ziel bzw. Zweck unterschiedliche Interessen.

Die Auseinandersetzung mit Ansatzpunkten zur IT-Unterstützung des theoretisch hergeleiteten Prozessmodells zeigte, dass sich insbesondere die letzten beiden Teilprozesse „Durchführung" und „Auswertung der Kompetenzanalyse" vollständig computerbasiert umsetzen lassen. Weiterentwicklungspotenziale im Hinblick auf die IT-Unterstützung konnten für die Teilprozesse I und II identifiziert werden. Ein verstärkter Einsatz von Software ist jedoch nur durch eine höhere Standardisierung der in diesen Teilprozessen vorkommenden Verfahren möglich. Als Nächstes waren das entwickelte Prozessmodell und die identifizierten Ansatzpunkte zur IT-Unterstützung anhand eines Anwendungsbeispiels zu prüfen. Dies führte zu der folgenden Forschungsfrage:

Inwiefern kann der theoretisch hergeleitete Prozess zur IT-gestützten Kompetenzanalyse praktisch umgesetzt werden?

Der Prozess zur IT-gestützten Kompetenzanalyse wurde im Rahmen der Studienfach- und Hochschulwahl umgesetzt und tiefer gehend untersucht. Hierzu erfolgte eine perspektiven- und prozessorientierte Untersuchung (vgl. Kapitel 4.2.1), d. h. die IT-gestützte Kompetenzanalyse wurde nach den am Prozess beteiligten Parteien und den sich daraus ergebenden unterschiedlichen Perspektiven betrachtet. Für die Studienfach- und Hochschulwahl ist die analysierende Partei die Hochschule, insbesondere die Fakultät oder deren Vertreter bzw. Angehörige. Die Analysierten sind die Studieninteressierten, die vor dem Entscheidungsproblem stehen, ob sie ein wirtschafts- oder sozialwissenschaftliches Studium absolvieren sollen. Bei der Untersuchung jeder Perspektive wurden nur die jeweils relevanten Teilprozesse betrachtet, d. h. für die Perspektive des Analysierenden wurden die Teilprozesse I, II und IV untersucht und zur Analyse des Blickwinkels der Analysierten wurden die Teilprozesse III und IV betrachtet. Zur prototypischen Umsetzung der Teilprozesse war die Entwicklung von eigenen Softwarekomponenten erforderlich (vgl. Kapitel 4.2.2). Hierbei wurde auf die Programmiersprache PHP, einen Apache-Webserver, eine Firebird-Datenbank und zwei PHP-Bibliotheken zurückgegriffen. Zudem wurden bestehende Softwarekomponenten, wie z. B. MS Excel, MS Word oder SPSS als Statistikprogamm, verwendet.

Das Ergebnis der praktischen Umsetzung war die IT-gestützte Kompetenzanalyse als Bestandteil des WiSo@visors, einem interaktiven Informations- und Beratungsangebot für Studieninteressierte der wirtschafts- und sozialwissenschaftlichen Bachelorstudiengänge an der WiSo-Fakultät der Universität Erlangen-Nürnberg. Bei der Umsetzung konnte das theoretisch hergeleitete Prozessmodell bestätigt werden. Darüber hinaus konnte gezeigt werden, dass die Kompetenzanalyse während der Teilprozesse III und IV fast vollständig computerbasiert durchführbar ist. Die damit verbundenen Vorteile bzw. der daraus resultierende Nutzen einer IT-gestützten Kompetenzanalyse wurde insbesondere durch die Analysierten wahrgenommen, wie eine Nutzerakzeptanz bezogene Analyse bestätigte (vgl. Kapitel 4.2.3). Zudem zeigten die Ergebnisse dieser Analyse, dass die Gestaltung bzw. die formale Umsetzung der Kompetenzanalyse den Anforderungen der Analysierten gerecht wird (vgl. Kapitel 4.4).

Potenziale für weiterführende Forschungsaktivitäten konnten hauptsächlich bei der Durchführung der Teilprozesse I und II identifiziert werden. Zum einen war bei der Ermittlung des geforderten Kompetenzprofils und bei der Erstellung des Kompetenzanalyseinstruments ein erheblicher manueller Aufwand notwendig. Zum anderen zeigte die Untersuchung, dass für den Test zur Analyse der Methodenkompetenzen Verbesserungsbedarf besteht. Dem daraus resultierenden Forschungsbedarf kann durch weitere Anpassungen des bereits entwickelten Kompetenzanalyseinstruments nachgekommen werden (vgl. Kapitel 4.3).

Die Umsetzung der IT-gestützten Kompetenzanalyse im Rahmen der Studienfach- und Hochschulwahl veranschaulicht, dass die personellen Kompetenzen nicht isoliert behandelt werden können. Bereits bei Teilprozess I wird ersichtlich, dass die Charakteristiken und Besonderheiten der Organisation bzw. die organisationalen Kompetenzen die Ermittlung des geforderten Kompetenzprofils und damit die Analyse personeller Kompetenzen beeinflussen. Die Verknüpfung dieser beiden Kompetenzebenen kann als Bestandteil eines ganzheitlichen Kompetenzmanagements gesehen werden. Für eine tiefer gehende Auseinandersetzung, inwiefern eine IT-gestützte Kompetenzanalyse und ein ganzheitliches Kompetenzmanagement zusammenhängen, wurde folgende Forschungsfrage gestellt:

Welchen Beitrag leistet eine IT-gestützte Kompetenzanalyse im Rahmen eines ganzheitlichen Kompetenzmanagements?

Zur Beantwortung der letzten Forschungsfrage wurde zunächst untersucht, welche Merkmale ein ganzheitliches Kompetenzmanagement besitzt. Hierzu erfolgte eine Auseinandersetzung mit ganzheitlichen Denkansätzen, wobei insgesamt sechs Merkmale identifiziert werden konnten (vgl. Kapitel 5.3).

1. System- und Umweltorientierung: Ganzheitliches Kompetenzmanagement berücksichtigt nicht nur das System und die systembedingten Zusammenhänge, sondern auch die Außenwelt und die umweltbedingten Einflüsse.

2. Netzwerkorientierung: Die in der Organisation bestehenden Netzwerke und die bei der Analyse, Entwicklung und Nutzung von Kompetenzen auftretenden Wirkungszusammenhänge sind im Rahmen des ganzheitlichen Kompetenzmanagements zu beachten.

3. Ordnungsbildung zur Komplexitätsbewältigung: Die aufgrund der System- und Netzwerkorientierung entstehende Komplexität ist mittels entsprechender ordnungsbildender Regeln zu begrenzen.

4. Lenkungs- und Entwicklungsorientierung: Ganzheitliches Kompetenzmanagement gewährleistet, dass das System lenk- und entwicklungsfähig bleibt. Dies kann durch Maßnahmen zur Kompetenzentwicklung und durch die Festlegung von Befugnissen und Verantwortlichkeiten entsprechend der dafür benötigten Kompetenzen sichergestellt werden.

5. Ziel- und Zukunftsorientierung: Bei der Gewährleistung der Lenk- und Entwicklungsfähigkeit im Rahmen des ganzheitlichen Kompetenzmanagements ist die Festlegung von Zielen unter Berücksichtigung zukünftiger Anforderungen erforderlich.

6. Inhalts- und Prozessorientierung: Zudem sind die Gestaltungsinhalte und die bei der Umsetzung der Ziele durchzuführenden Prozesse zu bestimmen.

Auf der Grundlage dieser Merkmale wurde der Beitrag einer IT-gestützten Kompetenzanalyse im Rahmen eines ganzheitlichen Kompetenzmanagements diskutiert (vgl. Kapitel 5.4). Zu dessen Umsetzung sind spezifische Informationen unabdingbar. Diese betreffen sowohl das System und dessen Elemente als auch die Umwelt und die zukünftigen Entwicklungsmöglichkeiten. Zudem ist ein Wissen über bestehende Kompetenzen sowie über Defizite und Potenziale zur Planung und Durchführung von Managementmaßnahmen erforderlich. Dieses Wissen kann nur auf Basis einer systematischen Kompetenzanalyse generiert werden. Der in dieser Arbeit entwickelte Prozess liefert eine Anleitung, wie die Kompetenzanalyse strukturiert durchgeführt werden kann. Da die erforderlichen Informationen sehr umfangreich sind und in regelmäßigen Abständen benötigt werden, ist eine entsprechende IT-Unterstützung bei der Kompetenzanalyse unerlässlich. Die Umsetzung der für ein ganzheitliches Kompetenzmanagement charakteristischen Merkmale setzt aufgrund der damit verbundenen Komplexität eine IT-gestützte Kompetenzanalyse voraus. Das theoretisch hergeleitete und an einem Anwendungsfall praktisch umgesetzte Prozessmodell zeigt eine Möglichkeit auf, wie diese gestaltet werden kann.

6.2. Ausblick

Die derzeitigen Entwicklungstendenzen des Wettbewerbs und der daraus resultierende Innovationsdruck zeigen eine deutliche Nachfrageverlagerung weg von unausgebildeten Arbeitskräften hin zu hoch qualifizierten Mitarbeitern (Schömann und Siarov, 2005). Daher kann davon ausgegangen werden, dass die zielgerichtete Entwicklung und Nutzung von Kompetenzen noch weiter an Bedeutung gewinnen wird (Schömann und Siarov, 2005). Dies bestätigt auch die häufig gestellte Forderung nach einem lebenslangen Lernen, bei der die Kompetenzentwicklung zunehmend in den Mittelpunkt rückt. Hierzu ist es wichtig, ein Bewusstsein für die eigenen Kompetenzen sowie die damit verbundenen Stärken und Schwächen zu schaffen. Dies gilt sowohl für Organisationen als Ganzes als auch für Individuen. Ganzheitliches Kompetenzmanagement kann hierzu einen Beitrag leisten. Es ist jedoch unabdingbar, den gesamten Prozess stärker zu konkretisieren und mithilfe von einfach anzuwendenden

<mark>Methoden und Instrumenten umsetzbar zu machen.</mark> Das in dieser Arbeit theoretisch hergeleitete und im Rahmen der Studienfach- und Hochschulwahl eingesetzte Prozessmodell zur IT-gestützten Kompetenzanalyse zeigt, wie dies für eine Teilfunktion des ganzheitlichen Kompetenzmanagements möglich ist.

Bezogen auf die IT-gestützte Kompetenzanalyse besteht weiterer Forschungsbedarf in folgenden Punkten:

- Die Anpassung und weitere empirische Prüfung des hier im Rahmen der Studienfach- und Hochschulwahl entwickelten Kompetenzanalyseinstrument. Wie bereits in Kapitel 4.5 dargestellt, ist der Kompetenztest zur Analyse der Methodenkompetenzen zu überarbeiten. Darüber hinaus ist zukünftig mithilfe von Langzeitstudien zu evaluieren, ob die in Kapitel 4.3.1 ermittelten Kompetenzanforderungen Voraussetzungen für das erfolgreiche Absolvieren eines wirtschafts- oder sozialwissenschaftlichen Studiums an der Universität Erlangen-Nürnberg sind.

- Die Anwendung des entwickelten Prozessmodells in anderen Bereichen. Hierbei kann auf die in Kapitel 2.6 dargestellten Anwendungsbereiche „Personal- und Bewerberauswahl", „Personaleinsatzplanung", „Lehrveranstaltungskonzeption", „Personalentwicklung" sowie „Hochschul- und Unternehmensentwicklung" verwiesen werden.

- Die Übertragung des entwickelten Prozessmodells auf die Analyse organisationaler Kompetenzen. In diesem Zusammenhang stellt sich die Frage, inwiefern das Prozessmodell angepasst werden muss, um die Kompetenzen für die Ebene der Organisation zu analysieren. Es ist davon auszugehen, dass insbesondere bei der Festlegung der Analyseinhalte und der am Prozess beteiligten Personen signifikante Anpassungen erforderlich sind.

Im Hinblick auf das ganzheitliche Kompetenzmanagement ergibt sich folgender Forschungsbedarf:

- Die Auseinandersetzung mit den beim Management notwendigen Steuerungsaufgaben. Deren Konkretisierung führt gegebenenfalls zu Anforderungen, die Einfluss auf die in der Analysephase zu ermittelnden Informationen haben. Der daraus resultierende Anpassungsbedarf ermöglicht eine noch stärkere Ausrichtung der IT-gestützten Kompetenzanalyse auf das ganzheitliche Kompetenzmanagement.

- Die Untersuchung der für das ganzheitliche Kompetenzmanagement notwendigen IT-Unterstützung, um einen Gesamtprozess ohne Medienbrüche zu ermöglichen.

Um die noch offenen Forschungsfragen praxisgerecht zu beantworten, ist eine noch engere Verzahnung der bis dato das Problemfeld getrennt untersuchenden Disziplinen notwendig. Ein interdisziplinäres Metamodell des ganzheitlichen Kompetenzmanagements wäre in diesem Kontext ein erster Lösungsansatz.

Literaturverzeichnis

Allen, C. (2006). Competencies (Measurable Characteristics). Zugriff am 18.06.2006 unter http://ns.hr-xml.org/2_4/HR-XML-2_4/CPO/Competencies.html.

Amberg, M., Fischer, S. & Schröder, M. (2005a). Web-based Aptitude Tests at Universities in Germanspeaking Countries. Communications of the IIMA (International Information Management Association), 5 (2), 25 - 34.

Amberg, M., Fischer, S. & Schröder, M. (2005b). Entwicklung von Kompetenzprofilen zur Eignungsberatung. Zugriff am 17.07.2006 unter http://www.wi3.uni-erlangen.de/fileadmin/Dateien/Forschung/Kompetenzmanagement/Studie_KM.pdf.

Amberg, M., Fischer, S. & Schröder, M. (2005c). Analysis of User Acceptance for Web-based Aptitude Tests with DART. Proceedings AMCIS (Americas Conference on Information Systems). Omaha.

Amberg, M., Fischer, S. & Schröder, M. (2005d). An Evaluation Framework for Web-based Aptitude Tests. Proceedings of the 12th European Conference on Information Technology Evaluation. Turku.

Amberg, M., Fischer, S. & Schröder, M. (2006a). Webbasierte Studieneignungsberatung unter Berücksichtigung hochschulspezifischer Anforderungen. Projektbericht der Friedrich-Alexander-Universität. Nürnberg.

Amberg, M., Fischer, S. & Schröder, M. (2006b). Evaluation of User Acceptance for Web-based Aptitude Tests. International Information Management Association (IIMA). New York.

Amberg, M., Schröder, M. & Wiener, M. (2005). Competence-Based IT Outsourcing - An Evaluation of Models for Identifying and Analyzing Core Competences. Proceedings AMCIS (Americas Conference on Information Systems). Omaha.

Amelang, M. (1997). Differentielle Aspekte der Hochschulzulassung: Probleme, Befunde, Lösungen. In T. Hermann (Hrsg.), Hochschulentwicklung – Aufgaben und Chancen (S. 88-105). Heidelberg: Roland Asager Verlag.

Armit, R. & Schoemaker, P. J. H. (1993). Strategic Assets and Organizational Rent. Strategic Management Journal, 14, 33-46.

Badaracco, J. L. (1991). The Knowledge Link: How Firms Compete Through strategic Alliances. Boston: Harvard Business School Press.

Baitsch, C. (1998). Lernen im Prozeß der Arbeit - zum Stand der internationalen Forschung. In Arbeitsgemeinschaft Qualifikations-Entwicklungs-Management (Hrsg.), Kompetenzentwicklung '98: Forschungsstand und Forschungsperspektiven (S. 269-337). Münster et al.: Waxmann.

Baitsch, C., Duell, W. & Frei, F. (1984). Arbeit und Kompetenzentwicklung: Theoretische Konzepte zur Psychologie arbeitsimmanenter Qualifizierung. Bern et al.: Verlag Hans Huber.

Bales, R. F. & Cohen, S. P. (1982). SYMLOG. Ein System für die mehrstufige Beobachtung von Gruppen. Stuttgart: Klett-Cotta.

Ballstaedt, S.-P., Mandl, H., Schnotz, W. & Tergan, S.-O. (1981). Texte verstehen, Texte gestalten. München et al.: Urban und Schwarzenberg.

Bamberger, I. & Wrona, T. (1996). Der Ressourcenansatz und seine Bedeutung für die strategische Unternehmensführung. Schmalenbachs Zeitschrift für betriebswirtschaftliche Forschung, 48 (2), 130-153.

Barney, J. B. (1991). Firm Resources and Sustained Competitive Advantage. Journal of Management, 17 (1), 99-120.

Barney, J. B. (2002). Gaining and sustaining competitive advantage (2nd Edition). NJ: Prentice Hall.

Bastians, F. & Runde, B. (2002). Instrumente zur Messung sozialer Kompetenzen. Zeitschrift für Psychologie, 210 (4), 186-196.

Becher, S. (2003). Schnell und erfolgreich studieren: Organisation, Zeitmanagement, Arbeitstechniken. Würzburg: Lexika-Verlag.

Beck, S. (2005). Skill-Management: Konzeption für die betriebliche Personalentwicklung. Wiesbaden: Deutscher Universitätsverlag.

Becker, J. & Kahn, D. (2003). Der Prozess im Fokus. In J. Becker, M. Kugeler und M. Rosemann (Hrsg.), Prozessmanagement: Ein Leitfaden zur prozessorientierten Organisationsgestaltung (4. Auflage) (S. 3-45). Berlin et al.: Springer.

Becker, K., Diemand, A. & Schuler, H. (2004). Multimodale Leistungsbeurteilungssysteme in der Kreditwirtschaft. In: H. Schuler (Hrsg.), Beurteilung und Förderung beruflicher Leistung (S. 125-132). Göttingen et al.: Hogrefe.

Berekoven, L., Eckert, W. & Ellenrieder, P. (2000). Marktforschung: Methodische Grundlagen und praktische Anwendung (8., überarbeitete Auflage). Wiesbaden: Gabler.

Berger, R. & Kalthoff, O. (1995). Kernkompetenzen - Schlüssel zum Unternehmenserfolg. In H. Siegwart, F. Malik & J. Mahari (Hrsg.), Meilensteine im Management, Bd. 5: Unternehmenspolitik und Unternehmensstrategie (S. 160-174). Stuttgart: Schäffer-Poeschel.

Bergmann, B. (2003). Selbstkonzept beruflicher Kompetenz. In J. Erpenbeck & L. von Rosenstiel (Hrsg.), Handbuch Kompetenzmessung: Erkennen, verstehen und bewerten von Kompetenzen in der betrieblichen, pädagogischen und psychischen Praxis (S. 229-261). Stuttgart: Schäffer-Poeschel.

Bernien, M. (1997). Anforderungen an eine qualitative und quantitative Darstellung der beruflichen Kompetenzentwicklung. In Arbeitsgemeinschaft Qualifikations-Entwicklungs-Management (Hrsg.), Kompetenzentwicklung '97: Berufliche Weiterbildung in der Transformation - Fakten und Visionen (S. 17-83). Münster et al.: Waxmann-Verlag.

Berthel, J. (1995). Personal-Management: Grundzüge für Konzeptionen betrieblicher Personalarbeit (4. überarb. und erw. Auflage). Stuttgart: Schäffer-Poeschel.

Bidmon, R. K. & Spatzl, B. (1994). Die Befragung. In C. Graf Hoyos, C. M. Hockel & W. Molt (Hrsg.), Handbuch der angewandten Psychologie (S. 1-22). Landsberg: ecomed.

Biethahn, J., Muksch, H. & Ruf, W. (2000). Ganzheitliches Informationsmanagement - Band II: Entwicklungsmanagement (3. Auflage). München, Wien: Oldenbourg.

Binder, V. A. & Kantowsky, J. (1996). Technologiepotentiale: Neuausrichtung der Gestaltungsfelder des Strategischen Technologiemanagements. Wiesbaden: Deutscher Universitäts-Verlag.

Bisani, F. (1995). Personalwesen und Personalführung: der state of the art der betrieblichen Personalarbeit (4., vollst. überarb. und erw. Auflage). Wiesbaden: Gabler.

Böhler, H. (2004). Marktforschung (3. Auflage). Stuttgart: Kohlhammer.

Böhm, K., Mülle, J., Studer, R. & Lamparter, S. (2006). HR-Management bei Daimler-Chrysler. Zugriff am 18.06.2006 unter http://www.aifb.uni-karlsruhe. de/Lehre/Winter2004-05/iwm/download/folien/teil2/Kapitel_6_4.

Boos, F. & Jarmai, H. (1994). Kernkompetenzen - gesucht und gefunden: Wege, um ein zukunftsweisendes Konzept richtig zu nutzen. Harvard Business manager, 4, 19-26.

Borg, I. (1995). Mitarbeiterbefragungen: strategisches Auftau- und Einbindungsmanagement (Schriftenreihe Wirtschaftspsychologie). Göttingen: Verlag für Angewandte Psychologie.

Bortz, J. & Döring, N. (2002). Forschungsmethoden und Evaluation für Human- und Sozialwissenschaftler (3. Auflage). Berlin et al.: Springer.

Bouncken, R. B. (2000). Dem Kern des Erfolges auf der Spur? State of the Art zur Identifikation von Kernkompetenzen. Zeitschrift für Betriebswirtschaftslehre, 70 (7), 8, 865-885.

Braim, S. (1999). Poor skills management results in low retention. Computing Canada, 09.07.1999, 38.

Brandstätter, H. (1979). Die Ermitttlung personaler Eigenschaften kognitiver Art. In G. Reber (Hrsg.), Personalinformationssysteme (S. 74-95). Stuttgart: Poeschel.

Brommer, U. (1993). Schlüsselqualifikationen. Stuttgart: Deutscher Sparkassen-Verlag.

Buck, H. (2006). Kaum Kompetenz bei Kompetenzerfassung. Personalmagazin, 6/2006, 12-13.

Buck, H. & Mühlenhoff, H. (2006). Kompetenzmanagement in Unternehmen: Eine Studie der Mühlenhoff + Partner Managementberatung und des Fraunhofer Institut Arbeitswirtschaft und Organisation. Düsseldorf: Mühlenhoff + Partner GmbH.

Bühner, M. (2004). Auswertung und Bewertung von Beobachtungen. In K. Westhoff, L. J. Hellfritsch, L. F. Hornke, K. D. Kubinger, F. Lang, H. Moosbrugger, A. Püschel & G. Reimann (Hrsg.), Grundwissen für die berufsbezogene Eignungsbeurteilung nach DIN 33430 (S. 65-71). Lengerich: Pabst Science Publishers.

Bukasa, B., Kisser, R. & Wenninger, U. (1990). Computergestützte Leistungsdiagnostik bei verkehrspsychologischen Eignungsuntersuchungen, Diagnostica, 36, 148-165.

Bundesministerium für Bildung und Forschung (2005). Bericht zur technologischen Leistungsfähigkeit Deutschlands 2005: Zentrale Aussagen des Berichtes aus Sicht der Bundesregierung. Zugriff am 30.08.2006 unter http://www.technologische-leistungsfaehigkeit.de/pub/tlf_2005_aussagen _breg.pdf

Bungard, W., Holling, H. & Schultz-Gambard, J. (1996). Methoden der Arbeits- und Organisationspsychologie. Weinheim: Beltz.

Bungard, W., Holling, H. & Schultz-Gambard, J. (1996). Methoden der Arbeits- und Organisationspsychologie. Weinheim: Psychologie Verlags Union.

Bunk, G. P. & Stenzel, M. (1990). Methoden der Weiterbildung im Betrieb. In W. Schlaffke & R. Weiss (Hrsg.), Tendenzen betrieblicher Weiterbildung: Aufgaben für Forschungs und Praxis (S. 177-213). Köln: Dt. Inst.-Verlag.

Busse, T. (2005). 25. Wirtschaftsinformatik. ZEIT Studienführer 2005/06, 167-170.

Career Counselling for Teachers (2006). Wirtschaft, Wissenschaft oder Pädagogik? Zugriff am 29.03.2006 unter http://www.cct-austria.at/.

Carlsson, C., Carlsson, J., Hyvönen, K., Puhakainen, J., & Walden, P. (2006). Adoption of Mobile Devices/Services — Searching for Answers with the UTAUT. 39th Annual Hawaii International Conference on System Sciences (HICSS'06). Zugriff am 25.06.2006 unter http://csdl2.computer.org /comp/proceedings/hicss/ 2006/2507/06/250760132a.pdf.

Caves, R. E. (1980). Industrial Organization, Corporate Strategy and Structure. Journal of Economic Literature, 8, 64-92.

Cell Consulting AG (2002). Studie: Markforschung. Zugriff am 10.01.2006 unter http://www.edusys.ch/media/studie_kompetenzmanagement.pdf.

Chur, D. (2005). Eckpunkte für die Vermittlung fachübergreifender Schlüsselkompetenzen in gestuften Studiengängen: Das Heidelberger Modell. In HRK (Hrsg.), Hochschulen entwickeln, Qualität managen: Studierende als (Mittel)punkt: Die Rolle der Studierenden im Prozess der Qualitätssicherung und -entwicklung (S. 126-140). Bonn: HRK.

D'Aveni, R. A. (1994). Hypercompetition: Managing the Dynamics of Strategic Maneuvering. New York: The Free Press.

D'Aveni, R. A. (1995). Hyperwettbewerb - Strategien für die neue Dynamik der Märkte. Frankfurt am Main: Campus-Verlag.

Deiters, W., Lucas, R. & Weber, T. (1999). Skill-Management: Ein Baustein für das Management flexibler Teams. ISST-Bericht 50/99. Dortmund: Fraunhofer Institut Software- und Systemtechnik.

Deutsch, K., Diedrichs, E., Raster, M. & Westphal, J. (1997). Der Prozeß des Managements von Kernkompetenzen. In K. Deutsch, E. Diedrichs, M. Raster & J. Westphal (Hrsg.), Gewinnen mit Kernkompetenzen: Die Spielregeln des Marktes neu definieren (S. 31-48). München, Wien: Carl Hanser Verlag.

Dierickx, I. & Cool, K. (1989). Asset Stock Accumulation and Sustainability of Competitive Advantage. Management Science, 12, 1504-1511.

Dosi, G., Teece, D. J. & Winter, S. G. (1992). Toward a Theory of Corporate Coherence: Preliminary Remarks. In G. Dosi, R. Giannetti & P. A. Toninelli (Hrsg.), Technology and Enterprise in Historical Perspective (S. 185-211). Oxford: University Press.

Durant, T. (1997). Strategizing for innovation: Competency analysis in assessing strategic change. In A. Heene & R. Sanchez (Hrsg.), Competence-based strategic management (S. 127-150). Chichester: Wiley.

Ebel, R. L. (1972). Essentials of educational measurement. New Jersey: Prentice-Hall, Inc.

Ebersbach, A, Glaser M. & Heigl, R. (2005). Wiki-Tools. Berlin et al.: Springer.

Eckardt, H. H. & Schuler, H. (1992). Berufseignungsdiagnostik. In R. S. Jäger & F. Petermann (Hrsg.), Psychologische Diagnostik (2. Auflage) (S. 533-551). Weinheim: Psychologie Verlags Union.

Edge, G., Hiscocks, P. G., Klein, J. A. & Plasonig, G. (1995). Technologiekompetenz und Skill-basierter Wettbewerb. In E. Zahn (Hrsg.), Handbuch Technologiemanagement (S. 185-218). Stuttgart: Schäffer-Poeschel.

Edge, G., Kass, T. & Klein, J. (1991). Skill-Based Competition. Journal of General Management, 4, 1-15.

Egeln, J., Eckert, T., Heine, C., Kerst, C. & Weitz, B. (2004). Indikatoren zur Ausbildung im Hochschulbereich. Mannheim: Zentrum für Europäische Wirtschaftsforschung.

Eggers, B. (1994). Ganzheitlich-vernetztes Management: Konzepte, Workshop-Instrumente und strategieorientierte PUZZLE-Methodik. Wiesbaden: Gabler.

Erpenbeck, J. & Heyse, V. (1999). Die Kompetenzbiographie: Strategien der Kompetenzentwicklung durch selbstorganisiertes Lernen und multimediale Kommunikation. Münster et al.: Waxmann Verlag.

Erpenbeck, J. & von Rosenstiel, L. (2003). Handbuch Kompetenzmessung: Erkennen, verstehen und bewerten von Kompetenzen in der betrieblichen, pädagogischen und psychischen Praxis. Stuttgart: Schäffer-Poeschel.

Erpenbeck, J. (2003). KODE® - Kompetenz-Diagnostik und –Entwicklung. In J. Erpenbeck & L. von Rosenstiel (Hrsg.), Handbuch Kompetenzmessung: Erkennen, verstehen und bewerten von Kompetenzen in der betrieblichen, pädagogischen und psychischen Praxis (S. 365-375). Stuttgart: Schäffer-Poeschel.

Esser, M. (1998). Selbsturteile. In W. Sarges (Hrsg.) Management-Diagnostik (S. 649-655). Göttingen: Hogrefe.

Esslinger, S. (2003). Studienführer für die Diplom-Studiengänge Betriebswirtschaftslehre, Internationale Betriebswirtschaftslehre, Internationale Volkswirtschaftslehre, Masterstudiengang International Business, Wirtschaftsinformatik, Wirtschaftsingenieurwesen, Wirtschaftsjurist, Wirtschaftsmathematik, Wirtschaftspädagogik, Sozialwissenschaften, Volkswirtschaftslehre (15. Auflage). Nürnberg: Betriebswirtschaftliches Institut der Wirtschafts- und Sozialwissenschaftlichen Faktultät der FAU Erlangen-Nürnberg.

Faix, A. & Kupp, M. (2002). Kriterien und Indikatoren zur Operationalisierung von Kernkompetenzen. In K. Bellmann, J. Freiling, P. Hammann & U. Mildenberger (Hrsg.), Aktionsfelder des Kompetenz-Managements: Ergebnisse des II. Symposiums Strategisches Kompetenz-Management (S. 59-83). Wiesbaden: Deutscher Universitätsverlag.

Faix, W. & Laier, A. (1991). Soziale Kompetenz: Das Potential zum unternehmerischen und persönlichen Erfolg. Wiesbaden: Gabler.

Faix, W., Buchwald, C. & Wetzler, R. (1991). Skill-Management: Qualifikationsplanung für Unternehmen und Mitarbeiter. Wiesbaden: Gabler.

Fank, M. (2004). Kompetenzmanagement 2004: Verbreitung, Akzeptanz und Entwicklung eines neuen Managementkonzeptes. In M. Fank, F. Linde & J. Trojan (Hrsg.), Knowledge-Management in der Praxis. Schriftenreihe für die Unternehmenspraxis des Instituts für e-Management e. V. (IfeM). Köln: IfeM.

Feeny, D. F. & Willcocks, L. P. (1998). Core IS Capabilities for Exploiting Information Technology. Sloan Management Review, Spring, 9-21.

Fey, G. (2005). Kontakte knüpfen und beruflich nutzen: Erfolgreiches Netzwerken (3. Auflage). Regensburg, Berlin: Walhalla Fachverlag.

Fischer, G. (1974). Einführung in die Theorie psychologischer Tests. Bern: Huber.

Fisseni, H.-J. (1997). Lehrbuch der psychologischen Diagnostik. Göttingen et al.: Hogrefe.

Flanagan, J. F. (1954). The critical incident technique. Psychological Bulletin, 51 (4), 327-358.

Frei, F. (1981). Psychologische Arbeitsanalyse - Eine Einführung zum Thema. In F. Frei & E. Ulich (Hrsg.), Beiträge zur psychologischen Arbeitsanalyse (S. 11-36). Bern, Stuttgart, Wien: Verlag Hans Huber.

Freiling, J. (2002). Terminologische Grundlagen des Resource-based View. In K. Bellmann, J. Freiling, P. Hammann & U. Mildenberger (Hrsg.), Aktionsfelder des Kompetenz-Managements: Ergebnisse des II. Symposiums Strategisches Kompetenz-Management (S. 3-28). Wiesbaden: Deutscher Universitätsverlag.

Frey, A. & Balzer, L. (2003). Beurteilungsbogen zu sozialen und methodischen Kompetenzen - smk99. In J. Erpenbeck & L. von Rosenstiel (Hrsg.), Handbuch Kompetenzmessung: Erkennen, verstehen und bewerten von Kompetenzen in der betrieblichen, pädagogischen und psychischen Praxis (S. 323-335). Stuttgart: Schäffer-Poeschel.

Frick, H.-J. (1999). Handbuch Organisationsmanagement. Köln: Kommunale Gemeinschaftsstelle für Verwaltungsvereinfachung.

Friedrich, S. A., Handlbauer, G., Hinterhuber, H. H. & Stuhec, U. (1996). The company as a cognitive system of core competences and strategic business units. Strategic Change, 5, 223-238.

Frieling, E. & Sonntag, K. (1999). Lehrbuch Arbeitspsychologie (2., vollständig überarbeitete Auflage). Bern, Göttingen, Toronto, Seattle: Verlag Hans Huber.

Frieling, E., Grote, S. & Kauffeld, S. (2000). Fachlaufbahnen für Ingenieure - Ein Vorgehen zur systematischen Kompetenzentwicklung. In Zeitschrift für Arbeitswissenschaft, 54 (3), 165-174.

Frieling, E., Grote, S. & Kauffeld, S. (2003). Teiltätigkeitslisten als Methode der Kompetenzeinschätzung. In J. Erpenbeck & L. von Rosenstiel (Hrsg.), Handbuch Kompetenzmessung: Erkennen, verstehen und bewerten von Kompetenzen in der betrieblichen, pädagogischen und psychischen Praxis (S.169-184). Stuttgart: Schäffer-Poeschel.

Frieling, E., Kauffeld, S., Grote, S. & Bernhard, H. (2000). Flexibilität und Kompetenz - schaffen flexible Unternehmen kompetente und flexible Mitarbeiter? (Edition QUEM, ed. Vol. 12). Münster et al.: Waxmann.

Geertz, C. (1973). The interpretation of cultures. New York: Basic Books.

Gerlach, S. (2004). Vordiplom im Nu! Eine praktische Anleitung. Berlin: Studeo Verlag.

geva-institut (2006). Was soll ich werden? Eignungstest Berufswahl. Zugriff am 04.07.2006 unter http://www.geva-institut.de/pdf/ebw_prospekt.pdf.

Goleman, D. (1996). Emotionale Intelligenz: Aus dem Amerikanischen von Friedrich Griese. München, Wien: Carl Hanser Verlag.

Gottfried, M. (2006). Multiperspektivische Kompetenzanalyse. Unveröffentlichte Studienarbeit. Nürnberg: Lehrstuhl für Wirtschaftsinformatik III der Universität Erlangen-Nürnberg.

Grant, R. (1991). The Resource-Based Theory of Competitive Advantage: Implications for Strategy Formulation. California Management Review, 33 (3), 114-135.

Gress, F. (2003). Führungskräfteplanung- und Entwicklung. In J. Erpenbeck & L. von Rosenstiel (Hrsg.), Handbuch Kompetenzmessung: Erkennen, verstehen und bewerten von Kompetenzen in der betrieblichen, pädagogischen und psychischen Praxis (S. 219-228). Stuttgart: Schäffer-Poeschel.

Gutjahr, W. (1971). Die Messung psychischer Eigenschaften. Berlin: Dt. Verlag der Wissenschaft.

Hacker W. (1998). Allgemeine Arbeitspsychologie: Psychische Regulation von Arbeitstätigkeiten. Bern et al.: Verlag Hans Huber.

Hacker, W. (1973). Allgemeine Arbeits- und Ingenieurpsychologie: Psychische Struktur und Regulation von Arbeitstätigkeiten. Berlin: VEB Deutscher Verlag der Wissenschaften.

Hall, R. (1994). A Framework for Identifying the Intangible Resources of Sustainable Competitive Advantage. In G. Hame & A Heene (Hrsg.), Competence-based competition (S. 149-169). Chichester: Wiley.

Hamel, G. & Prahalad, C. K. (1990). The Core Competence of the Corporation. Harvard Business Review, 68, May/June, 79-91.

Hamel, G. & Prahalad, C. K. (1994). Competing for the Future. Boston: Harvard Business School Press.

Hamel, G. & Prahalad, C. K. (1995). Wettlauf um die Zukunft: Wie Sie mit bahnbrechenden Strategien die Kontrolle über Ihre Branche gewinnen und die Märkte von morgen schaffen. Wien: Ueberreiter.

Hamel, G. (1994). The Concept of Core Competence. In G. Hamel & A. Heene (Hrsg.), COMPETENCE-BASED COMPETITION (S. 11-33). Chichester et al.: John Wiley & Sons.

Hammann, P & Erichson, B. (2000). Marktforschung (4., überarbeitete und erweiterte Auflage). Stuttgart: Lucius & Lucius.

Hänggi, G. (1998). Macht der Kompetenz: Ausschöpfung der Leistungspotentiale durch zukunftsgerichtete Kompetenzentwicklung. Frechen: DATAKONTEXT FACHVERLAG.

Hänggi, G. (2001). Macht der Kompetenz: Ausschöpfung der Leistungspotentiale durch zukunftsgerichtete Kompetenzentwicklung (3. aktualisierte Auflage). Frechen: DATAKONTEXT FACHVERLAG.

Hänggi, G. (2003). Kompetenz-Kompass®. In J. Erpenbeck & L. von Rosenstiel (Hrsg.), Handbuch Kompetenzmessung: Erkennen, verstehen und bewerten von Kompetenzen in der betrieblichen, pädagogischen und psychischen Praxis (S. 386-404). Stuttgart: Schäffer-Poeschel.

Harlander, N. (1994). Personalwirtschaft (3., überarb. Auflage). Landsberg, Lech: Verlag Moderne Industrie.

Hedlund, G. (1994). A Model of Knowledge Management and the N-form Organization. Strategic Management Journal, 15, 73-90.

Hedrich, M. (1994). Anforderungsermittlung von Führungspositionen als Mittel der Integration von Individuum und Organisation. Unveröffentlichte Magisterarbeit. Heidelberg: Institut für Soziologie der Universität.

Heine, C., Briedis, K., Didi, H.-J., Haase, K. & Trost, G. (2006). Auswahl- und Eignungsfeststellungsverfahren beim Hochschulzugang in Deutschland und ausgewählten Ländern: Eine Bestandsaufnahme. Hannover: HIS Hochschul-Informations-System GmbH.

Hesse, J. & Schrader, H. C. (1997). Betriebswirtschaft: berufsorientiert studieren. Frankfurt: Eichborn Verlag.

Hesse, J. & Schrader, H. C. (2004). Testtraining 2000 plus: Einstellungs- und Eignungstests erfolgreich bestehen. Frankfurt: Eichborn Verlag.

Heublein, U., Spangenberg, H. & Sommer, D. (2003). Ursachen des Studienabbruchs. Hochschulplanung, Band 163. Hannover: HIS GmbH.

Heyse, V. & Erpenbeck, J. (1997). Der Sprung über die Kompetenzbarriere: Kommunikation, selbstorganisiertes Lernen und Kompetenzentwicklung von und in Unternehmen. Bielefeld: Bertelsmann-Verlag.

Heyse, V. & Erpenbeck, J. (2004). Kompetenztraining: 64 Informations- und Trainingsprogramme. Stuttgart: Schäffer-Pöschel.

Heyse, V. (2003). KODE®X-Kompetenz-Explorer. In J. Erpenbeck & L. von Rosenstiel (Hrsg.), Handbuch Kompetenzmessung: Erkennen, verstehen und bewerten von Kompetenzen in der betrieblichen, pädagogischen und psychischen Praxis (S. 376-385). Stuttgart: Schäffer-Poeschel.

Himmelrath, A. (2005). 04. Betriebswirtschaftslehre. ZEIT Studienführer 2005/06, 94-98.

Hinterhuber H. H. & Stuhec, U. (1997). Kernkompetenzen und strategisches In-/Outsour-cing. In H. Albach, U. Backes-Gellner, K.-H. Baumann, H. E. Büschgen, K. H. Forster, H. A. Henzler, B.-A. v. Maltzan, H. Sabel, D. Schneider, A. Bultez, L. Engwall, S. G. Echevarria, J. Green, H. Itami, D. Jacobs, K. Okubayashi, A. Stepan, K. Virtan (Hrsg.), ZfB-Ergänzungsheft: Marketing. Wiesbaden: Gabler.

Höfinghoff, T. (2005). 24. Volkswirtschaftslehre. ZEIT Studienführer 2005/06, 164-166.

Holling, H., Kanning, U.-P. & Hofer, S. (2003). Das Personalauswahlverfahren „Soziale Kompetenz" (SOKO) der Bayerischen Polizei. In J. Erpenbeck & L. von Rosenstiel (Hrsg.), Handbuch Kompetenzmessung: Erkennen, verstehen und bewerten von Kompetenzen in der betrieblichen, pädagogischen und psychischen Praxis (S. 126-139). Stuttgart: Schäffer-Poeschel.

Holsti, O. R. (1969). Content Analysis. In G. Lindzey & E. Aronson (Hrsg.), The Handbook of Social Psychology (2nd ed.). Reading, MA: Addison-Wesley.

Holtbrügge, D. (2004). Personalmanagement (2. Auflage). Berlin et al.: Springer-Verlag.

Hopf, C. (1995). Qualitative Interviews in der Sozialforschung. Ein Überblick. In U. Flick, E. v. Kardorff, H. Keupp, L. von Rosenstiel & S. Wolff (Hrsg.), Handbuch Qualitative Sozialforschung: Grundlagen, Konzepte, Methoden und Anwendungen (S. 177-182).Weinheim: Psychologie-Verl.-Union.

HRK (2004). Bologna-Reader: Texte und Hilfestellungen zur Umsetzung der Ziele des Bologna-Prozesses an deutschen Hochschulen. Bonn: HRK.

Hueneke, K. & Zimmermann, B. (2000). Skill-Datenbanken. Computer Fachwissen, 8-9.

Hümmer, B. (2001). Strategisches Management von Kernkompetenzen im Hyperwettbewerb: Operationalisierung kernkompetenzorientierten Managements für dynamische Umfeldbedingungen. Wiesbaden: Deutscher Universitäts-Verlag.

Hungenberg, H. & Wulf, T. (2006). Grundlagen der Unternehmensführung (2. Auflage). Berlin, Heidelberg: Springer.

ICUnet.AG (2004). Messung interkultureller Kompetenz. Zugriff am 18.06.2006 unter http://www.icunet.ag/uploads/media/Global_Visions_4_01.pdf.

Imai, M. (1997). Gemba Kaizen: permanente Qualitätsverbesserung, Zeitersparnis und Kostensenkung am Arbeitsplatz. München: Wirtschaftsverlag Langen-Müller, Herbig.

Jäger, R. S. & Krieger, W. (1994). Zukunftsperspektiven der computerunterstützten Diagnostik, dargestellt am Beispiel der treatmentorientierten Diagnostik. Diagnostica, 40, 217-243.

Jäger, R. S. (1986). Der diagnostische Prozeß. Eine Diskussion psychologischer und methodischer Randbedingungen (2. Auflage). Göttingen: Hogrefe.

Jäger, R. S. (1990). Eignungsdiagnostik aus Sicht der Kandidaten. In W. Sarges (Hrsg.), Management-Diagnostik (S. 76-82). Göttingen: Hogrefe.

Jeserich, W. (1990). Assessment-Center. In W. Sarges (Hrsg.), Management-Diagnostik (S. 580-587). Göttingen et al.: Hogrefe.

Jung, H. (1999). Personalwirtschaft. Wien: Oldenbourg.

Jung, H. (2001). Personalwirtschaft (4. Auflage). Wien: Oldenbourg.

Jüttemann, G. (1990): Eignung als Prozess. In W. Sarges (Hrsg.), Management-Diagnostik (S. 46-55). Göttingen et al.: Hogrefe.

Kailer, N. (2001). Vom Seminarwesen zur arbeitsintegrierten Kompetenzentwicklung: Neue Anforderungen an Führungskräfte und PersonalentwicklerInnen. In L. Bellmann, H. Minssen & P. Wagner (Hrsg.), Personalwirtschaft und Organisationskonzepte moderner Betriebe: IAB-Kontaktseminar vom 11. bis 15.12.2000 am Institut für Arbeitswissenschaft der Ruhr-Universität Bochum (S. 271-277). Nürnberg: Institut für Arbeitsmarkt- und Berufsforschung.

Kanning, U. P. (2004). Standards der Personaldiagnostik. Göttingen et al.: Hogrefe.

Katzenbach, J. R. & Smith, D. K. (1993). The Wisdom of Teams. Boston: Harvard Business School Press.

Kauffeld, S., Frieling, E. & Grote, S. (2002). Soziale, personale, methodische oder fachliche: Welche Kompetenzen zählen bei der Bewältigung von Optimierungsaufgaben in betrieblichen Gruppen? Zeitschrift für Psychologie, 210 (4), 197-208.

Kerres, M. & Gorhan, E. (1998). Multimediale und telemediale Lernangebote. In Arbeitsgemeinschaft Qualifikations-Entwicklungs-Management (Hrsg.), Kompetenzentwicklung ,98: Forschungsstand und Forschungsperspektiven (S. 143-162). Münster et al.: Waxmann.

Kirwan, B. & Ainsworth, L. K. (1992). A Guide to Task Analysis: The Task Analysis Working Group. London: Taylor & Francis.

Kleiner, J.-C. (1992). Aufbruch zu einem ganzheitlichen Personalwesen: Von einer mechanistischen zu einer organismischen Betrachtung von Mensch, Unternehmung und Umwelt. Hallstadt: Rosch-Buch-Team.

Klemke, R., Kröpelin, P. & Kuth, C. (2003). Ganzheitliches Kompetenzmanagement. Personalwirtschaft, 2, 26-31.

Klinger, Y., Schuler, H., Diemand, A. & Becker, K. (2004). Entwicklung eines multimodalen Systems zur Leistungsbeurteilung von Auszubildenden. In H. Schuler (Hrsg.), Beurteilung und Förderung beruflicher Leistung (S. 187-214). Göttingen et al.: Hogrefe.

Knaese, B. (1996). Kernkompetenzen im strategischen Management von Banken: der „Resource-based-View" in Kreditinstituten. Wiesbaden: Deutscher Universitäts-Verlag.

Knarr, N. (2006). Marketing individueller Kompetenzen – Quantitative Methoden zur Analyse individueller Kompetenzen. Unveröffentlichte Diplomarbeit. Nürnberg: Lehrstuhl für Wirtschaftsinformatik III der Universität Erlangen-Nürnberg.

König, E. (1992). Soziale Kompetenz. In E. Gaugler & W. Weber (Hrsg.), Handwörterbuch des Personalwesens: Zweite, neubearbeitete und ergänzte Auflage (S. 2046-2056). Stuttgart: Poeschel.

Kretschmann, M. (2002). Anti-Stress-Programm statt Autoritätsgehabe. Mehr soziale Kompetenzen und weniger Stress für Lehrer. Zugriff am 28.03.2006 unter http://www.uni-potsdam.de/portal/april02/coaching.htm.

Krieg, H.-J. (1998) Personal: Lehrbuch mit Beispielen und Kontrollfragen. Stuttgart: Schäffer-Poeschel.

Kriegesmann, B. & Kerka, F. (2001). Kompetenzentwicklung: Neue Aufgaben für die Gestaltung und Umsetzung von Innovationsprozessen. In L. Bellmann, H. Minssen & P. Wagner (Hrsg.), Personalwirtschaft und Organisationskonzepte moderner Betriebe: IAB-Kontaktseminar vom 11. bis 15.12.2000 am Institut für Arbeitswissenschaft der Ruhr-Universität Bochum (S. 133-162). Nürnberg: Institut für Arbeitsmarkt- und Berufsforschung.

Krüger, W. & Homp, C. (1997). Kernkompetenz-Management: Steigerung von Flexibilität und Schlagkraft im Wettbewerb. Wiesbaden: Gabler.

Kruse, P., Dittler, A. & Schomburg, F. (2003). Nextexpertizer and nextcoach: Kompetenzmessung aus der Sicht der Theorie kognitiver Selbstorganisation. In J. Erpenbeck & L. von Rosenstiel (Hrsg.), Handbuch Kompetenzmessung: Erkennen, verstehen und bewerten von Kompetenzen in der betrieblichen, pädagogischen und psychischen Praxis (S. 405-427). Stuttgart: Schäffer-Poeschel.

Kubinger, K. D. & Proyer, R. (2004). Gütekriterien. In K. Westhoff, L. J. Hellfritsch, L. F. Hornke, K. D. Kubinger, F. Lang, H. Moosbrugger, A. Püschel & G. Reimann (Hrsg.), Grundwissen für die berufsbezogene Eignungsbeurteilung nach DIN 33430 (S. 105-120). Lengerich: Pabst Science Publishers.

Lacity, M. C. & Willcocks, L. P. (2001). Preparing for Outsourcing: The Core IT Capabilities Framework. In M. C. Lacity & L. P. Willcocks (Hrsg.), Global information technology outsourcing: in search of business advantage (S. 245-280). Chichester: Wiley.

Lacity, M. C., Willcocks, L. P. & Feeny, D. F. (1996). The Value of Selective IT Sourcing, Sloan Management Review, 37 (3), 13-25.

Lamnek, S. (1995). Qualitative Sozialforschung: Methoden und Techniken: Band 2 (3., korrigierte Auflage). Weinheim: Psychologie Verlags Union.

Langer, I., Schulz von Thun, F. & Tausch, R. (1974). Verständlichkeit. München: Reinhard.

Lang-von Wins, T. (2003). Die Kompetenzhaltigkeit von Methoden moderner psychologischer Diagnostik-, Personalauswahl- und Arbeitsanalyseverfahren sowie aktueller Management-Diagnostik-Ansätze. In J. Erpenbeck & L. von Rosenstiel (Hrsg.), Handbuch Kompetenzmessung: Erkennen, verstehen und bewerten von Kompetenzen in der betrieblichen, pädagogischen und psychischen Praxis (S. 585-618). Stuttgart: Schäffer-Poeschel.

Lang-von Wins, T., Kaschube, J., Wittmann, A. & von Rosenstiel, L. (2003). Test zur beruflichen Orientierung und Planung (TOP-Test). In J. Erpenbeck & L. von Rosenstiel (Hrsg.), Handbuch Kompetenzmessung: Erkennen, verstehen und bewerten von Kompetenzen in der betrieblichen, pädagogischen und psychischen Praxis (S. 31-41). Stuttgart: Schäffer-Poeschel.

Lantz, A. & Friedrich, P. (2003). ICA – Instrument for Competence Assessment. In J. Erpenbeck & L. von Rosenstiel (Hrsg.), Handbuch Kompetenzmessung: Erkennen, verstehen und bewerten von Kompetenzen in der betrieblichen, pädagogischen und psychischen Praxis (S. 81-96). Stuttgart: Schäffer-Poeschel.

Lehner, F. & Wanninger, C. (2004). Marktanalyse zum Angebot von Skill-Management-Systemen. In P. Kleinschmidt & F. Lehner (Hrsg.) Schriftenreihe Wirtschaftsinformatik. Passau: Wirtschaftswissenschaftliche Fakultät der Universität Passau.

Liebel, H. J. & Oechsler, W. A. (1994). Handbuch Human-Resource-Management. Wiesbaden: Gabler.

Lienert, G. A. & Raatz, U. (1998). Testaufbau und Testanalyse (6. Auflage). Weinheim: Psychologie Verlags Union.

Lin, J., Chan, H. & Jin, Y. (2004). Instant Messaging Acceptance and Use Among College Students. Proceedings of the Eighth Pacific Asia Conference on Information Systems. Zugriff am 26.06.2006 unter http://72.14.221.104/search?q= cache:QfRRslv6ZkIJ:www.pacis-net.org/file/2004/S04-003.PDF+utaut%2Blin%2Binstant+ messaging&hl=de&gl=de&ct=clnk&cd=1&client=firefox-a.

Lombardo, M. M. & Eichinger, R. W. (2000). High potentials as high learners. Human Resource Management, 39 (4), 321-329.

Lusti, M. (1999). Data Warehousing und Data Mining: Eine Einführung in entscheidungsunterstützende Systeme. Berlin et al.: Springer-Verlag.

Mael, F. A. (1991). A conceptual rationale for the domain and attributes of biodata items. Personnel Psychology, 44, 763-792.

Mansfield, B. & Mitchell, L. (1996). Towards a Competent Workforce. Hampshire: Gower Publishing Limited.

Maurer, H. & Carlson, P. A. (1992). Computervisualisierung - Die Krücke für ein fehlendes Organ? technologie & management 41 (1), 22-26.

Mayring, P. (2002). Einführung in die qualitative Sozialforschung: Eine Anleitung zu qualitativem Denken (5. Auflage). Weinheim, Basel: Beltz Verlag.

Mayring, P. (2003). Qualitative Inhaltsanalyse: Grundlagen und Techniken (8. Auflage). Weinheim: Beltz-Verlag.

McClelland, D. C., Atkinson, J. W., Clark, R. A. & Lowell, E. L. (1953). The Achievement Motive. New York: Appleton Century Crofts.

Meier, A. J. (2002). Bewertung von Kompetenz und Kompetenzentwicklung - Beitrag personalwirtschaftlicher Beurteilungsverfahren zur Bewertung von Kompetenz und Kompetenzentwicklung. In E. Staudt (Hrsg.), Kompetenzentwicklung und Innovation (S. 437-491). Münster: Waxmann.

Mertens, P. & Griese, J. (2002). Integrierte Informationsverarbeitung 2: Planungs- und Kontrollsysteme in der Industrie (9. Auflage). Wiesbaden: Gabler.

Mertens, P., Chamoni, P., Ehrenberg, D., Griese, J., Heinrich, L. J., Kurbel, K. & Barbian, D. (2002). Studienführer Wirtschaftsinformatik (3. Auflage). Braunschweig: Vieweg Verlag.

Meyer, H. (2001). Leitfaden zur Unterrichtsvorbereitung (12. Auflage). Frankfurt a. M.: Cornelsen Scriptor.

Meyer, J.-A. (1996). Visualisierung im Management. Wiesbaden: Deutscher Universitäts-Verlag.

Michel, L. & Conrad, W. (1982). Theoretische Grundlagen psychometrischer Tests. In K. J. Groffmann & L. Michel (Hrsg.), Enzyklopädie der Psychologie, Themenbereich B: Methodologie und Methoden, Serie II: Psychologische Diagnostik (Band 1: Grundlagen psychologischer Diagnostik) (S. 1-129). Göttingen: Hogrefe.

Miller, D. & Shamsie, J. (1996). The resource-based view of the firm in two environments: The Hollywood film studios from 1936 to 1965. Academy of Management Journal, 39 (3), 519-543.

Moser, K. (2004). Selbstbeurteilung. In H. Schuler (Hrsg.), Beurteilung und Förderung beruflicher Leistung (2. Auflage) (S. 85-99). Göttingen et al.: Hogrefe.

Muellerbuchhof, R. & Zehrt, P. (2004). Vergleich subjektiver und objektiver Messverfahren für die Bestimmung von Methodenkompetenz - am Beispiel der Kompetenzmessung bei technischem Fachpersonal. Zeitschrift für Arbeits- und Organisationspsychologie, 48 (3), 132-138.

Myers, M. D. (2006). Qualitative Research in Information Systems. Zugriff am 12.06.2006 unter http://www.qual.auckland.ac.nz/.

Nelson, R. R. & Winter, S. G. (1982). An Evolutionary Theory of Economic Change. Cambridge: Belknap Press.

Netcraft (2006). July 2006 Web Server Survey. Zugriff am 22.07.2006 unter http://news.netcraft.com/archives/web_server_survey.html.

Nohr, H. (2000). Wissen und Wissensprozesse visualisieren. In H. Nohr (Hrsg.), Wissensmanagement: Wie Unternehmen ihre wichtigste Ressource erschließen und teilen (S. 41-60). Göttingen: BusinessVillage.

North, K. & Reinhardt, K. (2005). Kompetenzmanagement in der Praxis: Mitarbeiterkompetenzen systematisch identifizieren, nutzen und entwickeln. Wiesbaden: Gabler.

o. V. (1999). Studienführer Betriebswirtschaftslehre (allgemein).Nürnberg: BW Bildung und Wissen Verlag.

Osgood, C. E., Saporta, S. & Nunnally, J. (1954). Evaluation Assertive Analysis. Chicago: University of Chicago Press.

Padtberg, C. (2006). Wirtschaftsinformatik - In Echt. Zwischen Mensch und Maschine. Zugriff am 28.3.2006. unter http://www.spiegel.de/unispiegel/ schule /0,1518,372310,00.html.

Peteraf, M. A. (1993). The Cornerstones of Competitive Advantage: A Resource-Based View. Strategic Management Journal, 14, 179-191.

Pfeiffer, W. & Weiß, E. (1995). Methoden zur Analyse und Bewertung technologischer Alternativen. In E. Zahn (Hrsg.), Handbuch Technologiemanagement (S. 663-679). Stuttgart: Schäffer-Poeschel.

Pfeiffer, W., Weiß, E. & Stubl, C. (1994). Systemwirtschaftlichkeit: Konzeption und Methodik zur betriebswirtschaftlichen Fundierung innovationsorientierter Entscheidungen. Göttingen: Vandenhoeck & Ruprecht.

Pieler, D. & Schuh, M. (2003). Mit Skill Management die richtige Aufstellung für die Zukunft realisieren: Wie Unternehmen benötigte Kompetenzen erkennen und gezielt Kompetenzlücken schließen. Wissensmanagement: Das Magazin für Führungskräfte, 2, 20-22.

Pietrzyk, U. (2001). Zusammenhang zwischen Arbeit und Kompetenzerleben. Zeitschrift für Arbeits- und Organisationspsychologie, 45 (1), 2-14.

Porter, M. E. (1999). Wettbewerbsvorteile: Spitzenleistungen erreichen und behaupten, dt. Übersetzung (5. Auflage). Frankfurt am Main: Campus.

Probst, G. J. B., Deussen, A., Eppler, M. J. & Raub, S. P. (2000). Kompetenz-Management. Wiesbaden: Gabler.

Pümpin, C. (1990). Das Dynamik-Prinzip. Düsseldorf: ADMOS Media.

Radtke, P. (1997). Ganzheitliches Modell zur Umsetzung von Total Quality Management. Berlin: Fraunhofer-Institut.

Rammstedt, B. (2004). Zur Bestimmung der Güte von Multi-Item-Skalen: Eine Einführung. In Zentrum für Umfragen, Methoden und Analysen (Hrsg.), ZUMA How to Reihe. Zugriff am 04.07.2006 unter http://www.gesis.org/ publikationen/Berichte/ZUMA_How_to/Dokumente/pdf/howto12br.pdf

Randall, R., Ferguson, E. & Patterson, F. (2000). Self-assessment accuracy and assessment centre decisions. Journal of Occupational and Organizational Psychology, 73, 443-459.

Rasche, C. & Wolfrum, B. (1994). Ressourcenorientierte Unternehmensführung. Die Betriebswirtschaft, 54 (4) 501-517.

Rasche, C. (1994). Wettbewerbsvorteile durch Kernkompetenzen – Ein ressourcenorientierter Ansatz. Wiesbaden: Deutscher Universitäts-Verlag.

Reimann, G. (2004). Arbeits- und Anforderungsanalyse. In K. Westhoff, L. J. Hellfritsch, L. F. Hornke, K. D. Kubinger, F. Lang, H. Moosbrugger, A. Püschel & G. Reimann (Hrsg.), Grundwissen für die berufsbezogene Eignungsbeurteilung nach DIN 33430 (S. 105-120). Lengerich: Pabst Science Publishers.

Reinhardt, K. (2004). Studie Betriebliches Kompetenzmanagement – Chancen und Herausforderungen für die Praxis. Magdeburg: Fraunhofer IFF.

Rheinberg, F. (2004). Motivationsdiagnostik. Göttingen: Hogrefe.

Riedwyl, H. (1987). Graphische Gestaltung von Zahlenmaterial (3. Auflage). Bern: Haupt.

Riemann, R. & Allgöwer, A. (1993). Eine deutschsprachige Fassung des „interpersonal competence questionnaire" (icq). Zeitschrift für Differentielle und Diagnostische Psychologie, 14 (3), 153-163.

Riemann, R. (1997). Persönlichkeit: Fähigkeiten oder Eigenschaften? Lengerich et al.: Pabst Science Publishers.

Rindermann, H. & Oubaid, V. (1999). Auswahl von Studienanfängern durch Universitäten - Kriterien, Verfahren und Prognostizierbarkeit des Studienerfolgs. Zeitschrift für Differentielle und Diagnostische Psychologie, 20 (3), 172 - 191.

Ritsert, J. (1972). Inhaltsanalyse und Ideologiekritik. Ein Versuch über kritische Sozialforschung. Frankfurt: Athenäum.

Rogulic, B. (1999). Ein gesamthaftes Prozessmodell zur Identifikation von Kernkompetenzen. Dissertation der Universität St. Gallen, Hochschule für Wirtschafts-, Rechts- und Sozialwissenschaften (HSG). Bamberg: Difo-Druck OHG.

Rose, P. M. (2000). Analyse ausgewählter Methoden zur Identifikation dynamischer Kernkompetenzen. München, Mering: Hampp Verlag.

Rosemann, M., Schwegmann, A. & Delfmann, P. (2003). Vorbereitung der Prozessmodellierung. In J. Becker, M. Kugeler und M. Rosemann (Hrsg.), Prozessmanagement: Ein Leitfaden zur prozessorientierten Organisationsgestaltung (4. Auflage) (S. 47-105). Berlin et al.: Springer.

Rothe, H.-J. (2003). Wissensdiagnose auf Basis von Assoziieren und Struktur-Legen. In J. Erpenbeck & L. von Rosenstiel (Hrsg.), Handbuch Kompetenzmessung: Erkennen, verstehen und bewerten von Kompetenzen in der betrieblichen, pädagogischen und psychischen Praxis (S. 114-125). Stuttgart: Schäffer-Poeschel.

Rüdel, M. (2000). Internetbefragung der Studierenden im zweiten Semester Studiengänge Bibliothekswesen und Informationswirtschaft: Bericht über ein Pilotprojekt an der FH Köln. Zugriff am 12.06.2006 unter http://www.fbi.fh-koeln.de/studium /Befragung.htm.

Saaty, T. L. (1980). The analytic hierarchy process. New York: McGraw-Hill.

Sader, M. & Keil W. (1966). Bedingungskonstanz in der psychologischen Diagnostik. Archiv für die gesamte Psychologie, 118, 279-308.

Sarges, W. & Wottawa, H. (2001). Handbuch wirtschaftspsychologischer Testverfahren. Lengerich: Pabst Science Publishers.

Sarges, W. (2003). Lernpotential-Assessment Center (LP-AC). In J. Erpenbeck & L. von Rosenstiel (Hrsg.), Handbuch Kompetenzmessung: Erkennen, verstehen und bewerten von Kompetenzen in der betrieblichen, pädagogischen und psychischen Praxis (S. 63-70). Stuttgart: Schäffer-Poeschel.

Sauer, J. (2000). Lernen im Wandel – Wandel durch Lernen „Lernkultur Kompetenzentwicklung". QUEM-Bulletin, 5, 1-8.

Schaeper, H. & Briedis, K. (2004). Kompetenzen von Hochschulabsolventinnen und Hochschulabsolventen, berufliche Anforderungen und Folgerungen für die Hochschulreform. Hannover: Hochschul-Informations-System.

Schaper, N. (2003). Arbeitsproben und situative Fragen zur Messung arbeitsplatzbezogener Kompetenzen. In J. Erpenbeck & L. von Rosenstiel (Hrsg.), Handbuch Kompetenzmessung: Erkennen, verstehen und bewerten von Kompetenzen in der betrieblichen, pädagogischen und psychischen Praxis (S. 185-199). Stuttgart: Schäffer-Poeschel.

Scheer, A.-W. (2001). ARIS - Modellierungsmethoden, Metamodelle, Anwendungen (4. Auflage). Berlin et al.: Springer.

Scheer, A.-W. (2002). ARIS - Vom Geschäftsprozess zum Anwendungssystem (4. Auflage). Berlin et al.: Springer.

Schmidt, F. L. & Hunter, J. E. (1998). The validity and utility of selection methods in personnel psychology: practice and theoretical implications of 85 years of research findings. Psychological Bulletin, 124, 262-274.

Schmidt, M. (2005). 22. Soziologie/Sozialwissenschaft. ZEIT Studienführer 2005/06, 158-160.

Schmidt-Atzert, L. (2004). Ratingverfahren. In K. Westhoff, L. J. Hellfritsch, L. F. Hornke, K. D. Kubinger, F. Lang, H. Moosbrugger, A. Püschel & G. Reimann (Hrsg.), Grundwissen für die berufsbezogene Eignungsbeurteilung nach DIN 33430 (S. 58-65). Lengerich: Pabst Science Publishers.

Schnotz, W. (2002). Wissenserwerb mit Texten, Bildern und Diagrammen. In L. J. Issing & P. Klimsa (Hrsg.), Information und Lernen mit Multimedia und Internet (3., vollständig überarbeitete Auflage) (S. 65-81). Weinheim: Verlagsgruppe Beltz, Psychologische Verlags Union.

Schömann, K. & Siarov, L. (2005). Dem Versagen des Arbeitsmarkts durch lebensbegleitendes Lernen gegensteuern. Zugriff am 06.07.2006 unter http://pdf.mutual-learning-employment.net/pdf/synthesis%20reports/ Synthesis%20report%20autumn%2005_DE.pdf.

Schuler H. (1996). Psychologische Personalauswahl: Einführung in die Berufseignungsdiagnostik. Göttingen: Verlag für Angewandte Psychologie.

Schuler, H. & Höft, S. (2001). Konstruktorientierte Verfahren der Personalauswahl. In H. Schuler (Hrsg.), Lehrbuch der Personalpsychologie. Göttingen et al.: Hogrefe.

Schuler, H. & Stehle W. (1983). Neuere Entwicklungen des Assessment-Center-Ansatzes - berteilt unter dem Aspekt der sozialen Validität. Zeitschrift für Arbeits- und Organisationspsychologie, 27 (1), 33-44.

Schuler, H., Hell, B., Muck, P., Becker, K. & Diemand, A. (2003). Konzeption und Prüfung eines multimodalen Systems der Leistungsbeurteilung: Individualmodul. Zeitschrift für Personalpsychologie, 2 (1), 29-39.

Schuler, H., Muck, P., Hell, B., Höft, S., Becker, K. & Diemand, A. (2004). Multimodales System zur Beurteilung von Individualleistungen. In H. Schuler (Hrsg.), Beurteilung und Förderung beruflicher Leistung (S. 135-158). Göttingen et al.: Hogrefe.

Schwarz, M. (2006). Informationen zu den Studiengängen BWL, VWL und Wirtschaftspädagogik an der Johannes Gutenberg-Universität Mainz. Zugriff am 28.03.2006 unter http://www.studienfachberatung.vwl.uni-mainz.de/downloads/BISS-Vortrag.pdf.

Schwarzer, R. (1983). Befragung. In H. Feger & J. Bredenkamp (Hrsg.), Enzyklopädie der Psychologie (S. 302-320). Göttingen: Hogrefe.

Seisreiner, A. (1999). Management unternehmerischer Handlungspotentiale.Wiesbaden: Deutscher Universitätsverlag.

Sloane, P., Twardy, M. & Buschfeld, D. (1998). Einführung in die Wirtschaftspädagogik. Paderborn et al.: Schöningh.

Sonntag, K. & Schaper, N. (1992). Förderung beruflicher Handlungskompetenz. In K. Sonntag (Hrsg.), Personalentwicklung in Organisationen (S. 187-210). Göttingen et al.: Hogrefe.

Sonntag, K. (2002). Personalentwicklung und Training - Stand der psychologischen Forschung und Gestaltung. Zeitschrift für Personalpsychologie, 1 (2), 59-79.

Spiegel Online (2005a). Fachsimplertest: Lehramtsstudiengänge. 23.11.2005. Zugriff am 29.3.2006 unter http://www.spiegel.de/unispiegel/schule /0,1518,378987,00. html.

Spiegel Online (2005b). Fachsimplertest: Sozialwesen, Psychologie, Pädagogik und Erziehungswissenschaften. 23.11.2005. Zugriff am 29.3.2006 unter http://www.spiegel.de/unispiegel/schule/0,1518,378986,00.html.

Spiegel Online (2005c). Fachsimplertest: Wirtschaftswissenschaften. 23.11.2005. Zugriff am 29.3.2006 unter http://www.spiegel.de/unispiegel/schule/ 0,1518,378985,00. html.

Spitznagel, A. (1982). Die diagnostische Situation. In K.-J. Groffmann & L. Michel (Hrsg.), Grundlagen psychologischer Diagnostik (S. 248-294). Göttingen: Hogrefe.

Stalk, G., Evans, P. & Shulman L. E. (1992). Competing on Capabilities – The New Rules of Corporate Strategy. Harvard Business Review, 70 (3), 4, 57-69.

Staud, J. (1999). Geschäftsprozeßanalyse mit Ereignisgesteuerten Prozeßketten: Grundlagen des Business Reengineering für SAP R/3 und andere Betriebswirtschaftliche Standardsoftware. Berlin et al.: Springer.

Staudt, E., Kailer, N., Kriegesmann, B., Meier, A. J., Stephan, H. & Ziegler, A. (2002). Kompetenz und Innovation - Eine Bestandsaufnahme jenseits von Personalmanagement und Wissensmanagement. In E. Staudt (Hrsg.), Kompetenzentwicklung und Innovation (S. 127-235). Münster: Waxmann.

Staudt, E., Kriegesmann, B. & Muschik, C. (2003). IAI Scorecard of Competence. In J. Erpenbeck & L. von Rosenstiel (Hrsg.), Handbuch Kompetenzmessung: Erkennen, verstehen und bewerten von Kompetenzen in der betrieblichen, pädagogischen und psychischen Praxis (S. 160-168). Stuttgart: Schäffer-Poeschel.

Staufenbiel, J. E., Heimburger, S. & Friedenberger, T. (2002). Wirtschaft studieren - Berufsziele, Studieninhalte und die Wahl der Hochschule. Köln: Staufenbiel Institut für Studien- und Berufsplanung GmbH.

Staufenbiel, T. & Kleinmann, M. (2002). PaiRS: Ein Sklaierungsverfahren für die Eignungsdiagnostik. Zeitschrift für Personalpsychologie, 1, 27-34.

Stehle, W. (1986). Personalauswahl mittels biografischer Fragebogen. In H. Schuler & W. Stehle (Hrsg.), Biografische Fragebogen als Methode der Personalauswahl (S. 17-57). Stuttgart: Verlag für Angewandte Psychologie.

Stehle, W. (1990). Biografischer Fragebogen. In W. Sarges (Hrsg.), Management-Diagnostik (S. 416-419). Göttingen et al.: Hogrefe.

Steyer, R. & Eid, M. (2001). Messen und Testen. Berlin et al.: Springer-Verlag.

Strauss, A. L. (1998). Grundlagen qualitativer Sozialforschung: Datenanalyse und Theoriebildung in der empirischen soziologischen Forschung (3. Auflage). München: Fink.

Strecker, F. (2006). Multiperspektivische Kompetenzanalyse. Unveröffentlichte Diplomarbeit. Nürnberg: Lehrstuhl für Wirtschaftsinformatik III der Universität Erlangen-Nürnberg.

Stuckey, J., Doman, A. & Thwaites, P. (1992). Distinctive and Leverageable Competences. In McKinsey & Company (Hrsg.), The Case for Core Process Redesign (S. 57-75), New York.

Tampoe, M. (1994). Exploiting the Core Competencies of Your Organization. Long Range Planning, 27 (4), 66-77.

Täubner, M. (2005). 08. Erziehungswissenschaft. ZEIT Studienführer 2005/06, 110-112.

Teece, D. J., Pisano, G. & Shuen, A. (1997). Dynamic Capabilities and Strategic Management. Strategic Management Journal, 18 (7), 509-533.

Teichler, U. (1995). Qualifikationsforschung. In R. Arnold & A. Lipsmeier (Hrsg.), Handbuch der Berufsbildung (S. 501-508). Opladen: Leske + Budrich.

Thompson, A. & Strickland, A. J. (1999). Strategic Management: Concepts and Cases (11. Auflage). Boston: McGraw-Hill.

Titscher, S., Wodak, R., Meyer, M. & Vetter, E. (1998). Methoden der Textanalyse: Leitfaden und Überblick. Wiesbaden: Westdeutscher Verlag.

Tomao, L. (2002). Auswertung der Erstsemesterbefragung im Wintersemester 2001/02 zur Evaluierung der Maßnahmen zur Studienorientierung an der Fachhochschule Bochum. Zugriff am 12.06.2006 unter http://www.fh-bochum.de/umfragen/ auswertung-ksh.pdf.

Trost, G. & Haase, K. (2005). Hochschulzulassung: Auswahlmodelle für die Zukunft. Leinfelden-Echterdingen: Karl Weinbrenner & Söhne.

Trost, G. (2003). Deutsche und internationale Studierfähigkeitstests Arten, Brauchbarkeit, Handhabung. Bonn: DAAD.

Turner, D. & Crawford, M. (1994). Managing current and future competitive performance: The role of competency. In G. Hamel & A. Heene (Hrsg.), Competency-based competition (S. 241-264). Chichester: Wiley.

Ulrich, H. & Probst, G. J. B. (1991). Anleitung zum ganzheitlichen Denken und Handeln: Ein Brevier für Führungskräfte (3. Auflage). Stuttgart: Haupt.

Universität Luzern (2005). Auswertung der Fragen zur Studienwahl und zur Wahl des Studienortes Luzern. Zugriff am 12.06.2006 unter http://www.unilu.ch/ dokumente/dokus_rf/041102_Statistische_ Auswertung_Neustudierende_WS04-054_7703.pdf.

Uslar, M. (2004). Potenziale des Skillmanagement: Stand, Anforderungen und Ausblicke für KMU. In N. Gronau (Hrsg.), Reihe Wirtschaftsinformatik: Technische und organisatorische Gestaltungsoptionen. Berlin: GITO-Verlag.

Von Rosenstiel, L. (2003). Psychologie und Webbasierung. In C. Scholz & J. Gutmann (Hrsg.), Webbasierte Personalwertschöpfung: Theorie - Konzeption - Praxis (S. 103-120). Wiesbaden: Gabler.

Venkatesh, V., Morris, M., Davis, G. & Davis, F. (2003). User Acceptance of Information Technology: Toward a Unified View. MIS Quaterly, 27 (3), 425-478.

Walsham, G. (1993). Interpreting information systems in organizations. Chichester: Wiley.

Weber, V. & Zimmerhofer, A. (2006). Self Assessment der RWTH Aachen. Zugriff am 07.09.2005 unter http://www.assess.rwth-aachen.de/.

Weinand, F. (2000). Kulturbewußtes Personalmanagement. Frankfurt am Main: Peter Lang.

Welker, M. (1998). Ganzheitliche Unternehmensgestaltung bei immaterieller Leistungserstellung. Münster: LIT-Verlag.

Wilkens, U. (2004). Von der individuellen zur kollektiven Kompetenz? Herbstworkshop der Kommission Personal, 24.-25.09.2006, Konstanz, Zugriff am 02.03.2006 unter http://www.uni-konstanz.de/FuF/Verwiss/Klimecki/ KomPers/fullpapers/ Wilkens.pdf.

Wittenberg, R. (1991). Grundlagen computerunterstützter Datenanalyse. Stuttgart: G. Fischer.

Wojda, F. & Buresch, M. (1997). Gestaltungsansatz zur ganzheitlichen Unternehmsführung. In H. D. Seghezzi (Hrsg.), Ganzheitliche Unternehmensführung (S. 25-44). Stuttgart: Schäffer-Poeschel.

Wolfsteiner, W. D. (1995). Das Management der Kernfähigkeiten - Ein ressourcenorientierter Strategie- und Strukturansatz. Diss. Nr. 1697, St. Gallen.

Wottawa, H. (1980). Grundriß der Testtheorie. München: Juventa.

Wottreng, S. (1999). Handbuch Handlungskompetenz: Einführung in die Selbst-, Sozial- und Methodenkompetenz. Aarau: Sauerländer.

Yin, R. K. (2003). Case Study Research - Design and Methods (3. Auflage). Thousand Oaks et al.: Sage Verlag.

Zelazny, G. (1996). Wie aus Zahlen Bilder werden: Wirtschaftsdaten überzeugend präsentiert (4. Auflage). Wiesbaden: Gabler.

Zimmerhofer, A. & Hornke, L. F. (2005). Konzeption einer webbasierten Studienberatung für Interessierte der Studienfächer Informatik, Elektrotechnik und Technische Informatik. In K.-H. Renner, A. Schütz & F. Machilek (Hrsg.), Internet und Persönlichkeit: Differentiell-psychologische und diagnostische Aspekte der Internetnutzung (S. 269-283). Göttingen: Hogrefe.

Anhang

1. ANALYSE VON SYSTEMEN MIT KOMPONENTEN ZUM KOMPETENZMANAGEMENT 319
2. ANALYSE VON WEBBASIERTEN SELBSTTESTS FÜR DIE STUDIENFACH- UND HOCHSCHULWAHL 321
3. FRAGEBOGEN ZUR ERMITTLUNG DES GEFORDERTEN KOMPETENZPROFILS 322
4. WEBBASIERTES UMFRAGETOOL ZUR ERMITTLUNG DES GEFORDERTEN KOMPETENZPROFILS 330
5. BEFRAGUNGSERGEBNISSE FÜR DAS KOMPETENZPROFIL DER BETRIEBSWIRTSCHAFTSLEHRE 334
6. BEFRAGUNGSERGEBNISSE FÜR DAS KOMPETENZPROFIL DER WIRTSCHAFTSINFORMATIK 336
7. FRAGEN ZUR ERFASSUNG DER QUALIFIKATIONEN 338
8. ITEMS ZUR ERFASSUNG DER METHODISCHEN KOMPETENZEN 342
9. ITEMS ZUR ERFASSUNG DER PERSÖNLICHEN KOMPETENZEN 346
10. ITEMS ZUR ERFASSUNG DER SOZIALEN KOMPETENZEN 349
11. TEXTBAUSTEINE FÜR DIE AUSWERTUNG DES WISO@VISORS 352
12. HÄUFIGKEITSVERTEILUNG BEZOGEN AUF DIE ITEMS DER KOMPETENZTESTS 363
13. FAKTORENANALYSE FÜR DIE SKALEN DER PERSÖNLICHKEITS- UND SOZIALKOMPETENZEN 370
14. PROTOTYPISCHE UMSETZUNG DER KOMPETENZANALYSE IM WISO@VISOR 377
15. FRAGE- BZW. FEEDBACKBOGEN ZUM WISO@VISOR 383

16. HÄUFIGKEITSVERTEILUNG DER ANTWORTEN ZUR AKZEPTANZBEFRAGUNG 387

17. FAKTORENANALYSE FÜR DIE ERMITTELTEN AKZEPTANZINDIZES 390

18. KORRELATIONSANALYSE DER AKZEPTANZINDIZES 392

1. Analyse von Systemen mit Komponenten zum Kompetenzmanagement

Name	Hersteller	Webseite	System	Server/Client	Sonstiges
AIM Talent Management	Advanced Information Management, Inc., Santa Barbara, USA	www.aimworld.com	Webserverbasiert	ja/nein	Nachfolgeplanung, Gehaltsplanung, eher HR als KM System
Company	ZEPF Universität Koblenz/Landau, Deutschland	www.zepf.uni-landau.de/ company.htm	MS-Access-basierte Lösung, anpassbar	nein/ja	Universitäre Lösung, Konzept, anpassbar, jedoch nicht intranetfähig, allerdings gute Such- und Auswertungsfunktionen
CompTrack	Australian Survey Research, Patterson Victoria, Australia	www.aussurveys.com	MS IIS basiert, DB Oracle bzw. SQL-Server	ja/ja, auch Standalone neben Web möglich	Reportgenerierung, externe Mitarbeiter, Planung und Training, Fragebogengenerierung möglich
ET Web Modul Skillmanagement	Executrack Software GmbH, Düsseldorf, Deutschland	www.executrack.com	Webserverbasiert, ASP	ja/nein	Modular, gutes Personalsystem, umfangreiche Auswertungen möglich
Who is Who Datenbank	HAITEC AG, München, Deutschland	www.haitec.at	Lotus Notes Plattformen	ja/nein	Simple Lösung, leicht administrierbar
HRS SMS/s (smart)	HR Solutions, Ostfildern, Deutschland	www.hr-solutions.de	MS Windows NT/2000, Plattform Lotus Notes/Domino; 2 Datenbanken, zu Beginn 20 MB	ja/ja	System wurde von Personalfachleuten mitentwickelt.
Knowledge Cafe, Modul Yellow Pages	altavier, Berlin, Deutschland	www.altavier.de	Lotus Notes Plattform, Server NT/*ixe	ja/nein	Einfache, jedoch intuitive und verbreitete Lösung, die in ein WM System integriert ist, gute Suchmöglichkeiten
Kompetenz Kompass	Global Soft, Allwill, Schweiz	www.globalsoft.ch	Windows, beliebige rationale Datenbank	ja/nein	Sehr umfangreiches System mit starkem Personalführungsbezug
LiveLink for Skill-Management	Open Text Germany, München, Deutschland	www.opentext.com	Webbasierte Softwarelösung, Browser auf Client nötig	ja/nein	Positiv ist sehr gute Integration in e-Learning; negativ ist der Datenschutz des Systems
Loga HRMS (Modul)	Personal & Informatik AG, Hamburg, Deutschland	www.pi-ag.com	Modul von Loga, Plattform NT, Unix, Linux, As/400	ja/ja	Modul eines umfangreichen Personalsystems

Name	Hersteller	Webseite	System	Server/	Sonstiges
METAskill	GFT Systems GmbH, Ilmenau, Deutschland	www.gft.de	NT, jede relationale DB via ODBC	ja/ja (Fragebogenkomponente)	Innovativer Fragebogenclient zur Eingabe; sehr gute Integration in MS Office
Porta Skill	Up2date.IT GmbH, München, Deutschland	www.up2date.it	ASP, Webserver	ja/nein	Ermöglicht Bewertung und Zukauf externer Mitarbeiter, nur für KMU, ohne Bewertung relativ unkritisch, Office Integration
Skillview 5.0	SkillView Technologies, Plaistow, USA	www.skillview.com	beliebiger Webserver, Zugriff per Browser	ja, ASP Lösung oder eigener Server/nein	Sehr gute Auswertung, Thin Clients, 360°-Feedback möglich, Gewichtung der Skills in Rollen
SAP Expert Finder	SAP AG, Walldorf, Deutschland	www.sap.com	alle Systeme des SAP Basissystems	ja/nein	Einfaches Anreizsystem, einfache Verfügbarkeit von Email-/ Telefonkontakt
Skill 2000 Version 2.0	NTC-Hameln, Hameln, Deutschland	www.ntc-hameln.de	MS Access Lösung, Plattform Windows	ja/ja, Client frei erhältlich	Simple, aber sehr praktikable Lösung, dezentrale Pflege möglich

2. Analyse von webbasierten Selbsttests für die Studienfach- und Hochschulwahl

Hoch-schule	Studien-gang	Geprüfte Kompetenzen				Auswertung					Umsetzung		
		FK	MK	PK	SK	Lö-sun-gen	Kom-pe-tenzen	Eig-nung	Stu-dium	Tätig-keit	Inter-aktivi-tät	Grafi-ken	Test-um-fang *
RWTH Aachen	Informatik, Elektrotechnik, Technische Informatik	X	X	X	X	X	X	X	X	X	X	X	Ca. 90
FH Augsburg	Informatik	X	X			X					X		Ca. 16
FU Berlin	Informatik	X	X			X					X		Ca. 20
FU Berlin	Veterinär-medizin	X	X	X	X		X	X		X	X	X	Ca. 150
RU Bochum	Alle Studien-gänge der Universität		X	X	X		X	X	X	X	X	X	Ca. 270
University of Bristol	Veterinär-medizin	X		X	X		X	X			X		Ca. 80
TU Chemnitz	Informatik	X				X							Ca. 7
Universität Hamburg	Psychologie	X		X	X	X	X	X	X	X	X	X	Ca. 40
HAW Hamburg	Maschinenbau, Produktionstechnik und -management	X				X					X	X	Ca. 35
T-Com FH Leipzig	Telekommunikationsinformatik, Nachrichtentechnik, Telekomintegrierter Studiengang	X					X	X			X	X	Ca. 60
LMU München	Informatik	X	X			X					X		Ca. 12
VU Wien	Veterinär-medizin	X	X	X	X		X	X	X		X	X	Ca. 50

*Angaben in Minuten

3. Fragebogen zur Ermittlung des geforderten Kompetenzprofils

Schätzen Sie bitte die Relevanz der folgenden Eigenschaften/Kompetenzen für einen Studienbewerber der Betriebswirtschaftslehre/Wirtschaftsinformatik. Vergeben Sie hierzu einen Wert zwischen 1 (= unwichtig) und 6 (= sehr wichtig).

	1	2	3	4	5	6
Allgemeinwissen Allgemeinwissen umfasst allgemeine, nicht unbedingt tätigkeitsspezifische Kenntnisse in den Bereichen: Politik, Geschichte, Geographie, Wirtschaft, berühmte Persönlichkeiten, Kunst, Literatur, Musik, Sport, Technik, Biologie, Physik und Chemie.	☐	☐	☐	☐	☐	☐
Analytisches Denken Analytisches Denken ermöglicht das Zerlegen und Aufgliedern komplexer Vorgänge in ihre allgemeinen, notwendigen und damit wesentlichen Komponenten.	☐	☐	☐	☐	☐	☐
Ausdrucksfähigkeit (sprach- und schriftlich) Ausdrucksfähigkeit (auch als verbale Intelligenz bezeichnet) umfasst den Umfang des Wortschatz und die Fähigkeit, Wortbedeutungen zu erfassen sowie generell Sprachgefühl und Sprachfantasie.	☐	☐	☐	☐	☐	☐
Betriebswirtschaftliches Wissen Betriebswirtschaftliches Wissen beinhaltet Grundkenntnisse der betriebswirtschaftlichen Teildisziplinen, wie z. B. Rechnungswesen, Absatz oder Unternehmensführung. Darüber hinaus ist ein grundlegendes Verständnis für Unternehmensstrukturen und -abläufe notwendig.	☐	☐	☐	☐	☐	☐
Computerbezogenes Wissen (IV-Theorie und PC-Praxis) Computerbezogenes Wissen bezieht sich sowohl auf den praktischen Umgang mit dem PC als auch auf allgemeine Kenntnisse zu Informationssystemen.	☐	☐	☐	☐	☐	☐
Intelligenz Intelligenz bezeichnet im weitesten Sinne die Fähigkeit zum Erkennen von Zusammenhängen und zum Finden von optimalen Problemlösungen. Intelligenz ist, vereinfach ausgedrückt, die Fähigkeit, Probleme und Aufgaben effektiv und schnell zu lösen und sich in ungewohnten Situationen zu Recht zu finden.	☐	☐	☐	☐	☐	☐
Flexibilität Flexibilität ist die Fähigkeit, sich auf geänderte Anforderungen und Gegebenheiten einer Umwelt einstellen zu können. Sie weist auf eine umstellungsfähige und wenig festgefahrene Persönlichkeitsstruktur hin. Die beinhaltet darüber hinaus die Erweiterung des Aktionenraums, der die möglichen Handlungsalternativen in einer Entscheidungssituation umfasst, sowie in der Reduzierung der benötigten Zeit, einzelne Aktionen umzusetzen und durchzuführen.	☐	☐	☐	☐	☐	☐

                                          1   2   3   4   5   6

Genaue, sorgfältige Arbeitsweise

Genaue und sorgfältige Arbeitsweise bezeichnet die Gewohnheit bei der Arbeit Normen hinsichtlich der Qualität des Arbeitsergebnisses einzuhalten. Dabei handelt es sich entweder um allgemeine Qualitätsstandards, wie z. B. beim Erstellen von wissenschaftlichen Arbeiten, oder um Anweisungen, die zum einzelnen Arbeitsauftrag erteilt worden sind. ☐ ☐ ☐ ☐ ☐ ☐

Interkulturelle Kompetenz

Interkulturelle Kompetenz bezeichnet die Kommunikations- und Handlungsfähigkeit in kulturellen Überschneidungssituationen. D. h. Personen, die über eine interkulturelle Kompetenz verfügen, haben die Fähigkeit mit Angehörigen einer anderen Kultur zur beiderseitigen Zufriedenheit unabhängig, kultursensibel und wirkungsvoll interagieren zu können. ☐ ☐ ☐ ☐ ☐ ☐

Kommunikationsfähigkeit

Kommunikationsfähigkeit schließt die bisherigen Erfahrungen und Einstellungen zur Kommunikation ein, ebenso das Zuhören (- können), die Informationsverarbeitung, die Kommunikation in Gruppen sowie die Verständlichkeit mündlicher und schriftlicher Informationen. ☐ ☐ ☐ ☐ ☐ ☐

Lern- und Einsatzbereitschaft

Einsatzbereitschaft ist eine persönliche Grundhaltung und realisiert sich in einem aktiven und weitgehend vorbehaltslosen Engagement gegenüber dem Studium und den geforderten Tätigkeiten. Die Lernbereitschaft steht in engem Zusammenhang mit der Offenheit gegenüber Neuem, dem Streben nach Selbstverwirklichung und der eigenen Anpassung an sich ändernde Tätigkeitsanforderungen. ☐ ☐ ☐ ☐ ☐ ☐

Logisches Denken

Unter dem Begriff Logik wird ein folgerichtiges, schlüssiges, gültiges, so genanntes denkrichtiges Denken bezeichnet, das zu einleuchtenden, offenkundig und selbstverständlich richtigen Schlussfolgerungen und Aussagen führt. ☐ ☐ ☐ ☐ ☐ ☐

Mathematikkenntnisse

Mathematikkenntnisse beinhaltet solides Wissen in den Bereichen der linearen Algebra, Analysis und Finanzmathematik. ☐ ☐ ☐ ☐ ☐ ☐

Mehrsprachigkeit

Mehrsprachigkeit bedeutet, dass die Person mehr als eine Sprache beherrscht, neben Deutsch z. B. Englisch oder Französisch. ☐ ☐ ☐ ☐ ☐ ☐

Numerisches Denken

Numerisches Denken ist die Fähigkeit, mit Zahlen umzugehen. Dies beinhaltet insbesondere den Umgang mit den Grundrechenarten. ☐ ☐ ☐ ☐ ☐ ☐

	1	2	3	4	5	6

Praxiserfahrungen

Praxiserfahrungen beinhalten die Anwendung von Wissen in realen Situationen. Dies kann in Form eines studiumsrelevanten Praktikums oder einer Ausbildung erfolgen. ☐ ☐ ☐ ☐ ☐ ☐

Organisationsfähigkeit

Organisationsfähigkeit umfasst einerseits das Erkennen des Wesentlichen, wichtiger Zusammenhänge und funktionaler Abhängigkeiten und das eigene Engagement zur Gestaltung bzw. Veränderung erkannter Zusammenhänge. Organisationsfähigkeit wird andererseits in Verbindung mit dem Selbstmanagement, der Selbst-Organisation gebracht. ☐ ☐ ☐ ☐ ☐ ☐

Rechtliches Wissen

Rechtliches Wissen beinhaltet Grundkenntnisse im Privat- und Handelsrecht, Wirtschaftsverfassungs- und verwaltungsrecht. ☐ ☐ ☐ ☐ ☐ ☐

Eigeninitiative/Initiative/Selbstständigkeit

Als Initiative (von lat. Initium, Anfang) bezeichnet man den Anstoß oder den ersten Schritt zu einer Handlung. Weiter gefasst ist Eigeninitiative als Fähigkeit einer Person, aus eigenem Antrieb zu handeln, selbstständig Entscheidungen zu fällen oder Unternehmungsgeist an den Tag zu legen. ☐ ☐ ☐ ☐ ☐ ☐

Selbstbewusstsein und Belastbarkeit

Selbstbewusstsein wird hier im Sinne eines hohen Selbstwertgefühls und Selbstvertrauens verwendet. Diese sind die Basis für einen sicheren Umgang mit sich und der Umwelt. Eine gute Belastbarkeit ist physischer Natur und meint das Vermögen, auch bei einer anhaltenden Quantität an Arbeit oder psychischem Druck keine Ermüdungserscheinungen zu zeigen, qualitativ konstante Ergebnisse zu erzielen und Motivation und Selbstbewusstsein beizubehalten. ☐ ☐ ☐ ☐ ☐ ☐

Sozialwissenschaftliches Wissen

Sozialwissenschaftliches Wissen beinhaltet Grundkenntnisse im Hinblick auf Phänomene des gesellschaftlichen Zusammenlebens der Menschen. Hierunter fallen sowohl die Struktur und Funktion sozialer Verflechtungszusammenhänge von Institutionen und Systemen als auch deren Wechselwirkung mit den Handlungs- und Verhaltensprozessen der einzelnen Individuen (Akteure). ☐ ☐ ☐ ☐ ☐ ☐

Teamfähigkeit

Teamfähigkeit ist die persönliche Bereitschaft und Fähigkeit in Gruppen zu arbeiten, Meinungen und Gedanken anderer zu akzeptieren und kooperativ weiterzuentwickeln. ☐ ☐ ☐ ☐ ☐ ☐

Technisches Verständnis

Technisches Verständnis umfasst die Fähigkeit, technische Abläufe und physikalische Vorgänge zu verstehen. ☐ ☐ ☐ ☐ ☐ ☐

	1	2	3	4	5	6

Verantwortungsbewusstsein

Verantwortungsbewusstsein ist die subjektive Widerspiegelung von Verantwortung. Es äußert sich in der Einstellung zu Menschen, Dingen oder Vorhaben, die von der Verantwortung tragenden Person abhängig sind. Der verantwortungsbewusste Mensch ist sich dieser Abhängigkeit bewusst und fühlt sich verpflichtet, das Notwendige zu tun, um positives für den oder die abhängigen Menschen, Dinge oder Vorhaben zu bewirken bzw. Schaden von ihnen abzuwenden.

☐ ☐ ☐ ☐ ☐ ☐

Volkswirtschaftliches Wissen

Volkswirtschaftliches Wissen umfasst grundlegende Kenntnisse bezogen auf gesamtwirtschaftliche Zusammenhänge und Prozesse. Grundbegriffe in der VWL, wie z. B. in Mikro- oder Makroökonomie, Entwicklungs- oder Wirtschaftspolitik, sollten bekannt sein.

☐ ☐ ☐ ☐ ☐ ☐

Zielorientierung und Motivation

Unter Motivation versteht man die Bereitschaft, in einer konkreten Situation eine bestimmte Handlung mit einer bestimmten Intensität bzw. Dauerhaftigkeit auszuführen (z. B. konzentrierte Auseinandersetzung mit den Inhalten eines Lehrbuchs).

☐ ☐ ☐ ☐ ☐ ☐

Fehlt Ihnen in der Liste eine wichtige Kompetenz?
Falls ja, teilen Sie uns das doch bitte mit!
Bitte schreiben Sie Ihre Antwort hier rein:

Welchen aktuellen beruflichen bzw. akademischen Status besitzen Sie?
Bitte wählen Sie nur eine Antwort aus:

☐ Absolvent(in) mit abgeschlossenem Studium

☐ Student(in)

☐ Dozent(in) Universitätspersonal mit Lehrtätigkeit

☐ Anderer

Welches Fach haben Sie studiert bzw. studieren Sie?
Bitte schreiben Sie Ihre Antwort hier rein:

An welcher Hochschule studieren Sie bzw. haben Sie studiert?
Bitte schreiben Sie Ihre Antwort hier rein:

Wie viele Semester haben Sie studiert bzw. in welchem Semester studieren Sie gerade?
Bitte schreiben Sie Ihre Antwort hier rein:

Wie ist Ihre Abschluss- bzw. Vordiplomsnote?
Bitte schreiben Sie Ihre Antwort hier rein:

Falls Sie bereits Absolvent(in) sind: Welche Tätigkeit üben Sie derzeit aus?
Bitte schreiben Sie Ihre Antwort hier rein:

Falls Sie bereits Absolvent(in) sind: In welches Tätigkeitsfeld würden Sie sich einordnen?
Bitte wählen Sie nur eine Antwort aus:

☐ Benutzerberatung, Dienstleistung, Lehre und Weiterbildung

☐ IV-Controlling

☐ Organisation, Organisationsprogrammierung, Unternehmensplanung

☐ Rechnungswesen

☐ Marketing-Management

☐ Logistik

☐ Produktion

☐ Informationsmanagement

☐ Materialwirtschaft

☐ IT, Telekommunikation

☐ Systemanalyse, -entwicklung

☐ Software-Entwicklung, -Engineering

☐ Datenverarbeitung und Datenbanken

☐ Öffentliche Veraltung

☐ Industrie und Handel

☐ Versicherungs- und Kreditgewerbe

☐ Sonstige

Falls Sie bereits Absolvent(in) sind: Wie viel Jahre sind Sie bereits berufstätig?
Bitte schreiben Sie Ihre Antwort hier rein:

Falls Sie Student(in) sind: Welche Studienschwerpunkte haben Sie gewählt?
Bitte schreiben Sie Ihre Antwort hier rein:

Falls Sie Dozent(in) sind: An welchem Lehrstuhl arbeiten Sie?
Bitte schreiben Sie Ihre Antwort hier rein:

Welches Geschlecht haben Sie?
Bitte wählen Sie nur **eine Antwort** aus:

☐ Weiblich

☐ Männlich

Wie alt sind Sie?
Bitte schreiben Sie Ihre Antwort hier rein:

Was sind Ihrer Meinung nach die Besonderheiten eines Studiums an der Wirtschafts- und Sozialwissenschaftlichen Fakultät der FAU Erlangen-Nürnberg?
Wählen Sie alle zutreffenden Antworten:

☐ Große Fächerauswahl

☐ Gute Möglichkeit zum internationalen Studienaustausch

☐ Angesehene Professoren

☐ Praxisnahe Ausbildung

☐ Qualifiziertes Lehrpersonal

☐ Anspruchsvolles Grundstudium

Gibt es weitere Besonderheiten?
Bitte schreiben Sie Ihre Antwort hier rein:

Welche besonderen Kompetenzen sind notwendig um ein Studium an der Wirtschafts- und Sozialwissenschaftlichen Fakultät der FAU Erlangen-Nürnberg zu absolvieren?
Wählen Sie alle zutreffenden Antworten:

☐ Durchsetzungsvermögen, da man an dieser Uni oft auf sich allein gestellt ist.

☐ Planungs- und Organisationsvermögen, um die einzelnen Ziele im Studium zu definieren und Veranstaltungen und Prüfungen zu planen.

☐ Zielstrebigkeit, um die Einzelziele im Studium durchzusetzen

☐ Besondere Kontaktfreudigkeit, um im Massenbetrieb zurechtzukommen

☐ selbstständiges Arbeiten, da es nur wenig Kontrolle gibt

☐ Frustrationstoleranz, um öfter als an anderen Hochschulen Misserfolge zu ertragen

Gibt es weitere notwendige Kompetenzen?
Bitte schreiben Sie Ihre Antwort hier rein:

Was sind die Schwächen eines Studiums an der Wirtschafts- und Sozialwissenschaftlichen Fakultät der FAU Erlangen-Nürnberg?
Wählen Sie alle zutreffenden Antworten:

☐ Zu wenig anwendungsorientiertes Lernen

☐ Häufiges Auswendiglernen

☐ Räumliche Trennung der Fakultäten

☐ Hartes Vordiplom

☐ Keine optimale Vermarktung

☐ Massenbetrieb

☐ Einseitige Lehrmethoden, meist nur Frontalunterricht

Gibt es weitere Schwächen?
Bitte schreiben Sie Ihre Antwort hier rein:

4. Webbasiertes Umfragetool zur Ermittlung des geforderten Kompetenzprofils

Vorbereitung der Befragung

Zur Vorbereitung der Befragung sind vier Schritte notwendig. Im ersten Schritt sind Name und Einführungstext für die Startseite der Befragung anzugeben:

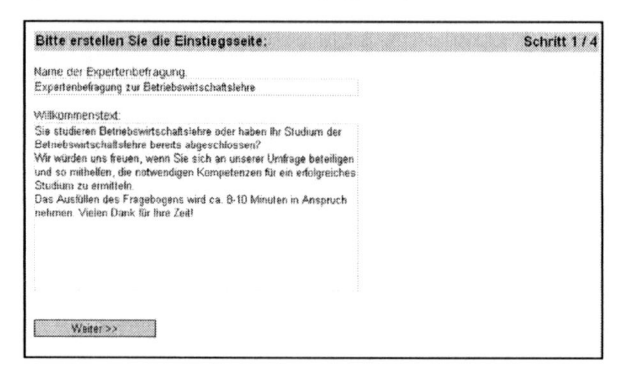

```
Bitte erstellen Sie die Einstiegsseite:                          Schritt 1 / 4

Name der Expertenbefragung:
Expertenbefragung zur Betriebswirtschaftslehre

Willkommenstext:
Sie studieren Betriebswirtschaftslehre oder haben Ihr Studium der
Betriebswirtschaftslehre bereits abgeschlossen?
Wir würden uns freuen, wenn Sie sich an unserer Umfrage beteiligen
und so mithelfen, die notwendigen Kompetenzen für ein erfolgreiches
Studium zu ermitteln.
Das Ausfüllen des Fragebogens wird ca. 8-10 Minuten in Anspruch
nehmen. Vielen Dank für Ihre Zeit!

                     Weiter >>
```

Die Angaben in den Feldern „Name der Expertenbefragung" sowie „Willkommenstext" erscheinen später auf der ersten Umfrageseite und sollen helfen, den Befragten an die Befragung heranzuführen. Der zweite Schritt fragt die Anzahl der einzuschätzenden Kompetenzen ab und ermöglicht es den vorgeschlagenen Fragentext auf die speziellen Rahmenbedingungen der Befragung abzustimmen:

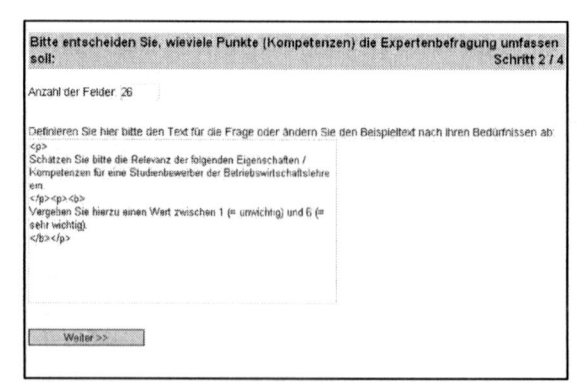

```
Bitte entscheiden Sie, wieviele Punkte (Kompetenzen) die Expertenbefragung umfassen
soll:                                                              Schritt 2 / 4

Anzahl der Felder: 26

Definieren Sie hier bitte den Text für die Frage oder ändern Sie den Beispieltext nach Ihren Bedürfnissen ab:
<p>
Schätzen Sie bitte die Relevanz der folgenden Eigenschaften /
Kompetenzen für eine Studienbewerber der Betriebswirtschaftslehre
ein.
</p><p><b>
Vergeben Sie hierzu einen Wert zwischen 1 (= unwichtig) und 6 (=
sehr wichtig).
</b></p>

                     Weiter >>
```

Neben der Information hinsichtlich der Zahl der zu bewertenden Kompetenzen wird auch der eigentliche Fragentext zur Kompetenzbewertung erhoben. Hier steht ein Beispieltext zur Verfügung, welcher an die individuellen Bedürfnisse angepasst werden kann.

Im dritten Schritt muss der Umfrageersteller die Kompetenzen, welche bewertet werden sollen, definieren. Zudem ist die Erfassung von Zusatzinformationen möglich:

Hier ist es möglich, zu jeder Kompetenz einen Informationstext anzugeben, um den Befragten zu verdeutlichen, was genau der Befragungsersteller unter den einzelnen Kompetenzbegriffen versteht.

Im vierten und letzten Schritt ist es möglich, weitere für die Umfrage relevante Fragen, anzulegen. Diese dienen unter anderem dazu, demografische Merkmale der Befragten und weitere, hier nicht berücksichtigte Kompetenzen zu erfassen. Als Fragentypen stehen „Kurzer Text", „Einfache Listenauswahl" oder „Mehrfache Listenauswahl" zur Verfügung:

Dieses Feedback ermöglicht die Berücksichtigung von bis dato unbekannten Kompetenzen und die Verbesserung bzw. Erweiterung zukünftiger Befragungen. Dieser Schritt ist entsprechend der Anzahl von noch zusätzlich benötigten Fragen wiederholbar. Das Abschließen des vierten Schrittes durch Bestätigen des „Ende"-Buttons führt zum Selbstladevorgang der Seite.

Die Befragung wird nun aus den erfassten Informationen erstellt und in die Datenbank geschrieben. Abschließend werden die angelegten Fragen dem Ersteller nochmals angezeigt. Des Weiteren erhält er den direkten Link zum Aufrufen dieser Befragung. Dieser kann per Mail an die Zielgruppe der Befragung übermittelt werden.

Durchführung der Befragung

Nachdem der Befragte den Link erhalten hat, kann er die Befragung sofort durchführen. Zur Ermittlung der geforderten Kompetenzen sollen die gelisteten Kompetenzen auf einer Skala von 1 bis 6 bewertet werden:

Unterteilt in Dreiergruppen werden die einzelnen Kompetenzen zusammen mit ihren Erläuterungen aufgelistet. Auf diese Art ist die Beschriftung über den Auswahlfeldern für den Befragungsteilnehmer immer zu sehen. Im Bereich rechts daneben befinden sich die Auswahlboxen für die Relevanzeinstufung. So aufgebaut, zeigt eine einzelne Seite alle Kompetenzen an. Auf den Folgeseiten befinden sich die Zusatzfragen. Nach Ausfüllen des gesamten Fragebogens kann der Befragte die Befragung abschließen und die Daten werden direkt an den Befragungsersteller gesendet und im PHP-Surveyor abgespeichert.

Analyse und Visualisierung der Befragungsergebnisse

Aus den getroffenen Einstufungen lassen sich statistisch relevante Werte ableiten. Um zu beurteilen, wie wichtig eine Kompetenz von der Gesamtheit der Befragten eingeschätzt wurde, werden vier statistische Werte herangezogen. Dies sind Median, Modus, Varianz und Durchschnitt. Zur Berechnung sind vier Funktionen hinterlegt, die aus den Einschätzungen der Befragten, den jeweiligen Wert berechnen. Je höher Median, Modus, Durchschnitt und je niedriger die Varianz bei einer Kompetenz sind, umso wichtiger wird sie eingeschätzt.

Zum besseren Überblick werden die ausgewerteten Kompetenzdaten in tabellarischer Form dargestellt und sortiert. Eine Funktion ordnet die Kompetenzen und deren Wertungen nach absteigendem Median und Modus sowie aufsteigender Varianz:

Die bewerteten Kompetenzen sortiert nach dem Median:			
Anzahl Teilnehmer: 118 Für weitere Details hier klicken.			
☐ **Eigeninitiative/Initiative/Selbstständigkeit**			
Median: 5	Modus: 6	Varianz: 1.47	Durchschnitt: 4.84
☐ **Lern- und Einsatzbereitschaft**			
Median: 5	Modus: 6	Varianz: 1.59	Durchschnitt: 5.03
☐ **Analytisches Denken**			
Median: 5	Modus: 5 - 6	Varianz: 1.78	Durchschnitt: 4.89
☐ **Selbstbewusstsein und Belastbarkeit**			
Median: 5	Modus: 5	Varianz: 1.08	Durchschnitt: 4.74
☐ **Logisches Denken**			
Median: 5	Modus: 5	Varianz: 1.27	Durchschnitt: 4.68
☐ **Ausdrucksfähigkeit (sprach- und schriftlich)**			
Median: 5	Modus: 5	Varianz: 1.39	Durchschnitt: 4.5
☐ **Organisationsfähigkeit**			
Median: 5	Modus: 5	Varianz: 1.45	Durchschnitt: 4.53
☐ **Zielorientierung und Motivation**			
Median: 5	Modus: 5	Varianz: 1.47	Durchschnitt: 4.87

Bereits während der noch laufenden Expertenbefragung kann sich der Ersteller eine Statistik mit dem aktuellen Zwischenstand anzeigen lassen. Nach Beendigung der Umfrage ist es zum einen möglich, die Daten für eine tiefer gehende Auswertungen in ein statistisches Programm, z. B. SPSS, zu transferieren. Zum anderen können Kompetenzen durch Anklicken der links daneben befindlichen Check Box für das zu erstellende Anforderungsprofil ausgewählt werden.

5. Befragungsergebnisse für das Kompetenzprofil der Betriebswirtschaftslehre

	1 unwichtig	2 eher unwichtig	3 wahrscheinlich unwichtig	4 wahrscheinlich wichtig	5 eher wichtig	6 sehr wichtig
	Anzahl	Anzahl	Anzahl	Anzahl	Anzahl	Anzahl
Allgemeinwissen	9	14	25	32	27	11
Analytisches Denken	6	6		16	45	45
Ausdrucksfähigkeit	2	9	7	31	48	21
Betriebswirtschaftl. Wissen	5	18	24	25	29	17
Computerbez. Wissen	2	11	26	36	38	5
Flexibilität	5	7	13	25	37	31
Genaue und sorgfältige Arbeitsweise	1	8	19	23	41	26
Intelligenz	2	14	11	36	39	16
Interkulturelle Kompetenz	9	19	18	41	22	9
Kommunikationsfähigkeit	3	8	9	37	38	23
Lern- und Einsatzbereitschaft	4	5	3	13	39	54
Logisches Denken	2	6	6	26	52	26
Mathematikkenntnisse	3	11	19	35	39	11
Mehrsprachigkeit	8	15	25	24	28	18
Numerisches Denken	1	12	12	27	43	23
Organisationsfähigkeit	3	5	14	25	47	24
Praxiserfahrungen	9	17	23	28	24	17
Rechtliches Wissen	19	32	32	21	13	1
Eigeninitiative	2	6	7	21	40	42
Selbstbewusstsein, Belastbarkeit	2	3	6	27	55	25
Sozialwissenschaftliches Wissen	8	36	32	30	10	2
Teamfähigkeit	7	15	22	29	23	22
Technisches Verständnis	23	43	23	19	7	3
Verantwortungsbewusstsein	4	11	23	39	33	8
Volkswirtschaftliches Wissen	6	26	34	32	17	3
Zielorientierung, Motivation	2	8	4	15	49	40

	Besonderheit: Große Fächerauswahl	Besonderheit: Internationaler Studienaustausch	Besonderheit: Angesehene Professoren	Besonderheit: Praxisnahe Ausbildung	Besonderheit: Qualifiziertes Lehrpersonal	Besonderheit: Anspruchsvolles Grundstudium
1 Ja	106	70	41	11	18	66
2 Nein	12	48	77	107	100	52

	Notwendige Kompetenzen: Durchsetzungsvermögen	Notwendige Kompetenzen: Planungs- und Organisationsfähigkeit	Notwendige Kompetenzen: Zielstrebigkeit	Notwendige Kompetenzen: Besondere Kontaktfreudigkeit	Notwendige Kompetenzen: Selbstständiges Arbeiten	Notwendige Kompetenzen: Frustrationstoleranz
1 Ja	50	83	77	28	101	39
2 Nein	68	35	41	90	17	79

	Schwächen: Zu wenig anwendungsorientiertes Lernen	Schwächen: Häufiges Auswendiglernen	Schwächen: Räumliche Trennung der Fakultäten	Schwächen: Hartes Vordiplom	Schwächen: Keine optimale Vermarktung	Schwächen: Massenbetrieb
1 Ja	55	83	32	28	48	62
2 Nein	63	35	86	90	70	56

6. Befragungsergebnisse für das Kompetenzprofil der Wirtschaftsinformatik

	1 unwichtig	2 eher unwichtig	3 wahrscheinlich unwichtig	4 wahrscheinlich wichtig	5 eher wichtig	6 sehr wichtig
	Anzahl	Anzahl	Anzahl	Anzahl	Anzahl	Anzahl
Allgemeinwissen		13	12	7	3	
Analytisches Denken	2		1	1	15	16
Ausdrucksfähigkeit	1	2	4	7	18	3
Betriebswirtschaftl. Wissen	1	8	7	7	8	4
Computerbez. Wissen	1	5	7	8	8	6
Flexibilität	2		3	7	15	8
Genaue und sorgfältige Arbeitsweise	1	2		9	16	7
Intelligenz	1	3	1	5	20	5
Interkulturelle Kompetenz	2	6	11	10	4	2
Kommunikationsfähigkeit	1	2	2	9	18	3
Lern- und Einsatzbereitschaft	3			2	13	17
Logisches Denken	1	2		5	13	14
Mathematikkenntnisse	1	3	9	11	9	2
Mehrsprachigkeit	1	5	5	9	9	6
Numerisches Denken		3	3	9	12	8
Organisationsfähigkeit	1	1	1	7	17	8
Praxiserfahrungen	4	9	8	6	4	4
Rechtliches Wissen	15	5	7	6		2
Eigeninitiative	2	1	3	5	13	11
Selbstbewusstsein, Belastbarkeit	2	1	3	7	17	5
Sozialwissenschaftliches Wissen	5	10	8	2	8	2
Teamfähigkeit	1	2	2	4	12	14
Technisches Verständnis		1	8	9	12	5
Verantwortungsbewusstsein	2	5	4	9	9	6
Volkswirtschaftliches Wissen	7	13	8	4	2	1
Zielorientierung, Motivation	2	1		4	17	11

	Besonderheit: Große Fächerauswahl	Besonderheit: Internationaler Studienaustausch	Besonderheit: Angesehene Professoren	Besonderheit: Praxisnahe Ausbildung	Besonderheit: Qualifiziertes Lehrpersonal	Besonderheit: Anspruchsvolles Grundstudium
1 Ja	22	7	14	2	9	16
2 Nein	13	28	21	33	26	19

	Notwendige Kompetenzen: Durchsetzungsvermögen	Notwendige Kompetenzen: Planungs- und Organisationsfähigkeit	Notwendige Kompetenzen: Zielstrebigkeit	Notwendige Kompetenzen: Besondere Kontaktfreudigkeit	Notwendige Kompetenzen: Selbstständiges Arbeiten	Notwendige Kompetenzen: Frustrationstoleranz
1 Ja	12	20	24	9	26	9
2 Nein	23	15	11	26	9	26

	Schwächen: Zu wenig anwendungsorientiertes Lernen	Schwächen: Häufiges Auswendiglernen	Schwächen: Räumliche Trennung der Fakultäten	Schwächen: Hartes Vordiplom	Schwächen: Keine optimale Vermarktung	Schwächen: Massenbetrieb
1 Ja	12	22	21	6	10	5
2 Nein	23	13	14	29	25	30

7. Fragen zur Erfassung der Qualifikationen

Itemnr.	Frage	Antworten
698	Schätze Deine bisher erworbenen Qualifikationen ein! Zu wie viel Prozent erfüllst Du bezogen auf Deine Qualifikationen die Anforderungen, die ein Studium an Dich stellt?	• 0% - 20% • 20% - 40% • 40% - 60% • 60% - 80% • 80% - 100%
600	An welcher Schulart wirst Du Dein Abitur ablegen oder hast Du Dein Abitur abgelegt?	• Gymnasium • Gesamtschule • Berufsoberschule • Fachoberschule • Sonstige
601	Mit welcher Note hast Du Dein Abitur bestanden bzw. was war Deine letzte Durchschnittsnote? Eingabe mit Komma, z.B. "2,0"	Textfeld
602	In welchem Bundesland hast Du Abitur gemacht oder wirst Du Abitur machen?	• Baden-Württemberg • Bayern • Berlin • Brandenburg • Bremen • Hamburg • Hessen • Mecklenburg-Vorpommern • Niedersachse • Nordrhein-Westfalen • Rheinland-Pfalz • Saarland • Sachsen • Sachsen-Anhalt • Schleswig-Holstein • Thüringen
604	Erster Leistungskurs	• Mathematik • Englisch • Deutsch • Französisch • Latein • Wirtschaft und Recht • Physik • Chemie • Biologie • Sonstiges Fach
605	Note	Textfeld

Itemnr.	Frage	Antworten
606	Zweiter Leistungskurs	• Mathematik • Englisch • Deutsch • Französisch • Latein • Wirtschaft und Recht • Physik • Chemie • Biologie • Sonstiges Fach
607	Note	Textfeld
608	Drittes Abiturfach	• Mathematik • Englisch • Deutsch • Französisch • Latein • Wirtschaft und Recht • Physik • Chemie • Biologie • Sonstiges Fach
609	Note	Textfeld
610	Viertes Abiturfach	• Mathematik • Englisch • Deutsch • Französisch • Latein • Wirtschaft und Recht • Physik • Chemie • Biologie • Sonstiges Fach
611	Note	Textfeld
613	Hast Du bereits eine Ausbildung begonnen oder abgeschlossen?	• Nein, ich habe bis jetzt weder eine Ausbildung begonnen noch abgeschlossen. • Ich habe bereits eine Ausbildung begonnen. • Ich habe bereits eine Ausbildung abgeschlossen.
624	Hast Du bereits Berufserfahrungen? Dann trage diese in das folgende Textfeld ein.	Textfeld
612	Hast Du bereits ein oder mehrere Praktika absolviert?	• Nein, ich habe bis jetzt kein Praktikum absolviert. • Ich habe bis jetzt 1 Praktikum absolviert. • Ich habe bis jetzt mehr als 1 Praktikum absolviert. • Ich habe bis jetzt mehr als 3 Praktika absolviert. • Ich habe bis jetzt mehr als 5 Praktika absolviert.

Itemnr.	Frage	Antworten
614	Hast Du bereits ein Studium begonnen oder abgeschlossen?	• Nein, ich habe weder ein Studium begonnen noch abgeschlossen. • Ja, ich habe bereits ein Studium begonnen. • Ja, ich habe bereits ein Studium abgeschlossen.
617	Erste Fremdsprache	• Deutsch (als Fremdsprache) • Englisch • Französisch • Latein • Spanisch • Italienisch • Russisch • Sonstige
618	Wie gut?	• Grundkenntnisse • Fortgeschrittene Kenntnisse • Fließend in Wort und Schrift • Muttersprache
619	Zweite Fremdsprache	• Deutsch (als Fremdsprache) • Englisch • Französisch • Latein • Spanisch • Italienisch • Russisch • Sonstige
620	Wie gut?	• Grundkenntnisse • Fortgeschrittene Kenntnisse • Fließend in Wort und Schrift • Muttersprache
621	Dritte Fremdsprache	• Deutsch (als Fremdsprache) • Englisch • Französisch • Latein • Spanisch • Italienisch • Russisch • Sonstige
622	Wie gut?	• Grundkenntnisse • Fortgeschrittene Kenntnisse • Fließend in Wort und Schrift • Muttersprache
615	Kannst Du auf einen Auslandsaufenthalt zurückblicken?	• Nein, ich war bis jetzt noch nie im Ausland. • Ich war bis jetzt nur im Urlaub im Ausland. • Ich war ohne Unterbrechung länger als 2 Monate im Ausland. • Ich war ohne Unterbrechung länger als ein halbes Jahr im Ausland. • Ich war ohne Unterbrechung länger als ein Jahr im Ausland. • Ich habe einige Jahre im Ausland gelebt. • Sonstige

Itemnr.	Frage	Antworten
616	Hast Du Dich schon einmal ehrenamtlich engagiert? Ehrenamtliche Tätigkeiten haben einen sozialen bzw. gesellschaftlichen Zweck und werden nicht bezahlt.	• Nein. • Ja. • Weiss nicht.
623	Gibt es weitere Qualifikationen, die Du gerne hier angeben möchtest? Dann trage diese in das folgende Textfeld ein.	Textfeld
603	Aus welchem Bundesland kommst Du?	• Baden-Württemberg • Bayern • Berlin • Brandenburg • Bremen • Hamburg • Hessen • Mecklenburg-Vorpommern • Niedersachse • Nordrhein-Westfalen • Rheinland-Pfalz • Saarland • Sachsen • Sachsen-Anhalt • Schleswig-Holstein • Thüringen
699	Super. Du hast den Testteil jetzt beendet. Wie gut konntest Du Dich während der Beantwortung der Fragen konzentrieren? Ich war…	• sehr unkonzentriert • überwiegend unkonzentriert • überwiegend konzentriert • sehr konzentriert

8. Items zur Erfassung der methodischen Kompetenzen

Itemnr.	Frage	Antworten
598	Schätze Deine methodischen Kompetenzen ein! Zu wie viel Prozent erfüllst Du bezogen auf Deine methodischen Fähigkeiten die Anforderungen, die ein Studium an Dich stellt?	• 0% - 20% • 40% - 60% • 60% - 80% • 80% - 100%
502	Welche Zahl setzt diese Reihe logisch fort? 5 9 6 8 7 ?	• 2 • 4 • 6 • 7 • 10
504	Welches Wort ist logisch richtig? Schaf : Wolle = Vogel : ?	• Flügel • Nest • Adler • Federn • Tier
507	Welche Zahl setzt diese Reihe logisch fort? 8 9 15 36 ?	• 48 • 49 • 72 • 102 • 108
509	Welches Wort ist logisch richtig? Traube : Wein = Polle : ?	• Gelee • Honig • Blütenstaub • Biene
505	Welche Zahl setzt diese Reihe logisch fort? 6 12 10 20 18 36 ?	• 20 • 24 • 34 • 38 • 44
512	Mit welcher Auswahlfigur kann man die Figurenreihe richtig fortsetzen?	• Figur A • Figur B • Figur C • Figur D • Figur E
513	Mit welcher Auswahlfigur kann man die Figurenreihe richtig fortsetzen?	• Figur A • Figur B • Figur C • Figur D • Figur E

Itemnr.	Frage	Antworten
514	Mit welcher Auswahlfigur kann man die Figurenreihe richtig fortsetzen?	• Figur A • Figur B • Figur C • Figur D • Figur E
515	Mit welcher Auswahlfigur kann man die Figurenreihe richtig fortsetzen?	• Figur A • Figur B • Figur C • Figur D • Figur E
516	Mit welcher Auswahlfigur kann man die Figurenreihe richtig fortsetzen?	• Figur A • Figur B • Figur C • Figur D • Figur E
518	Vier von fünf Wörtern sind in gewisser Weise ähnlich. Welches Wort passt nicht in die Reihe?	• identisch • kongruent • ähnlich • übereinstimmend • symmetrisch
523	Das Gegenteil von machtbesessen ist…	• unterwürfig • widerstandslos • gehorsam • aufsässig
520	Vier von fünf Wörtern sind in gewisser Weise ähnlich. Welches Wort passt nicht in die Reihe?	• Hubschrauber • Leiter • Treppe • Fallschirm • Fahrstuhl
521	Das Gegenteil von Verzweiflung ist…	• Freude • Hoffnung • Wohlstand • Hass • Liebe

Itemnr.	Frage	Antworten
517	Vier von fünf Wörtern sind in gewisser Weise ähnlich. Welches Wort passt nicht in die Reihe?	• alsbald • übermorgen • demnächst • binnen kurzem • sogleich
526	Was sind Voraussetzungen für ein schnelles Studium? (Mehrfachantworten möglich)	• Ein detaillierter Plan des gesamten Studiums. • Teilnahme an Prüfungen zum frühestmöglichen Termin. • Verteilen der Prüfungsvorbereitung auf das gesamte Semester. • Verwendung des vom Fachbereich empfohlenen Musterstundenplans.
527	Was zeichnet einen gut durchdachten Stundenplan aus? (Mehrfachantworten möglich)	• Eine gleichmäßige Verteilung des Arbeitspensums. • Möglichst keine Arbeitsbelastung am Wochenende. • Einplanen von Zeiten für die Nachbereitung aller Veranstaltung. • Einplanen von mindestens zwei Tagen mit mehr als 4 Vorlesungen.
525	Was machst Du, wenn Du sehr viele Aufgaben zu erledigen hast?	• Ich bearbeite zuerst die Aufgaben, die mir Spaß machen. • Ich mache mir zuerst eine Liste aller Aufgaben. • Ich habe oft keine Lust anzufangen. • Ich frage Freunde und Bekannte, ob sie mir helfen.
529	Wie bereitet man sich am besten auf Prüfungen vor? (Mehrfachantworten möglich)	• Informieren über die bevorzugten Themen des Prüfers und über mögliche Prüfungsfragen. • Durcharbeiten der gesamten vom Dozenten ausgegebenen Literaturliste. • Erstellen eines Zeitplans über die Prüfungsvorbereitungen. • • Keine Ruhepausen kurz vor der Prüfung einlegen.
528	Wie viel Zeit sollte man täglich für das Studieren einplanen?	• Nicht mehr als 4 Stunden. • Circa 8 Stunden wie bei Berufstätigen. • Circa 6 Stunden, da es sich um eine geistig anstrengende Tätigkeit handelt. • Circa 10 Stunden, da es sich um eine körperlich leichte Tätigkeit handelt.
532	Berechne im Kopf: $19 \times 7 = ?$	• 153 • 131 • 133 • 151 • 126
533	Noch etwas Einfaches für den Kopf: $60 \times 4{,}5 / 5 = ?$	• 53 • 54 • 55 • 56 • 57

Itemnr.	Frage	Antworten
535	Berechne im Kopf: $\sqrt[3]{64} = ?$	• keine Lösung • 8 • -2 • 4 • 3 • 6
536	Welche Rechenzeichen fehlen hier? 2 ? 8 ? 4 = 14	• keine Lösung • (mal) und / (geteilt) • + (plus) und - (minus) • + (plus) und + (plus) • * (mal) und - (minus)
537	Welche Rechenzeichen fehlen hier? Hierbei kann eine Klammersetzung berücksichtigt werden. 2215 ? 1926 ? 17 = 17	• keine Lösung • (minus) und * (mal) • (minus) und / (geteilt) • / (geteilt) und - (minus) • / (geteilt) und * (mal)
538	Beurteile die folgende Aussage: Für jedes Problem existiert nur eine richtige Lösung.	• Stimme gar nicht zu. • Stimme eher nicht zu. • Stimme teilweise zu. • Stimme eher zu • Stimme voll zu.
539	Beurteile die folgende Aussage: Ich frage auch Andere bei der Lösung von Problemen.	• Stimme gar nicht zu. • Stimme eher nicht zu. • Stimme teilweise zu. • Stimme eher zu • Stimme voll zu.
542	Beurteile die folgende Aussage: Meine Entscheidung treffe ich ad hoc in der entsprechenden Situation.	• Stimme gar nicht zu. • Stimme eher nicht zu. • Stimme teilweise zu. • Stimme eher zu • Stimme voll zu.
541	Beurteile die folgende Aussage: Kreativitätstechniken sind eigentlich nur eine Modeerscheinung.	• Stimme gar nicht zu. • Stimme eher nicht zu. • Stimme teilweise zu. • Stimme eher zu • Stimme voll zu.
540	Beurteile die folgende Aussage: Jeder Mensch kann kreativ sein.	• Stimme gar nicht zu. • Stimme eher nicht zu. • Stimme teilweise zu. • Stimme eher zu • Stimme voll zu.
599	Super. Du hast den Testteil jetzt beendet. Wie gut konntest Du Dich während der Beantwortung der Fragen konzentrieren? Ich war…	• sehr unkonzentriert • überwiegend unkonzentriert • überwiegend konzentriert • sehr konzentriert

9. Items zur Erfassung der persönlichen Kompetenzen

Itemnr.	Frage	Antworten
398	Schätze Deine persönlichen Eigenschaften ein! Zu wie viel Prozent erfüllst Du bezogen auf Deine persönlichen Eigenschaften die Anforderungen, die ein Studium an Dich stellt?	<ul><li>0% - 20%</li><li>20% - 40%</li><li>40% - 60%</li><li>60% - 80%</li><li>80% - 100%</li></ul>
305	Beurteile die folgende Aussage: Ich setze mir persönliche Ziele (wie z.b. gute Noten, sportliche Erfolge oder Mithilfe bei ehrenamtlichen Tätigkeiten) und verfolge sie bewusst.	<ul><li>Stimme gar nicht zu.</li><li>Stimme eher nicht zu.</li><li>Stimme teilweise zu.</li><li>Stimme eher zu</li><li>Stimme voll zu.</li></ul>
304	Beurteile die folgende Aussage: Auch wenn ich in einem Fach eine schlechte Note bekommen habe, lasse ich mich nicht entmutigen und versuche weiterhin mein Bestes zu geben.	<ul><li>Stimme gar nicht zu.</li><li>Stimme eher nicht zu.</li><li>Stimme teilweise zu.</li><li>Stimme eher zu</li><li>Stimme voll zu..</li></ul>
303	Beurteile die folgende Aussage: Ich unterstütze andere Personen gern, die Initiative zu ergreifen.	<ul><li>Stimme gar nicht zu.</li><li>Stimme eher nicht zu.</li><li>Stimme teilweise zu.</li><li>Stimme eher zu</li><li>Stimme voll zu.</li></ul>
301	Beurteile die folgende Aussage: Ich erkenne, wenn jemand bei einer Aufgabe sehr gute Leistungen bringt und ermutige ihn weiterzumachen.	<ul><li>Stimme gar nicht zu.</li><li>Stimme eher nicht zu.</li><li>Stimme teilweise zu.</li><li>Stimme eher zu</li><li>Stimme voll zu.</li></ul>
302	Beurteile die folgende Aussage: Vor neuen Aufgaben und Anforderungen habe ich keine Angst. Im Gegenteil, ich versuche mich aktiv mit diesen auseinander zu setzen.	<ul><li>Stimme gar nicht zu.</li><li>Stimme eher nicht zu.</li><li>Stimme teilweise zu.</li><li>Stimme eher zu</li><li>Stimme voll zu.</li></ul>
310	Beurteile die folgende Aussage: Ein Studium zu absolvieren finde ich sehr wichtig.	<ul><li>Stimme gar nicht zu.</li><li>Stimme eher nicht zu.</li><li>Stimme teilweise zu.</li><li>Stimme eher zu</li><li>Stimme voll zu.</li></ul>
307	Beurteile die folgende Aussage: Ein Studium lohnt sich nicht.	<ul><li>Stimme gar nicht zu.</li><li>Stimme eher nicht zu.</li><li>Stimme teilweise zu.</li><li>Stimme eher zu</li><li>Stimme voll zu.</li></ul>
308	Beurteile die folgende Aussage: Lernen macht mir Spaß.	<ul><li>Stimme gar nicht zu.</li><li>Stimme eher nicht zu.</li><li>Stimme teilweise zu.</li><li>Stimme eher zu</li><li>Stimme voll zu.</li></ul>

Itemnr.	Frage	Antworten
312	Beurteile die folgende Aussage: Durch das Studium hoffe ich, dass ich später einen interessanteren Beruf ausübe, mehr Geld verdiene und ein besseres Leben führe.	• Stimme gar nicht zu. • Stimme eher nicht zu. • Stimme teilweise zu. • Stimme eher zu • Stimme voll zu.
309	Beurteile die folgende Aussage: Viele meiner Bekannten und Freunde sowie meine Eltern finden ein Studium wichtig	• Stimme gar nicht zu. • Stimme eher nicht zu. • Stimme teilweise zu. • Stimme eher zu • Stimme voll zu.
313	Beurteile die folgende Aussage: Sich selbstständig Ziele zu setzen, halte ich für übertrieben.	• Stimme gar nicht zu. • Stimme eher nicht zu. • Stimme teilweise zu. • Stimme eher zu • Stimme voll zu.
315	Beurteile die folgende Aussage: Sich in neue und unbekannte Themen einzuarbeiten, fällt mir schwer.	• Stimme gar nicht zu. • Stimme eher nicht zu. • Stimme teilweise zu. • Stimme eher zu • Stimme voll zu.
316	Beurteile die folgende Aussage: Ich habe mich schon in Projekten aktiv eingebracht und den Verlauf und das Ergebnis wesentlich beeinflusst.	• Stimme gar nicht zu. • Stimme eher nicht zu. • Stimme teilweise zu. • Stimme eher zu • Stimme voll zu.
318	Beurteile die folgende Aussage: Manchmal fände ich es gut, wenn jemand für mich über Ausbildungs- und Berufswahl bestimmen würde.	• Stimme gar nicht zu. • Stimme eher nicht zu. • Stimme teilweise zu. • Stimme eher zu • Stimme voll zu.
317	Beurteile die folgende Aussage: Ich erledige am liebsten Aufgaben, bei denen feststeht, was und wie ich es zu tun habe.	• Stimme gar nicht zu. • Stimme eher nicht zu. • Stimme teilweise zu. • Stimme eher zu • Stimme voll zu.
322	Beurteile die folgende Aussage: Es macht mir sehr lange zu schaffen, wenn mir etwas mal nicht so richtig gelingt.	• Stimme gar nicht zu. • Stimme eher nicht zu. • Stimme teilweise zu. • Stimme eher zu • Stimme voll zu.
319	Beurteile die folgende Aussage: Starke Belastungen (z.B. in der Schule oder im Sport) machen wir weniger aus als anderen.	• Stimme gar nicht zu. • Stimme eher nicht zu. • Stimme teilweise zu. • Stimme eher zu • Stimme voll zu.
320	Beurteile die folgende Aussage: Ich bin nur schwer zu entmutigen.	• Stimme gar nicht zu. • Stimme eher nicht zu. • Stimme teilweise zu. • Stimme eher zu • Stimme voll zu.

Itemnr.	Frage	Antworten
323	Beurteile die folgende Aussage: Ich würde mich als sehr selbstbewusst bezeichnen. Es ist mir ziemlich egal, was andere über mich reden.	• Stimme gar nicht zu. • Stimme eher nicht zu. • Stimme teilweise zu. • Stimme eher zu • Stimme voll zu.
321	Beurteile die folgende Aussage: Es macht mir weniger aus als anderen, auf eine Pause zu verzichten und durchzuarbeiten.	• Stimme gar nicht zu. • Stimme eher nicht zu. • Stimme teilweise zu. • Stimme eher zu • Stimme voll zu.
329	Beurteile die folgende Aussage: Ich führe meine Arbeiten sehr konsequent durch.	• Stimme gar nicht zu. • Stimme eher nicht zu. • Stimme teilweise zu. • Stimme eher zu • Stimme voll zu.
326	Beurteile die folgende Aussage: Prüfungen eigenverantwortlich vorzubereiten fällt mir nicht schwer.	• Stimme gar nicht zu. • Stimme eher nicht zu. • Stimme teilweise zu. • Stimme eher zu • Stimme voll zu.
328	Beurteile die folgende Aussage: Ich würde mich als sehr selbstdiszipliniert bezeichnen.	• Stimme gar nicht zu. • Stimme eher nicht zu. • Stimme teilweise zu. • Stimme eher zu • Stimme voll zu.
327	Beurteile die folgende Aussage: Bei meiner Arbeit lasse ich mich leicht durch andere Dinge ablenken.	• Stimme gar nicht zu. • Stimme eher nicht zu. • Stimme teilweise zu. • Stimme eher zu • Stimme voll zu.
330	Beurteile die folgende Aussage: Einmal gesetzte Ziele verfolge ich unbeirrt.	• Stimme gar nicht zu. • Stimme eher nicht zu. • Stimme teilweise zu. • Stimme eher zu • Stimme voll zu.
399	Super. Du hast den Testteil jetzt beendet. Wie gut konntest Du Dich während der Beantwortung der Fragen konzentrieren? Ich war…	• sehr unkonzentriert • überwiegend unkonzentriert • überwiegend konzentriert • sehr konzentriert

10. Items zur Erfassung der sozialen Kompetenzen

Itemnr.	Frage	Antworten
498	Schätze Deine sozialen Kompetenzen ein! Zu wie viel Prozent erfüllst Du bezogen auf Deine sozialen Kompetenzen die Anforderungen, die ein Studium an Dich stellt?	• 0% - 20% • 20% - 40% • 40% - 60% • 60% - 80% • 80% - 100%
400	Beurteile die folgende Aussage: In Gruppen fühle ich mich unsicher und gehemmt, meine Gedanken verständlich darzustellen, und ziehe Schweigen vor.	• Stimme gar nicht zu. • Stimme eher nicht zu. • Stimme teilweise zu. • Stimme eher zu. • Stimme voll zu.
401	Beurteile die folgende Aussage: Um keine Konflikte entstehen zu lassen, beachte ich bestimmte Leute überhaupt nicht. Das erspart mir häufig problematische Gespräche.	• Stimme gar nicht zu. • Stimme eher nicht zu. • Stimme teilweise zu. • Stimme eher zu. • Stimme voll zu.
403	Beurteile die folgende Aussage: Ich finde es im Allgemeinen viel wichtiger, was man sagt, als wie man es sagt.	• Stimme gar nicht zu. • Stimme eher nicht zu. • Stimme teilweise zu. • Stimme eher zu. • Stimme voll zu.
404	Beurteile die folgende Aussage: Es macht mir Spaß bei Argumentationen in der Gruppe meinen Standpunkt darzustellen.	• Stimme gar nicht zu. • Stimme eher nicht zu. • Stimme teilweise zu. • Stimme eher zu. • Stimme voll zu.
402	Beurteile die folgende Aussage: Ich bin überzeugt, dass jemand, der sich mit einem Thema wirklich beschäftigt, dieses seinem Gesprächspartner auch verständlich erklären kann.	• Stimme gar nicht zu. • Stimme eher nicht zu. • Stimme teilweise zu. • Stimme eher zu. • Stimme voll zu.
408	Beurteile die folgende Aussage: Ich sage meine Meinung, auch wenn das Team anderer Meinung ist.	• Stimme gar nicht zu. • Stimme eher nicht zu. • Stimme teilweise zu. • Stimme eher zu. • Stimme voll zu.
407	Beurteile die folgende Aussage: In einer Gruppe stehe ich häufig im Mittelpunkt.	• Stimme gar nicht zu. • Stimme eher nicht zu. • Stimme teilweise zu. • Stimme eher zu. • Stimme voll zu.
405	Beurteile die folgende Aussage: Die Arbeit in einem Team macht mir Spaß.	• Stimme gar nicht zu. • Stimme eher nicht zu. • Stimme teilweise zu. • Stimme eher zu. • Stimme voll zu.
406	Beurteile die folgende Aussage: Trotz Gruppenarbeit muss immer klar sein, wer was geleistet hat.	• Stimme gar nicht zu. • Stimme eher nicht zu. • Stimme teilweise zu. • Stimme eher zu. • Stimme voll zu.

Itemnr.	Frage	Antworten
409	Beurteile die folgende Aussage: Ich habe schon oft in einer Gruppe gearbeitet.	• Stimme gar nicht zu. • Stimme eher nicht zu. • Stimme teilweise zu. • Stimme eher zu. • Stimme voll zu.
412	Beurteile die folgende Aussage: Neue Kontakte zu knüpfen fällt mir sehr schwer.	• Stimme gar nicht zu. • Stimme eher nicht zu. • Stimme teilweise zu. • Stimme eher zu. • Stimme voll zu.
413	Beurteile die folgende Aussage: Ich mag es, mit neuen Leuten in Kontakt zu treten.	• Stimme gar nicht zu. • Stimme eher nicht zu. • Stimme teilweise zu. • Stimme eher zu. • Stimme voll zu.
414	Beurteile die folgende Aussage: Ich weiß nicht, wie ich ein Gespräch mit einem Fremden beginne.	• Stimme gar nicht zu. • Stimme eher nicht zu. • Stimme teilweise zu. • Stimme eher zu. • Stimme voll zu.
411	Beurteile die folgende Aussage: Ich möchte niemanden ein Gespräch aufdrängen und halte mich daher sehr zurück.	• Stimme gar nicht zu. • Stimme eher nicht zu. • Stimme teilweise zu. • Stimme eher zu. • Stimme voll zu.
410	Beurteile die folgende Aussage: Ich spreche niemanden an, weil ich befürchte, dass der Andere sieht wie unsicher ich bin.	• Stimme gar nicht zu. • Stimme eher nicht zu. • Stimme teilweise zu. • Stimme eher zu. • Stimme voll zu.
419	Beurteile die folgende Aussage: Ich benötige häufig Hilfe von Anderen.	• Stimme gar nicht zu. • Stimme eher nicht zu. • Stimme teilweise zu. • Stimme eher zu. • Stimme voll zu.
418	Beurteile die folgende Aussage: Falls ich Hilfe benötige, kommuniziere ich dieses rechtzeitig.	• Stimme gar nicht zu. • Stimme eher nicht zu. • Stimme teilweise zu. • Stimme eher zu. • Stimme voll zu.
416	Beurteile die folgende Aussage: Kommunikation und Kooperation mit Anderen finde ich sehr wichtig.	• Stimme gar nicht zu. • Stimme eher nicht zu. • Stimme teilweise zu. • Stimme eher zu. • Stimme voll zu.
417	Beurteile die folgende Aussage: Ich arbeite so, dass ich nicht auf die Hilfe Anderer angewiesen bin.	• Stimme gar nicht zu. • Stimme eher nicht zu. • Stimme teilweise zu. • Stimme eher zu. • Stimme voll zu.

Itemnr.	Frage	Antworten
415	Beurteile die folgende Aussage: Anderen Menschen zu helfen, ist für mich ein Bedürfnis.	• Stimme gar nicht zu. • Stimme eher nicht zu. • Stimme teilweise zu. • Stimme eher zu. • Stimme voll zu.
424	Beurteile die folgende Aussage: Ich versuche hinter eine Sache zu kommen und gebe nicht auf.	• Stimme gar nicht zu. • Stimme eher nicht zu. • Stimme teilweise zu. • Stimme eher zu. • Stimme voll zu.
423	Beurteile die folgende Aussage: Meinen ersten Eindruck über eine Person korrigiere ich nie.	• Stimme gar nicht zu. • Stimme eher nicht zu. • Stimme teilweise zu. • Stimme eher zu. • Stimme voll zu.
422	Beurteile die folgende Aussage: Falls ich mich über jemanden geärgert habe, versetze ich mich zuerst in seine/ihre Lage und urteile dann.	• Stimme gar nicht zu. • Stimme eher nicht zu. • Stimme teilweise zu. • Stimme eher zu. • Stimme voll zu.
420	Beurteile die folgende Aussage: Wenn meine Gesprächspartner Probleme haben, nehme ich sie ernst..	• Stimme gar nicht zu. • Stimme eher nicht zu. • Stimme teilweise zu. • Stimme eher zu. • Stimme voll zu.
421	Beurteile die folgende Aussage: Mir genügen die Hinweise von Freunden und Bekannten, um andere Menschen zu beurteilen.	• Stimme gar nicht zu. • Stimme eher nicht zu. • Stimme teilweise zu. • Stimme eher zu. • Stimme voll zu.
499	Super. Du hast den Testteil jetzt beendet. Wie gut konntest Du Dich während der Beantwortung der Fragen konzentrieren? Ich war…	• sehr unkonzentriert • überwiegend unkonzentriert • überwiegend konzentriert • sehr konzentriert

11. Textbausteine für die Auswertung des WiSo@visors

Methodenkompetenzen

Die Anforderungen bezogen auf Deine methodischen Kompetenzen erfüllst Du zu X %. Hierzu solltest Du Aufgaben lösen, die Dein Logisches, Analytisches und Numerisches Denken sowie Deine Ausdrucks-, Organisations-und Problemlösungsfähigkeit testen. Diese Kompetenzen sind wichtig, um ein Studium im Bereich der Wirtschafts- und Sozialwissenschaften der Universität Erlangen-Nürnberg erfolgreich zu absolvieren.

Wie gut Du die Aufgaben bzw. Fragen gelöst bzw. beantwortet hast, veranschaulichen die folgenden Diagramme. Anschließend erhältst Du eine Erläuterung Deiner Ergebnisse. Viel Spaß beim Lesen Deiner Auswertung im Bereich Methodenkompetenz!

Logisches Denken

Erfüllung (81-100 %)

Unter dem Begriff "Logik" wird ein folgerichtiges, schlüssiges, gültiges, so genanntes "denkrichtiges" Denken bezeichnet. Logisches Denken scheint für Dich ja echt "logisch" zu sein. Du hast (fast) alle Aufgaben richtig gelöst. Damit sind die Voraussetzungen für ein Studium in diesem Bereich vollkommen gegeben.

Untererfüllung (41-80 %)

Unter dem Begriff "Logik" wird ein folgerichtiges, schlüssiges, gültiges, so genanntes "denkrichtiges" Denken bezeichnet. In diesem Aufgabenbereich hast Du einige, aber nicht alle Aufgaben richtig logisch geschlossen. Um diese Kompetenz noch etwas zu verbessern, könntest Du mit Zeitschriften oder Spielen zum Thema Logik üben, wie z. B. mit dem Logik-Trainer oder der Zeitschrift Logisch.

Starke Defizite (0-40 %)

Unter dem Begriff "Logik" wird ein folgerichtiges, schlüssiges, gültiges, so genanntes "denkrichtiges" Denken bezeichnet. In diesem Aufgabenbereich sind Dir einige Fehler unterlaufen. An dieser Fähigkeit solltest Du noch etwas arbeiten. Hierzu gibt es Bücher, Spiele und Zeitschriften, mit denen Du diese Kompetenz trainieren und anwenden kannst, wie z. B. der Logik-Trainer oder die Zeitschrift Logisch. Wenn das Prinzip des logischen Schließens erst einmal "sitzt", dann wirst Du in diesem Bereich bessere Ergebnisse erzielen.

Analytisches Denken

Erfüllung (81-100 %)

Analytisches Denken ermöglicht das Zerlegen und Aufgliedern komplexer Vorgänge in kleinere, handhabbare und wesentliche Teilschritte. Es ist somit Voraussetzung für neue Erkenntnisse. Ebenso beinhaltet diese Kompetenz die Fähigkeiten, zu abstrahieren und Sachverhalte zu klassifizieren. Dies ist notwendig, um Probleme zu lösen und bereits entwickelte Lösungen auf neue Aufgaben zu übertragen. In diesem Testabschnitt, welcher Aufgaben zu Figurenreihen beinhaltet, hast Du keinen oder kaum Fehler gemacht. Deine analytischen Fähigkeiten sind sehr gut ausgeprägt - damit bist Du für ein Studium an einer Universität gut gerüstet.

Untererfüllung (41-80 %)

Analytisches Denken ermöglicht das Zerlegen und Aufgliedern komplexer Vorgänge in kleinere, handhabbare und wesentliche Teilschritte. Es ist somit Voraussetzung für neue Erkenntnisse. Ebenso beinhaltet diese Kompetenz die Fähigkeiten, zu abstrahieren und Sachverhalte zu klassifizieren. Dies ist notwendig um Probleme zu lösen und bereits entwickelte Lösungen auf neue Aufgaben zu übertragen. Du hast die Aufgaben mit den Figurenreihen ganz gut gelöst, wenn auch nicht ganz ohne Fehler. Deine analytischen Fähigkeiten sind noch verbesserungswürdig. Um sie zu verbessern, könntest Du mit verschiedenen "Denksportaufgaben", welche die analytischen Fähigkeiten verbessern, trainieren, wie z. B. mit dem Buch Testtraining 2000plus.

Starke Defizite (0-40 %)

Analytisches Denken ermöglicht das Zerlegen und Aufgliedern komplexer Vorgänge in kleinere, handhabbare und wesentliche Teilschritte. Es ist somit Voraussetzung für neue Erkenntnisse. Ebenso beinhaltet diese Kompetenz die Fähigkeiten, zu abstrahieren und Sachverhalte zu klassifizieren. Dies ist notwendig um Probleme zu lösen und bereits entwickelte Lösungen auf neue Aufgaben zu übertragen. In diesem Teil, der aus Aufgaben mit Figurenreihen besteht, sind Dir einige Fehler unterlaufen. Um Dein analytisches Denken zu trainieren und damit zu verbessern, gibt es verschiedene Denksportaufgaben, wie z. B. im Buch Testtraining 2000plus.

Ausdrucksfähigkeit

Erfüllung (81-100 %)

Bei den Aufgaben, die Deine Ausdrucksfähigkeit getestet haben, hast Du hervorragend abgeschnitten. Du hast ein ausgeprägtes Wort- und Sprachverständnis, ein generell gutes Sprachgefühl und viel Sprachfantasie. Für Referate, Vorträge, Mitschriften und Seminararbeiten ist eine gute Ausdrucksfähigkeit sehr vorteilhaft. Willst Du deine Ausdrucksfähigkeit auch während Deines Studiums besonders trainieren, bietet sich die Mitarbeit in studentischen Initiativen an. Dies fördert häufig durch "learning-by-doing" sowohl schriftliche als auch mündliche Ausdrucksfähigkeit.

Untererfüllung (41-80 %)

Bei den Aufgaben, die Deine Ausdrucksfähigkeit getestet haben, sind Deine Fähigkeiten nicht ganz optimal. Du kannst Dein Wort- und Sprachverständnis, Deinen Wortschatz und generell Dein Sprachgefühl und Deine Sprachfantasie noch verbessern. Für Referate, Vorträge, Mitschriften und Seminararbeiten im Studium ist eine gute Ausdrucksfähigkeit notwendig. Zum Training der Ausdrucksfähigkeit bietet sich während Deines Studiums die Mitarbeit in studentischen Initiativen an. Dies fördert häufig durch "learning-by-doing" sowohl schriftliche als auch mündliche Ausdrucksfähigkeit.

Starke Defizite (0-40 %)

Bei den Aufgaben, die Deine Ausdrucksfähigkeit getestet haben, sind Dir mehrere Fehler unterlaufen. Du musst dein Wort- und Sprachverständnis, Deinen Wortschatz und generell Dein Sprachgefühl und Deine Sprachfantasie noch verbessern. Für Referate, Vorträge, Mitschriften und Seminararbeiten im Studium ist eine gute Ausdrucksfähigkeit notwendig. Ein Studium der Wirtschafts- oder Sozialwissenschaften fordert nicht nur ein Verständnis für Zahlen und Daten. Die Ergebnisse müssen auch sprachlich einwandfrei präsentiert werden. Ausdrucksfähigkeit kann trainiert werden. Hierzu gibt es spezielle Bücher, wie z. B. das Training zum kleinen deutschen Sprachdiplom. Während Deines Studiums fördert die Mitarbeit in studentischen Initiativen durch "learning-by-doing" sowohl schriftliche als auch mündliche Ausdrucksfähigkeit.

Organisationsfähigkeit

Erfüllung (81-100 %)

Du hast Dein Leben voll in der Hand. Auch für die Organisation Deines Studiums erfüllst Du die gestellten Anforderungen. Zumindest spricht Dein Abschneiden in diesem Teil des Tests dafür. Die Organisation Deines Studiums ist ein Bereich, der Dir wahrscheinlich leichter fallen wird als anderen Studienanfängern.

Untererfüllung (41-80 %)

Die Selbstorganisation klappt bei Dir schon ganz gut, wenn auch nicht immer. Versuche, diese Fähigkeit noch etwas zu verbessern. Dann wird Dir die Organisation Deines Studiums auf alle Fälle gelingen. Ein Buch, welches Dir dabei helfen könnte, Dein Studium zu planen und durchzuziehen, ist "Schnell und erfolgreich studieren" von Stephan Becker.

Starke Defizite (0-40 %)

Bei der Selbstorganisation hast Du laut Deinem Testergebnis nach Defizite. Hier besteht noch Verbesserungspotenzial, da das eigenständige Organisieren für ein Studium notwendig ist. Du musst Deine Prüfungen selbstständig planen, die dafür notwendigen Veranstaltungen heraussuchen, praktische Erfahrungen sammeln und häufig selbstdiszipliniert lernen. Um deine Organisationsfähigkeit zu verbessern, solltest Du versuchen, Dir Ziele zu setzen, Pläne aufzustellen und diese wenn möglich einzuhalten. So wirst Du in diesem Bereich kompetenter und hast es im Studium einfacher. Ein Buch, welches Dir dabei hilft, Dein Studium zu planen und durchzuziehen, ist "Schnell und erfolgreich studieren" von Stephan Becker.

Numerisches Denken

Erfüllung (81-100 %)

Dein numerisches Denken ist sehr gut ausgeprägt. Hier konntest Du fast alle Fragen richtig beantworten. Der Umgang mit Zahlen fällt Dir leichter als Anderen. Dies hilft Dir im Studium der Wirtschafts- oder Sozialwissenschaften sehr, da in vielen Bereichen dieses Studiums der Umgang mit Zahlen notwendig ist, wie z. B. in Wirtschaftsmathematik, Kostenrechnung oder Statistik, die Du bereits im Grundstudium bewältigen musst. Falls Du im Abitur auch keine Schwierigkeiten mit Mathematik hattest, dann empfehlen wir Dir für das erste Semester deines Studiums den Crash-Kurs, um den Matheschein zu absolvieren. Dieser ist etwas kompakter und Du kannst Mathematik schon nach der ersten Semesterhälfte abschließen.

Untererfüllung (41-80 %)

Der Umgang mit Zahlen und Rechenzeichen scheint nicht Deine größte Stärke zu sein. Zwar sind Dir nur einige Fehler unterlaufen; da jedoch viele Bereiche der Wirtschafts- oder Sozialwissenschaften, insbesondere am Studienanfang, sehr "zahlenlastig" sind, wie z. B. Wirtschaftsmathematik, Kostenrechnung oder Statistik, würden wir Dir empfehlen, vor allem in dieser Phase mehr Zeit einzuplanen. So kannst Du dich intensiver mit dem Lernstoff auseinandersetzen. Beispielsweise könntest Du im ersten Semester den Intensivkurs für das Fach Wirtschaftsmathematik belegen, um so fehlende Fähigkeiten in diesem Bereich auszugleichen und zu entwickeln.

Starke Defizite (0-40 %)

Im Testabschnitt "Numerisches Denken" sind Dir einige Fehler unterlaufen. Da diese Kompetenz für ein Studium der Wirtschafts- oder Sozialwissenschaften sehr wichtig ist, vor allem in Bereichen wie z. B. Wirtschaftsmathematik, Kostenrechnung oder Statistik, empfehlen wir Dir, an dieser weniger ausgeprägten Kompetenz noch zu arbeiten oder Dir ein Studium zu wählen, in welchem weniger numerisches Denken verlangt wird.

Problemlösungsfähigkeit

Erfüllung (81-100 %)

Im Studium wirst Du häufig vor Problemen stehen, die es zu lösen gilt, wie z. B. mehrere Prüfungen vorbereiten oder Nebenjob und Studium vereinbaren. Dies verlangt nicht nur Mut, diese Probleme aktiv anzugehen, sondern auch die Fähigkeit, Prozesse von Problemlösungen anzustoßen und zu organisieren. Dein Testergebnis zeigt, dass Du diese Fähigkeit bereits besitzt, d.h. du bist ein sehr problemlösungsorientierter Mensch. Dies wird Dir nicht nur im Studium helfen, die gestellten Aufgaben zu bewältigen, sondern auch im beruflichen Bereich.

Untererfüllung (41-80 %)

Im Studium wirst Du häufig vor Problemen stehen, die es zu lösen gilt, wie z. B. mehrere Prüfungen vorbereiten oder Nebenjob und Studium vereinbaren. Dies verlangt nicht nur Mut, diese Probleme aktiv anzugehen, sondern auch die Fähigkeit, Prozesse von Problemlösungen anzustoßen und zu organisieren. Das Testergebnis zeigt, dass das Lösen von Problemen schon ganz gut bei Dir klappt, wenn auch nicht immer. Versuche Dich bei zukünftigen Problemen noch stärker auf deren Lösung zu konzentrieren. Dies wird Dir nicht nur im Studium helfen, die gestellten Aufgaben zu bewältigen, sondern auch im beruflichen Bereich.

Starke Defizite (0-40 %)

Im Studium wirst Du häufig vor Problemen stehen, die es zu lösen gilt, wie z. B. mehrere Prüfungen vorbereiten oder Nebenjob und Studium vereinbaren. Dies verlangt nicht nur Mut, diese Probleme aktiv anzugehen, sondern auch die Fähigkeit, Prozesse von Problemlösungen anzustoßen und zu organisieren. Deine Antworten im Test zeigen, dass dir das Lösen von Problemen häufig noch sehr schwer fällt. Versuche zukünftig, Dich bei Problemen stärker auf deren Lösung zu konzentrieren. Dies wird Dir nicht nur im Studium helfen, die gestellten Aufgaben zu bewältigen, sondern auch im beruflichen Bereich.

Persönlichkeitskompetenzen

Die Anforderungen bezogen auf Deine persönlichen Kompetenzen erfüllst Du zu X %. Hierzu solltest Du Fragen beantworten bzw. Aussagen bewerten, die Deine Motivation, Eigeninitiative, Belastbarkeit, Lern- und Einsatzbereitschaft sowie Deine Selbstdisziplin testen. Diese Persönlichkeitskompetenzen sind wichtige Eigenschaften, die Du haben solltest, um im Studium der Wirtschafts- oder Sozialwissenschaften an der Universität Erlangen-Nürnberg erfolgreich zu sein.

Wie gut Du die Fragen beantwortet hast, veranschaulichen die folgenden Diagramme. Anschließend erhältst Du eine kleine Erläuterung Deiner Ergebnisse entsprechend der getesteten Kompetenzen. Viel Spaß beim Lesen Deiner Auswertung im Bereich Persönlichkeitskompetenz!

Lern- und Einsatzbereitschaft

Erfüllung (81-100 %)

Die Einsatzbereitschaft ist eine persönliche Grundhaltung. Menschen mit hoher Einsatzbereitschaft stellen nicht nur hohe Anforderungen an sich selbst, sondern ebenso an die Menschen in ihrem Umfeld. Ihre Ziele verfolgen solche Menschen sehr konsequent und wirken dabei auf Andere mitreißend. Die Lernbereitschaft steht in engem Zusammenhang mit der Offenheit gegenüber Neuem, dem Streben nach Selbstverwirklichung, der Selbstdisziplin und der eigenen Anpassung an sich ändernde Anforderungen. Gerade für ein Studium ist die Bereitschaft, selbstständig zu lernen und sich weiterzubilden, sehr wichtig. Die Fragen zur Lern- und Einsatzbereitschaft zeigen, dass Du für ein Studium der Betriebswirtschaftslehre an dieser Hochschule bereit bist. Den von Dir eingegebenen Zustimmungen und Ablehnungen zufolge trauen wir Dir dieses Studium vollkommen zu.

Untererfüllung (41-80 %)

Die Einsatzbereitschaft ist eine persönliche Grundhaltung. Menschen mit hoher Einsatzbereitschaft stellen nicht nur hohe Anforderungen an sich selbst, sondern ebenso an die Menschen in ihrem Umfeld. Ihre Ziele verfolgen solche Menschen sehr konsequent und wirken dabei auf Andere mitreißend. Die Lernbereitschaft steht in engem Zusammenhang mit der Offenheit gegenüber Neuem, dem Streben nach Selbstverwirklichung, der Selbstdisziplin und der eigenen Anpassung an sich ändernde Anforderungen. Gerade für ein Studium ist die Bereitschaft, selbstständig zu lernen und sich weiterzubilden, sehr wichtig. Aufgrund deiner Angaben wird ersichtlich, dass Lern- und Einsatzbereitschaft zwar vorhanden ist, aber durchaus stärker ausgeprägt sein könnte. Für ein Studium ist ein bisschen mehr Engagement gefragt. Wenn Du hier noch etwas an Dir arbeitest, wirst Du bestimmt ein erfolgreiches Studium durchlaufen.

Starke Defizite (0-40 %)

Die Einsatzbereitschaft ist eine persönliche Grundhaltung. Menschen mit hoher Einsatzbereitschaft stellen nicht nur hohe Anforderungen an sich selbst, sondern ebenso an die Menschen in ihrem Umfeld. Ihre Ziele verfolgen solche Menschen sehr konsequent und wirken dabei auf Andere mitreißend. Die Lernbereitschaft steht in engem Zusammenhang mit der Offenheit gegenüber Neuem, dem Streben nach Selbstverwirklichung, der Selbstdisziplin und der eigenen Anpassung an sich ändernde Anforderungen. Gerade für ein Studium ist die Bereitschaft, selbstständig zu lernen und sich weiterzubilden, sehr wichtig. Bist Du wirklich für Studium der Wirtschafts- oder Sozialwissenschaften an dieser Hochschule bereit? Bei einigen Studenten klappt es auch ohne die gewisse Bereitschaft, sich für ihr Studium in besonderen Maß einzusetzen. Die meisten Studenten schaffen es jedoch nur mit dem entsprechenden Engagement in ihrem Studium. An dieser Stelle solltest Du nochmals überlegen, ob dieses Studium das Richtige für Dich ist.

Motivation

Erfüllung (81-100 %)

Motivation ist die Bereitschaft, in einer konkreten Situation eine bestimmte Handlung mit einer bestimmten Intensität und Dauerhaftigkeit auszuführen. Deine Antworten zeigen, dass Du am liebsten schon Student wärst. Das bedeutet im Testabschnitt "Motivation" hast Du sehr gut abgeschnitten.

Untererfüllung (41-80 %)

Motivation ist die Bereitschaft, in einer konkreten Situation eine bestimmte Handlung mit einer bestimmten Intensität und Dauerhaftigkeit auszuführen. Deine Antworten zeigen, dass Du nicht ganz so motiviert bist. Für ein Studium der Wirtschafts- oder Sozialwissenschaften an der Fakultät Nürnberg solltest Du etwas mehr Motivation an den Tag legen, sonst könnte Dein Studium vielleicht etwas länger dauern.

Starke Defizite (0-40 %)

Was ist eigentlich Motivation? Es ist die Bereitschaft, in einer bestimmten Situation eine konkrete Handlung, nämlich das Studium mit einer bestimmten Intensität und Dauerhaftigkeit auszuführen. Da Du für ein Studium sicher viel Motivation brauchst, solltest Du Dir überlegen, ob das Studium das Richtige für Dich ist oder wie bzw. was Dich im Hinblick auf ein Studium motivieren könnte.

Eigeninitiative

Erfüllung (81-100 %)

Wenn irgendetwas nicht läuft, dann bist Du unter den Ersten, die es verbessern wollen. Das Testergebnis zeigt, dass Eigeninitiative bei Dir sehr stark ausgeprägt ist. Dies hilft Dir auch beim Studium der Wirtschafts- oder Sozialwissenschaften, da es viele Situationen gibt, in denen Du auf Dich selbst gestellt bist und keiner Dir sagt, was Du machen sollst, wie z. B. bei der Prüfungsanmeldung und -vorbereitung, bei der Suche nach geeigneten Praktika oder bei der Erstellung wissenschaftlicher Arbeiten.

Untererfüllung (41-80 %)

In gewissen Bereichen muss Dich niemand zu einer Handlung anstoßen, in anderen schon. Dein Testergebnis zeigt, dass Du nicht in jeder Situation Eigeninitiative zeigst. Dies ist möglicherweise eine Frage der Motivation bei Dir. Jedoch wirst Du im Studium nicht immer von jemandem zu gewissen Handlungen aufgefordert, oft musst Du selbst die Initiative ergreifen, wie z. B. bei der Prüfungsanmeldung und -vorbereitung, bei der Suche nach geeigneten Praktika oder bei der Erstellung wissenschaftlicher Arbeiten. Glaubst Du, Du hast genug Eigeninitiative, um dein Studium selbstständig zu bewältigen?

Starke Defizite (0-40 %)

Wenn man etwas verbessern könnte, heißt dies noch lange nicht, dass man das auch tun müsste. So könnte, laut Deinen Eingaben im Testabschnitt "Eigeninitiative" Deine Einstellung sein. Jedoch fragt eine Organisation an unserer Fakultät nicht umsonst: "Erfüllst Du Anforderungen oder setzt Du Maßstäbe?". In einem Studium der Wirtschafts- oder Sozialwissenschaften gibt es viele Situationen, in denen Du auf Dich selbst gestellt bist und keiner Dir sagt, was Du machen sollst, wie z. B. bei der Prüfungsanmeldung und -vorbereitung, bei der Suche nach geeigneten Praktika oder bei der Erstellung wissenschaftlicher Arbeiten. Du solltest Dich fragen, on ein Studium an einer Universität das Richtige für Dich ist. Vielleicht ist eine Fachhochschule oder eine Berufsakademie, in der das Studium stärker geregelt ist, besser für dich geeignet.

Selbstbewusstsein

Erfüllung (81-100 %)

Deine Antworten im Testabschnitt "Selbstbewusstsein und Belastbarkeit" zeigen, dass Du weißt, wer Du bist und was Du kannst. Du bist sehr selbstbewusst und dadurch auch belastbarer als Andere. Dies ist wichtig, da ein Studium der Wirtschafts- oder Sozialwissenschaften viel von Dir verlangt. Manchmal kann es zu Rückschlägen im Studium kommen, wie nicht bestandene Prüfungen oder abgelehnte Praktikumsbewerbungen. In solchen Situationen ist es wichtig, nicht den Kopf hängen zu lassen sondern weiterzumachen und an sich zu arbeiten.

Untererfüllung (41-80 %)

Deine Antworten im Testabschnitt "Selbstbewusstsein und Belastbarkeit" zeigen, dass Du zwar selbstbewusst und belastbar bist, jedoch nicht in allen Situationen gleichmäßig. Selbstbewusstsein und Belastbarkeit sind aber sehr wichtig, da ein Studium der Wirtschafts- oder Sozialwissenschaften viel von Dir verlangt. Manchmal kann es zu Rückschlägen im Studium kommen, wie nicht bestandene Prüfungen oder abgelehnte Praktikumsbewerbungen. In solchen Situationen ist es wichtig, nicht den Kopf hängen zu lassen sondern weiterzumachen und an sich zu arbeiten. Traue Dir also ruhig mehr zu!

Starke Defizite (0-40 %)

Deine Antworten im Testabschnitt "Selbstbewusstsein und Belastbarkeit" zeigen, dass Du oft unsicher bist und nicht weißt, was Du eigentlich kannst. Wahrscheinlich bist Du auch weniger belastbar als Andere. Selbstbewusstsein und Belastbarkeit sind aber sehr wichtig, da ein Studium der Wirtschafts- oder Sozialwissenschaften viel von Dir verlangt. Manchmal kann es zu Rückschlägen im Studium kommen, wie nicht bestandene Prüfungen oder abgelehnte Praktikumsbewerbungen. In solchen Situationen ist es wichtig, nicht den Kopf hängen zu lassen sondern weiterzumachen und an sich zu arbeiten. Traue Dir also ruhig mal etwas mehr zu!

Selbstdisziplin

Erfüllung (81-100 %)

Für die Organisation und Bewältigung der im Studium anfallenden Aufgaben bist Du ganz allein verantwortlich, d. h. niemand wird Dir sagen was Du wann erledigen musst. Du benötigst eine gewisse Selbstdisziplin, um freiwillig und selbstverantwortlich dein Studium zu absolvieren, insbesondere bei der Vorbereitung von Prüfungen, der Erstellung von Seminararbeiten oder der Entwicklung von Referaten. Dein Testergebnis zeigt, dass Du bereits sehr selbstdiszipliniert bist. Diese Eigenschaft wird Dir helfen, die im Studium anfallenden Aufgaben selbstständig zu bewältigen.

Untererfüllung (41-80 %)

Für die Organisation und Bewältigung der im Studium anfallenden Aufgaben bist Du ganz allein verantwortlich, d. h. niemand wird Dir sagen was Du wann erledigen musst. Du benötigst eine gewisse Selbstdisziplin, um freiwillig und selbstverantwortlich dein Studium zu absolvieren, insbesondere bei der Vorbereitung von Prüfungen, der Erstellung von Seminararbeiten oder der Entwicklung von Referaten. Dein Testergebnis zeigt, dass es Dir manchmal an Selbstdisziplin fehlt. Du solltest Dir bewusst sein, dass diese Eigenschaft notwendig ist, um die im Studium anfallenden Aufgaben selbstständig zu bewältigen. Lass Dich zukünftig nicht von anderen Dingen ablenken und verfolge deine Sache konsequent. Dann klappt es auch mit dem Studium

Starke Defizite (0-40 %)

Für die Organisation und Bewältigung der im Studium anfallenden Aufgaben bist Du ganz allein verantwortlich, d. h. niemand wird Dir sagen was Du wann erledigen musst. Du benötigst eine gewisse Selbstdisziplin, um freiwillig und selbstverantwortlich dein Studium zu absolvieren, insbesondere bei der Vorbereitung von Prüfungen, der Erstellung von Seminararbeiten oder der Entwicklung von Referaten. Dein Testergebnis zeigt, dass es Dir häufig an Selbstdisziplin fehlt. Du solltest Dir bewusst sein, dass diese Eigenschaft notwendig ist, um die im Studium anfallenden Aufgaben selbstständig zu bewältigen. Lass Dich zukünftig nicht von anderen Dingen ablenken und verfolge deine Sache konsequent. Dann klappt es auch mit dem Studium

Sozialkompetenzen

Die Anforderungen bezogen auf Deine sozialen Kompetenzen erfüllst Du zu X %. Hierzu solltest Du Fragen beantworten, die ermitteln, wie kommunikativ, kontakt- und teamfähig Du Dich einschätzt. Zudem wurden Dir Fragen zu Deiner Hilfsbereitschaft und zu Deinem Einfühlungsvermögen gestellt.

Wie gut Du die Fragen beantwortet hast, veranschaulichen die folgenden Diagramme. Anschließend erhältst Du eine kleine Erläuterung Deines Ergebnisses. Jetzt kannst Du aber erst mal schauen, wie es um Deine Sozialkompetenzen steht:

Kommunikationsfähigkeit

Erfüllung (81-100 %)

Kommunikationsfähigkeit ist ein wichtiger Bestandteil der Sozialkompetenzen. Diese Fähigkeit umfasst unter anderem das Zuhören(-können), die Kommunikation in Gruppen und das verständliche Präsentieren von Informationen. Deine Testergebnisse zeigen, dass Dir die Kommunikation mit Anderen leicht fällt und Du sicher Deine Meinung vermitteln kannst. Dies ist sicherlich ein Vorteil für ein Studium der Wirtschafts- oder Sozialwissenschaften, da es dort wichtig ist, sich mit anderen Studenten auszutauschen, vor allem am Studienanfang. Während des Studiums steht man häufig vor der Herausforderung, erarbeitete Ergebnisse professionell zu präsentieren. Willst Du Deine Kommunikationsfähigkeit auch während des Studiums weiter ausbauen, bietet sich der Besuch eines Rhetorik-Seminars an. Informationen findest Du hier. Für Studentinnen bietet das Frauenbüro hierzu Seminare zu Sonderkonditionen an.

Untererfüllung (41-80 %)

Kommunikationsfähigkeit ist ein wichtiger Bestandteil der Sozialkompetenzen. Diese Fähigkeit umfasst unter anderem das Zuhören(-können), die Kommunikation in Gruppen und das verständliche Präsentieren von Informationen. Deine Testergebnisse zeigen, dass Dir die Kommunikation mit Anderen manchmal nicht so leicht fällt und Du Angst hast, Deine Meinung offen darzulegen. In einem Studium der Wirtschafts- oder Sozialwissenschaften ist es aber sehr wichtig, sich mit anderen Studenten auszutauschen, vor allem am Studienanfang. Während des Studiums steht man häufig vor der

Herausforderung, erarbeitete Ergebnisse professionell zu präsentieren. Zum weiteren Training Deiner Kommunikationsfähigkeit bietet sich der Besuch eines Rhetorik-Seminars an. Informationen findest Du hier. Für Studentinnen bietet das Frauenbüro hierzu Seminare zu Sonderkonditionen an.

Starke Defizite (0-40 %)

Kommunikationsfähigkeit ist ein wichtiger Bestandteil der Sozialkompetenzen. Diese Fähigkeit umfasst unter anderem das Zuhören(-können), die Kommunikation in Gruppen und das verständliche Präsentieren von Informationen. Deine Testergebnisse zeigen, dass Dir die Kommunikation mit Anderen eher schwerer fällt und Du nicht so gern Deine Meinung offen darlegst. Dies könnte für ein Studium der Wirtschafts- oder Sozialwissenschaften kritisch sein, da es dort wichtig ist, sich mit anderen Studenten auszutauschen, vor allem am Studienanfang. Während des Studiums steht man häufig vor der Herausforderung, erarbeitete Ergebnisse professionell zu präsentieren. Du solltest vor und während des Studiums unbedingt an deiner Kommunikationsfähigkeit arbeiten. Eine Möglichkeit hierzu ist der Besuch eines Rhetorik-Seminars. Informationen findest Du hier. Für Studentinnen bietet das Frauenbüro hierzu Seminare zu Sonderkonditionen an.

Teamfähigkeit

Erfüllung (81-100 %)

Die Arbeit im Team macht Dir nichts aus. Dein Testergebnis zeigt, dass Du nicht nur gerne im Team arbeitest sondern auch die Fähigkeit besitzt mit anderen Personen kooperativ zusammenzuarbeiten. Diese Eigenschaft wird Dir das Studium erleichtern. Zwar musst Du Deine Prüfungen alleine bewältigen, aber die gemeinschaftliche Vorbereitung macht nicht nur mehr Spaß sondern gibt Dir auch die Gelegenheit vom Wissen anderer zu profitieren. So wird es leichter, schwierige Theorien und Konzepte zu erarbeiten und anzuwenden.

Untererfüllung (41-80 %)

Eigentlich macht Dir Teamarbeit nichts aus. Manchmal arbeitest Du aber lieber gern allein. Teamfähigkeit kann Dir jedoch das Studium erleichtern. Zwar musst Du Deine Prüfungen alleine bewältigen, aber die gemeinschaftliche Vorbereitung macht nicht nur mehr Spaß sondern gibt Dir auch die Gelegenheit vom Wissen anderer zu profitieren. So wird es leichter, schwierige Theorien und Konzepte zu erarbeiten und anzuwenden. Insbesondere in den ersten Phasen des Studiums hilft Dir Teamwork neue und unbekannte Situationen zu meistern.

Starke Defizite (0-40 %)

Teamarbeit ist nicht so Deine Sache. Du arbeitest lieber gern allein. Teamfähigkeit kann Dir jedoch das Studium erleichtern. Zwar musst Du Deine Prüfungen alleine bewältigen, aber die gemeinschaftliche Vorbereitung macht nicht nur mehr Spaß sondern gibt Dir auch die Gelegenheit vom Wissen anderer zu profitieren. So wird es leichter, schwierige Theorien und Konzepte zu erarbeiten und anzuwenden. Insbesondere in den ersten Phasen des Studiums hilft Dir Teamwork neue und unbekannte Situationen zu meistern.

Kontaktfähigkeit

Erfüllung (81-100 %)

Am Anfang des Studiums ist es wichtig, neue Kontakte zu knüpfen und andere Studenten kennenzulernen. Ein gutes Netzwerk hilft Dir erstens bei der Organisation Deines Studiums. Du erhältst leichter Informationen, welche Veranstaltungen notwendig sind, wann Du dich anmelden musst oder was prüfungsrelevant ist. Zweitens macht das Studieren mehr Spaß, wenn man viele Leidensgenossen kennt. Dies hilft Dir auch in schwierigen Phasen des Studiums. Deine Antworten im Test zeigen, dass es Dir leicht fällt Kontakte zu knüpfen und Du offen auf andere Menschen zugehen kannst. Du wirst also keine Probleme haben, neue Leute kennenzulernen und Dir ein Netzwerk aufzubauen.

Untererfüllung (41-80 %)

Am Anfang des Studiums ist es wichtig, neue Kontakte zu knüpfen und andere Studenten kennenzulernen. Ein gutes Netzwerk hilft Dir erstens bei der Organisation Deines Studiums. Du erhältst leichter Informationen, welche Veranstaltungen notwendig sind, wann Du dich anmelden musst oder was prüfungsrelevant ist. Zweitens macht das Studieren mehr Spaß, wenn man viele Leidensgenossen kennt. Dies hilft Dir auch in schwierigen Phasen des Studiums. Deine Antworten im Test zeigen, dass es Dir manchmal nicht so leicht fällt Kontakte zu knüpfen. Wenn Du das nächste Mal vor der Situation stehst, dass Du Dich nicht so richtig traust jemand Fremdes anzusprechen, denk daran, dass fast jeder froh, wenn ein Anderer den ersten Schritt macht. Vor allem Studienanfänger, die häufig aus einer anderen Stadt kommen und niemanden kennen.

Starke Defizite (0-40 %)

Am Anfang des Studiums ist es wichtig, neue Kontakte zu knüpfen und andere Studenten kennenzulernen. Ein gutes Netzwerk hilft Dir erstens bei der Organisation Deines Studiums. Du erhältst leichter Informationen, welche Veranstaltungen notwendig sind, wann Du dich anmelden musst oder was prüfungsrelevant ist. Zweitens macht das Studieren mehr Spaß, wenn man viele Leidensgenossen kennt. Dies hilft Dir auch in schwierigen Phasen des Studiums. Deine Antworten im Test zeigen, dass es Dir häufig nicht so leicht fällt Kontakte zu knüpfen. Wenn Du das nächste Mal vor der Situation stehst, jemand Fremdes anzusprechen und Du Dich nicht so richtig traust, denk daran, dass fast jeder froh, wenn ein Anderer den ersten Schritt macht. Vor allem Studienanfänger, die häufig aus einer anderen Stadt kommen und niemanden kennen. Manchmal genügt einfach ein Lächeln.

Hilfsbereitschaft

Erfüllung (81-100 %)

Hilfsbereitschaft zeichnet sich dadurch aus, Anderen in schwierigen Situationen zu helfen. Darüber hinaus ist jemand hilfsbereit, wenn er die Fähigkeit besitzt, zu erkennen, wann jemand Hilfe braucht. Gerade in pädagogischen Studiengängen ist Hilfsbereitschaft eine notwendige Voraussetzung. Deine Antworten im Test zeigen, dass Du ein sehr hilfsbereiter Mensch bist. Die Arbeit mit anderen Menschen oder eine Tätigkeit im pädagogischen Bereich stellen in diesem Punkt keine Probleme dar.

Untererfüllung (41-80 %)

Hilfsbereitschaft zeichnet sich dadurch aus, Anderen in schwierigen Situationen zu helfen. Darüber hinaus ist jemand hilfsbereit, wenn er die Fähigkeit besitzt, zu erkennen, wann jemand Hilfe braucht. Gerade in pädagogischen Studiengängen ist Hilfsbereitschaft eine notwendige Voraussetzung. Deine Antworten im Test zeigen, dass Hilfsbereitschaft für Dich wichtig ist, aber nicht in jeder Situation. Diese Kompetenz kann Dir jedoch helfen, Freundschaften aufzubauen, denn diese basieren nicht nur auf Nehmen, sondern vor allem auf Geben. In schwierigen Situationen kannst Du dann vielleicht auf die Hilfsbereitschaft Deiner Freunde hoffen.

Starke Defizite (0-40 %)

Hilfsbereitschaft zeichnet sich dadurch aus, Anderen in schwierigen Situationen zu helfen. Darüber hinaus ist jemand hilfsbereit, wenn er die Fähigkeit besitzt, zu erkennen, wann jemand Hilfe braucht. Gerade in pädagogischen Studiengängen ist Hilfsbereitschaft eine notwendige Voraussetzung. Deine Antworten im Test zeigen, dass Hilfsbereitschaft für Dich nicht so wichtig ist. Diese Kompetenz kann Dir jedoch helfen, Freundschaften aufzubauen, denn diese basieren nicht nur auf Nehmen, sondern vor allem auf Geben. In schwierigen Situationen kannst Du dann vielleicht auf die Hilfsbereitschaft Deiner Freunde hoffen.

Einfühlungsvermögen

Erfüllung (81-100 %)

Einfühlungsvermögen ist die Fähigkeit, sich in andere Menschen hineinzuversetzen und deren Probleme zu erkennen. Laut Deiner Antworten im Test besitzt Du ein ausgeprägtes Einfühlungsvermögen. Dies kann Dir bei der Arbeit mit anderen Menschen (z. B. bei der gemeinsamen Prüfungsvorbereitung oder der Erstellung von Seminararbeiten in Gruppen) oder bei einer Tätigkeit im pädagogischen Bereich helfen.

Untererfüllung (41-80 %)

Einfühlungsvermögen ist die Fähigkeit, sich in andere Menschen hineinzuversetzen und deren Probleme zu erkennen. Deine Antworten im Test zeigen, dass Du ein gewisses Maß an Einfühlungsvermögen mitbringst. Manchmal könntest Du noch stärker auf andere Menschen eingehen. Dies kann Dir bei Gruppenarbeiten (z. B. bei der gemeinsamen Prüfungsvorbereitung oder der Erstellung von Seminararbeiten) helfen.

Starke Defizite (0-40 %)

Einfühlungsvermögen ist die Fähigkeit, sich in andere Menschen hineinzuversetzen und deren Probleme zu erkennen. Deine Antworten im Test zeigen, dass Einfühlungsvermögen nicht eine Deiner Stärken ist. Manchmal könntest Du noch stärker auf andere Menschen eingehen. Gerade im Umgang mit anderen Menschen, vor allem bei Gruppenarbeiten (z. B. bei der gemeinsamen Prüfungsvorbereitung oder der Erstellung von Seminararbeiten) kann Einfühlungsvermögen helfen.

Qualifikationen

Für ein Studium qualifiziert Dich die Hochschulreife. Zudem kannst Du Dich durch Zusatzqualifikationen, wie z. B. ein Praktikum oder eine Ausbildung in dem entsprechenden Bereich, auf ein Studium vorbereitet. Im Folgenden werden Deine Qualifikationen im Vergleich zu denen der anderen Testteilnehmer dargestellt und im Hinblick auf die Studieneignung bewertet.

Abitur

Die Hochschulreife erlangst Du in der Regel mit dem Abitur. Bei zulassungsbeschränkten Studiengängen entscheidet zusätzlich Deine Abiturnote darüber, ob Du einen Studienplatz erhältst. Je besser Deine Note im Abitur, um so höher die Wahrscheinlichkeit, dass Du das gewünschte Studienfach auch studieren kannst. Zur Orientierung zeigt Dir die folgende Grafik eine Übersicht über die Abiturnoten von Studieninteressierten, die an diesem Test teilgenommen haben. Zusätzlich siehst Du zum Vergleich deinen Wert auf der Skala und den Durchschnittswert aller Abiturienten.

Text falls überdurchschnittliches Abitur: Herzlichen Glückwunsch, Du hast im Vergleich zu den anderen Studieninteressierten ein überdurchschnittliches Abitur. Ob Deine Note für den gewünschten Studienplatz ausreicht, entscheidet, falls eine Zulassungsbeschränkung besteht, der Numerus Clausus des Studiengangs. Studien zeigen, dass eine gute Abiturnote mit einer höheren Wahrscheinlichkeit zu einem Studienerfolg führt. Dies bedeutet, dass Du gut für Studium vorbereitet bist.

Text falls unterdurchschnittliches Abitur: Du hast ein im Vergleich zu den anderen Studieninteressierten unterdurchschnittliches Abitur. Ob Deine Note für den gewünschten Studienplatz ausreicht, entscheidet, falls eine Zulassungsbeschränkung besteht, der Numerus Clausus des Studiengangs. Studien zeigen zwar, dass eine gute Abiturnote mit einer höheren Wahrscheinlichkeit zu einem Studienerfolg führt. Jedoch mit der entsprechenden Motivation und dem Interesse für das Studienfach, kannst auch Du ein Studium erfolgreich absolvieren.

Praktika, Ausbildung

Mittels Praktika oder durch eine Ausbildung erhältst Du einen Einblick in den beruflichen Alltag. Vielleicht helfen Dir diese Zusatzqualifikationen bei der Auswahl Deines Studiums. Während eines wirtschafts- und sozialwissenschaftlichen Studiums sind praktische Erfahrungen, die einen Bezug zum

Studium haben notwendig. Hierbei kannst Du mögliche Tätigkeitsbereiche und potenzielle Arbeitgeber kennenlernen.

Nur wenn bereits Praktikum oder Ausbildung absolviert: Deine Angaben zeigen, dass Du bereits praktische Erfahrungen gesammelt hast. Dies ist eine gute Voraussetzung um im Studium, dass häufig sehr theorielastig ist, einen praktischen Bezug herzustellen.

Auslandsaufenthalt

Ein längerer Auslandsaufenthalt vermittelt Dir ein Gefühl von kulturbedingten Unterschieden im Hinblick auf Werte und Normen. Zudem kannst Du eine andere Sprache praktizieren. Von den am Test teilgenommenen Studieninteressierten haben X % (rechne die Antworten von 4,5 und 6 zusammen) einen längeren, mindestens halbjährigen Auslandsaufenthalt. Du hast folgende Antwort gegeben: <Antwort>

Text falls Auslandsaufenthalt länger als ein halbes Jahr (Antworten 4, 5 oder 6): Du hast bereits längere Erfahrungen im Ausland gesammelt. Falls Du auch weiterhin Interesse an anderen Ländern hast, sind vielleicht ein internationaler Studiengang oder ein Studienaufenthalt im Ausland Optionen diesem Interesse nachzugehen.

Text falls Auslandsaufenthalt kürzer als ein halbes Jahr (Antworten 1,2 oder 3): Falls Du Interesse hast, auch mal länger in einem anderen Land zu leben, sind vielleicht ein internationaler Studiengang oder ein Studienaufenthalt im Ausland Optionen diesem Interesse nachzugehen.

Ehrenamtliche Tätigkeit

Eine ehrenamtliche Tätigkeit zeigt Engagement für Andere oder für Sache, ohne direkt davon zu profitieren. Von den am Test teilgenommenen Studieninteressierten haben X % (Antwort 2) bereits eine ehrenamtliche Tätigkeit ausgeübt.

Nur wenn bereits eine ehrenamtliche Tätigkeit ausgeübt wurde: Deine Angaben zeigen, dass Du Dich bereits ehrenamtlich engagiert hast. Engagement für Andere oder für Sache ist nicht nur im Studium wichtig, auch im Berufsleben hilft es dir weiterzukommen.

Sprachkenntnisse

Sprachkenntnisse, insbesondere Englischkenntnisse, sind heute eine notwendige Voraussetzung im Berufsleben. Dies trifft auch für ein Studium im wirtschafts- und sozialwissenschaftlichen Bereich zu.

Text falls bei den Sprachen mindestens einmal „Fließend in Wort und Schrift" neben einmal „Muttersprache" oder zweimal oder mehr „Muttersprache" angegeben wurde:Deine Angaben zeigen, dass Du bereits sehr gute Sprachkenntnisse besitzt. Du kannst Deine Sprachkenntnisse aber auch während des Studium an der Wirtschafts- und Sozialwissenschaftlichen Fakultät der FAU Erlangen-Nürnberg vertiefen. Hierzu stehen diverse Sprachkurse zur Verfügung, wie z. B. in Englisch, Französisch, Spanisch oder Chinesisch.

Text in allen anderen Fällen: Du kannst Deine Sprachkenntnisse während des Studium an der Wirtschafts- und Sozialwissenschaftlichen Fakultät der FAU Erlangen-Nürnberg noch vertiefen. Hierzu stehen diverse Sprachkurse zur Verfügung, wie z. B. in Englisch, Französisch, Spanisch oder Chinesisch.

12. Häufigkeitsverteilung bezogen auf die Items der Kompetenztests

Auswertung der Frage zur Selbsteinschätzung

	0-20 %	20-40 %	40-60 %	60-80 %	80-100 %
	Anzahl	Anzahl	Anzahl	Anzahl	Anzahl
Item 398 (Persönlichkeitskompetenzen)	8	19	34	61	18
Item 498 (Sozialkompetenzen)	9	15	28	58	30
Item 598 (Methodenkompetenzen)	11	32	35	47	15
Item 698 (Qualifikationen)	6	25	32	54	19

Test zur Ermittlung der Methodenkompetenzen

	Erreichte Punktzahl pro Item				
	0	25	50	75	100
	Anzahl	Anzahl	Anzahl	Anzahl	Anzahl
Item 502	14				126
Item 504	1				139
Item 505	15				125
Item 507	118				22
Item 509	64				76
Item 512	133				7
Item 513	137				3
Item 514	128				12
Item 515	130				10
Item 516	137				3
Item 517	83				57
Item 518	74				66
Item 520	32				108
Item 521	3				137
Item 523	25				115
Item 525	7	22	2		109
Item 526		8	48	51	33
Item 527	12		31		97
Item 528	86				54
Item 529	22		52		66
Item 532	17				123
Item 533	26				114
Item 535	49				91
Item 536	9				131
Item 537	45				95
Item 538	2	2	31	49	56
Item 539	48	63	27	1	1
Item 540	53	50	27	8	2
Item 541	1	8	30	68	33
Item 542	4	13	84	36	3

Test zur Ermittlung der Sozialkompetenzen

	Erreichte Punktzahl pro Item				
	0	25	50	75	100
	Anzahl	Anzahl	Anzahl	Anzahl	Anzahl
Item 400	5	10	28	40	57
Item 401	3	15	39	44	39
Item 402	75	47	9	8	1
Item 403	9	25	40	50	16
Item 404	58	33	27	18	4
Item 405	60	48	20	10	2
Item 406	36	28	40	28	8
Item 407	12	23	61	33	11
Item 408	66	41	25	7	1
Item 409	86	35	17	1	1
Item 410		3	13	52	72
Item 411	6	20	54	42	18
Item 412	1	10	37	38	54
Item 413	58	52	22	6	2
Item 414	9	18	33	36	44
Item 415	38	51	38	11	2
Item 416	93	36	7	2	2
Item 417	24	37	52	20	7
Item 418	36	69	26	8	1
Item 419		4	20	69	47
Item 420	75	58	6		1
Item 421		6	17	49	68
Item 422	21	41	55	19	4
Item 423	2	6	13	63	56
Item 424	51	61	24	2	2

Test zur Ermittlung der Persönlichkeitskompetenzen

	Erreichte Punktzahl pro Item				
	0	25	50	75	100
	Anzahl	Anzahl	Anzahl	Anzahl	Anzahl
Item 301		1	20	54	65
Item 302		5	32	55	48
Item 303	1	4	29	62	44
Item 304	1	3	13	61	62
Item 305		3	21	65	51
Item 307	11	1	6	29	93
Item 308	27	55	46	10	2
Item 309	46	44	37	12	1
Item 310	79	34	22	5	
Item 312	78	52	7	2	1
Item 313	2	2	3	45	88
Item 315	1	4	30	78	27
Item 316	56	41	27	12	4
Item 317	16	41	48	29	6
Item 318	6	13	24	32	65
Item 319	34	44	39	16	7
Item 320	28	47	45	17	3
Item 321	29	42	43	20	6
Item 322	13	32	44	42	9
Item 323	25	42	40	25	8
Item 326	50	52	23	14	1
Item 327	6	26	43	53	12
Item 328	24	47	38	27	4
Item 329	40	50	33	16	1
Item 330	24	62	45	9	

Auswertung der Frage zur Konzentration

	Sehr unkonzentriert	Überwiegend unkonzentriert	Überwiegend konzentriert	Sehr konzentriert
	Anzahl	Anzahl	Anzahl	Anzahl
Item 399 (Persönlichkeitskompetenzen)	3	16	84	37
Item 499 (Sozialkompetenzen)	4	20	70	46
Item 599 (Methodenkompetenzen)	8	17	93	22
Item 699 (Qualifikationen)	8	13	71	44

Auswertung der Fragen zur Ermittlung der Qualifikationen

(Darstellung der ausgewerteten Daten)

Item 600	Häufigkeit	Prozent	Gültige Prozente	Kumulierte Prozente
Gymnasium	120	85,7	88,2	88,2
Berufsoberschule	13	9,3	9,6	97,8
Fachoberschule	2	1,4	1,5	99,3
Sonstige	1	0,7	0,7	100,0
Gesamt	136	97,1	100,0	
System	4	2,9		
Gesamt	140	100,0		

Item 601	Häufigkeit	Prozent	Gültige Prozente	Kumulierte Prozente
1	3	2,1	2,2	2,2
1,1	1	0,7	0,7	2,9
1,2	4	2,9	2,9	5,9
1,3	2	1,4	1,5	7,4
1,4	2	1,4	1,5	8,8
1,5	3	2,1	2,2	11,0
1,6	2	1,4	1,5	12,5
1,7	5	3,6	3,7	16,2
1,8	12	8,6	8,8	25,0
1,9	7	5,0	5,1	30,1
2	11	7,9	8,1	38,2
2,1	4	2,9	2,9	41,2
2,2	5	3,6	3,7	44,9
2,3	9	6,4	6,6	51,5
2,4	8	5,7	5,9	57,4
2,5	15	10,7	11,0	68,4
2,6	5	3,6	3,7	72,1
2,7	7	5,0	5,1	77,2
2,8	7	5,0	5,1	82,4
2,9	6	4,3	4,4	86,8
3	8	5,7	5,9	92,6
3,1	2	1,4	1,5	94,1
3,2	1	0,7	0,7	94,9
3,3	4	2,9	2,9	97,8
3,4	1	0,7	0,7	98,5
3,5	2	1,4	1,5	100,0
Gesamt	136	97,1	100,0	
System	4	2,9		
Gesamt	140	100,0		

	Item 602	Item 603
	Anzahl	Anzahl
Baden-Württemberg	5	5
Bayern	116	115
Berlin	2	2
Hessen		1
Niedersachsen	2	2
Nordrhein-Westfalen	4	5
Rheinland-Pfalz	2	2
Sachsen	1	1
Thüringen	4	3

	Item 604	Item 606	Item 608	Item 610
	Anzahl	Anzahl	Anzahl	Anzahl
Mathematik	37	6	33	15
Englisch	34	23	23	6
Deutsch	19	6	23	22
Französisch	6	12	1	2
Latein	2	1		
Wirtschaft und Recht	22	16	7	11
Physik	4	5	8	3
Chemie	4	3	11	1
Biologie	4	21	13	13
Sonstiges Fach	4	43	17	63

Item 612	Häufigkeit	Prozent	Gültige Prozente	Kumulierte Prozente
Nein, ich habe bis jetzt kein Praktikum absolviert.	30	21,4	22,1	22,1
Ich habe bis jetzt 1 Praktikum absolviert.	38	27,1	27,9	50,0
Ich habe bis jetzt mehr als 1 Praktikum absolviert.	40	28,6	29,4	79,4
Ich habe bis jetzt mehr als 3 Praktika absolviert.	22	15,7	16,2	95,6
Ich habe bis jetzt mehr als 5 Praktika absolviert.	6	4,3	4,4	100,0
Gesamt	136	97,1	100,0	
System	4	2,9		
Gesamt	140	100,0		

Item 613	Häufigkeit	Prozent	Gültige Prozente	Kumulierte Prozente
Nein, ich habe bis jetzt weder eine Ausbildung begonnen noch abgeschlossen.	109	77,9	80,1	80,1
Ich habe bereits eine Ausbildung begonnen.	3	2,1	2,2	82,4
Ich habe bereits eine Ausbildung abgeschlossen.	24	17,1	17,6	100,0
Gesamt	136	97,1	100,0	
System	4	2,9		
Gesamt	140	100,0		

Item 614	Häufigkeit	Prozent	Gültige Prozente	Kumulierte Prozente
Nein, ich habe weder ein Studium begonnen noch abgeschlossen.	113	80,7	83,1	83,1
Ja, ich habe bereits ein Studium begonnen.	21	15,0	15,4	98,5
Ja, ich habe bereits ein Studium abgeschlossen.	2	1,4	1,5	100,0
Gesamt	136	97,1	100,0	
System	4	2,9		
Gesamt	140	100,0		

Item 615	Häufigkeit	Prozent	Gültige Prozente	Kumulierte Prozente
Nein, ich war bis jetzt noch nie im Ausland.	9	6,4	6,6	6,6
Ich war bis jetzt nur im Urlaub im Ausland.	91	65,0	66,9	73,5
Ich war ohne Unterbrechung länger als 2 Monate im Ausland.	14	10,0	10,3	83,8
Ich war ohne Unterbrechung länger als ein halbes Jahr im Ausland.	7	5,0	5,1	89,0
Ich war ohne Unterbrechung länger als ein Jahr im Ausland.	6	4,3	4,4	93,4
Sonstige	9	6,4	6,6	100,0
Gesamt	136	97,1	100,0	
System	4	2,9		
Gesamt	140	100,0		

Item 616	Häufigkeit	Prozent	Gültige Prozente	Kumulierte Prozente
Nein.	37	26,4	27,2	27,2
Ja.	91	65,0	66,9	94,1
Weiss nicht.	8	5,7	5,9	100,0
Gesamt	136	97,1	100,0	
System	4	2,9		
Gesamt	140	100,0		

Item 617	Item 618				Gesamt
	Grund-kenntnisse	Fortgeschrittene Kenntnisse	Fließend in Wort und Schrift	Muttersprache	
Deutsch (als Fremdsprache)	1	0	1	1	3
Englisch	6	54	60	1	121
Französisch	0	3	1	0	4
Latein	1	2	0	0	3
Spanisch	0	0	0	1	1
Sonstige	0	0	0	4	4
Gesamt	8	59	62	7	136

Item 619	Item 620				Gesamt
	Grund-kenntnisse	Fortgeschrittene Kenntnisse	Fließend in Wort und Schrift	Muttersprache	
Deutsch (als Fremdsprache)	0	0	1	3	4
Englisch	1	8	4	0	13
Französisch	35	36	8	0	79
Latein	18	10	1	0	29
Spanisch	1	1	2	0	4
Italienisch	2	0	0	0	2
Russisch	1	0	0	1	2
Sonstige	1	0	0	2	3
Gesamt	59	55	16	6	136

Item 621	Item 622				Gesamt
	Grund-kenntnisse	Fortgeschrittene Kenntnisse	Fließend in Wort und Schrift	Muttersprache	
Englisch	1	0	1	0	2
Französisch	6	5	1	0	12
Latein	3	2	0	0	5
Spanisch	10	7	1	0	18
Italienisch	6	0	0	0	6
Russisch	1	0	0	2	3
Sonstige	5	0	0	1	6
Andere: Griechisch	0	1	0	0	1
Andere: Ungarisch	0	1	0	0	1
Gesamt	32	16	3	3	54

13. Faktorenanalyse für die Skalen der Persönlichkeits- und Sozialkompetenzen

Skalen für die Persönlichkeitskompetenzen

Erklärte Gesamtvarianz

Komponente	Anfängliche Eigenwerte			Rotierte Summe der quadrierten Ladungen		
	Gesamt	% der Varianz	Kumulierte %	Gesamt	% der Varianz	Kumulierte %
1	4,882	30,510	30,510	2,659	16,616	16,616
2	1,737	10,858	41,368	2,415	15,093	31,709
3	1,273	7,955	49,324	2,211	13,819	45,527
4	1,069	6,680	56,004	1,676	10,476	56,004
5	0,985	6,156	62,159			
6	0,885	5,530	67,689			
7	0,853	5,330	73,018			
8	0,719	4,493	77,511			
9	0,664	4,149	81,660			
10	0,589	3,681	85,341			
11	0,549	3,432	88,773			
12	0,459	2,871	91,644			
13	0,357	2,230	93,874			
14	0,343	2,144	96,018			
15	0,341	2,133	98,151			
16	0,296	1,849	100,000			

Extraktionsmethode: Hauptkomponentenanalyse.

Rotierte Komponentenmatrix(a)

	Komponente			
	1	2	3	4
Item 301				0,402
Item 302			0,515	0,281
Item 304				0,770
Item 305				0,607
Item 313			0,613	
Item 315			0,692	
Item 317			0,478	
Item 318			0,768	
Item 319		0,595		
Item 320		0,733		
Item 321	0,545	0,424		
Item 323		0,732		
Item 326	0,720			
Item 328	0,774			
Item 329	0,739			
Item 330	0,488			

Extraktionsmethode: Hauptkomponentenanalyse.
Rotationsmethode: Varimax mit Kaiser-Normalisierung.
a. Die Rotation ist in 8 Iterationen konvergiert.

Eindimensionalität der Skalen im Bereich der Persönlichkeitskompetenzen

Erklärte Gesamtvarianz für Lern- und Einsatzbereitschaft

Komponente	Anfängliche Eigenwerte			Summen von quadrierten Faktorladungen für Extraktion		
	Gesamt	% der Varianz	Kumulierte %	Gesamt	% der Varianz	Kumulierte %
1	1,858	46,462	46,462	1,858	46,462	46,462
2	0,849	21,236	67,698			
3	0,701	17,525	85,223			
4	0,591	14,777	100,000			

Extraktionsmethode: Hauptkomponentenanalyse.

Komponentenmatrix(a)

	Komponente
	1
Item 301	0,649
Item 302	0,750
Item 304	0,676
Item 305	0,647

Extraktionsmethode: Hauptkomponentenanalyse.
a. 1 Komponenten extrahiert

Erklärte Gesamtvarianz für Initiative, Eigeninitiative und Selbstständigkeit

Komponente	Anfängliche Eigenwerte			Summen von quadrierten Faktorladungen für Extraktion		
	Gesamt	% der Varianz	Kumulierte %	Gesamt	% der Varianz	Kumulierte %
1	1,922	48,048	48,048	1,922	48,048	48,048
2	0,767	19,169	67,217			
3	0,671	16,787	84,004			
4	0,640	15,996	100,000			

Extraktionsmethode: Hauptkomponentenanalyse.

Komponentenmatrix(a)

	Komponente
	1
Item 313	0,637
Item 315	0,709
Item 317	0,689
Item 318	0,735

Extraktionsmethode: Hauptkomponentenanalyse.
a. 1 Komponenten extrahiert

Erklärte Gesamtvarianz für Selbstbewusstsein und Belastbarkeit

Komponente	Anfängliche Eigenwerte			Summen von quadrierten Faktorladungen für Extraktion		
	Gesamt	% der Varianz	Kumulierte %	Gesamt	% der Varianz	Kumulierte %
1	2,078	51,961	51,961	2,078	51,961	51,961
2	0,769	19,232	71,194			
3	0,698	17,451	88,644			
4	0,454	11,356	100,000			

Extraktionsmethode: Hauptkomponentenanalyse.

Komponentenmatrix(a)

	Komponente
	1
Item 319	0,676
Item 320	0,807
Item 321	0,644
Item 323	0,745

Extraktionsmethode: Hauptkomponentenanalyse.

a. 1 Komponenten extrahiert

Erklärte Gesamtvarianz für Selbstdisziplin

Komponente	Anfängliche Eigenwerte			Summen von quadrierten Faktorladungen für Extraktion		
	Gesamt	% der Varianz	Kumulierte %	Gesamt	% der Varianz	Kumulierte %
1	2,349	58,715	58,715	2,349	58,715	58,715
2	0,629	15,717	74,433			
3	0,543	13,574	88,007			
4	0,480	11,993	100,000			

Extraktionsmethode: Hauptkomponentenanalyse.

Komponentenmatrix(a)

	Komponente
	1
Item 326	0,764
Item 328	0,790
Item 329	0,796
Item 330	0,712

Extraktionsmethode: Hauptkomponentenanalyse.

a. 1 Komponenten extrahiert

Skalen für die Sozialkompetenzen

Erklärte Gesamtvarianz

Komponente	Anfängliche Eigenwerte			Rotierte Summe der quadrierten Ladungen		
	Gesamt	% der Varianz	Kumulierte %	Gesamt	% der Varianz	Kumulierte %
1	5,433	36,223	36,223	3,965	26,432	26,432
2	2,084	13,895	50,118	2,455	16,366	42,798
3	1,018	6,790	56,908	2,116	14,110	56,908
4	0,907	6,044	62,952			
5	0,804	5,357	68,309			
6	0,719	4,791	73,100			
7	0,698	4,651	77,751			
8	0,566	3,773	81,524			
9	0,546	3,639	85,164			
10	0,484	3,223	88,387			
11	0,421	2,806	91,193			
12	0,392	2,614	93,806			
13	0,369	2,463	96,269			
14	0,294	1,959	98,228			
15	0,266	1,772	100,000			

Extraktionsmethode: Hauptkomponentenanalyse.

Rotierte Komponentenmatrix(a)

	Komponente		
	1	2	3
Item 400	0,691		
Item 401	0,460		
Item 405		0,435	0,482
Item 407	-0,674	0,360	
Item 408		0,193	0,506
Item 409		0,686	
Item 410	0,734		
Item 411	0,792		
Item 412	0,788		
Item 414	0,784		
Item 415		0,571	0,326
Item 416			0,731
Item 418			0,619
Item 420		0,726	
Item 422		0,701	

Extraktionsmethode: Hauptkomponentenanalyse.
Rotationsmethode: Varimax mit Kaiser-Normalisierung.
a. Die Rotation ist in 6 Iterationen konvergiert.

Obwohl im Bereich der Sozialkompetenzen fünf Einzelkompetenzen existieren, ergab die Faktorenanalyse lediglich drei Faktoren. Dies liegt vor allem daran, dass Kommunikations- und Kontaktfähigkeit inhaltlich nah beieinander liegen. Gleiches gilt für Teamfähigkeit und Einfühlungsvermögen.

Eindimensionalität der Skalen im Bereich der Sozialkompetenzen

Erklärte Gesamtvarianz für Kommunikationsfähigkeit

Komponente	Anfängliche Eigenwerte			Summen von quadrierten Faktorladungen für Extraktion		
	Gesamt	% der Varianz	Kumulierte %	Gesamt	% der Varianz	Kumulierte %
1	1,416	70,812	70,812	1,416	70,812	70,812
2	0,584	29,188	100,000			

Extraktionsmethode: Hauptkomponentenanalyse.

Komponentenmatrix(a)

	Komponente
	1
Item 400	0,842
Item 401	0,842

Extraktionsmethode: Hauptkomponentenanalyse.
a. 1 Komponenten extrahiert

Erklärte Gesamtvarianz für Teamfähigkeit

Komponente	Anfängliche Eigenwerte			Summen von quadrierten Faktorladungen für Extraktion		
	Gesamt	% der Varianz	Kumulierte %	Gesamt	% der Varianz	Kumulierte %
1	2,168	54,199	54,199	2,168	54,199	54,199
2	0,794	19,853	74,052			
3	0,586	14,656	88,709			
4	0,452	11,291	100,000			

Extraktionsmethode: Hauptkomponentenanalyse.

Komponentenmatrix(a)

	Komponente
	1
Item 405	0,718
Item 407	0,785
Item 408	0,739
Item 409	0,700

Extraktionsmethode: Hauptkomponentenanalyse.
a. 1 Komponenten extrahiert

Erklärte Gesamtvarianz für Kontaktfähigkeit

Komponente	Anfängliche Eigenwerte			Summen von quadrierten Faktorladungen für Extraktion		
	Gesamt	% der Varianz	Kumulierte %	Gesamt	% der Varianz	Kumulierte %
1	2,673	66,833	66,833	2,673	66,833	66,833
2	0,513	12,827	79,660			
3	0,443	11,072	90,731			
4	0,371	9,269	100,000			

Extraktionsmethode: Hauptkomponentenanalyse.

Komponentenmatrix(a)

	Komponente
	1
Item 410	0,808
Item 411	0,811
Item 412	0,811
Item 414	0,840

Extraktionsmethode: Hauptkomponentenanalyse.
a. 1 Komponenten extrahiert

Erklärte Gesamtvarianz für Hilfsbereitschaft

Komponente	Anfängliche Eigenwerte			Summen von quadrierten Faktorladungen für Extraktion		
	Gesamt	% der Varianz	Kumulierte %	Gesamt	% der Varianz	Kumulierte %
1	1,657	55,242	55,242	1,657	55,242	55,242
2	0,793	26,440	81,681			
3	0,550	18,319	100,000			

Extraktionsmethode: Hauptkomponentenanalyse.

Komponentenmatrix(a)

	Komponente
	1
Item 415	0,747
Item 416	0,817
Item 418	0,658

Extraktionsmethode: Hauptkomponentenanalyse.
a. 1 Komponenten extrahiert

Erklärte Gesamtvarianz für Einfühlungsvermögen

Komponente	Anfängliche Eigenwerte			Summen von quadrierten Faktorladungen für Extraktion		
	Gesamt	% der Varianz	Kumulierte %	Gesamt	% der Varianz	Kumulierte %
1	1,384	69,219	69,219	1,384	69,219	69,219
2	0,616	30,781	100,000			

Extraktionsmethode: Hauptkomponentenanalyse.

Komponentenmatrix(a)

	Komponente
	1
Item 420	0,832
Item 422	0,832

Extraktionsmethode: Hauptkomponentenanalyse.

a. 1 Komponenten extrahiert

14. Prototypische Umsetzung der Kompetenzanalyse im WiSo@visor

Eingangsseite des WiSo@visors

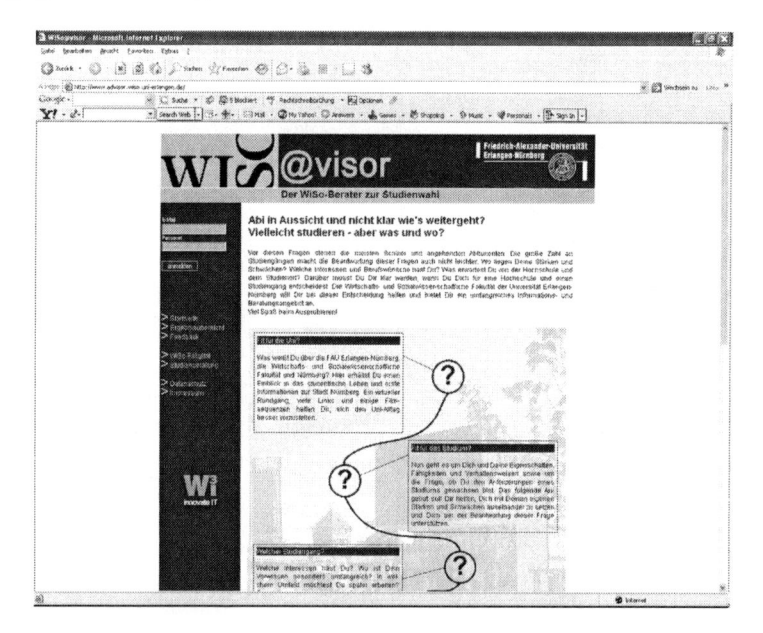

Beispiel für eine Informationsseite im WiSo@visor

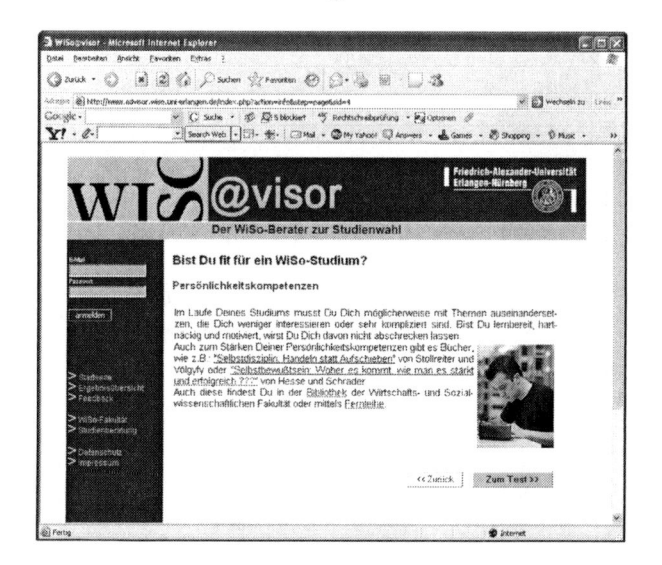

Benutzeroberfläche zur Registrierung beim WiSo@visor

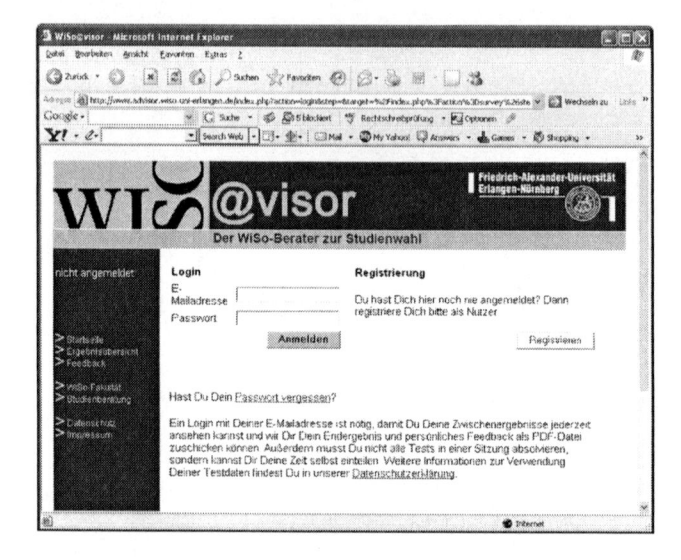

Beispiel für eine Einführungsseite zu Beginn eines Tests

Beispiel für eine Frage zur Selbsteinschätzung

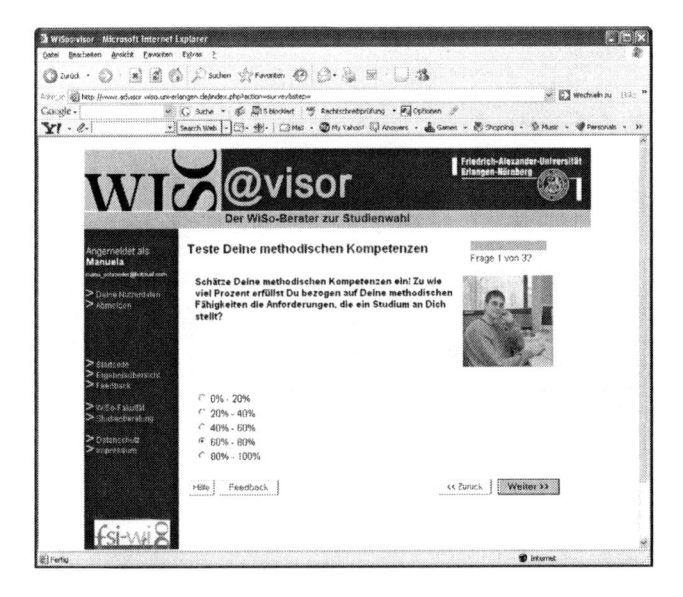

Beispiel für einen Hilfetext

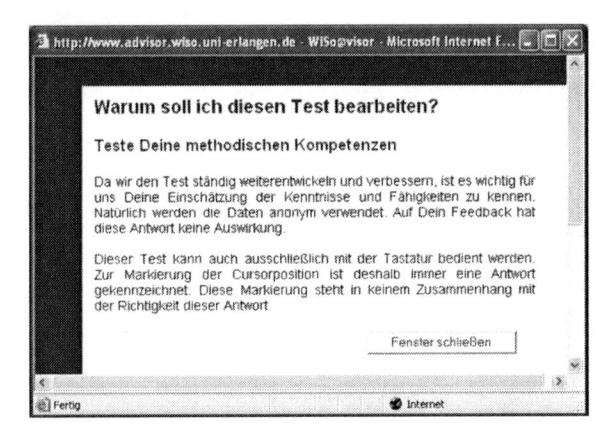

Darstellung eines Items im WiSo@visor

Seite zur Erfassung des Feedbacks

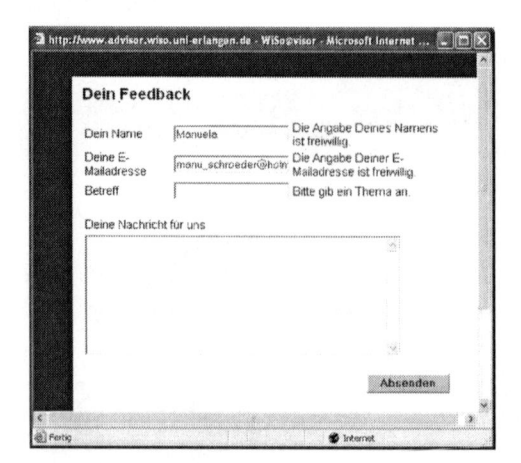

Beispiel für eine Frage zur Erfassung des Konzentrationsniveaus

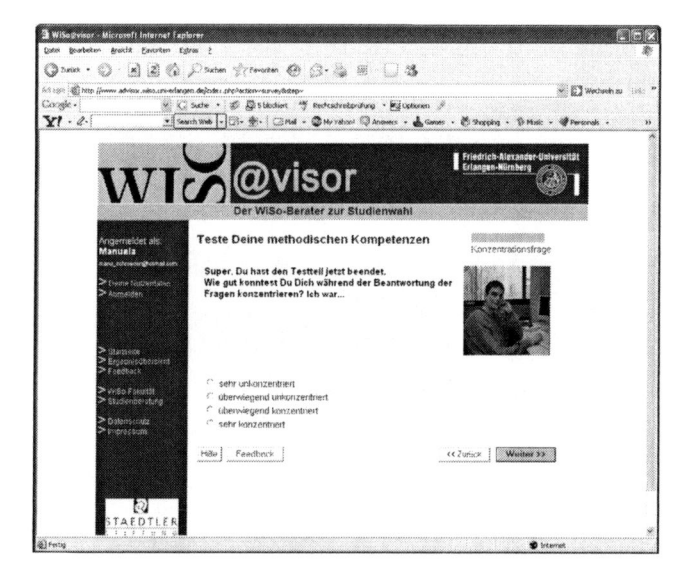

Beispiel für ein Testergebnis im WiSo@visor

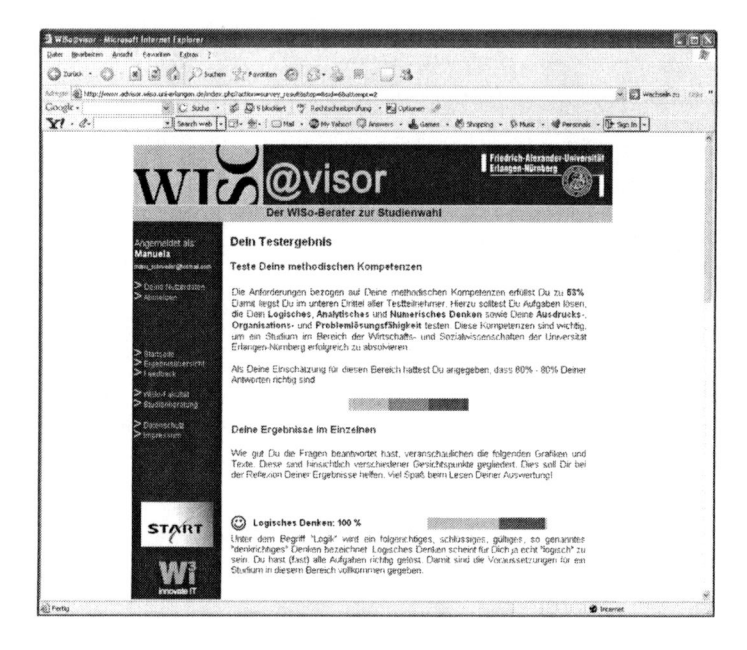

Ergebnisübersicht über alle Tests im WiSo@visor

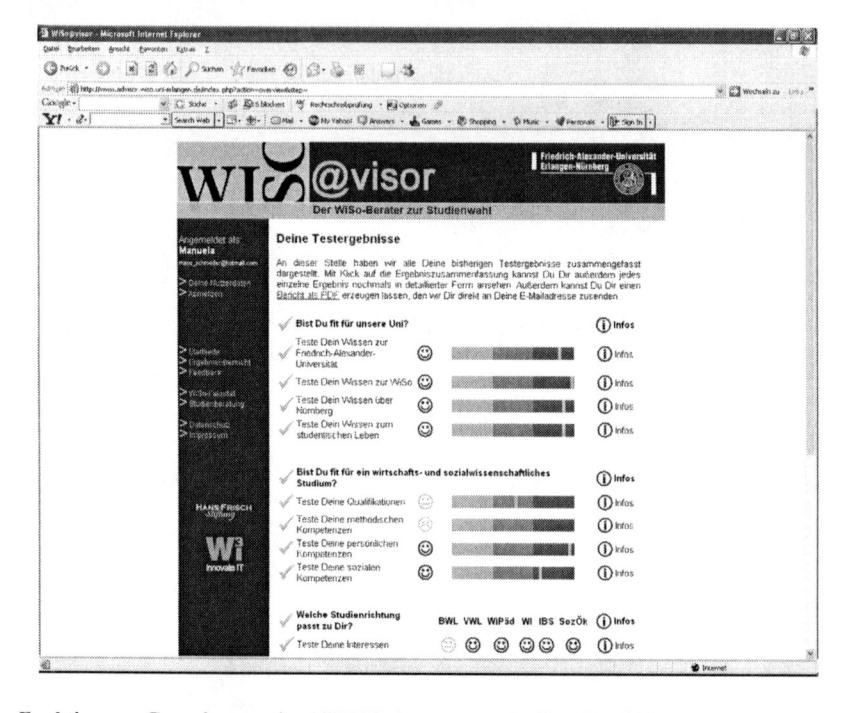

Funktion zur Generierung eines PDF-Dokumentes mit allen Ergebnissen

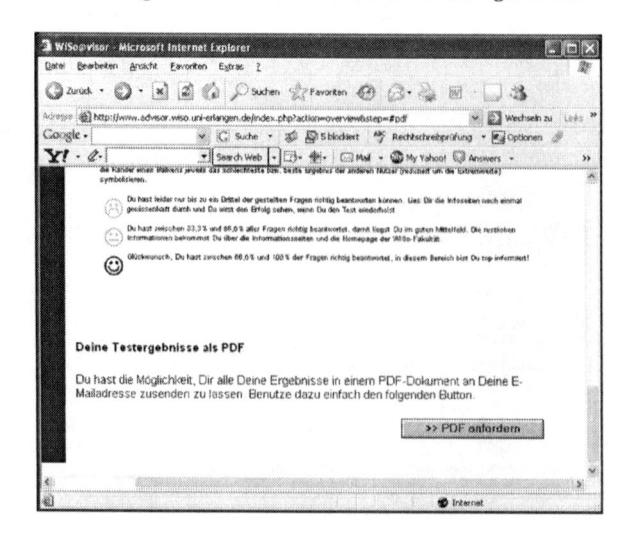

15. Frage- bzw. Feedbackbogen zum WiSo@visor

Originalfragebogen mit zusätzlichen Itemnummern

Du gehörst zu den Ersten, die den WiSo@visor anwenden konnten. Wir hoffen, dass Dir dieser „virtuelle Ratgeber" bei Deiner Studienfach- und Hochschulwahl behilflich war und Dir die Anwendung Spaß gemacht hat. Wir möchten Dich nun bitten, den folgenden Feedback-Bogen auszufüllen. Dies dürfte nur einige Minuten Deiner Zeit beanspruchen und Du hast die Chance, einen von zehn Kinogutscheinen zu gewinnen. Für Dein Feedback wären wir Dir sehr dankbar!

Bitte bewerte die folgenden Aussagen auf einer Skala von „Trifft voll und ganz zu" bis „Trifft überhaupt nicht zu".

1. **Grundsätzlich macht es mir Spaß,...**

   ...Kompetenz- und Beratungstests auszufüllen und Fragen über mich zu beantworten. (Item 1a)
   Trifft voll und ganz zu. ☐ ☐ ☐ ☐ ☐ Trifft überhaupt nicht zu.

   ...im Internet zu surfen und Links auszuprobieren. Ich ziehe diese Art der Informationsbeschaffung Papierbroschüren oder Vorträgen und Beratungsgesprächen vor. (Item 1b)
   Trifft voll und ganz zu. ☐ ☐ ☐ ☐ ☐ Trifft überhaupt nicht zu.

   ...Analyseergebnisse über mich zu lesen, weil ich mich damit selbst besser einzuschätzen lerne. Ich denke, dass mir seriöse Selbstanalysen bei einer Entscheidung wie der Studienfach- und Hochschulwahl weiterhelfen können. (Item 1c)
   Trifft voll und ganz zu. ☐ ☐ ☐ ☐ ☐ Trifft überhaupt nicht zu.

2. **Der WiSo@visor hat mich so überzeugt, dass ich auch Tests anderer Hochschulen und Studiengänge nutzen werde.** (Item 2)
   Trifft voll und ganz zu. ☐ ☐ ☐ ☐ ☐ Trifft überhaupt nicht zu.

3. **Die Empfehlung, die sich aus meinem Testergebnis ergibt, werde ich bei meiner Hochschul- und Studienfachwahl berücksichtigen.** (Item 3)
   Trifft voll und ganz zu. ☐ ☐ ☐ ☐ ☐ Trifft überhaupt nicht zu.

4. **Ich würde den WiSo@visor zur Unterstützung meiner Hochschul- und Studienfachwahl jederzeit wieder machen.** (Item 4)
   Trifft voll und ganz zu. ☐ ☐ ☐ ☐ ☐ Trifft überhaupt nicht zu.

5. **Ich werde den Test weiterempfehlen.** (Item 5)

   Trifft voll und ganz zu. ☐ ☐ ☐ ☐ ☐ Trifft überhaupt nicht zu.

6. **Wenn mir meine Eltern zu solchen Online-Beratungsangeboten und -Tests wie dem WiSo@visor raten würden, würde ich solche Angebote wie den WiSo@visor auch nutzen.** (Item 6)

   Trifft voll und ganz zu. ☐ ☐ ☐ ☐ ☐ Trifft überhaupt nicht zu.

7. **Wenn meine Schulkameraden und Freunde solche Online-Beratungsangebote und -Tests wie den WiSo@visor nutzen würden, würde ich das auch tun.** (Item 7)

   Trifft voll und ganz zu. ☐ ☐ ☐ ☐ ☐ Trifft überhaupt nicht zu.

8. **Wenn meine Lehrer den WiSo@visor und ähnliche Online-Beratungsangebote und -Tests empfehlen würden, würde ich diese nutzen.** (Item 8)

   Trifft voll und ganz zu. ☐ ☐ ☐ ☐ ☐ Trifft überhaupt nicht zu.

9. **Es bereitet mir keine Probleme, an eine Internetverbindung zu kommen.** (Item 9)

   Trifft voll und ganz zu. ☐ ☐ ☐ ☐ ☐ Trifft überhaupt nicht zu.

10. **Im Umgang mit dem Internet fühle ich mich sicher.** (Item 10)

    Trifft voll und ganz zu. ☐ ☐ ☐ ☐ ☐ Trifft überhaupt nicht zu.

11. **Ich habe schon einmal einen Kompetenz- bzw. Beratungstest gemacht, der sich auf Zukunftsperspektiven bezogen hat, unabhängig davon, ob online, in Papierform oder in Form eines Interviews.** (Item 11)

    Trifft voll und ganz zu. ☐ ☐ ☐ ☐ ☐ Trifft überhaupt nicht zu.

12. **Ich hatte Schwierigkeiten, die Aufgabenstellungen zu verstehen...**

    ... im Fragenteil über die Uni, die WiSo-Fakultät und die Stadt Nürnberg. (Item 12a)

    Trifft voll und ganz zu. ☐ ☐ ☐ ☐ ☐ Trifft überhaupt nicht zu.

    ... im Fragenteil über meine Kompetenzen (Stärken und Schwächen). (Item 12b)

    Trifft voll und ganz zu. ☐ ☐ ☐ ☐ ☐ Trifft überhaupt nicht zu.

    ... im Fragenteil zu den Interessen, Berufsfeldern, Vorwissen und zu den verschiedenen Studiengängen. (Item 12c)

    Trifft voll und ganz zu. ☐ ☐ ☐ ☐ ☐ Trifft überhaupt nicht zu.

13. **Es bereitete mir keine oder verhältnismäßig geringe Mühe bzw. Aufwand...**

    ...die Bedienung des WiSo@visors zu verstehen. (Item 13a)

Trifft voll und ganz zu. ☐ ☐ ☐ ☐ ☐ Trifft überhaupt nicht zu.

...die Fragen des WiSo@visors zu verstehen. (Item 13b)

Trifft voll und ganz zu. ☐ ☐ ☐ ☐ ☐ Trifft überhaupt nicht zu.

... die im WiSo@visor empfohlenen Informationsangebote zu nutzen. (Item 13c)

Trifft voll und ganz zu. ☐ ☐ ☐ ☐ ☐ Trifft überhaupt nicht zu.

...mich anhand der Fragen und der Auswertung des WiSo@visors mit meinen Kompetenzen (Stärken und Schwächen) zu beschäftigen. (Item 13d)

Trifft voll und ganz zu. ☐ ☐ ☐ ☐ ☐ Trifft überhaupt nicht zu.

...mich mit meinem Testergebnis auseinanderzusetzen. (Item 13e)

Trifft voll und ganz zu. ☐ ☐ ☐ ☐ ☐ Trifft überhaupt nicht zu.

14. Der WiSo@visor ist übersichtlich gestaltet. (Item 14)

Trifft voll und ganz zu. ☐ ☐ ☐ ☐ ☐ Trifft überhaupt nicht zu.

15. Ich konnte die Reihenfolge der Testabschnitte und das Maß an Informationen durch den WiSo@visor selbst bestimmen. (Item 15)

Trifft voll und ganz zu. ☐ ☐ ☐ ☐ ☐ Trifft überhaupt nicht zu.

16. Ich habe mir schon Gedanken über ein Studium in Nürnberg gemacht und hatte einige Informationen dazu schon vor dem Test gesammelt. (Item 16)

Trifft voll und ganz zu. ☐ ☐ ☐ ☐ ☐ Trifft überhaupt nicht zu.

17. Durch die Nutzung des WiSo@visors brauche ich weniger Zeit, um meine Studienfach- und Hochschulentscheidung zu treffen. (Item 17)

Trifft voll und ganz zu. ☐ ☐ ☐ ☐ ☐ Trifft überhaupt nicht zu.

18. Ich fühle mich besser auf das Studium vorbereitet durch die Informationen und Fragen

...über die Uni, die WiSo-Fakultät und die Stadt Nürnberg. (Item 18a)

Trifft voll und ganz zu. ☐ ☐ ☐ ☐ ☐ Trifft überhaupt nicht zu.

...über meine Kompetenzen (Stärken und Schwächen). (Item 18b)

Trifft voll und ganz zu. ☐ ☐ ☐ ☐ ☐ Trifft überhaupt nicht zu.

...zu Interessen, Berufsfeldern, Vorwissen und zu den verschiedenen Studiengängen. (Item 18c)

Trifft voll und ganz zu. ☐ ☐ ☐ ☐ ☐ Trifft überhaupt nicht zu.

19. Durch die Informationen und Tipps in meiner Auswertung fühle ich mich besser auf das Studium vorbereitet. (Item 19a)

Trifft voll und ganz zu. ☐ ☐ ☐ ☐ ☐ Trifft überhaupt nicht zu.

19. Ich glaube, dass mein Testergebnis mich widerspiegelt. (Item 19b)
Trifft voll und ganz zu. ☐ ☐ ☐ ☐ ☐ Trifft überhaupt nicht zu.

20. Ich glaube, dass das Testergebnis zu negativ ist. (Item 20)
Trifft voll und ganz zu. ☐ ☐ ☐ ☐ ☐ Trifft überhaupt nicht zu.

21. Durch die Nutzung des WiSo@visors…

…bin ich auf die WiSo-Fakultät und ihr Studienangebot aufmerksam geworden. (Item 21a)
Trifft voll und ganz zu. ☐ ☐ ☐ ☐ ☐ Trifft überhaupt nicht zu.

…hat sich mein Bild von der WiSo-Fakultät und ihrem Studienangebot verbessert. (Item 21b)
Trifft voll und ganz zu. ☐ ☐ ☐ ☐ ☐ Trifft überhaupt nicht zu.

…hat sich die Wahrscheinlichkeit, dass ich mich bei der WiSo-Fakultät um einen Studienplatz bewerbe, erhöht. (Item 21c)
Trifft voll und ganz zu. ☐ ☐ ☐ ☐ ☐ Trifft überhaupt nicht zu.

Persönliche Angaben

Nun möchten wir Dich noch um einige Angaben zu Deiner Person bitten. Teilweise wurden diese im Test zwar schon abgefragt, aber jene Daten wurden vollständig anonym verarbeitet. Somit haben wir darauf keinen Zugriff. Auch für diesen Feedback-Bogen gilt jedoch, dass Deine Angaben absolut vertraulich behandelt werden.

Ich bin ☐ männlich
☐ weiblich

Alter _____

Wohnort _____

Schulart ☐ Gymnasium
☐ BOS
☐ Sonstige _____

Schulklasse _____

Abiturnote* _____

*bzw. aktueller Notendurchschnitt

Damit Du am Gewinnspiel teilnehmen kannst, benötigen wir Deine Mailadresse.
_____

16. Häufigkeitsverteilung der Antworten zur Akzeptanzbefragung

	Trifft überhaupt nicht zu	Trifft eher nicht zu	Trifft teilweise zu	Trifft eher zu	Trifft voll und ganz zu
	Anzahl	Anzahl	Anzahl	Anzahl	Anzahl
Item 1a	4	9	18	35	28
Item 1b	3	14	27	28	22
Item 1c	2	9	17	41	25
Item 2	13	17	27	29	7
Item 3	17	21	28	21	6
Item 4	15	14	26	24	15
Item 5	7	11	30	34	12
Item 6	12	10	29	27	16
Item 7	7	10	30	24	23
Item 8	4	15	29	26	20
Item 9	1	3	6	9	75
Item 10		3	5	28	57
Item 11	24	6	9	21	34
Item 12a	45	16	21	9	3
Item 12b	49	21	14	9	
Item 12c	36	22	18	15	3
Item 13a	4	3	9	13	65
Item 13b	4	2	18	26	43
Item 13c	4	3	23	33	30
Item 13d	5	4	30	32	21
Item 13e	4	4	21	35	26
Item 14	1	8	11	35	39
Item 15	9	8	16	31	29
Item 16	26	14	18	24	10
Item 17	32	25	28	7	1
Item 18a	26	14	33	15	6
Item 18b	15	16	35	19	9
Item 18c	16	15	33	20	10
Item 19a	17	24	33	13	7
Item 19b	13	24	27	23	6
Item 20	11	29	34	13	6
Item 21a	15	9	14	24	10
Item 21b	9	7	26	22	7
Item 21c	29	12	14	16	1

Geschlecht	Häufigkeit	Prozent	Gültige Prozente	Kumulierte Prozente
männlich	26	27,7	28,3	28,3
weiblich	66	70,2	71,7	100,0
Gesamt	92	97,9	100,0	
missing	2	2,1		
Gesamt	94	100,0		

Alter	Häufigkeit	Prozent	Gültige Prozente	Kumulierte Prozente
17	1	1,1	1,1	1,1
18	36	38,3	40,0	41,1
19	18	19,1	20,0	61,1
20	16	17,0	17,8	78,9
21	9	9,6	10,0	88,9
22	2	2,1	2,2	91,1
23	5	5,3	5,6	96,7
24	1	1,1	1,1	97,8
25	2	2,1	2,2	100,0
Gesamt	90	95,7	100,0	
missing	4	4,3		
Gesamt	94	100,0		

Wohnort	Häufigkeit	Prozent	Gültige Prozente	Kumulierte Prozente
Keine Angabe	4	4,3	4,3	4,3
Altdorf	1	1,1	1,1	5,3
Bamberg	1	1,1	1,1	6,4
Berlin	1	1,1	1,1	7,4
Eckental	2	2,2	2,2	9,6
Effeltrich	1	1,1	1,1	10,6
Erlangen	3	3,2	3,2	13,8
Feucht	3	3,2	3,2	17,0
Fürth	3	3,2	3,2	20,2
Gaulnhofen	1	1,1	1,1	21,3
Haimendorf	1	1,1	1,1	22,3
Heroldsberg	2	2,1	2,1	24,5
Hohenstadt	1	1,1	1,1	25,5
Kalchreuth	2	2,1	2,1	27,7
Landshut	1	1,1	1,1	28,7
Lauf	1	1,1	1,1	29,8
Leinburg	1	1,1	1,1	30,9
Möhrendorf	2	2,1	2,1	33,0
Muggensturm	1	1,1	1,1	34,0
Nürnberg	57	60,6	60,6	94,7
Schwarzenbach	1	1,1	1,1	95,7
Rückersdorf	1	1,1	1,1	96,8
Schwanstetten	1	1,1	1,1	97,9
Wendelstein	2	2,1	2,1	100,0
Gesamt	94	100,0	100,0	

Schulart	Häufigkeit	Prozent	Gültige Prozente	Kumulierte Prozente
Gymnasium	68	72,3	73,9	73,9
BOS	23	24,5	25,0	98,9
Sonstige	1	1,1	1,1	100,0
Gesamt	92	97,9	100,0	
missing	2	2,1		
Gesamt	94	100,0		

Klassenstufe	Häufigkeit	Prozent	Gültige Prozente	Kumulierte Prozente
12	79	84,0	91,9	91,9
13	7	7,4	8,1	100,0
Gesamt	86	91,5	100,0	
missing	8	8,5		
Gesamt	94	100,0		

Abiturnote	Häufigkeit	Prozent	Gültige Prozente	Kumulierte Prozente
1,3	1	1,1	1,4	1,4
1,5	5	5,3	6,8	8,2
1,8	1	1,1	1,4	9,6
1,8	5	5,3	6,8	16,4
1,9	2	2,1	2,7	19,2
2,0	8	8,5	11,0	30,1
2,1	1	1,1	1,4	31,5
2,2	1	1,1	1,4	32,9
2,3	4	4,3	5,5	38,4
2,4	7	7,4	9,6	47,9
2,5	8	8,5	11,0	58,9
2,6	5	5,3	6,8	65,8
2,7	1	1,1	1,4	67,1
2,8	6	6,4	8,2	75,3
2,9	6	6,4	8,2	83,6
3,0	6	6,4	8,2	91,8
3,1	2	2,1	2,7	94,5
3,3	1	1,1	1,4	95,9
3,4	1	1,1	1,4	97,3
3,5	2	2,1	2,7	100,0
Gesamt	73	77,7	100,0	
missing	21	22,3		
Gesamt	94	100,0		

17. Faktorenanalyse für die ermittelten Akzeptanzindizes

Erklärte Gesamtvarianz

Komponente	Anfängliche Eigenwerte			Rotierte Summe der quadrierten Ladungen		
	Gesamt	% der Varianz	Kumulierte %	Gesamt	% der Varianz	Kumulierte %
1	7,051	29,381	29,381	4,599	19,162	19,162
2	3,142	13,091	42,472	3,172	13,218	32,380
3	2,156	8,983	51,455	2,525	10,521	42,902
4	1,792	7,465	58,921	2,190	9,126	52,028
5	1,402	5,840	64,760	2,006	8,358	60,385
6	1,280	5,333	70,093	1,996	8,317	68,702
7	1,180	4,916	75,009	1,514	6,307	75,009
8	0,762	3,176	78,185			
9	0,706	2,941	81,126			
10	0,625	2,605	83,731			
11	0,513	2,137	85,868			
12	0,475	1,981	87,848			
13	0,428	1,781	89,630			
14	0,399	1,663	91,292			
15	0,353	1,471	92,763			
16	0,332	1,384	94,147			
17	0,293	1,220	95,367			
18	0,278	1,158	96,525			
19	0,230	0,959	97,484			
20	0,188	0,781	98,265			
21	0,170	0,710	98,975			
22	0,102	0,427	99,402			
23	0,087	0,363	99,766			
24	0,056	0,234	100,000			

Extraktionsmethode: Hauptkomponentenanalyse.

Rotierte Komponentenmatrix(a)

	Komponente						
	1 (Nutzungsabsicht)	2 (Wahrgenommener Nutzen)	3 (Bedienbarkeit)	4 (Marketingeffekt)	5 (Verständlichkeit)	6 (Rahmenbedingungen)	7 (Einstellung)
Item 1a							0,790
Item 1c							0,498
Item 6	0,804						
Item 7	0,784						
Item 8	0,732						
Item 9						0,872	
Item 10						0,885	
Item 13a			0,812				
Item 13b			0,803				
Item 13c			0,833				
Item 13d		0,723					
Item 13e		0,821					
Item 18c		0,695					
Item 18b		0,606					
Item 19a		0,612					
Item 21a					0,902		
Item 21b					0,831		
Item 12a				0,757			
Item 12b				0,833			
Item 12c				0,789			
Item 2	0,725						
Item 3	0,657						
Item 4	0,676						
Item 5	0,702						

Extraktionsmethode: Hauptkomponentenanalyse.
Rotationsmethode: Varimax mit Kaiser-Normalisierung.
a. Die Rotation ist in 11 Iterationen konvergiert.

18. Korrelationsanalyse der Akzeptanzindizes

Korrelationen

Spearman-Rho		Einstellung	Rahmenbedingungen	Verständlichkeit	Bedienbarkeit	Wahrgenommener Nutzen	Nutzungsabsicht	Marketingeffekt
Einstellung	Korrelationskoeffizient	1,000	0,068	0,014	-0,107	,307(**)	,406(**)	,275(*)
	Sig. (2-seitig)	.	0,518	0,894	0,309	0,003	0,000	0,020
	N	94	93	93	92	90	92	71
Rahmenbedingungen	Korrelationskoeffizient	0,068	1,000	0,116	,227(*)	0,016	0,117	-0,006
	Sig. (2-seitig)	0,518	.	0,272	0,031	0,880	0,268	0,964
	N	93	93	92	91	89	91	70
Verständlichkeit	Korrelationskoeffizient	0,014	0,116	1,000	,321(**)	-0,107	-0,151	-0,048
	Sig. (2-seitig)	0,894	0,272	.	0,002	0,319	0,154	0,692
	N	93	92	93	91	89	91	71
Bedienbarkeit	Korrelationskoeffizient	-0,107	,227(*)	,321(**)	1,000	-0,019	-0,123	-0,103
	Sig. (2-seitig)	0,309	0,031	0,002	.	0,859	0,250	0,400
	N	92	91	91	92	88	90	69
Wahrgenommener Nutzen	Korrelationskoeffizient	,307(**)	0,016	-0,107	-0,019	1,000	,582(**)	,387(**)
	Sig. (2-seitig)	0,003	0,880	0,319	0,859	.	0,000	0,001
	N	90	89	89	88	90	88	67
Nutzungsabsicht	Korrelationskoeffizient	,406(**)	0,117	-0,151	-0,123	,582(**)	1,000	,347(**)
	Sig. (2-seitig)	0,000	0,268	0,154	0,250	0,000	.	0,003
	N	92	91	91	90	88	92	70
Marketingeffekt	Korrelationskoeffizient	,275(*)	-0,006	-0,048	-0,103	,387(**)	,347(**)	1,000
	Sig. (2-seitig)	0,020	0,964	0,692	0,400	0,001	0,003	.
	N	71	70	71	69	67	70	71

**. Die Korrelation ist auf dem 0,01 Niveau signifikant (zweiseitig).
*. Die Korrelation ist auf dem 0,05 Niveau signifikant (zweiseitig).

Aus unserem Verlagsprogramm:

Kerstin Jacob
Unternehmer aus Hochschulen?
Eine Studie zu Existenzgründungsabsichten von Studierenden
Hamburg 2007 / 372 Seiten / ISBN 978-3-8300-2706-5

Hea-Kyung Ro
Zufriedenheit ausländischer Studierender an deutschen Hochschulen
Eine empirische Untersuchung am Beispiel ostasiatischer Studierender
Hamburg 2006 / 294 Seiten / ISBN 978-3-8300-2447-7

Viorika Kothcier
**Controllingkonzept für außeruniversitäre
öffentliche Forschungseinrichtungen**
Hamburg 2005 / 248 Seiten / ISBN 978-3-8300-1990-9

Rödiger Voss
**Lehrqualität und Lehrqualitätsmanagement
an öffentlichen Hochschulen**
Problematik, Konzepte und Empfehlungen für die Gestaltung der Lehre
Hamburg 2004 / 310 Seiten / ISBN 978-3-8300-1380-8

Alexander Wörner
Kompetenzentwicklung im Kontext akademischer Ausbildung
Projektarbeitsspezifischer Kompetenzerwerb am Beispiel TheoPrax
Hamburg 2003 / 330 Seiten / ISBN 978-3-8300-0918-4

Michael Droege
Unternehmensgründungen aus Hochschulen
*Hochschulressourcennutzung durch Technologietransfer-
und Verwertungsgesellschaften*
Hamburg 2003 / 122 Seiten / ISBN 978-3-8300-0892-7

VERLAG DR. KOVAČ
FACHVERLAG FÜR WISSENSCHAFTLICHE LITERATUR

Postfach 570142 · 22770 Hamburg · www.verlagdrkovac.de · info@verlagdrkovac.de

Einfach Wohlfahrtsmarken helfen!